ALPH. BERTRAND ET ÉMILE FERRIER

FERDINAND
DE LESSEPS

SA VIE, SON ŒUVRE

AVEC CARTES ET PORTRAITS

529

PARIS
G. CHARPENTIER & Cie, ÉDITEURS
11, RUE DE GRENELLE, 11

1887

FERDINAND
DE LESSEPS

SA VIE, SON ŒUVRE

TOURS, IMP. E. ARRAULT ET Cⁱᵉ, RUE DE LA PRÉFECTURE, 6.

FERDINAND DE LESSEPS

ALPH. BERTRAND et ÉMILE FERRIER

FERDINAND
DE LESSEPS

SA VIE, SON ŒUVRE

AVEC CARTES ET PORTRAITS

PARIS

G. CHARPENTIER & Cⁱᵉ, ÉDITEURS

11, RUE DE GRENELLE, 11

1887

AVANT-PROPOS

Une nation ne compte pas seulement par les territoires qu'elle possède ou par les provinces qu'elle conquiert ; elle compte surtout par les travaux qu'elle accomplit, les progrès qu'elle réalise, les voies nouvelles qu'elle ouvre à l'action civilisatrice des grandes pensées, des grands événements et des grandes œuvres.

Le XIXᵉ siècle a vu de terribles jours et d'épouvantables guerres. Des hommes s'y sont rencontrés qui ont professé pour les existences humaines un cynique mépris. Ils ont passé et ils passeront ; et de notre temps comme de tous les temps il ne subsistera, après quelques années écoulées, que les œuvres de ceux dont la pensée fut grande ou dont les travaux furent utiles.

Au-dessus du Panthéon de la guerre, les peuples, chaque jour davantage, honoreront le Panthéon de la paix. Plus la puissance des engins de destruction deviendra terrifiante, plus les nations d'abord, les gouvernements ensuite,

1

seront amenés à comprendre que l'humanité doit avoir un autre idéal que son propre suicide.

La lutte a été, est et sera la loi de l'univers. Mais ce qu'on peut espérer, c'est que l'humanité en viendra à lutter un peu moins pour donner la mort, un peu plus pour répandre la vie ; c'est aussi qu'elle dirigera de plus en plus ses efforts contre les forces brutales qui font le désespoir du penseur et lui apparaissent aujourd'hui encore comme la forme moderne — définitive peut-être — de ce Destin inexorable, dans lequel les anciens voyaient le maître souverain et le régulateur suprême de la marche du monde.

Ferdinand de Lesseps est, de nos jours, l'un des vainqueurs de ces forces brutales, l'un des destructeurs de ces barrières qui semblaient infranchissables et éternelles.

Un jour, raconte-t-il dans une de ses causeries, l'eau du Nil arriva dans des contrées jusque-là condamnées à une désolation séculaire ; les populations musulmanes y plongeaient leurs mains, y mouillaient leurs lèvres, et, cessant d'être impassibles, s'écriaient, des larmes de joie dans les yeux : « Oui, c'est bien là le Nil, le Nil béni ! »

Poétique et touchant symbole !

Combien de peuplades l'attendent encore, ce Nil béni où elles aspirent à plonger leurs mains et à mouiller leurs lèvres — ce fleuve de la civilisation et de la science auquel il rest à féconder tant de terres arides, tant de cerveaux incultes !

Ce Nil béni, Ferdinand de Lesseps en est, dans notre siècle, un des plus hardis nautoniers ; il lui a creusé et il lui creuse encore, à travers les sables, les montagnes et les marécages, des voies nouvelles et magnifiques ; il a vaincu, et il est en train de vaincre jusqu'au souvenir de Vasco de Gama et de Magellan.

La force de Ferdinand de Lesseps, c'est, dans l'habitude de la vie, d'agir par lui-même sans compter sur les autres; mais c'est aussi, au moment nécessaire, à l'heure voulue et calculée, d'amener ceux dont il a besoin à intervenir et à le seconder, alors que, malgré toute son énergie, toute sa volonté, tout son courage, il sent que leur concours est indispensable à son succès.

A certaines heures seulement, M. de Lesseps mesure l'étendue de la difficulté, la hauteur de l'obstacle. Hors ce moment il marche, il marche toujours, comme si tout était aisé, simple, facile, naturel. Jamais ni la confiance, ni la bonne humeur ne l'abandonnent. Il a connu les plus grandes anxiétés, les pires angoisses ; toujours il a ignoré l'abattement, le désespoir, même le doute.

« Si c'est possible, c'est fait ; si c'est impossible, cela

se fera. » Dans la bouche de M. de Lesseps cette parole n'est pas une présomptueuse flatterie à l'adresse d'une Majesté qu'il faut séduire, — cette Majesté fût-elle l'opinion, aujourd'hui reine du monde.

Laissant quelquefois, aux heures de trêve et de repos, son imagination contempler quelque rêve étoilé, il devient, dès qu'il a une opposition à vaincre ou une affaire à conduire, l'homme des calculs exacts et des réalités précises, le diplomate consommé, redoutable à ses adversaires.

Il faut le voir et l'entendre à certaines heures, en 1863, par exemple, lorsqu'on lui retire les travailleurs et les moyens d'action sur lesquels il avait toujours compté. La plume à la main, il calcule sans cesse le nombre des mètres cubes qui, non par sa faute, mais par celle d'autrui, c'est-à-dire du gouvernement anglais, vont lui manquer pour tenir envers le public européen ses engagements et ses promesses.

C'est que Ferdinand de Lesseps, tout en connaissant les merveilleuses ressources et la puissance de la volonté, du courage, et même de l'enthousiasme qui entraîne les foules, sait que cette puissance n'est pas une toute-puissance.

Il sait que dans le monde des chiffres et des faits, l'énergie morale ne se suffit pas à elle-même ; elle ne peut que mettre en valeur une autre force, celle des capitaux et des coûteuses machines qui, seuls à cette heure, permettent de supprimer les montagnes, de réduire les résistances de la matière, de transformer en une vérité cette vieille parole du poète latin : *Mens agitat molem.*

M. de Lesseps a transformé en une réalité vivante et féconde une idée qui séduisit les plus grands esprits de notre siècle : Napoléon, Thiers, Guizot, Lamartine, Metternich, Cavour, Cobden, Gladstone.

Par son énergie, sa vaillance, ses combats persistants et victorieux contre les obstacles accumulés sous ses pas par la nature, la politique, la spéculation, le mauvais vouloir ou l'intrigue, — Ferdinand de Lesseps a donc été grand.

Pénétré d'une foi inébranlable en son œuvre, il entraîne au combat contre les sables de Suez et les rochers de Panama d'immenses et pacifiques armées de pionniers de toutes les nations : l'on dirait qu'il les anime du feu sacré de sa propre ardeur.

Dans un élan de maternel et légitime orgueil, la France, sans distinction de parti, a ratifié le titre glorieux qui fut décerné à Ferdinand de Lesseps par un patriote illustre.

La postérité, comme les contemporains, le saluera du nom de « grand Français ».

Ce titre mérité est comme le gage de l'affection et de la reconnaissance d'un pays auquel la renommée de ses enfants est devenue plus chère encore, au lendemain de revers dont le souvenir ne s'effacera jamais.

Ferdinand de Lesseps a enrichi le patrimoine de la France, de même qu'il a agrandi le champ d'action de l'humanité. A toutes les pages de sa vie, et depuis plus de soixante ans, on voit une grande pensée civilisatrice dominer son esprit, fortifier sa volonté, guider son intelligence. Mais son génie, — car celui-là a du génie qui sait à ce point entraîner les hommes et surmonter de tels et aussi prodigieux obstacles, — n'est pas seulement cosmopolite ; il est surtout français. Au delà de nos frontières c'est la France qu'on a souvent combattue en Ferdinand de Lesseps ; c'est la France dont il a évoqué le nom sur toutes les lèvres et dans tous les esprits au lendemain de ses éclatantes victoires ; c'est à la France qu'il fait hommage de tous les honneurs qui lui sont rendus.

Ce double caractère de soldat de la civilisation et de soldat de la France, les auteurs de ce livre auraient ambitionné de le mettre en vive lumière. D'innombrables publications ont été faites concernant telle ou telle partie de l'œuvre de M. de Lesseps : l'histoire même de cette œuvre reste à faire.

Nous aurions voulu montrer, dans sa puissante unité, cette existence si active, si féconde, si glorieuse, à laquelle l'avenir, nous l'espérons, réserve encore un grand et superbe succès.

Nous ne nous flattons pas d'avoir réussi dans notre tâche.

Il est toutefois un sentiment que nous avons éprouvé et qui, croyons-nous, sera partagé par le lecteur. En parcourant cet aperçu des actes, des discours, des luttes, des infatigables travaux et des incessants voyages de cet homme qui ne se lasse jamais, chacun, comme nous-mêmes, sentira croître sa sympathie et sa haute estime pour cette noble et vaillante personnalité qui, en ouvrant des voies nouvelles à la navigation, au commerce, à l'industrie, à la science, a servi, sur tous les points du globe, avec une chevaleresque ardeur, la cause de la civilisation, les intérêts de tous les peuples, et l'honneur du nom français.

CHAPITRE Ier

LES DÉBUTS DE M. DE LESSEPS

LA FAMILLE DE LESSEPS. — NAISSANCE DE FERDINAND DE LESSEPS. — SON ÉDUCATION. — SA CARRIÈRE DIPLOMATIQUE. — SES MISSIONS EN ÉGYPTE, EN HOLLANDE, EN ESPAGNE ET EN ITALIE. — SES RELATIONS DE FAMILLE AVEC MÉHÉMET-ALI. — L'AMITIÉ DE MOHAMMED-SAÏD. — DÉMISSION DE M. DE LESSEPS EN 1849.

Le goût des voyages et les aptitudes diplomatiques ont été héréditaires dans la famille de l'homme illustre dont nous entreprenons d'écrire l'histoire.

Les ascendants de M. Ferdinand de Lesseps ont presque tous été des hommes d'action, amoureux de progrès et de mouvement, laborieux, chercheurs, patriotes.

Plusieurs d'entre eux furent des agents diplomatiques de premier ordre. Ils appartenaient à la forte et remarquable école de ces « commis du département des affaires étrangères » qui furent les collaborateurs si précieux des Mazarin, des de Lionne, des Fleury, des Choiseul, des Vergennes, et qui contribuèrent, dans une si large mesure, par leur connaissance parfaite des questions extérieures, à la supériorité qu'avait su, au XVIIe et au XVIIIe siècle acquérir la diplomatie française. Aussi le préambule des lettres de noblesse accordées, en 1701, à Dominique Lesseps disait-il vrai, lorsqu'il relatait que ces lettres étaient accordées à « *titre de justice plutôt qu'à titre de grâce* ».

L'oncle de Ferdinand de Lesseps, Barthélemy de Lesseps, fit partie, en qualité d'officier de marine, de l'expédition de Lapeyrouse.

Quelque temps avant la catastrophe qui mit fin aux jours du célèbre navigateur, Barthélemy de Lesseps fut débarqué par l'*Astrolabe* à l'extrémité du Kamschatka. Chargé par Lapeyrouse d'une mission de confiance, il traversa ces solitudes glacées sur un traîneau attelé de chiens et revint après un voyage de 1,800 lieues, à travers la Sibérie et la Russie, rapporter à Versailles des nouvelles d'une expédition dont il devait être le seul survivant. Louis XVI reçut l'intrépide voyageur avec distinction, lui fit raconter sa longue odyssée et le présenta à la Cour encore revêtu d'un costume kamschalde. Ce fut, un moment, le héros du jour.

Barthélemy de Lesseps a laissé de son voyage une relation qui est de tous points remarquable. Publié en 1790, à une époque où l'on conservait encore quelque espérance de retrouver Lapeyrouse, ce récit obtint un grand succès. C'est un ouvrage plein de détails curieux et de remarques judicieuses. Il contient un lexique de la langue kamschalde qui indique chez son auteur un goût de la linguistique très développé.

La préface de ces deux volumes est particulièrement intéressante. Barthélemy de Lesseps s'y montre inconsolable de la perte de ses compagnons; les paroles touchantes qu'elle lui inspire révèlent un noble caractère, en même temps qu'un patriotisme élevé et soucieux de ses devoirs envers la France.

« Depuis mon arrivée, dit Barthélemy de Lesseps dans cette préface, il ne s'est pas écoulé de jours où mes vœux n'aient rappelé nos intrépides navigateurs de la *Boussole* et de l'*Astrolabe*. Que de fois, me promenant en idée sur les mers qui leur restaient à parcourir, j'ai cherché à reconnaître leurs traces, à les suivre de rade en rade, à supposer des relâches, à mesurer toutes les sinuosités de leur marche!..

« ... O lecteur, qui que tu sois, pardonne à ma douleur cet épanchement involontaire. Si tu as pu connaître celui que je pleure, tu mêleras tes regrets aux miens ; comme moi, tu demanderas au ciel, pour notre consolation, pour la gloire de la France, qu'il nous ramène bientôt et le chef de l'expédition, et ceux de nos courageux argonautes qu'il nous a conservés. Au moment où j'écris, ah ! si un vent favorable poussait leurs vaisseaux vers nos côtes !... Puisse-t-il être exaucé ce vœu de mon cœur ! puisse le jour de la publication de cet ouvrage être celui de leur arrivée ! Dans l'excès de ma joie, je trouverai toutes les jouissances de l'amour-propre. »

Barthélemy de Lesseps ne vit pas ce vœu s'exaucer. Après la Révolution, il continua dans la diplomatie une carrière qui fut brillante ; il devint consul général en Russie, gouverneur civil de Moscou en 1812 et, en dernier lieu, chargé d'affaires à Lisbonne, où il mourut en 1832.

Le père de Ferdinand de Lesseps, Mathieu de Lesseps, suivit une voie presque parallèle à celle de son frère Barthélemy. Il occupa, lui aussi, de hautes fonctions.

Commissaire général — sous le Consulat on appelait ainsi les consuls généraux — à Cadix, puis en Egypte, en Toscane, en Russie (1), président du Sénat Ionien, préfet

(1) « M. de Lesseps, dit le duc de Vicence dans ses mémoires, en parlant du père de Ferdinand de Lesseps, était consul général à Saint-Pétersbourg avant et pendant mon ambassade. Napoléon faisait grand cas de son consul et me l'avait particulièrement recommandé. Instruit, spirituel, très aimable et causant à merveille, M. de Lesseps était fort considéré... Mme de Lesseps, bonne et excellente femme, était aimée de tous. Mère d'une nombreuse famille, on la rencontrait plus souvent chez elle que dans les fêtes. Alexandre les traitait fort bien. Il demandait un jour à M. de Lesseps des nouvelles de sa femme. « Sire, elle est accouchée hier. — Encore ! Mais combien donc avez-vous d'enfants ? — Un nombre infini, Sire : c'est comme les sables du désert. »

et comte de l'Empire, consul général aux Etats-Unis, chargé d'affaires à Tunis, il mourut dans cette dernière ville en 1832, l'année même où son frère Barthélemy mourait à Lisbonne.

Mathieu de Lesseps fut un homme énergique et un diplomate habile. En 1815, il était gouverneur des îles Ioniennes ; il refusa de capituler devant les Anglais avant qu'on ne lui eût apporté un ordre écrit du gouvernement de Louis XVIII. Pour résister jusqu'au bout il paya de ses deniers la solde des troupes placées sous ses ordres.

Dans l'intervalle de ses voyages et de ses missions à l'étranger, Mathieu de Lesseps habitait Versailles. Il y avait son domicile, lorsque naquit l'enfant qui devait à jamais immortaliser son nom.

Une plaque de marbre, avec une inscription en lettres d'or, indique aujourd'hui à Versailles, presque au coin de la rue des Réservoirs et de la rue de la Paroisse, la maison d'apparence modeste où Ferdinand de Lesseps vint au monde le 19 novembre 1805 (1).

Dans une causerie pleine d'humour, M. de Lesseps a lui-même rappelé, lors de la pose de cette plaque commémorative, les longues courses à pied dans les forêts de Marly et de Saint-Germain, les promenades à cheval, les exercices physiques de toute nature — escrime, équitation, gymnastique — qui contribuèrent à le doter de cette robuste santé, de ce tempérament de fer, grâce auquel il a pu toute sa vie et peut encore, à l'âge de plus de 80 ans, supporter, sans même paraître s'en apercevoir, les fatigues d'innombrables travaux et d'incessants voyages sur tous les points du globe.

En reconnaissance des services de son père, Ferdinand

(1) Le nom de Ferdinand de Lesseps a été donné à un boulevard de sa ville natale.

de Lesseps fut élevé, aux frais de l'Etat, au lycée Napoléon qui prit, lors de la Restauration, le nom de collège Henri IV.

Ferdinand de Lesseps entra donc dans la vie avec toutes les qualités d'une race active, intelligente, laborieuse. Dès son jeune âge les grands voyages, les curieuses aventures dont le souvenir se rattachait au nom de ses parents, lui apparurent entourés d'un attirant prestige ; leur récit eut sur son esprit une action en quelque sorte décisive.

Au sortir du collège Henri IV, M. de Lesseps fut donc naturellement amené à devenir ce qu'avaient été les siens : un voyageur, un diplomate.

Ce fut en 1825 à Lisbonne, près de son oncle Barthélemy, que M. de Lesseps débuta en qualité d'élève-consul. Il avait vingt ans.

Presque tout entière, la carrière de M. Lesseps s'écoula sur les bords de la Méditerranée ; Tunis, Alexandrie, Barcelone en furent les principales étapes.

« *Mare nostrum* », — cette vieille parole latine, — M. de Lesseps pourrait la prendre comme devise. Longtemps avant qu'il ne commençât l'œuvre grandiose qui devait immortaliser son nom, il vécut les yeux fixés sur cette mer que Bonaparte avait rêvé de transformer en lac français. Ferdinand de Lesseps devait faire mieux ; grâce à lui, la Méditerranée est redevenue la principale artère de la civilisation et du commerce du monde.

L'idée du percement de l'isthme de Suez remonte, dans l'esprit de M. de Lesseps, à une date reculée. Un de ses amis, M. Berteaut, nous en a fait connaître l'origine.

Après 1830, M. de Lesseps, alors élève-consul, avait été envoyé à Alexandrie. En retournant à son poste, il fut forcé de faire quarantaine. Au Lazaret, il s'ennuyait grandement de son inactivité forcée. M. Minaut, consul général de France à Alexandrie, envoya à son jeune collaborateur une provision de livres. Dans le nombre se trouvait un mémoire sur la jonction de la mer Rouge et de la Méditerranée rédigé, d'après les ordres du général Bonaparte, par un ingénieur français, M. Lepère, à l'époque de l'expédition d'Egypte. L'idée de la jonction des deux mers, développée dans un mémoire, frappa l'imagination de l'élève-consul; ce fut cette idée qui fit sa fortune, sa célébrité, sa gloire.

Depuis le commencement du siècle, l'attention publique en France était d'ailleurs fixée sur l'Egypte. L'expédition du général Bonaparte, si féconde pour la science et pour l'histoire, les admirables travaux de Monge, de Champollion, de Jomard, — les publications nombreuses et célèbres qui se continuèrent pendant toute la durée de la Restauration, — le prestige qui, pour les vieux soldats de la République et de l'Empire, s'attachait à cette expédition légendaire entre toutes, gravée dans leur mémoire par tant de beaux faits d'armes et par les paroles retentissantes et célèbres : « Du haut de ces pyramides, quarante siècles vous contemplent, » — toutes ces impressions, toutes ces études, tous ces événements avaient, aux yeux de la France, réveillé la terre des Pharaons du lourd sommeil qui depuis plusieurs siècles pesait sur elle et tenait plongé dans les ténèbres de la barbarie ce merveilleux berceau de la civilisation du monde.

Plus que tout autre, Ferdinand de Lesseps devait ressentir ces impressions. Son père s'était trouvé très particulièrement associé à la renaissance de l'Egypte. Lors de la paix d'Amiens, Mathieu de Lesseps avait, en effet, été envoyé au Caire en qualité d'agent diplomatique; le premier Consul l'avait chargé de s'efforcer d'y rétablir et d'y faire prévaloir l'influence française, fortement ébranlée depuis le départ du corps expéditionnaire par la domination des Mamelouks.

M. Ferdinand de Lesseps a lui-même raconté l'épisode
curieuse qui fut l'origine des relations de sa famille avec
celle de Méhémet-Ali, — relations dont le souvenir devait
avoir une influence si considérable sur son propre avenir.

« Lorsque je résidais, dit-il, comme agent français
auprès de Méhémet-Ali, ce grand prince m'avait témoigné
beaucoup d'affection, en mémoire de mon père qui avait
représenté la France en Egypte, après la paix d'Amiens,
et qui avait concouru à l'élévation du binsbachi, Méhémet-
Ali-Aga, venu de la Macédoine, avec un contingent de
mille hommes.

« Le premier consul Bonaparte et M. de Talleyrand,
ministre des relations extérieures, avaient donné pour
instructions à leur agent de chercher dans les milices turques un homme hardi et intelligent, qui pût être désigné
pour être nommé — par Constantinople — pacha au Caire,
titre à peu près nominal, dont il pourrait se servir pour
abattre la puissance des Mamelouks, contraires à la politique française. Un des janissaires de mon père lui amena
un jour Méhémet-Ali-Aga, qui, à cette époque, ne savait
ni lire ni écrire. Il était parti de la Cavalle avec sa petite
troupe, et se vantait quelquefois d'être sorti du même pays
qu'Alexandre. Trente ans plus tard, le corps consulaire
venant complimenter, à Alexandrie, Méhémet-Ali-Pacha
sur les victoires de son fils Ibrahim en Syrie, le vice-roi
d'Egypte se tournant vers moi, dit à mon collègue : « Le
père de ce jeune homme était un grand personnage, quand
j'étais bien petit; il m'avait un jour engagé à dîner; le lendemain j'appris qu'on avait volé un couvert d'argent à
table, et comme j'étais la seule personne qui pût être
soupçonnée de ce larcin, je n'osais pas retourner dans la
maison de l'agent français, qui fut obligé de m'envoyer
chercher et de me rassurer. »

De 1832 à 1839, M. de Lesseps passa sept années en

Égypte. Il acquit une connaissance parfaite du pays, de sa topographie, de ses habitudes, de ses mœurs ; il s'y pénétra de ces traditions et de ces finesses de la diplomatie orientale, sans lesquelles il est impossible de conquérir une influence sérieuse dans des contrées où, pour réussir, il faut ne rien ignorer de toutes les intrigues du palais, pour ne pas dire de tous les détours du sérail.

De même que son père avait su mériter la reconnaissance de Méhémet-Ali en contribuant à son élévation, de même, Ferdinand de Lesseps, pendant son séjour au Caire et à Alexandrie, eut l'heureuse fortune de rencontrer un prince qui devait avoir une part importante au succès de sa future entreprise.

Méhémet-Ali avait un fils qu'il affectionnait particulièrement ; ce fils se nommait Saïd.

Méhémet, raconte M. de Lesseps, était un homme très sévère. Il voyait avec peine son fils grossir d'une manière effrayante. Désirant prévenir un embonpoint excessif chez un enfant qu'il aimait, il l'envoyait grimper sur les mâts des bâtiments pendant deux heures par jour, sauter à la corde, ramer, faire le tour des murailles de la ville, bref, se livrer à une série d'exercices qui, joints à une nourriture des plus élémentaires, devaient fortement réagir contre l'obésité du jeune prince.

M. de Lesseps était la seule personne qui fût autorisée à le recevoir. Souvent Saïd arrivait harassé chez le consul de France, se jetait sur un divan et s'y reposait de ses fatigues. Parfois même il se faisait servir une collation ; il avait, paraît-il, un goût tout particulier pour le macaroni ; c'était son faible.

Qui pourrait dire l'influence que ce macaroni eut sur les destinées de M. de Lesseps ? Ceux-là seuls qui pensent que la reconnaissance du cœur est parfois voisine de celle de l'estomac, qui aiment à citer la phrase de Pascal sur l'influence que la longueur du nez de Cléopâtre exerça sur les destinées de l'empire romain.

Le prince Saïd grandit avec des sentiments très sympathiques pour les idées françaises. Depuis lors, ses souvenirs d'enfance ne cessèrent de lui montrer dans Ferdinand de Lesseps un ami dévoué, envers lequel son affection ne fit que se développer avec l'âge. Il en fut si bien ainsi qu'ayant été exilé d'Égypte, à la suite d'une conspiration, il vint chercher un asile à Paris, où il habita un hôtel de la rue Richelieu. Il y revit M. de Lesseps et renoua avec lui ses anciennes relations, qui devinrent de plus en plus cordiales.

Secondaires en apparence, ces faits eurent sur l'avenir du consul de France en Egypte une influence décisive.

Dans une de ces nombreuses conférences qu'il a faites aux quatre coins de l'Europe, M. de Lesseps, sous une forme humoristique, mais avec une grande justesse, a fort bien indiqué tout ce qu'il a dû au souvenir des rapports de jeunesse qu'il avait eus avec le prince qui, monté sur le trône, lui accorda la concession du canal de Suez :

« Sans me comparer à Moïse, une chose, dit-il, m'étonnait, étant jeune, quand je lisais la Bible. On y voit, en effet, qu'il entrait chez Pharaon, le reprenait, le menaçait. Comment se fait-il, me demandais-je, qu'un si grand souverain ne mette pas ce gaillard-là à la porte, ou même qu'il le laisse s'approcher de lui.... Voici pourquoi. En Orient, lorsqu'un prince a connu quelqu'un pendant son enfance, il ne peut pas lui interdire le seuil de sa maison. Aussi le vice-roi prenait-il le parti de s'en aller. Pendant longtemps, lorsque les difficultés surgissaient de toutes parts, rien ne l'ennuyait plus que de parler du canal ; il me demandait de rester plusieurs semaines sans le voir ; il disait à tout le monde de ne me rien accorder, pendant que, sous main, il permettait de me venir en aide. Ainsi, dans un campement où on nous refusait l'eau, un de nos ingénieurs ne

put en obtenir qu'en menaçant de son pistolet le chef inti-
midé. Devant ses ministres, le vice-roi s'indigna de cette
conduite, qu'il approuvait, j'en suis certain. En public, il
disait qu'il m'avait retiré son amitié; qu'il défendait de nous
secourir, etc. Un jour, en plein conseil, il venait de faire
une sortie de ce genre ; tout le monde avait quitté la salle,
lorsque, dans un coin, le vice-roi aperçut le gouverneur
de la ville. « Que fais-tu là ! lui demanda-t-il, n'as-tu pas
« entendu ce que j'ai ordonné. — Pardon, monseigneur,
« mais Votre Altesse l'a fait avec tant de violence qu'il est
« impossible que ce soit sa pensée. — Tu m'as compris,
« dit le vice-roi ; va-t-en, mais prends garde que si tu laisses
« soupçonner que j'ai pu t'autoriser à aider Lesseps, tu
« auras affaire à moi. »

En 1838, M. de Lesseps quitta l'Egypte. Les événements
dont il avait été témoin n'avaient pu qu'ajouter à la haute
idée que, dès les premiers jours, le jeune diplomate avait
conçue de la prodigieuse vitalité de cette contrée au nom de
laquelle Méhémet-Ali et son fils Ibrahim, par leur activité,
leurs victoires (1), leur lutte persévérante contre la domination turque, étaient en train de rendre une sorte d'auto-
nomie, en même temps qu'un réel prestige.

Ajoutons que pendant son séjour auprès de Méhémet-
Ali, M. de Lesseps avait su conquérir en Egypte et en
Syrie une véritable popularité. Plus tard, lors du perce-
ment de l'isthme, elle devait lui être d'un grand secours.
Dans ces pays il avait eu l'occasion de faire beaucoup de
bien. Nous n'en citerons qu'un exemple.

A l'époque de la guerre de Syrie, en 1834, Ibrahim-Pacha
avait eu à se plaindre de la population de Bethléem, qui

---

(1) La seule victoire de Nezib, 24 juin 1839, coûta aux Turcs 4,000 tués
ou blessés, 12,000 prisonniers, 172 bouches à feu, 20,000 fusils, leurs
tentes et jusqu'aux insignes du commandement en chef.

est catholique. Il avait envoyé aux galères tous les habitants en état de porter les armes, 400 jeunes gens et, sans doute comme fauteurs de l'insurrection, une douzaine de vieillards. Etant président de la commission de santé, M. de Lesseps voyait à chacune de ses visites d'inspection ces vieillards et ces jeunes gens qui entonnaient des cantiques en l'honneur de la France. Il leur demanda ce qu'ils avaient fait. Ils le lui racontèrent. M. de Lesseps alla trouver le vice-roi Méhémet-Ali et sollicita leur grâce. Méhémet lui répondit : « Je ne peux pas vous le promettre, je crains de blesser mon fils Ibrahim en renvoyant tous ces prisonniers qu'il a voulu punir de leur révolte ; mais, soyez tranquille, chaque semaine j'en remettrai cinq à votre disposition. »

Aussitôt que cette nouvelle fut connue dans Bethléem, la porte du jeune consul ne cessa d'être assiégée par les femmes et les parents de ceux qui étaient aux galères. Il ne pouvait sortir de chez lui sans être entouré d'une foule de malheureux qui venaient solliciter sa protection. Lorsqu'il sortait, ils le serraient de si près en le suppliant qu'ils lui déchiraient ses habits.

Les circonstances lui paraissant un peu plus favorables, M. de Lesseps imagina, un jour, d'aller trouver le vice-roi avec ses habits tout en lambeaux. « Qu'avez-vous ? lui dit le vice-roi. — C'est votre faute, répliqua M. de Lesseps. Tant que vous n'aurez pas mis en liberté mes protégés retenus aux galères, il en sera de même, et je ne suis pas au bout de mes peines, si vous ne relâchez que cinq prisonniers par semaine. » Le vice-roi se rendit à la demande du consul de France et laissa ces braves gens retourner dans leur pays. Tout M. de Lesseps est dans ce trait plein de bonté et de bonne humeur.

Lors de la peste de 1835, qui exerça en Egypte les plus terribles ravages, M. de Lesseps qui, bien que très jeune, gérait, en ce moment, le consulat général de France au Caire, déploya un dévouement et un courage en récompense desquels il fut nommé chevalier de la Légion d'honneur.

Nommé consul à Rotterdam en 1838, à Malaga en 1839, à Barcelone en 1842, M. de Lesseps ne cessa de se distinguer dans ces différents postes. Il en fut notamment ainsi à Barcelone.

Au moment où cette ville qui s'était insurgée allait être bombardée, M. de Lesseps réussit à la fois à sauvegarder les intérêts de ses nationaux et à sauver un grand nombre d'habitants. Il fit donner impartialement asile à bord des bâtiments de l'Etat aux Espagnols dont la vie était en péril.

Cette conduite lui valut de nombreux témoignages de gratitude et de sympathie. La chambre de commerce de Barcelone commanda son buste en marbre et lui adressa des remercîments publics auxquels l'évêque s'associa; les résidents français firent frapper une médaille en son honneur. Les Cabinets étrangers le remercièrent et lui envoyèrent les insignes de leurs ordres. Le gouvernement français le promut au grade d'officier dans la Légion d'honneur et, tout en le maintenant à Barcelone, où il venait de représenter si dignement la France, le nomma consul général.

Depuis cette époque le nom de M. de Lesseps jouit en Espagne, et notamment à Barcelone, d'une grande sympathie. Lorsqu'il s'y rendit en 1858, quelque temps avant l'émission des actions du canal, il reçut le plus enthousiaste accueil.

En 1848, après la révolution de février, M. de Lesseps fut envoyé à Madrid par Lamartine, alors ministre des affaires étrangères, en qualité d'ambassadeur. Il y négocia un traité postal très avantageux pour la France.

En 1849, M. de Lesseps fut chargé d'une mission à Rome,

alors en pleine révolution. Il avait cru y servir la politique
libérale dont le prince Louis Napoléon, devenu président
de la République, avait paru tracer le programme dans sa
fameuse lettre à Edgar Ney. Mais cette lettre n'était qu'un
leurre. Le gouvernement du président ne pardonna pas à
M. de Lesseps de n'avoir pas su ou de n'avoir pas voulu
comprendre qu'il devait, avant tout, à Rome, favoriser les
intérêts de la réaction cléricale, dont l'appui était nécessaire au futur Napoléon III, pour lui permettre de préparer
le rétablissement de l'Empire. M. de Lesseps fut désavoué.
Il comptait quatre années de services honorables et distingués. Il donna sa démission.

C'était de la part du gouvernement présidentiel une
faute grave que de priver, par un injustifiable procédé, le
pays des services d'un diplomate aussi actif, aussi expéri-
menté, aussi dévoué aux intérêts de la France. M. de Lesseps n'avait alors que quarante-quatre ans. Il était ministre
plénipotentiaire de première classe... C'était une faute,
mais c'est le cas ou jamais de dire que ce fut une faute
heureuse, *felix culpa;* elle eut pour résultat le percement
de l'isthme de Suez.

CHAPITRE II

LA CONCESSION DU CANAL

L'ISTHME DE SUEZ; SA DESCRIPTION; SON HISTOIRE. — LES ANCIENS CANAUX. — LES NOUVEAUX PROJETS. — L'AVÈNEMENT DE MOHAMMED-SAÏD. — M. DE LESSEPS EN ÉGYPTE. — LA CONCESSION. — PREMIÈRE EXPLORATION DE L'ISTHME. — RETOUR DE M. DE LESSEPS EN FRANCE. — SON VOYAGE EN ANGLETERRE. — ADHÉSIONS ET MANIFESTATIONS SYMPATHIQUES EN FRANCE ET EN EUROPE.

M. de Lesseps nous a lui-même raconté en quelles circonstances il jugea l'heure venue de tenter l'exécution du projet dont, vingt-cinq ans auparavant, au lazaret d'Alexandrie, il avait eu la première idée, et qu'il n'avait cessé de considérer comme l'une des œuvres nécessaires du XIXe siècle.

De 1849 à 1854, M. de Lesseps, en disponibilité depuis sa mission à Rome, avait plus que jamais étudié tout ce qui se rattachait aux relations de l'Occident et de l'Orient; de jour en jour, cette conviction s'était fortifiée dans son esprit que le percement de l'isthme de Suez développerait dans des proportions inusitées le mouvement commercial et maritime du monde entier.

Qu'on ne croie pas cependant que M. de Lesseps ait pensé alors avoir une idée extraordinaire. Elle lui semblait très simple et indiquée par la nature même des choses.

« Quel est l'enfant intelligent, dit-il quelque part, qui, à la première vue d'une carte géographique, n'ait demandé à son professeur pourquoi l'on n'allait point aux Indes en traversant l'isthme de Suez, pourquoi l'on n'abrégeait pas aussi de 3,276 lieues la route de Bombay à Marseille, de 2,850 celle de Bombay à Londres, de 4,300 lieues celle de Constantinople dans l'Inde. Le maître répondait qu'il y avait une différence de niveau entre la mer Rouge et la Méditerranée, qu'il était impossible de creuser dans le désert un canal qui ne fût rempli aussitôt par le sable, etc., etc. ».

Le point d'interrogation posé par cet enfant et la réponse faite par ce maître d'école résumaient, mieux que de longs mémoires, l'état de la question au moment où M. de Lesseps entreprit de la résoudre.

Quel était cet isthme de Suez qu'il s'agissait de percer? Quels avaient été jusque-là son importance et son rôle historique?

L'isthme de Suez, et nous en empruntons la description à M. de Lesseps qui dans ces quelques lignes en a fait ressortir toute l'importance, — l'isthme de Suez était une langue de terre qui joignait les deux continents de l'Afrique et de l'Asie, et séparait la Méditerranée de la mer Rouge par un espace de 120 kilomètres, environ 30 lieues. Les deux points extrêmes au sud et au nord sont : le golfe de Suez et le golfe de Péluse. Le golfe de Péluse s'étend de l'est à l'ouest, du cap Cassius à la pointe de Damiette. Le golfe de Suez s'avance entre l'Arabie et l'Egypte. A l'occident de l'isthme et sur la Méditerranée se succèdent les côtes maritimes de l'Egypte, de Tripoli, de Tunis, de l'Algérie et du Maroc. En face de Péluse se développent les côtes de France, d'Italie, le golfe Adriatique, Trieste, Venise, les îles de l'Archipel ; au nord, Constantinople et la mer Noire ; à l'est, la côte de Syrie.

Au sud de Suez, à droite les côtes d'Egypte et d'Abyssinie, le détroit de Bab-el-Mandeb, à 560 lieues de Suez ; les côtes du Zanzibar, la prolongation de la côte orientale d'Afrique, Madagascar en face sur la gauche en regardant toujours le sud, à partir de Suez, le mont Sinaï, le golfe d'Acaba, l'Arabie Pétrée et l'Arabie Heureuse ; en tournant le détroit de Bab-el-Mandeb, vers l'orient, Aden, la suite des côtes de l'Arabie, le golfe Persique, les Indes ; plus loin encore, la Chine et Cochinchine, les Philippines.

Les anciens — et plus on étudie l'histoire, plus on voit qu'en toutes choses ils furent nos maîtres, — avaient, dès une plus haute antiquité compris l'immense parti que l'on pouvait tirer de cette langue de terre, en y pratiquant un passage mettant en communication les deux mers.

« Le premier, écrivait Hérodote 450 ans avant Jésus-Christ, Nécos, fils de Psammitique, mit la main au canal qui conduit dans la mer Rouge. Le perse Darius y travailla en second lieu : la longueur de ce canal est de quatre journées de navigation et sa largeur est telle que deux trirèmes ou trières peuvent y naviguer de front. L'eau vient du Nil ; elle est amenée d'un peu au-dessus de Bubaste et passe près de la ville arabe de Patymos. Le canal est d'abord creusé dans la plaine d'Egypte contiguë à l'Arabie. Au-dessus s'étend jusqu'à Memphis la montagne où sont les carrières. A partir de cette montagne il coule longtemps d'occident en orient dans la vallée qui est au pied, puis il se hâte dans des passages étroits et se dirige à partir de la colline, d'abord vers le midi, puis vers le Notus (sud-ouest), dans le golfe Arabique. Douze myriades (120,000) d'Egyptiens périrent en le creusant sous le roi Nécos ; mais il s'arrêta au milieu, sur l'avis d'un oracle qui déclara que le canal était préparé à grands frais pour un Barbare » (l. II § 156).

Ce fut-là un des plus grands et des plus étonnants travaux d'art accomplis par l'antiquité. On évalue à 15 millions le nombre des mètres cubes qui furent enlevés pour creuser ce canal.

Après la conquête de l'Égypte par Alexandre, le canal des Pharaons fut réparé, agrandi, approfondi par les Ptolémées, dont il prit le nom. « Le dernier Ptolémée, dit notamment Diodore de Sicile (l. I, 33), mit la main à l'œuvre et construisit, à l'endroit convenable, un certain *diaphragme* ingénieusement combiné. Celui qui voulait transiter l'ouvrait d'abord et le fermait après lui ; l'opération se faisait à coup sûr ». Ce fut-là, comme on le voit, l'origine des écluses.

C'est à Péluse que Pompée, défait à Pharsale, fut traîtreusement assassiné, et Plutarque raconte que « lorsque Antoine après la bataille d'Actium se fit conduire à Alexandrie, il trouva Cléopâtre occupée d'une entreprise non moins grande que hardie... La reine avait imaginé de faire transporter ses vaisseaux à travers l'isthme et de les rassembler dans la mer Rouge, mais les Arabes des environs de Petra ayant brûlé les premiers navires qui avaient franchi l'isthme, elle renonça à son entreprise (*Vie d'Antoine*). »

Les empereurs romains tirèrent un très grand parti du canal des Ptolémées au point de vue du commerce avec l'Inde. Le canal fut restauré et amélioré par Trajan et Adrien, et désigné dès lors sous le nom de fleuve de Trajan (*Trajanus amnis*).

Fort négligé cependant dans les derniers temps de la domination romaine, le canal paraît s'être alors de plus en plus ensablé. Mais lorsque l'Egypte eût été conquise par les Arabes, le calife Amrou le fit remettre en état, 639 ans avant Jésus-Christ. A dater de cette époque, le canal porta le nom de canal d'Amrou jusqu'au jour où sa

destruction fut opérée, très probablement pour isoler
l'Egypte, pendant une révolte sous le règne du calife abas-
side Abou-Giafar-el-Mansour.

Pendant près de quinze siècles il avait donc existé un
canal de jonction entre la Méditerranée et la mer Rouge,
mais ce canal, qui suivait sur plusieurs points un tracé
se rapprochant de celui de M. de Lesseps, était alimenté
par l'eau du Nil et conduisait d'une mer à l'autre, sans les
faire toutes deux directement communiquer.

Avec l'islamisme, la barbarie envahit l'Egypte pour de
longs siècles. Est-ce à dire cependant qu'en Europe on ait,
alors même que le lourd sommeil ottoman pesait sur l'Egypte,
oublié entièrement le rôle capital qui dans l'antiquité avait
appartenu à cette contrée. A diverses reprises et de loin
en loin on rappela que c'était la vraie route de l'Orient et
l'on prévit le jour où l'Egypte, affranchie de la barbarie
musulmane, reprendrait une place prépondérante dans les
préoccupations de l'Europe et même du monde entier.

On sait quels efforts tenta saint Louis pour délivrer
l'Egypte du joug des Sarrazins. Il n'y réussit pas.

Mais, comme l'a remarqué très judicieusement M. Olivier Ritt, « si les croisades ne furent pas suivies du succès
que poursuivaient les nations chrétiennes, elles eurent du
moins un résultat très important ; elles portèrent un coup
décisif à l'avenir de la puissance musulmane en la détour-
nant du soin de s'assurer une supériorité commerciale,
dont le moyen était à sa portée ».

Qui peut dire, en effet, quelles destinées auraient été
peut-être celles de l'islamisme si, au lieu de consacrer ses
efforts à repousser les chrétiens d'Occident et de prendre de
plus en plus dans ces longues luttes le caractère guerrier
et fanatique qu'il devait conserver jusqu'à nos jours, il se
fut mis en mesure de s'assurer la route des Indes et d'enlever le monopole du commerce de l'Orient aux Vénitiens

et, par suite, aux héritiers de leur vaste commerce, les Portugais, les Hollandais, les Anglais.

Un homme dont les conceptions furent singulièrement hardies conçut, au xv° siècle, l'idée de s'emparer de l'Egypte ; nous voulons parler du cardinal Ximénès, célèbre ministre d'Isabelle et de Ferdinand le Catholique. Mais la découverte de l'Amérique et celle du cap de Bonne-Espérance avaient détourné les esprits de cette voie, pourtant la plus facile et la plus commode au point de vue des relations avec l'Orient. Il faut ajouter aussi que les conditions de la navigation avaient singulièrement changé depuis le temps de l'antique canal de Nécos ; on ne voyait guère comment on pourrait ouvrir aux navires allant d'Europe dans l'Inde une autre route que celle qui avait été inaugurée par Vasco de Gama lorsque, le premier, il doubla le cap de Bonne-Espérance.

Plusieurs fois, cependant, les Vénitiens, que cette découverte avait dépossédés de la plus grande partie de leur commerce, se préoccupèrent de cette question, mais sans aboutir à un résultat appréciable.

Au xvii° siècle, un grand esprit évoqua, dans une circonstance marquante, les souvenirs qui se rattachaient au nom de l'Egypte ; il rappela que c'était là la vraie route de l'Orient et qu'un jour viendrait où l'Egypte, affranchie de la barbarie musulmane, reprendrait une place prépondérante dans les préoccupations de l'Europe et du monde entier. Ce grand esprit, ce fut Leibnitz.

Alors que Louis XIV se préparait à faire l'expédition de Hollande, Leibnitz, prévoyant, avec une rare justesse de coup d'œil, la série interminable de guerres qui allait résulter en Europe de cette expédition, conseilla à ce prince de porter ses forces en Egypte et de s'assurer ainsi le commerce de l'Orient, en l'enlevant aux Hollandais par la conquête de cette voie de communication avec les Indes.

Souvent on a parlé de ce mémoire de Leibnitz. Pour en retrouver le texte il nous a fallu de sérieuses recherches. Il nous paraît se lier si étroitement aux origines du percement de l'isthme de Suez, et près de deux siècles plus tard l'œuvre de M. de Lesseps a si complètement justifié les vues de Leibnitz — dont il a donné le nom à une des places d'Ismaïlia — que le lecteur nous saura gré de reproduire le texte de ce mémoire à la fois si célèbre et si peu connu.

Voici en quels termes Leibnitz s'adressait à Louis XIV :

« *Au Roi très chrétien.*

« SIRE,

« La réputation de sagesse que Votre Majesté s'est acquise, m'enhardit à lui présenter le fruit de mes méditations sur un projet qui, au jugement même de quelques hommes supérieurs, est le plus vaste que l'on puisse concevoir et le plus facile à exécuter. Je veux parler, Sire, de la conquête de l'Egypte.

« De toutes les contrées du globe, l'Egypte est la mieux située pour acquérir l'empire du monde et des mers, la population dont elle est susceptible, et son incroyable fertilité l'appellent à cette élévation. Jadis, mère des sciences et sanctuaire des prodiges de la nature, aujourd'hui repaire de la perfidie mahométane, pourquoi faut-il que les chrétiens aient perdu cette terre sanctifiée, lien de l'Asie et de l'Afrique, digue interposée entre la mer Rouge et la Méditerranée, grenier de l'Orient, entrepôt des trésors de l'Europe et de l'Inde ?

« La navigation n'est pas bien difficile pour y parvenir. Depuis quelques années, surtout, ce n'est qu'un jeu pour les vaisseaux français de parcourir la Méditerranée, sur laquelle on entend rarement parler de naufrages de quelque importance. De Marseille à l'île de Malte, il y a environ le

tiers du chemin, et de Marseille à l'île de Candie, plus des
deux tiers. Un exemple assez récent ne laisse aucun doute
sur la facilité d'aller en Crête, ainsi que d'aborder aux
rivages de Tunis, d'Alger et de Tripoli. La station de
Malte est sûre, et la France possède dans le voisinage de
cette île, celle de Lampedouse. Constantinople est le
centre des forces de l'empire turc ; mais en cas d'attaque subite, l'Egypte en est trop éloignée pour être
secourue à temps. Séparée par d'immenses déserts, elle
ne peut guère recevoir de secours par terre. Attaqués par
mer, les Turcs sont presque sans forces maritimes. Sur le
pied de paix, la milice égyptienne est très faible : les janissaires s'occupent plus du négoce que des armes. Non seulement l'Egypte, mais tout l'Orient n'attendent, pour se
soulever, que l'arrivée d'une force libératrice sur laquelle
on puisse se reposer sans crainte. L'Egypte conquise, les
destinées de l'Empire turc sont finies : il croulera de toutes
parts. Le visir actuel, préférant la sûreté de la tête de son
Maître, et la sienne, à la suprématie de l'Empire, s'est
constamment appliqué à anéantir la puissance turbulente
des saphirs et des janissaires.

« Il est généralement reconnu que l'Egypte ne présente
aucun point de défense qui ne puisse être emporté à la
première attaque, excepté le Caire ; encore ne pourrait-il
tenir devant un assaillant qui serait maître de la mer.
Cette vérité m'est attestée par les voyageurs ; et, d'après
les relations que j'ai consultées, tout me confirme dans
l'opinion que j'ai du succès complet qu'aurait une expédition en ce pays. A sa gauche sont les Arabes, à sa droite,
les Numides, ennemis des Turcs, et appartenant à qui les
achète. La milice égyptienne s'élève à trente mille hommes, mais ce nombre est plus apparent que réel, car depuis
que le titre de janissaire est devenu vénal, l'ancienne disci-
pline turque s'est considérablement affaiblie.

« Damiette et le château d'Alexandrie, fortifiés à la manière ancienne, ne pourraient résister à des sièges entrepris d'après les règles de la tactique moderne. Rosette est sans fortifications.

« Il ne faut pas juger de la valeur actuelle des hordes asiatiques par celle qu'elles déployèrent dans les guerres de Candie et de Hongrie.

« Mais à supposer que ce projet, qui a toutes les probabilités de succès en sa faveur, vînt à échouer, que pourrait-il résulter de périlleux pour la France de la part de ces barbares qui ont provoqué sa vengeance par tant d'injures ?

« La possession de l'Egypte ouvrira une prompte communication avec les plus riches contrées de l'Orient ; elle liera le commerce des Indes à celui de la France, et fraiera le chemin à de grands capitaines pour marcher à des conquêtes dignes d'Alexandre.

« Si les Portugais, dont les forces sont bien inférieures à celles de la France, avaient pu s'emparer de l'Egypte, il y a longtemps que l'Inde tout entière leur serait soumise ; et cependant, malgré leur petit nombre, ils se sont rendus redoutables aux peuples de ces contrées, et n'en ont été éloignés que par les Anglais et les Hollandais.

« Ceux-ci font trembler impunément les despotes de l'Orient. Soixante mille rebelles ont suffi pour subjuguer le vaste empire de la Chine.

« L'extrême faiblesse des Orientaux n'est plus un secret, et la facilité d'opérer des révolutions dans le Mogol un mystère.

« L'Egypte conquise, rien ne serait plus aisé de s'emparer de toutes les côtes de la mer des Indes et des îles sans nombre qui les avoisinent. L'intérieur de l'Asie, privé de commerce et de richesses, se rangera de lui-même sous notre domination. J'ose dire qu'on ne peut rien concevoir

de plus grand, et que dans tout ce qui est grand il n'est
rien de plus facile.

« Enfin, s'il faut en revenir, comme malgré soi, aux choses
les plus simples et les plus logiques, je maintiens que la
Hollande sera plus aisément vaincue par l'Egypte que
dans son propre sein : car on lui enlèvera sans difficulté ce
qui la rend florissante, les trésors de l'Orient. Et la différence de l'attaque a cela de remarquable qu'elle ne sentira
pas le coup direct qui lui sera porté, de ce côté, avant qu'il
réussisse ; et, si elle le pressent, elle ne pourra pas l'éviter.
Si elle voulait s'opposer aux desseins de la France sur
l'Egypte, elle serait accablée de la haine générale des
chrétiens ; au lieu que si elle était attaquée chez elle, non
seulement elle saurait parer l'agression, mais elle pourrait
encore s'en venger, soutenue par l'opinion universelle qui
s'attache constamment à suspecter d'ambition les vues de
la France. Ceux qui abhorrent les Infidèles, de même que
ceux qui haïssent les Français, verront avec plaisir une
expédition contre les Musulmans, les uns pour l'avantage
de la chrétienté, les autres, dans l'espoir qu'un ennemi
puissant viendra s'opposer à l'entreprise de la France et
détruira complètement ses meilleures forces. Si l'on tient
secrets les moyens d'exécution et le but véritable auxquels
ils tendent, de toutes parts, on aura les yeux ouverts sur
une entreprise dont la réussite assurera à jamais la possession des Indes, le commerce de l'Asie et la domination
de l'univers.

« Il ne sera pas indifférent de confirmer le bruit déjà
répandu que l'on va attaquer la Morée, ou d'insinuer
adroitement que l'on en veut aux Dardanelles et à Constantinople. Pendant que toute l'Europe sera en suspens,
vos forces tomberont sur l'Egypte comme la foudre. Votre
Majesté en acquerra une renommée de piété, de magnanimité et de sagesse d'autant plus grande, que tous les

esprits, actuellement persuadés que les préparatifs de guerre sont destinés contre la Hollande, seront frappés de surprise, en apprenant que Vous les avez dirigés contre l'Egypte.

« Une discrétion profonde assurera, Sire, la réussite d'une expédition déjà tentée par Vos ancêtres. Et ce succès qui s'étend si loin dans ses conséquences, puisqu'il doit forcer les Hollandais à une humble soumission, par la frayeur, et les Infidèles au respect, par la puissance de vos armes, remplira l'univers d'admiration pour la personne de Votre Majesté. »

Le projet préconisé par Leibnitz ne fut pas accepté par Louis XIV ; ce fut là un malheur pour la France qui en eût alors recueilli les plus grands bénéfices. Mais l'idée du célèbre philosophe ne devait pas être perdue ; il vint une heure où la lecture de son Mémoire, conservé aux archives du ministère des affaires étrangères, fit une impression profonde sur le général Bonaparte, qui se demandait par quelle merveilleuse entreprise il pourrait renchérir sur l'effet produit en Europe par la campagne d'Italie. L'expédition d'Egypte, en 1799, fut la reproduction exacte de celle qu'avait proposée Leibnitz à Louis XIV en 1672.

Il ne tint même pas à Bonaparte de réaliser jusqu'au bout le plan tracé par Leibnitz ; dans son esprit, l'Egypte n'était qu'une première étape vers l'Inde, où il voulait aller détourner au profit de la France la source même de la richesse commerciale de l'Angleterre et conquérir la réputation d'un nouvel Alexandre.

Le mémoire de Leibnitz a donc un lien étroit avec l'expédition d'Egypte accomplie par le général Bonaparte, et cette expédition fut elle-même l'origine directe des projets relatifs au percement de l'isthme de Suez et à la réouverture de la mer Rouge et de la Méditerranée au commerce de l'Orient.

Qui ne connaît les admirables travaux auxquels donna lieu l'expédition d'Egypte et qui ne sait la gloire de cette commission scientifique qui comptait dans ses rangs Monge, Champollion, Jomard et tant d'autres hommes illustres ?

Lorsqu'après la bataille des Pyramides, Bonaparte se rendit à Suez avec les savants de l'expédition, il reconnut les vestiges de l'ancien canal de Nécos, dont les berges sont encore en certains endroits très apparentes et s'écria : « Messieurs, nous sommes en plein canal des Pharaons ». C'est alors qu'il donna à un ingénieur très distingué, M. Lepère, l'un des membres de la commission scientifique, l'ordre d'étudier la question de la jonction des deux mers. M. Lepère se mit à l'œuvre et conclut en indiquant deux solutions :

1° Pour le commerce de l'Egypte un canal à petite section alimenté par les eaux du Nil et traversant le désert. C'était en réalité une sorte de remise en état du canal de Nécos ;

2° Pour le transit un canal maritime à grande section et aussi en écluses, allant de Péluse à Suez.

Ce projet procédait d'une idée juste en elle-même et devait être réalisé par M. de Lesseps, mais M. Lepère ou plutôt son personnel avait commis deux notables erreurs :

1° En signalant Péluse comme pouvant servir d'entrée au canal sur la Méditerranée ;

2° En admettant la nécessité d'écluses pour le canal maritime, et en appuyant cette nécessité sur la différence de niveau qui, d'après une tradition fort ancienne et aussi d'après les travaux de nivellement exécutés par son personnel, aurait existé entre la Méditerranée et la mer Rouge.

Lorsque M. Lepère eut terminé son rapport, les événements

avaient marché. On était en 1803. Bonaparte était premier consul. En recevant le mémoire du célèbre ingénieur, il dit : « La chose est grande, ce ne sera pas moi qui pourrai l'accomplir maintenant, mais le gouvernement turc trouvera peut-être sa conservation et sa gloire dans l'exécution de ce projet. »

Mais en faisant revivre l'idée de la réunion de la mer Rouge et de la Méditerranée, le mémoire de M. Lepère aura marqué dans l'histoire du xixᵉ siècle. Nous avons dit plus haut quelle impression profonde cette lecture produisit sur l'esprit de M. de Lesseps en 1831.

C'était d'ailleurs l'époque où Méhémet-Ali, en attirant en Egypte un grand nombre de Français et d'étrangers signalait de nouveau ce pays à l'attention de l'Europe, comme pouvant fournir à l'activité du monde civilisé un nouveau et précieux champ d'action.

On se remit alors à discuter la question de la différence du niveau des deux mers.

Était-il vrai que la mer Rouge fût plus haute que la Méditerranée, dont l'isthme de Suez la sépare ? Toute l'antiquité l'avait cru sur la foi d'Aristote (1), écho lui-même d'une tradition égyptienne, de Diodore de Sicile, de Strabon, de Pline, etc.

La commission d'Egypte, sous la direction de M. Lepère, en 1799, l'avait cru aussi, et son nivellement avait établi que la mer Rouge avait 9ᵐ908 ou 30 pieds de surélévation. Les deux grands mathématiciens Laplace et Fourier avaient nié la possibilité d'une telle différence. Mais leur protestation avait passé presque inaperçue, quoique M. Lepère lui-même doutât loyalement de l'exactitude de ses opérations. Voici en quels termes il juge son nivellement : « Pressés par le temps, inquiétés par les démons-

_____
(1) Aristote, _Météorologie_, l. I, ch. xiv, § 27.

« trations hostiles des tribus arabes, obligés de suspendre
« à plusieurs reprises l'opération, forcés enfin d'exécuter
« au niveau d'eau une grande partie des nivellements, mis
« dans l'impossibilité de faire aucune vérification, il n'y a
« rien d'étonnant à ce que les ingénieurs habiles qui fai-
« saient ces opérations dans des circonstances si excep-
« tionnelles, soient arrivés à des résultats incertains. »

Ce fut seulement en 1830 que M. le capitaine Chesney,
depuis major général, passant dans l'isthme et le parcourant, avait affirmé que les opérateurs français avaient dû
se tromper et que cette grande différence de niveau n'était
pas réelle. Des officiers anglais tentèrent, après les événements de 1840, de faire le nivellement de l'isthme et ils
déclarèrent que les deux mers étaient de niveau. Mais leurs
observations ne purent être décisives, parce que leurs instruments étaient trop imparfaits.

A partir de 1846, une phase toute nouvelle se présente
dans ces questions. En 1841, M. Linant-Bey, ingénieur
français des plus distingués qui depuis vingt ans était au
service du vice-roi, et avait, lui aussi, contesté les résultats
du travail de Lepère, tenta de former avec M. Anderson,
directeur de la Compagnie péninsulaire et orientale, une
société pour le percement de l'isthme de Suez. En 1845,
il entretint de ce projet le duc de Montpensier lors de son
voyage en Egypte. En 1846, une nouvelle société se forma
pour exécuter, s'il était possible, les plans de M. Linant-
Bey, et s'assurer qu'on pourrait ouvrir dans l'isthme un
bosphore artificiel, comme il le pensait. Les principaux
membres de cette société étaient MM. Stephenson, P. Talabot et de Negrelli. La société ordonna comme opération
préliminaire le nivellement de l'isthme, et elle le confia à
M. Bourdaloue, très connu pour son expérience consommée
dans ces sortes de travaux. Afin que l'exploration fût aussi
complète qu'on le désirait, aux ingénieurs européens que

dirigeait M. Bourdaloue, on adjoignit une brigade d'ingénieurs égyptiens, deux compagnies du génie, et une compagnie d'artilleurs placés sous la direction de M. Linant-
Bey. Les opérations furent faites avec le plus grand soin,
de Tineh à Suez et ensuite de Suez à Tineh. Les instruments étaient excellents ; le personnel était nombreux et
habile ; et comme les divisions d'ingénieurs opérèrent sépa-
rément, on put obtenir plusieurs vérifications du travail
commun. Ces vérifications furent au nombre de six, comme
le déclare M. Bourdaloue.

Le résultat ainsi constaté était, on peut dire, infaillible
et M. P. Talabot se chargea, en 1847, de le faire connaître
au monde savant. La mer Rouge et la Méditerranée étaient
à très peu près de niveau, comme Laplace et Fourier
l'avaient cru, et le nivellement de 1799 était erroné.

De 1846 à 1856, six nivellements allant en sens divers,
d'une mer à l'autre, constatèrent le même fait ; trois entre
le golfe de Péluse et la mer Rouge, par la voie directe ; et
trois, qui sont indirects et qui passent par le Caire, pour
aboutir à Rosette ou à Damiette d'une part, et de l'autre
à Suez.

Les trois nivellements directs sont :

1° Celui de MM. Bourdaloue et Linant-Bey, en 1847,
allant de Tineh à Suez ;

2° Celui de MM. Gabold et Froment, en 1848, contrôle
du précédent, allant au contraire de Suez à Tineh ;

3° Celui de M. Linant-Bey, en 1853, vérifiant de nouveau
toute l'opération, par l'ordre du gouvernement égyptien
et sur la demande de M. Sébatier, consul général de
France.

Les trois nivellements indirects, c'est-à-dire passant par
le Caire furent :

1° Celui de Tahil-Effendi, en 1846, allant de Rosette au
Caire, par le Béheré, combiné avec celui de M. Bourda-

loue, en 1847, allant de Tineh au Caire, par l'Ouadée-Toumilat;

2° Celui de Rhamadan-Effendi, en 1849, allant de Damiette au Caire par le Cherkich, combiné avec celui de M. Bourdaloue, en 1847, allant de Suez au Caire par l'Ouadée;

3° Enfin, celui de M. Darnaud, en 1884, allant de Suez au Caire par la route de poste, combiné avec celui de M. Bourdaloue, en 1847, allant du Caire à Tineh, par l'Ouadée.

Tous ces nivellements n'eurent pas la même précision; mais ils s'accordaient tous entre eux, puisque la plus grande différence était de 0^{m}94.

Les nivellements auxquels s'attache le plus d'intérêt, après celui de M. Bourdaloue, sont : celui de M. Linant-Bey, qui n'a été entrepris en quelque sorte que pour départager les opérations de 1847 et celles de 1799, et celui de Salem-Effendi, entrepris spécialement pour le canal de Suez. Le monde savant s'était ému, pour l'honneur de la commission d'Egypte, d'une erreur aussi forte que celle qu'on lui imputait, et c'était pour répondre à d'honorables scrupules que M. Sabatier, consul général de France en Egypte, avait provoqué, en 1853, la vérification officielle confiée à M. Linant-Bey.

Des carnets d'observations de M. Linant-Bey, il ressort qu'il n'y a entre ses observations spéciales et celles de 1847 que des différences insignifiantes, dans les divers points de repère, sur une longueur de plus de 30 lieues.

Dès lors, la question du percement de l'isthme de Suez fut plus que jamais posée. Le père Enfantin, le célèbre créateur de l'école saint-simonienne et ses disciples la prirent tout particulièrement à cœur, et consacrèrent à cette question de remarquables travaux.

En 1847, sous ce titre *le Percement de l'Isthme de Suez*,

création de la première route universelle sur le globe, la librairie phalanstérienne publiait une intéressante brochure suivie d'une pétition à la Chambre des députés, qui était signée par MM. Aug. Colin et le comte de Naives, et ainsi conçue :

« Nous venons saisir la Chambre des députés, d'une question de la plus haute importance, et dont la bonne solution ne peut manquer d'avoir une heureuse influence sur la prospérité du commerce de tous les peuples, sur les relations des puissances européennes et sur la consolidation de la paix générale.

« D'une part, les développements que prend chaque jour la navigation à vapeur sur toute l'étendue des mers, et la mise en activité prochaine des lignes de chemins de fer qui vont aboutir à la Méditerranée, font sentir au commerce l'impérieux besoin du percement maritime de l'isthme de Suez.

« D'une autre part, les puissances européennes, momentanément divisées par des difficultés politiques, ont également besoin de se rapprocher sur des questions plus générales, et de se grouper autour du grand principe et d'une œuvre d'utilité universelle.

« Ainsi, dans cette occurrence, les intérêts du commerce et ceux de la politique s'unissent d'eux-mêmes ; ils peuvent, ils doivent se prêter un mutuel appui.

« Les capitaux des divers pays de l'Europe ne demandent pas mieux que de s'associer pour établir un système de communications rapides à travers l'isthme de Suez ; déjà plusieurs projets ont été mis au jour ; déjà des tentatives ont été faites auprès du pacha d'Egypte ; déjà on aperçoit le germe de plusieurs Compagnies.

« Mais, pour agir prudemment, les intérêts particuliers ne peuvent se passer du concours de l'Europe ; pour que les capitaux s'engagent définitivement dans cette opération, ils ont besoin qu'un traité collectif vienne leur garantir que la paix ne sera pas troublée par les rivalités internationales et que le principe de l'égalité des droits sera maintenu pour le passage maritime de Suez ; en un mot, une Compagnie ne peut être solidement assise que lorsque l'Europe aura préparé et sanctionné ses relations avec le pacha d'Egypte, avec la Porte, avec les marines commerciales de tous les Etats.

« Ce que l'expérience nous a démontré, à nous et à tous ceux qui se sont occupés activement de cette question, c'est qu'il est indispensable qu'une haute et puissante initiative rassure et garantisse les intérêts de l'Egypte, de la Porte, des Etats européens et de toutes les personnes qui engageront leur travail et leurs capitaux dans l'opération.

« Sans cette initiative, sans la garantie de justice et d'impartialité qui en résultera, toutes les tentatives échoueront, et l'affaire sera impossible.

« Il importe donc, Messieurs, de provoquer un nouveau concert européen *ad hoc*, une entente spéciale entre les cabinets sur cette question ; il importe d'entamer des négociations, afin de conclure un traité à six, analogue à la convention du 1ᵉʳ juillet 1841 sur la neutralité du Bosphore et des Dardanelles, et appliquant le même principe au Bosphore artificiel de Suez dont la Compagnie aurait l'administration sous la protection immédiate du pacha d'Egypte et l'autorité supérieure des puissances.

« Vous remarquerez que la neutralité du passage maritime de Suez ne sera pas un principe abstrait et purement conventionnel comme la neutralité terrestre de certains Etats de l'Europe ; mais que ce sera une fonction active et commune pour toutes les nations, qui auront par conséquent un intérêt direct et incessant à maintenir cette neutralité. Aussi, on ne peut douter qu'elle ne soit naturellement respectée, comme l'a toujours été, depuis six ans, la neutralité du Bosphore et des Dardanelles.

« Le principe de neutralité appliqué à des surfaces terrestres a été récemment une cause de division ; le principe de neutralité appliqué à des surfaces maritimes sera un gage de concorde et de paix.

« Il est de l'honneur, il est de l'intérêt, il est du devoir de la nation française et de son gouvernement, de travailler activement, incessamment, à réaliser l'entente des puissances européennes dans le sens que nous indiquons ici.

« C'est pourquoi, Messieurs les Députés, nous vous prions de vouloir bien renvoyer la présente pétition à M. le Ministre des affaires étrangères, et de manifester ainsi, aux yeux de la France, de l'Europe et du monde, que vous désirez qu'un nouveau traité collectif soit négocié entre les six puissances : Angleterre, France, Russie, Prusse, Autriche et Turquie, ayant pour objet d'établir que l'isthme de Suez et le canal maritime qu'on y construira, sont et seront soumis au principe de neutralité, comme les détroits du Bosphore et des Dardanelles, la propriété nominale et la possession d'État demeurant à la Porte et au pacha d'Egypte, ainsi que l'ont réglé les derniers traités et le firman du 1er juin 1841.

« Nous offrons de communiquer à M. le Ministre des affaires étrangères et à la Chambre, si elle le désire, tous les renseignements, études, plans et projets, de lui donner tous les éclaircissements et explications, soit verbalement, soit par écrit.

« Nous sommes certains, Messieurs, que vous saurez voir, dans la demande que nous vous adressons, l'expression légitime et vraie des besoins du commerce, en même temps que les intérêts les plus chers de la France et de l'Europe, et nous avons la ferme confiance que vous appuierez, de tout le poids de votre autorité souveraine, une pétition conforme en tous points à votre politique de paix, d'ordre et de conservation. »

Comme on le voit, le projet du percement de l'isthme de Suez et de la création d'un canal maritime international préoccupait de plus en plus les hommes d'imagination, les hommes de science, les capitalistes.

L'idée faisait des progrès ; mais combien d'incertitudes, combien de tâtonnements, combien d'obstacles !

A la fin de 1854, lorsque M. Ferdinand de Lesseps entra en scène, on était moins avancé encore qu'en 1847. Ni le projet de M. Talabot consistant à faire un canal dérivé du Nil avec écluses et reliant Alexandrie à Suez par le centre de la Basse-Égypte, ni le projet de MM. Barrault nécessitant un énorme détour et des travaux gigantesques, ni d'autres projets encore n'avaient pu aboutir. Les difficultés, les impossibilités même, semblaient s'accentuer chaque jour, et l'opinion du monde savant lui-même devenait de moins en moins favorable à l'exécution du canal.

Dans les revues les plus célèbres, les écrivains considérés comme les plus compétents émettaient des assertions, aujourd'hui incroyables, et qui, durant plus de dix ans, allaient servir de base à la polémique engagée contre le projet de M. de Lesseps. D'après eux, « la navigation et l'abordage étaient impossibles dans la baie de Péluse. Des bancs de vase agglomérés, espèces d'îles flottantes, devaient envelopper les navires et les arrêter dans leur marche. Toutes les constructions qu'on voudrait élever dans la rade pour former l'entrée du canal seraient englouties. Les blocs et les pierres s'enfonceraient indéfiniment et jamais on n'en verrait plus paraître à la surface de l'eau (1). » On ajoutait qu'il y avait sur tout le parcours de l'isthme du roc vif, qu'il n'y aurait pas moyen de

(1) *Revue d'Edimbourg*, 1859.

creuser et qu'enfin, si le canal était fait, il ne servirait à rien, la mer Rouge n'étant pas navigable. Le plus souvent, on déclarait ces questions oiseuses et dignes seulement d'occuper le cerveau de théoriciens désœuvrés ou de spéculateurs tout au moins téméraires.

Le grand mérite de M. de Lesseps, ce fut de ne se laisser dérouter par aucune objection, aucune difficulté, aucun obstacle, d'apporter, relativement au tracé, un programme très précis, très exact et très juste, de soutenir toujours et quand même que ce plan était le seul pratique, et enfin d'en poursuivre l'exécution avec une invincible persévérance et une indomptable énergie. On avait eu des velléités, il eut une volonté ; on avait disserté, il sut agir.

Dès 1852, M. de Lesseps, croyant l'heure venue, avait fait une première tentative.

Placé dans l'alternative de gagner à sa cause, un vice-roi, Abbas-Pacha, que ses plaisirs absorbaient, ou de s'adresser à Constantinople, il avait pris cette dernière détermination. Sa demande fut examinée par le Divan et il lui fut répondu — réponse intéressante à noter au point de vue des contradictions futures — que cette question ne concernait nullement la Porte et qu'elle était du ressort de l'Égypte.

Le jour où le vice-roi prit l'initiative du canal, la thèse changea ; l'Angleterre, qui avait fait tout récemment, sans que la Porte fût intervenue, le chemin de fer d'Alexandrie à Suez, devait décider le sultan à réclamer, au nom de ses droits soi-disant méconnus, contre le percement de l'isthme.

Malgré ce premier échec, M. de Lesseps ne se découragea pas ; il attendit une occasion plus propice.

On était en pleine guerre d'Orient, lorsque l'ancien consul de France reçut d'Egypte une nouvelle qui le décida à tenter une action décisive.

M. de Lesseps se trouvait à la campagne, dans le Berri, à la Chénaie, vieux manoir ayant appartenu à Agnès Sorel; il s'y occupait de sa ferme et de ses bestiaux. Un jour, tandis qu'il était sur le toit d'une maison en construction, au milieu des poutres et des charpentes, on lui présenta un journal qui annonçait la mort d'Abbas-Pacha et l'avènement de Mohammed-Saïd — celui-là même dont il avait été l'ami, quand il était consul en Égypte et dont l'affection envers lui n'avait fait que s'accroître, lorsque ce prince avait dû se réfugier à Paris.

Dès qu'il eut reçu cette nouvelle, la résolution de M. de Lesseps fut prise; ses batteries furent changées; il tourna de nouveau ses regards et ses pensées vers l'Égypte; c'est là qu'il s'agissait de remporter promptement une décisive victoire.

Quelques semaines après, M. de Lesseps fut invité par le vice-roi à se rendre à Alexandrie. Il y débarqua le 9 novembre 1854. Saïd le reçut avec de grands honneurs et lui donna pour résidence un de ses palais, puis il l'engagea à l'accompagner au Caire, en traversant le désert libyque, avec une petite armée de 11,000 hommes.

M. de Lesseps avait apporté avec lui le mémoire qu'il avait préparé sur le percement de l'isthme; mais malgré l'accueil empressé et flatteur qui lui fut fait, il attendit l'instant favorable pour s'ouvrir au vice-roi de son grand projet. Il semble presque qu'à la veille de livrer cette importante bataille, M. de Lesseps ait eu un moment non pas d'hésitation, mais de bien explicable et naturelle anxiété. N'était-ce pas d'un geste, d'un signe, d'un mot du prince égyptien qu'allait dépendre tout l'avenir?

Cette émotion se fait jour dans une lettre adressée alors par M. de Lesseps à sa belle-mère, Mme Delamalle:

« J'avoue, dit-il, que mon entreprise est encore dans les nuages, et je ne me dissimule pas que, tant que je serai seul à la croire possible, ce sera comme si elle était impossible. »

M. de Lesseps n'était pas sans espoir dans les sentiments du vice-roi, mais il avait trop longtemps vécu en Orient pour ne pas savoir combien sont variables les impressions des dépositaires du pouvoir absolu. Son ami, M. Ruyssenaers, consul général des Pays-Bas à Alexandrie, venait, d'ailleurs, de lui confier que Mohammed-Saïd avait dit, un jour, que son père, Méhémet-Ali, après avoir songé au percement de l'isthme de Suez, y avait renoncé à cause des difficultés que pourrait lui susciter l'Angleterre et que, si jamais il était vice-roi, il ferait comme son père.

N'était-il pas à craindre que Mohammed-Saïd ne persistât dans cette résolution ? Qui peut dire qu'il ne s'y fût pas tenu si, dès la première heure, il eût pu entrevoir toutes les difficultés, tous les obstacles que l'Angleterre allait multiplier sous ses pas ?

Aussi, c'était moins son ami, son ancien protégé que M. de Lesseps voyait, à cette heure, dans Mohammed-Saïd que le juge souverain dont il fallait à tout prix obtenir le suffrage, que le maître de sa fortune, de son avenir, de sa gloire. Qu'on lise plutôt ce récit de la première visite faite par M. de Lesseps au nouveau vice-roi : « J'ai cru, dit-il, que, justement parce que j'avais connu le prince dans une toute autre position, il convenait de lui témoigner cette déférence respectueuse que le cœur humain accepte toujours avec plaisir. »

Le vice-roi reçut M. de Lesseps avec effusion. Il lui parla de ses souvenirs d'enfance, des persécutions qu'il avait subies et de ses malheurs sous le règne d'Abbas-Pacha, enfin de son désir de faire le bien et de rendre la prospérité à l'Égypte. M. de Lesseps félicita Saïd de ses intentions, ajoutant que, si la Providence avait confié le gouvernement le plus absolu de la terre à un prince qui avait acquis dans sa jeunesse une solide instruction et qui, plus tard, avait été rudement éprouvé par la mauvaise fortune, c'était pour un grand but; il justifierait sa mission.

Dans une lettre à Mme Delamalle, M. de Lesseps a retracé l'historique de la journée à jamais mémorable du 15 novembre 1854, dans laquelle il entretint pour la première fois le vice-roi de la grande et féconde idée dont il venait lui proposer l'exécution.

Pleine de bonne humeur, de verve, de joie intime, cette lettre est un vrai bulletin de victoire.

> La voilà, la fameuse journée,
> Qui répond à notre désir.....

Ainsi chantaient les Huguenots en allant à la bataille. Il semble qu'au matin de ce jour triomphal, M. de Lesseps ait éprouvé ce même sentiment de religieuse et pénétrante émotion.

Ce jour-là, dès cinq heures, M. de Lesseps était sur pied. « Le camp, nous dit-il, commençait à s'animer. La fraîcheur annonce le prochain lever du soleil. A ma droite, l'Orient est dans tout son triomphe; à ma gauche l'Occident est sombre et nuageux. Tout à coup, je vois apparaître de ce côté un arc-en-ciel aux plus vives couleurs, dont les extrémités plongent de l'est à l'ouest. J'avoue que j'ai senti mon cœur battre violemment. Et j'ai eu besoin d'arrêter mon imagination qui saluait déjà dans ce signe d'alliance dont parle l'Ecriture, le moment arrivé de la véritable union entre l'Occident et l'Orient du monde, et le jour marqué par la réussite de mon projet. »

Le cœur eût battu à moins..... Le style, c'est l'homme. Tout M. de Lesseps est dans ces lignes avec son imagination, son ardeur généreuse, sa puissance de conception, de perception, d'action.

A cinq heures de l'après-midi, M. de Lesseps n'avait encore pu trouver l'occasion d'avoir avec Mohammed-Saïd la conférence si ardemment désirée ; toutefois, il ne cessait d'y penser. Sa bonne humeur, son adresse de tireur, son intrépidité de cavalier ne furent jamais, paraît-il, plus remarquables que dans cette journée. Il fallait plaire au prince et à son entourage. M. de Lesseps se surpassa.

Pour se distraire, Mohammed-Saïd exerçait des tirailleurs sur une cible placée à cinq cents mètres.

Aucun des chasseurs n'avait encore touché le but. M. de Lesseps prend le fusil des mains de l'un d'eux et lui montre comment il doit tenir son arme pour viser. Le vice-roi fait apporter sa carabine. M. de Lesseps l'essaye et atteint le but du premier coup. En frappant ce but apparent, M. de Lesseps n'en visait-il pas un autre moins visible ?

Félicité, acclamé, fêté par l'entourage du vice-roi, M. de Lesseps jugea le moment arrivé ; laissons le vainqueur raconter lui-même sa vraie victoire :

« A cinq heures du soir, dit il, je remontai à cheval et retournai à la tente du vice-roi en escaladant une seconde fois le parapet, d'un saut vigoureux de mon cheval. Le vice-roi était gai et souriant. Il me prit la main et la garda un instant dans la sienne. Il me fit asseoir sur son divan à côté de lui. Nous étions seuls. L'ouverture de la tente nous laissait voir le beau coucher de ce soleil dont le lever m'avait si fort ému le matin. Je me sentais fort de mon calme et de ma tranquillité dans un moment où j'allais aborder une question bien décisive pour mon avenir. Mes études et mes réflexions sur le canal se présentaient clairement à mon esprit, et l'exécution me semblait si réalisable que je ne doutais pas de faire passer ma conviction dans l'esprit du prince. J'exposai mon projet sans entrer dans des détails, en m'appuyant sur les principaux faits et arguments développés dans mon mémoire, que j'aurais pu réciter d'un bout à l'autre. Mohammed-Saïd écouta avec intérêt mes explications. Je le priai, s'il avait des doutes, de vouloir bien me les communiquer. Il me fit avec beaucoup d'intelligence quelques objections auxquelles je répondis de manière à le satisfaire, puisqu'il me dit enfin : « Je suis convaincu. J'accepte votre plan. Nous nous occuperons, dans le reste du voyage, des moyens d'exécution. C'est une affaire entendue. Vous pouvez compter sur moi ».

Après la note grave, la note plaisante. Le vice-roi appelle ses pachas et ses généraux. Il les consulte sur le projet de M. de Lesseps. Rien ne ressembla jamais moins à un débat parlementaire : « Ces conseillers improvisés, plus aptes à se prononcer sur une évolution équestre ou une prouesse à la cible que sur une immense entreprise dont ils ne pouvaient guère apprécier la portée, ouvraient de grands yeux en se tournant vers moi. Ils me faisaient l'effet de penser que l'ami de leur maître, qu'ils venaient de voir si lestement franchir à cheval une muraille et toucher si bien la cible, ne pouvait donner que de bons avis. Ils portaient de temps en temps la main à leur tête en signe d'adhésion, à mesure que le vice-roi leur parlait. Tel est le récit fidèle de la plus importante négociation que j'aie faite et que je ferai jamais ».

La victoire était gagnée auprès du vice-roi. Il restait à la remporter auprès de la France, de l'Europe, de l'opinion publique.

M. de Lesseps ne perdit pas un instant. Le 30 novembre 1854, le vice-roi signait le firman de concession. Cet acte, malgré les modifications ultérieures dont il fut l'objet, est resté, en plusieurs points, la charte constitutive de la société du canal de Suez, nous croyons devoir le reproduire *in extenso* :

« Notre ami, M. Ferdinand de Lesseps, ayant appelé notre attention sur les avantages qui résulteraient pour l'Égypte de la jonction de la mer Méditerranée et de la mer Rouge par une voie navigable pour les grands navires, et nous ayant fait connaître la possibilité de constituer, à cet effet, une Compagnie formée de capitalistes de toutes les nations, nous avons accueilli les combinaisons qu'il nous a soumises, et lui avons donné, par ces présentes, *pouvoir exécutif* de constituer et de diriger une Compagnie universelle pour le percement de l'isthme de Suez et l'exploitation d'un canal entre les deux mers, avec faculté d'entreprendre ou de faire entreprendre tous travaux et constructions, à la charge par la Compagnie de donner préalablement toute indemnité aux particuliers, en cas d'expropriation pour cause d'utilité publique; le tout dans les limites et avec les conditions et charges déterminées dans les articles qui suivent.

« ARTICLE 1er. — M. Ferdinand de Lesseps constituera une Compagnie dont nous lui confions la direction, sous le nom de *Compagnie universelle du Canal maritime de Suez*, pour le percement de l'isthme de Suez, l'exploitation d'un passage propre à la grande navigation, la fondation ou l'appropriation de deux entrées suffisantes, l'une sur la Méditerranée, l'autre sur la mer Rouge, et l'établissement d'une ou de deux portes.

« ART. 2. — Le Directeur de la Compagnie sera toujours nommé par le Gouvernement égyptien, et choisi, autant que possible, parmi les actionnaires les plus intéressés dans l'entreprise.

« ART. 3. — La durée de la concession est de quatre-vingt-dix-neuf ans, à partir de l'ouverture du canal des deux-mers.

« ART. 4. — Les travaux seront exécutés aux frais exclusifs de la Compagnie, à laquelle tous les terrains nécessaires n'appartenant pas à des particuliers seront concédés à titre gratuit. Les fortifications que le gouvernement jugera à propos d'établir ne seront point à la charge de la Compagnie.

« ART. 5. — Le Gouvernement égyptien recevra annuellement de la Compagnie 15 % des bénéfices nets résultant du bilan de la Société, sans préjudice des intérêts et dividendes revenant aux actions qu'il se réserve de prendre pour son compte lors de leur émission et sans aucune garantie de sa part dans l'exécution des travaux ni dans les opérations de la Compagnie. Le reste des bénéfices nets sera réparti ainsi qu'il suit :

« 75 % au profit de la Compagnie,

« 10 % au profit des membres fondateurs.

« ART. 6. — Les tarifs des droits de passage du canal de Suez, concertés entre la Compagnie et le vice-roi d'Egypte et perçus par les agents de la Compagnie, *seront toujours égaux pour toutes les nations*, aucun avantage particulier ne pouvant jamais être signalé au profit exclusif d'aucune d'elles.

« ART. 7. — Dans le cas où la Compagnie jugerait nécessaire de rattacher par une voie navigable le Nil au passage direct de l'isthme, et dans celui où le canal maritime suivrait un tracé indirect desservi par l'eau du Nil, le Gouvernement égyptien abandonnerait à la Compagnie les terrains du domaine public, aujourd'hui incultes, qui seraient arrosés et cultivés à ses frais ou par ses soins.

« La Compagnie jouira, sans impôts, desdits terrains pendant dix ans, à partir de l'ouverture du canal ; durant les quatre-vingt-neuf ans qui resteront à s'écouler jusqu'à l'expiration de la concession, elle paiera la dîme au Gouvernement égyptien ; après quoi, elle ne pourra continuer à jouir des terrains ci-dessus mentionnés qu'autant qu'elle paiera audit Gouvernement un impôt égal à celui qui sera affecté aux terrains de même nature.

« ART. 8. — Pour éviter toute difficulté au sujet des ter-

rains qui seront abandonnés à la Compagnie concessionnaire, un plan dressé par M. Linant-Bey, notre commissaire ingénieur auprès de la Compagnie, indiquera les
terrains concédés, tant pour la traversée et les établissements du canal maritime et du canal d'alimentation dérivé
du Nil, que pour les exploitations de culture, conformément aux stipulations de l'article 7.

« Il est en outre entendu que toute spéculation est, dès
à présent, interdite sur les terrains du domaine public à
concéder, et que les terrains appartenant antérieurement
à des particuliers, et que les propriétaires voudront, plus
tard, faire arroser par les eaux du canal d'alimentation
exécuté aux frais de la Compagnie, paieront une redevance
de..... par fiddan cultivé, ou une redevance fixée amiablement entre le Gouvernement égyptien et la Compagnie.

« Art. 9. — Il est enfin accordé à la Compagnie concessionnaire la faculté d'extraire des mines et carrières appartenant au domaine public, sans payer de droits, tous les
matériaux nécessaires aux travaux du canal et aux constructions qui en dépendront, de même qu'elle jouira de la
libre entrée de toutes les machines et matériaux qu'elle
fera venir de l'étranger pour l'exploitation de sa concession.

« Art. 10. — A l'expiration de la concession, le Gouvernement égyptien sera substitué à la Compagnie, jouira
sans réserve de tous ses droits et entrera en pleine jouissance du canal des deux mers et de tous les établissements
qui en dépendent. Un arrangement amiable ou par arbitrage déterminera l'indemnité à allouer à la Compagnie
pour l'abandon de son matériel et des objets mobiliers.

« Art. 11. — Les Statuts de la Société nous seront ultérieurement soumis par le directeur de la Compagnie et
devront être revêtus de notre approbation. Les modifications qui pourraient être introduites plus tard devront,

préalablement, recevoir notre sanction. Lesdits statuts
mentionneront les noms des fondateurs dont nous nous
réservons d'approuver la liste. Cette liste comprendra les
personnes dont les travaux, les études, les soins ou les capitaux auront antérieurement contribué à l'exécution de la
grande entreprise du canal de Suez.

« ART. 12. — Nous promettons enfin notre bon et loyal
concours et celui de tous les fonctionnaires de l'Egypte
pour faciliter l'exécution et l'exploitation des présents pouvoirs.

« Caire, le 30 novembre 1854.

« *A mon dévoué ami, de haute naissance et de rang élevé,*
M. Ferdinand de Lesseps.

« La concession accordée à la Compagnie universelle du
canal maritime de Suez devant être ratifiée par S. M. S.
le sultan, je vous remets cette copie pour que vous la con-
serviez par devers vous. Quant aux travaux relatifs au creusement du canal de Suez, *ils ne seront commencés qu'a-*
près l'autorisation de la Sublime-Porte.

« Le 3 ramadan 1271. »

(Cachet du Vice-Roi.)

L'acte de concession était à peine signé que M. de Lesseps commença en faveur de l'exécution de son projet,
désormais autorisée par le vice-roi, l'infatigable propagande
qui allait durer quinze ans.

Dès le 3 décembre, il écrivait au célèbre libre-échangiste
Richard Cobden, qui, plus que tout autre, devait se montrer favorable à cette grande œuvre de paix et de civilisation, la lettre suivante :

« Je viens, comme ami de la paix et de l'alliance anglo-
française, vous apporter une nouvelle qui contribuera à
réaliser cette parole :

Aperire terram gentibus.

« Venu récemment en Egypte pour répondre à une invitation du vice-roi avec lequel j'avais des relations d'amitié depuis son enfance, j'ai eu l'occasion d'appeler son attention sur les résultats qu'aurait, pour le commerce du monde et pour la prospérité de l'Egypte, l'ouverture d'un canal maritime entre la Méditerranée et la mer Rouge. Mohammed-Saïd a compris l'importance de cette grande entreprise et m'a chargé de ses pouvoirs pour constituer une compagnie formée de capitalistes de toutes les nations. Le vice-roi m'a invité à en donner connaissance à l'agent et consul général de sa Majesté Britannique, ainsi qu'aux autres consuls généraux en Egypte.

« Quelques personnes prétendent que le projet du vice-roi rencontrera de l'opposition en Angleterre. Je ne puis le croire. Vos hommes d'Etat doivent être trop éclairés pour que, dans les circonstances actuelles, j'admette une semblable hypothèse. Quoi ! l'Angleterre fait à elle seule plus de la moitié du commerce général avec les Indes et la Chine ; elle possède en Asie un empire immense, elle peut réduire d'un tiers les frais de son commerce et rapprocher la métropole de la moitié de la distance totale, et elle ne le laisserait pas faire !...

« Si, par impossible, les difficultés dont on nous menace déjà se produisaient, j'espère que l'esprit public, si puissant en Angleterre, aurait bientôt fait justice des oppositions intéressées et des objections surannées. »

Avec son expérience de diplomate et sa netteté de coup d'œil, M. de Lesseps avait, dès le premier jour, discerné quels seraient ses adversaires, quels seraient ses soutiens.

Ses adversaires, c'étaient les membres du gouvernement anglais et surtout lord Palmerston (1).

_____

(1) Dans sa remarquable *Histoire de la Monarchie de juillet* (t. IV), M. Paul Thureau-Dangin fait le portrait suivant de lord Palmerston :

M. de Lesseps n'avait pas vécu longtemps en Egypte, en qualité de représentant de la France, sans avoir pénétré à fond le secret de la politique anglaise en ce qui concerne l'Orient. Dès le 15 janvier 1855, au cours même de son exploration de l'isthme, il écrivait sur cette question, objet naturel de ses préoccupations et de ses pensées, une page bien curieuse, et qui aujourd'hui encore présente un vif intérêt : « Je suis convaincu, disait-il, que plus qu'aucun autre pays l'Angleterre profitera de ce passage, mais il ne faut pas se dissimuler que la vieille politique égoïste de l'Angleterre est frappée au cœur. Aussi les partisans des anciennes traditions se sont-ils déjà émus très vivement. Je m'y attendais, car, mieux que personne, soit par ce que m'avait appris mon père, soit par ma propre expérience, j'avais été à même de suivre à diverses époques leur politique en Egypte. Pourquoi ont-ils employé tous les efforts de leur puissance à faire échouer l'expédition du général Bonaparte ? Pourquoi ont-ils plus tard protégé les Mamelouks qui divisaient le pays, repoussaient le commerce étranger et condamnaient à la stérilité la fertile vallée du Nil ? Pourquoi ont-ils, en 1840, ligué toute l'Europe contre la France et contre Méhémet-Ali, dont ils voulaient arrêter les progrès ? Pourquoi ont-ils entouré de leur appui et de leurs conseils Abbas-Pacha, ce prince fanatique et ennemi du progrès que la Providence a fait disparaître au moment où il allait consommer la ruine de l'Egypte ? C'est qu'il y

---

« Il s'était habitué à exercer une sorte de despotisme au *Foreign Office*, allant droit son chemin, sans s'occuper de ses collègues, plus disposé à malmener qu'à écouter les dissidents, en imposant par sa laborieuse activité, par son intrépidité tenace, par son audace heureuse et par une belle humeur confiante qui se mêlait chez lui à un caractère agressif, impertinent et querelleur ; du reste, fort adroit à franchir les défilés parlementaires où il paraissait s'engager à l'étourdie, sachant alors unir la ruse à la hardiesse et se faire retors et dissimulé, sans cesser au fond d'être impérieux. »

avait en Angleterre un parti qui aurait voulu réduire le vice-roi à la condition de ces rajahs de l'Inde dont on favorise les désordres jusqu'au moment où le prince abruti n'a plus d'autres ressources que de se faire protéger ou de vendre ses Etats ? » Il est vrai que M. de Lesseps ajoutait : « Heureusement tout le monde ne pense pas ainsi en Angleterre ». Mais cette page ne jette-t-elle pas un grand jour sur l'histoire de l'Egypte contemporaine ?

Quoi qu'il en soit, c'est dans les hommes d'Etat anglais, de la vieille école des Wellington, des Castelreagh, des Palmerston que M. de Lesseps pressentait ses adversaires acharnés. Quant à ses soutiens, ce devait être sa foi en lui-même, son énergie et les sympathies, chaque jour plus vives, de l'opinion publique en France, en Europe, et dans le monde entier.

M. de Lesseps s'y méprit d'autant moins que ses désillusions de 1849 n'avaient pas été sans lui laisser, à l'égard de la diplomatie, un souvenir très vif qui, en l'encourageant à ne compter que sur lui-même, devait avoir une grande part au succès de son entreprise.

« Je veux, écrit-il, le 22 janvier 1855, à Mᵐᵉ Delamalle,
« faire une grande chose, sans arrière-pensée, sans intérêt
« personnel d'argent. C'est ce qui fait que Dieu m'a permis
« jusqu'à présent de voir clair et d'éviter les écueils; je
« serai inébranlable dans cette voie, et, comme personne
« n'est capable de me faire dévier, j'ai la confiance que je
« conduirai sûrement ma barque jusqu'au port que nous
« pourrons appeler Saïd, du nom du vice-roi, qui veut dire
« en arabe *heureux*. Ce qu'il y a d'heureux pour le but que
« je poursuis, c'est que mes actes et mes démarches ne
« sont pas, Dieu merci! soumis aux instructions et aux
« désaveux d'aucun gouvernement. Chat échaudé craint
« l'eau froide... Mon ambition, je l'avoue, est d'être le seul
« à conduire tous les fils de cette immense affaire jusqu'au

« moment où elle pourra marcher librement. En un mot
« je désire n'accepter de conditions de personne, mon but
« est de les imposer toutes. Lorsque, dans ma jeunesse, je
« résidais comme agent français auprès de Méhémet-Ali,
« ce grand réformateur me dit un jour : — « Rappelez-
« vous, mon ami, que, si dans le cours de votre vie vous
« avez quelque chose de très important à faire, c'est sur
« vous seul qu'il faut compter. *Si vous êtes deux, il y en a*
« *un de trop.* »

Dès qu'il eut obtenu la concession du vice-roi, M. de
Lesseps n'eut d'autre pensée que de procéder immédiatement à un commencement d'exécution. Il demanda à Saïd-
Pacha l'autorisation d'aller tout aussitôt procéder à l'exploration de l'isthme de Suez, afin de prendre d'ores et déjà
possession effective du terrain, en complétant sur place les
études préparatoires qui avaient précédemment été faites.
Dans cette tâche, M. de Lesseps fut aidé, avec une rare
intelligence, par deux ingénieurs français éminents, depuis
longtemps au service du gouvernement égyptien, MM. Li-
nant et Mougel. L'exploration de l'isthme eut lieu de
Péluse à Suez, en décembre 1854 et janvier 1855.

M. de Lesseps a fait lui-même une relation des plus intéressantes de ce voyage. Elle est pleine de détails pittores-
ques, de souvenirs intéressants, de rapprochements curieux.
Tantôt l'imagination de M. de Lesseps se plaît à recon-
stituer l'Egypte d'autrefois, tantôt il évoque, livres en main,
les vieux récits d'Hérodote ou de la Genèse, aux temps
de Joseph et de Moïse. Ailleurs il trace un croquis, que
n'eût pas désavoué Alexandre Dumas, de quelques accidents
de voyage. Mais tout en laissant son esprit prendre d'aimables distractions, c'est au percement de l'isthme que sa
pensée revient toujours. Arrive-t-il près du lac Timsah, il
voit déjà le port intérieur qu'il sera facile d'y créer et qui,
quelques années plus tard, sera Ismaïlia.

« Ce bassin est entouré de collines, écrit-il, c'est un magnifique port naturel six fois plus grand que Marseille, et d'autant plus utile qu'il sera plus facilement mis en communication avec les parties cultivées de la terre de Gessen et de l'intérieur de l'Egypte, par le moyen d'un canal de jonction dérivé du Nil. Les navires qui voudront y stationner trouveront le moyen de s'y ravitailler. »

Ailleurs, au pied d'une citerne et abrité sous un buisson de tamaris, il rédige au crayon une instruction pour le rapport des ingénieurs. Tout le plan du futur canal est déjà tracé dans ces instructions ; M. de Lesseps le voit tel qu'il sera ; il en a si bien l'intuition, que les études scientifiques auxquelles son projet va être soumis modifieront, en réalité, dans une très faible mesure sa conception première.

Une fois maître du terrain en Egypte, M. de Lesseps partit pour Constantinople, afin d'obtenir de la Porte la ratification du firman signé par le vice-roi.

Tout d'abord, il sembla que cette négociation n'offrirait aucune difficulté ; l'on était à l'époque où l'armée française assiégeait Sébastopol et venait de sauver l'Empire ottoman d'une ruine certaine.

Reçu avec distinction par le sultan, Abd-ul-Medjid, M. de Lesseps obtint du grand vizir Reschid-Pacha des assurances très favorables. Quelques jours cependant s'étaient à peine écoulés que l'ancien représentant de la France en Egypte se heurtait, de la part de la diplomatie anglaise, à une vive résistance. C'était là le premier symptôme d'une opposition qui ne devait faire que s'accentuer.

L'ambassadeur de la Grande-Bretagne en Turquie, lord Stratford de Redcliffe, exprima, en effet, le désir que la ratification impériale ne fût pas immédiatement accordée, afin d'avoir le temps de recevoir les instructions de son gouvernement.

En présence de cette opposition, M. de Lesseps fit

preuve d'un coup d'œil et d'un tact des plus remarquables. Sans paraître attacher à l'hostilité de l'ambassadeur anglais une importance excessive, sans même sembler croire qu'elle pût avoir un caractère durable, il s'appliqua à ne rien brusquer. S'inspirant fort heureusement des événements qui étaient en train de s'accomplir, à cette heure où l'alliance franco-anglaise semblait à jamais cimentée par le sang versé en commun sur les champs de bataille d'Inkermann et de Sébastopol, M. de Lesseps adressa à lord Stratford une lettre où il mit en pleine lumière les avantages que la civilisation et en même temps le commerce anglais, plus que tout autre, devaient retirer du percement de l'isthme de Suez.

Cette lettre est une de celles qui dans la carrière de M. de Lesseps lui font le plus grand honneur. Elle montre jusqu'à quel point son programme d'action était dès cette époque net et précis. S'appuyer sur la France et sur l'opinion pour vaincre tous les obstacles; ne rien précipiter, plaider sa cause au nom du droit et de la civilisation; tel était le plan de M. de Lesseps; il ne s'en écarta pas.

Comprenant qu'il n'y avait rien de plus à faire pour l'instant à Constantinople, il n'y prolongea pas son séjour. Il laissa le Divan à ses réflexions et lord Stratford « *embusqué derrière la Porte* », comme il le disait joliment, à sa mauvaise humeur. Lui, il allait agir ailleurs, et toujours, et partout, et quand même.

Son voyage toutefois ne fut pas perdu. Avant son départ de Constantinople, il avait eu l'habileté d'obtenir, à défaut du firman officiel de confirmation, une lettre du grand vizir qui, auprès du vice-roi, pouvait, dans une certaine mesure, suppléer à l'autorisation formelle de la Porte.

Cette lettre, adressée à Mohammed-Saïd, était ainsi conçue : « M. Ferdinand de Lesseps retourne maintenant auprès de Votre Altesse. En effet, ainsi qu'Elle a daigné nous le faire connaître, c'est un hôte qui mérite par lui-même toute espèce d'égards et de considération. L'objet de sa venue ici a été relatif à l'affaire du canal, entreprise des plus utiles. Pendant son séjour ici, j'ai eu l'avantage de le voir plusieurs fois et de l'entretenir longuement sur bien des matières. Il a eu aussi l'honneur d'être présenté à S. H. le sultan et d'être de sa part l'objet de la plus haute bienveillance.

« Conformément à l'ordre impérial émané au sujet de l'entreprise si intéressante du canal, la question se trouve actuellement à l'étude du Conseil des ministres. M. de Lesseps, ne pouvant attendre la fin des conférences, a décidé son départ d'ici. Dans peu j'aurai à en faire connaître le résultat à Votre Altesse ».

A un autre point de vue, le voyage de M. de Lesseps à Constantinople avait eu une grande utilité. Il lui avait indiqué l'urgence d'agir sans retard auprès de l'opinion publique et de répondre par une éclatante manifestation de celle-ci à l'hostilité désormais avérée de la diplomatie anglaise.

M. de Lesseps retourna en Egypte, mais il n'y séjourna guère. Il revint en France et au mois de juin 1855, se rendit en Angleterre. Là était le nœud gordien : M. de Lesseps le savait. Jamais diplomate ayant à gagner des sympathies et des suffrages ne se montra plus habile à interroger, à répondre aux objections, à conquérir à sa cause tous ceux qui pouvaient contribuer à son succès.

C'est au nom des intérêts du commerce et du peuple anglais que M. de Lesseps prit la parole. Qui donc, avec plus d'autorité que les intéressés eux-mêmes, pouvait affirmer que le percement de l'isthme de Suez avait un caractère d'utilité incontestable ? M. de Lesseps, dans une lettre mémorable, s'adressa à la Compagnie des Indes, au commerce de la Cité, aux propriétaires de mines, aux Chambres de commerce, aux administrateurs de banques et d'entreprises industrielles, aux fabricants de machines, aux négociants de l'Australie, de Singapore, de Madras, de Calcutta, de Bombay, et de toutes les colonies anglaises.

« La prospérité de l'Orient, disait-il, se rattache aujourd'hui aux intérêts de la civilisation en général et le meilleur moyen de travailler à son bien-être, en même temps qu'à celui de l'humanité, c'est d'abattre les barrières qui séparent encore les hommes, les races et les nations ».

La réponse à cette grande consultation ne se fit pas attendre; la première, la Compagnie des Indes se déclara favorable à l'entreprise de M. de Lesseps, et la Compagnie Péninsulaire et Orientale de navigation à vapeur, par l'organe de son secrétaire, M. Howil, reconnut que « l'importance des résultats qui accompagneraient l'union de la Méditerranée et de la mer Rouge par un canal navigable était d'une telle évidence qu'il ne pouvait y avoir deux opinions à cet égard ».

Tel n'était pas, tel ne devait pas être de longtemps l'avis du gouvernement anglais, qui, par l'organe de lord Clarendon, alors ministre des affaires étrangères, déclarait à M. de Lesseps que la tradition du cabinet de Saint-James avait toujours été contraire à la canalisation de l'isthme de Suez; mais c'était déjà l'avis d'une grande partie de la nation anglaise dans les rangs de laquelle M. de Lesseps rencontrait déjà de très nombreuses sympathies. Ce n'était pas encore assez; il fallait que cet avis fût celui de toute l'Europe; c'est à l'Europe que M. de Lesseps allait s'adresser.

De Londres, M. de Lesseps revint à Paris. On n'y parlait que de la guerre de Crimée. Il y eut un moment d'arrêt aux préoccupations belliqueuses et lointaines. Dans M. de Lesseps Paris salua avec fierté l'œuvre civilisatrice à laquelle la France devait être redevable d'une gloire bien autrement durable et féconde que celle de la prise de Sébastopol, alors si impatiemment attendue.

La politique elle-même fit trève devant cette grande pensée d'un Français.

Au premier mot qui lui fut dit à ce sujet par l'impératrice Eugénie, parente de M. de Lesseps (1), Napoléon III avait répondu : « L'affaire se fera. » Beaucoup d'autres hommes politiques éminents ou de savants illustres et la presse française tout entière, tant à Paris que dans les départements, se prononcèrent en faveur du projet; et dès lors, on put le dire avec raison, le mouvement fut national.

Parmi les encouragements que reçut M. Ferdinand de Lesseps nous citerons ceux de M. Guizot et de M. Thiers....: qui oublièrent leur vieille querelle de 1840, concernant la question d'Egypte, pour adresser à leur ancien subordonné leur commune adhésion.

« Je désire beaucoup, écrivait M. Guizot, que l'œuvre du canal s'accomplisse, je le désire pour le bien du monde civilisé et aussi un peu par amour-propre personnel. Ce sera la réalisation d'un des desseins que j'avais, je ne veux pas dire rêvés, mais entrevus et un peu commencés... Je ne sais et personne ne sait ce que deviendra l'Orient musulman à la suite des efforts que l'on fait aujourd'hui, soit pour le maintenir, soit pour le transformer, mais dans tous les cas, le grand canal de la Méditerranée à Suez transformera les relations de l'Europe et de l'Asie. C'est un résultat qui vaut la peine d'être poursuivi et qui peut être atteint à travers les orages et les ténèbres de la guerre. »

(1) Le père de M. de Lesseps, Mathieu de Lesseps, avait épousé la fille d'un négociant de Malaga nommé Grivenée. La seconde fille de ce négociant épousa le comte Kirkpatrick de Closeburn, dont elle eut une fille qui devint la comtesse de Montijo. La mère de l'impératrice Eugénie était donc la cousine germaine de M. de Lesseps.

L'adhésion de M. Thiers ne fut pas moins chaleureuse. « Exprime à M. Thiers, écrivait M. de Lesseps à son frère, mes bien vifs remerciements pour la manière dont il a accueilli la nouvelle de la concession du vice-roi au sujet de la grande entreprise du canal des deux mers. M. Thiers a eu toujours, au plus haut degré, le sentiment du patriotisme, et l'on comprend, toutes les fois qu'on le lit et qu'on l'entend, que son cœur n'a pas été desséché par le maniement des affaires. » Comment ne point penser, en lisant ces lignes, à l'inscription qui, plus de vingt ans plus tard, fut gravée par la France elle-même sur le tombeau de celui qui devait mériter le titre glorieux de *Libérateur du territoire* « *Patriam dilexit, veritatem coluit* ».

Mais il est un autre nom qui, ici, ne doit pas être oublié; c'est celui d'un homme qui, en cette question comme en plusieurs autres, fut un précurseur auquel l'avenir rendra une tardive justice.

Avec un légitime orgueil, Lamartine put se rappeler alors les paroles qu'il prononçait dès le 11 janvier 1840, devant la Chambre des députés : « La nature est plus forte que les misérables antipathies nationales; l'Europe et les Indes communiqueront en dépit de vous par Suez; vous n'aurez fait que retarder ce grand bienfait de la Providence, les deux mondes s'embrasseront et se vivifieront en se touchant par l'Egypte ».

Ferdinand de Lesseps allait réaliser cette prédiction mémorable.

CHAPITRE III

LA COMMISSION SCIENTIFIQUE

La concession du canal de Suez était obtenue ; l'opinion se montrait chaque jour plus favorable et plus enthousiaste ; il restait à établir scientifiquement que l'entreprise était réalisable et que son succès était assuré.

M. de Lesseps réussit à rendre cette démonstration éclatante. Il s'adressa à des ingénieurs dont la réputation scientifique était à ce point établie que leurs études devaient, en quelque sorte, *faire foi*, en imposant au monde savant et par là même à l'opinion publique leurs incontestables résultats.

Composée d'ingénieurs français, même éminents, cette commission aurait pu paraître suspecte aux nations étrangères ou tout au moins leur sembler animée d'une partialité excessive à l'égard d'un compatriote. Avec une remarquable sûreté de coup d'œil, M. de Lesseps vit le danger ; il comprit que cette commission, comme son œuvre elle-même, devait avoir un caractère international, afin de donner à l'Europe entière les garanties que celle-ci était en droit d'exiger. Il alla plus loin; il pria les gouvernements de désigner eux-mêmes ceux qu'ils considéraient comme devant être les juges les plus compétents de son projet. Le gouvernement anglais, hostile à l'entreprise, fit seul exception.

Voici les noms des ingénieurs appelés à faire partie de ce grand jury scientifique. Ce furent :

Pour l'Angleterre, MM. Rendel et Mac-Clean, ingénieurs en chef, et M. Ch. Manby, secrétaire de la Société des ingénieurs civils de Londres ;

Pour la Hollande, M. le chevalier Conrad, ingénieur en chef du Water-Staat, à La Haye ;

Pour la Prusse, M. Lenke, conseiller du ministère du commerce et des travaux publics, ingénieur en chef des travaux hydrauliques de la Prusse, à Berlin ;

Pour l'Autriche, M. le chevalier de Negrelli, conseiller de cour, inspecteur général des chemins de fer de l'Autriche, à Vienne ;

Pour le Piémont, M. Paleocapa, ingénieur, ministre des travaux publics de Sardaigne, à Turin ;

Pour l'Espagne, don Cypriano-Segundo Montesino, directeur des travaux publics, à Madrid ;

Pour la France, M. Renaud, inspecteur général et membre du Conseil général des ponts et chaussées, et M. Lieussou, ingénieur hydrographe de la marine, à Paris.

Des officiers de marine furent adjoints à la Commission pour l'étude des questions nautiques. Ce furent :

Pour l'Angleterre, M. le capitaine Harris, de la marine britannique des Indes ;

Pour la France, M. le contre-amiral Rigault de Genouilly et M. Jaurès, capitaine de vaisseau.

A la suite de deux réunions qui eurent lieu à Paris les 30 et 31 octobre 1855, et auxquelles assistaient MM. Linant-Bey et Mougel-Bey, il fut décidé qu'une délégation se rendrait en Égypte et partirait, le 8 novembre, par le vapeur français l'*Osiris*.

Le 18, la délégation arrivait à Alexandrie : elle était composée de MM. Conrad, de Negrelli, Mac-Clean, Renaud et Licussou, auxquels s'adjoignirent les deux ingénieurs qui avaient fait la première exploration de l'isthme, MM. Linant-Bey et Mougel-Bey, représentant plus particulièrement le vice-roi, et MM. Ferdinand de Lesseps et Barthélemy-Saint-Hilaire, membre de l'Institut, dès lors désigné pour être le secrétaire général de la nouvelle Compagnie.

La délégation examina pendant trois jours la rade et les environs d'Alexandrie. Le 23 octobre, après avoir choisi M. Conrad pour président et M. Lieussou pour secrétaire, elle était reçue solennellement au barrage du Nil par le vice-roi, Mohammed-Saïd, qui ne cessa de la combler des marques de sa bienveillance, pour témoigner, par cette solennelle réception, de l'importance capitale qu'il attachait à ses travaux.

La Commission se transporta d'abord dans la haute Égypte pour étudier, sur le cours même du Nil, diverses questions qui se rattachaient soit au régime du futur canal de Suez, soit à des travaux hydrauliques projetés par le vice-roi pour l'irrigation de l'Égypte. Elle était de retour de cette excursion le 12 décembre ; le 15, elle partait du Caire pour Suez, où elle arrivait dans la matinée du 16.

La délégation consacra cinq jours à l'étude de la rade de Suez ; elle y constata le régime des eaux, des vents, des marées et des courants. Elle trouva cette rade excellente. Le 21 décembre, elle commença son exploration de l'isthme et ne mit pas moins de dix jours à parcourir les trente lieues qui s'étendent de Suez à Péluse. Elle vérifia sur place tous les forages ordonnés et exécutés depuis près d'un an ; elle reconnut la constitution géologique de

5

l'isthme sur le tracé du canal maritime. Ces forages, y compris ceux des deux rades dans la mer Rouge et la Méditerranée, étaient au nombre de dix-neuf. Les échantillons en furent soigneusement recueillis, ils furent ultérieurement soumis à l'Académie des sciences par M. Elie de Beaumont, secrétaire perpétuel.

Pendant les deux premiers jours de sa marche dans le désert, la Commission suivit le lit de l'antique canal des Pharaons dont les berges ont encore, en certains endroits, jusqu'à 25 pieds de haut, et dont la largeur est parfois de 40 à 50 mètres. Le 23, elle arrivait au lieu nommé Scheik-Ennedek, sur les bords du lac Timsah. Se dirigeant alors à l'Ouest, elle examina la vallée où devait passer le canal d'eau douce du Caire au lac Timsah, avec bifurcation sur Péluse et sur Suez. Elle retrouva dans l'Ouadée-Tounidat les vestiges du canal de Nécos. Le 25 décembre, elle campait sur les ruines de la ville que la Bible appelle Rhamsès et que les Grecs nommaient Hieropolis. Enfin le 28 décembre, elle atteignit Péluse et les bords de la Méditerranée.

L'examen attentif de l'isthme avait prouvé qu'il n'y avait aucune difficulté sérieuse à y creuser le futur canal, le sol étant partout à peu près complètement uni. Les instruments de nivellement révélèrent seulement, à de grands intervalles, des ondulations qui échappaient à l'œil nu. Il fut constaté que le point culminant était à El-Guisr, le seuil du Sérapéum. Les sables mobiles, sous lesquels lord Palmerston prétendait enterrer le canal n'existaient pas, ou, s'ils existaient, leur action était tellement faible que les futurs travaux n'avaient rien à en craindre.

Dans le bassin du lac Timsah, qui communiquait déjà naturellement par l'Ouadée-Toumilat avec le Nil, la Commission reconnut qu'il était possible de faire un port intérieur aussi vaste qu'on le voudrait; ce port pourrait servir de point de ravitaillement aux navires, et, de plus, relierait le grand canal maritime au reste de l'Egypte, au Caire, au Delta, à Alexandrie.

Le 28 décembre, la Commission explorait la rade de Péluse en tous sens, et elle y demeurait jusqu'au 31.

L'étude de cette rade fit voir qu'elle offrait presque autant de facilités que celle de Suez. M. Larousse, ingénieur hydrographe de la marine, chargé des sondages, les y avait exécutés pendant près d'un mois et demi ; il avait reconnu que les profondeurs de 9 mètres se trouvaient à 2,300 mètres de la plage, vers la bouche de Gemileh, sur une longueur de plus de cinq lieues. Les jetées n'auraient besoin de n'avoir que 2,500 mètres de long. Les bancs de vase dont on menaçait la navigation dans la rade de Péluse n'existaient pas, et le dépôt du limon du Nil ne se trouvait que dans les grands fonds de la mer et au delà des profondeurs de 10 mètres.

Le 31 décembre 1855 — l'année finissait bien, — la Commission internationale, ayant terminé son exploration, s'embarquait à bord de la frégate égyptienne *le Nil*, qui croisait depuis plus d'un mois dans le golfe pour les sondages, et, le 1er janvier 1856, elle était de retour à Alexandrie où, dès le 2, elle remettait au vice-roi un rapport sommaire indiquant les résultats généraux de son exploration.

Les conclusions de ce rapport furent aussitôt télégraphiées au *Times* ; l'impression qu'elles produisirent dans toute l'Europe fut immense. C'était là pour M. de Lesseps une nouvelle et éclatante victoire ; son œuvre sortait définitivement du domaine des idées pour entrer dans celui des faits.

La Commission internationale déclarait, en effet, que le canal devait être l'unique solution du problème et qu'il n'y avait pas d'autres moyens pratiques de joindre la mer

Rouge et la mer Méditerranée ; que l'exécution du canal
était facile et le succès assuré ; que les deux ports à créer
à Suez et à Péluse n'offraient que des difficultés ordinaires, celui de Suez s'ouvrant sur une vaste rade accessible
en tout temps et où l'on trouve 8 mètres d'eau et 1,600 mètres
de rivage, — celui de Péluse étant placé entre les bouches
d'Oum-Fareg et d'Oum-Ghemilé, dans la région où l'on
trouve les 8 mètres d'eau à 2,300 mètres par une tenue
excellente et un appareillage facile ; enfin la Commission
ajoutait que la dépense totale du canal, s'il était exécuté
dans les conditions prévues, ne dépasserait pas les 200
millions portés dans l'avant-projet.

Rentrée en Europe vers la fin de janvier 1856, la délégation s'occupa activement de la rédaction de son rapport
détaillé et définitif ; il ne fallut guère moins d'un an pour
en coordonner tous les matériaux, achever les recherches
nécessaires, discuter les diverses parties du projet et
rédiger le mémoire technique sur lequel le monde savant
allait être appelé à statuer.

Ce fut le 23 juin 1856 que la Commission se réunit de
nouveau à Paris pour arrêter les bases définitives du rapport et les devis des travaux du canal destiné à relier la mer
Rouge à la Méditerranée.

M. Conrad, qui avait été président de la commission
en Egypte, fut chargé des mêmes fonctions à Paris ;
M. Lieussou, qui avait été secrétaire en Egypte, le fut également pour la réunion nouvelle ; on lui adjoignit avec le
même titre M. Charles Manby, ingénieur anglais, afin que
la Grande-Bretagne fût plus directement représentée dans
les délibérations.

Après avoir été longuement discuté au sein de la Commission, le rapport de celle-ci parut à la fin de 1856, en un
volume in-8, accompagné d'un atlas de 11 cartes. Ce document, qui produisit dans le monde savant une vive sensa-

tion, puisqu'il démontrait scientifiquement la valeur du projet de M. de Lesseps et la justesse de ses calculs et de ses prévisions, conserve aujourd'hui encore le plus vif intérêt. Nous en donnerons ici l'analyse.

Après avoir présenté quelques considérations prélimi- naires sur le caractère d'utilité universelle que doit avoir le futur canal, la Commission internationale décrit sommaire- ment l'Egypte et l'isthme de Suez.

En ligne droite du fond du golfe Arabique à la Médi- terranée, cette langue de terre que l'on appelle l'isthme de Suez, du nom de la ville qui porte ce nom sur la mer Rouge, a 113 kilomètres de long, c'est-à-dire un peu moins de 29 lieues communes. Suez est par 29° 58′ 37″ de la- titude Nord, tandis que Tineh, l'ancienne Péluse, est par 31° 3′ 37″. La différence en latitude n'est donc que de 1° 5′.

La carte topographique suffit à montrer d'un coup d'œil la configuration de l'isthme. Entre la mer Rouge et le golfe de Péluse, du sud au nord, règne une dépression qui est très accusée surtout dans la traversée des lacs Amers et du lac Timsah. Cette dépression a bien quelques renflements entre les lacs Amers et le lac Timsah, et plus loin entre le lac Timsah et le lac Menzaleh. Mais sauf deux seuils élevés de 12 à 15 mètres et très courts aux points qui viennent d'être indiqués, il y a dans toute la longueur de l'isthme comme un thalweg presque horizontal.

Vers le milieu de cette dépression longitudinale, c'est- à-dire à la hauteur du lac Timsah, se trouve une autre dépression qui est à peu près perpendiculaire à la pre- mière, et qui s'étend du centre de l'isthme jusqu'aux terres alluviables du Delta de la basse Egypte. Cette seconde dépression, moins marquée que la première, se dirige de l'ouest à l'est. C'est ce qu'on appelle l'Ouadée-Toumilat, l'ancienne terre de Gessen, où les Hébreux vinrent s'établir sous la conduite de Jacob, quand Joseph les y appela, et d'où ils sortirent sous la conduite de Moïse, vers le xvii° siècle avant notre ère.

Il résulte de cette configuration extérieure de l'isthme qu'à première vue la direction du canal des deux mers se trouve marquée par la nature elle-même. En second lieu cette autre dépression qui va de Timsah à Belbeis, l'ancienne Bubaste, peut relier non moins aisément la navigation intérieure de l'Egypte à la navigation maritime qui passerait sur sa frontière. L'Ouadée-Toumilat, quand la crue du Nil est un peu forte, se trouve rempli par les eaux du fleuve, qui arrivent jusqu'au lac Timsah, et qui arrivaient peut-être jadis jusqu'aux lacs Amers eux-mêmes en contournant le seuil qui les en sépare. Ceux des membres de la Commission délégués en Egypte trouvèrent le limon du Nil, dans les fondrières du lac Timsah, pareil à celui qui recouvre les plaines de la basse Egypte et le fond de la vallée du Nil.

La solution du problème ainsi considéré paraît très simple ; et, si quelque chose doit étonner, c'est qu'en face d'indications si précises et si frappantes pour quiconque a visité les localités, on se soit donné la peine de chercher une solution plus compliquée, avant de s'être assuré que celle-là fût impossible.

La Commission examine donc, à la lumière de cette observation attentive des localités, les divers projets qui, antérieurement au sien, ont été proposés pour joindre les deux mers. Avec la plus haute impartialité, elle juge ces projets et leur rend justice, depuis celui de M. Lepère en 1799 jusqu'à celui de MM. Alexis et Emile Barrault. Elle discute longuement et loue le projet de M. Paulin Talabot, tout en le rejetant. Tous ces projets, à ses yeux, ont le tort très grave de ne joindre qu'indirectement la mer Rouge à la Méditerranée, par l'intermédiaire du Nil, ou tout au moins de la basse Égypte, dont ils bouleversaient le système hydraulique. Ce n'est qu'un rajeunissement peu pratique et peu utile des travaux des anciens, qui n'avaient jamais pensé qu'à unir la mer Erythrée au fleuve qui féconde l'Egypte, avant de se rendre à la Méditerranée.

La Commission exclut donc ce qu'on appelle le tracé indirect et se prononce pour le tracé direct.

Ce tracé direct lui paraît le seul praticable ou du moins le seul qui puisse permettre une communication maritime sérieuse entre le mer Rouge et la Méditerranée.

Passant alors à l'examen de l'avant-projet de MM. Linant-Bey et Mougel-Bey, le canal en résume les lignes principales.

D'après cet avant-projet, le canal part du golfe de Suez, dans la partie orientale. Il traverse, en se dirigeant presque tout droit au nord, les 20 kilomètres qui séparent Suez du bassin des lacs Amers. Il traverse aussi ces lacs, remplis des eaux de la mer Rouge, sans y être endigué.

Puis, à l'extrémité nord des lacs Amers, le canal se dirige en coupant le seuil du Sérapéum, sur le lac Timsah; il traverse également ce lac; et contournant le seuil d'El-Guisr, il va, en côtoyant la rive est du lac Menzaleh déboucher dans le fond du golfe de Péluse, entre les ruines de l'ancienne Péluse et le château de Tinch.

Les auteurs de l'avant-projet, s'en rapportant aux sondages de 1847, avaient porté l'embouchure à l'est de Tinch, parce que l'on n'avait pas encore reconnu que les profondeurs voulues se trouvaient ailleurs plus près du rivage.

La Commission crut devoir — et c'est là ce qui fut exécuté — reporter ce débouché à 28 kilomètres et demi plus à l'ouest, pour deux motifs. Le premier, c'est que dans cette partie de la côte les sondages faits sous la direction de M. Lieussou par M. Larousse, comme on l'a vu, ont donné les profondeurs de 8 et 10 à 2,300 et 3,000 mètres de la plage. En second lieu, il est certain que, sur cette partie spéciale de la côte, l'appareillage sera beaucoup plus facile par tous les vents du large. Ces deux motifs, dit-elle, sont tout puissants.

Sans entrer dans les détails techniques de la question, nous pouvons cependant indiquer d'une manière générale les avantages présentés par le tracé direct.

D'abord, le tracé direct était des deux tiers plus court que les autres. Au lieu de 400 kilomètres environ qu'avaient les canaux de MM. Lepère, P. Talabot et Barrault, le tracé direct n'en avait que le tiers. Le parcours entier du canal maritime de Suez devait être de 147 kilomètres *sans une seule écluse.*

Le canal, dans ce système, offrait donc au commerce universel la solution complète du problème. La route était plus prompte, et le service était assuré en tout temps, sans que rien puisse l'entraver ou le suspendre.

La Commission rappelait ensuite que longtemps on avait cru, comme nous l'avons dit plus haut, à une différence de niveau entre les deux mers, mais, après avoir rappelé comment cette erreur avait été dissipée par d'irréfutables expériences, elle concluait qu'il n'y avait pas lieu d'en tenir compte, et passait ensuite en revue les autres objections.

On avait dit, par exemple, que le sol de l'isthme était composé en partie de roche, et que c'est dans la pierre vive que le canal devait être creusé. Il n'en était absolument rien. La Commission avait constaté par ses forages, poussés partout aux profondeurs nécessaires, que le canal maritime de Suez, sur tout son parcours de 147,956 mètres, n'aurait à traverser que deux espèces principales de terrains : d'abord des argiles, de Suez aux lacs Amers; puis des sables fixes, des lacs Amers à son embouchure dans la baie de Péluse.

Quant aux sables mobiles qui, dans l'opinion commune, devaient menacer la conservation et la durée du canal, c'était une chimère sans le moindre fondement. Les observations directes faites sur les lieux démontraient que le sol entier de l'isthme est parfaitement fixé, soit par le gravier qui le couvre, soit par la végétation. Ce qui le démontrait plus péremptoirement encore, c'est la persistance, après tant de siècles, des vestiges considérables qu'y ont laissé les anciens travaux de canalisation. Si les mouvement des sables avaient sur le sol de l'isthme l'action qu'on avait prétendu leur attribuer, il y a longtemps que tous ces vestiges auraient disparu, au lieu d'avoir, comme ils ont encore, 5 ou 6 mètres de haut ; ils seraient ensevelis et invisibles, comme le sont tant de monuments dans bien d'autres parties de l'Egypte. L'existence seule de la vaste dépression des lacs Amers prouvait que ces déplacements de sable transporté par le vent sont d'assez peu d'importance ; car il y a longtemps que cette dépression même en serait comblée, tout immense qu'elle est, s'ils avaient été ce qu'on avait supposé.

Ainsi ni la surface du sol ni la nature du sous-sol ne présentaient le moindre obstacle à l'établissement ou à la conservation du canal.

En présence de ces facilités naturelles, l'art n'avait donc, en quelque sorte, qu'à suivre les indications mêmes que lui donnaient les lieux, et à rétablir entre les deux mers, par un bosphore artificiel, la communication qui existait entre elles dans des temps anti-historiques.

Aussi la Commission internationale repoussait-elle le projet d'un canal à point de partage, qui serait alimenté par les eaux du Nil prises au-dessus du Caire, et qui devrait être maintenu dans tout le parcours à une hauteur de 8 mètres au-dessus du sol. Ce canal, bien qu'il offrît quelques facilités de construction dans le sol ferme de l'isthme, eût présenté d'insurmontables difficultés de conservation, avec l'eau limoneuse du Nil, avec des digues de sable pur, avec la traversée dans le lac Menzaleh, où l'endiguement serait à peu près impossible ; enfin avec des écluses qui l'auraient fermé nécessairement aux deux extrémités et auraient causé à la navigation des retards aussi funestes qu'inévitables, même dans les temps où elles fonctionneraient le mieux, sans compter les chômages.

La Commission se prononçait donc hautement contre le système des écluses, qui ôterait au canal maritime sa principale utilité.

En effet, disait-elle en résumé, la question des écluses revient à savoir si le canal, sans être fermé, peut avoir toutes les garanties indispensables de conservation, et si le courant qui s'établira d'une mer à l'autre, n'aura rien dans l'état ordinaire des choses, ni même dans les cas exceptionnels, qui puisse être destructeur pour les berges. Si quelque moyen simple et parfaitement efficace pouvait être trouvé, dans la configuration même du sol, pour amortir et annuler tout effet fâcheux des eaux, ce serait un immense avantage qui, en permettant de supprimer les écluses, en conserverait en quelque sorte toute l'utilité. C'est là précisément la ressource que l'on peut trouver dans les lacs Amers, qui, placés à cinq lieues de Suez, tout au plus, semblent pouvoir produire complètement l'effet que l'on désire. Les eaux de la mer Rouge pourraient y être amenées, avec toutes les précautions convenables ; et les lacs, une fois remplis sur une surface de 330,000,000 de mètres carrés conserveraient un niveau constant et formeraient un modérateur suffisant des eaux. Par suite, la vitesse du courant serait augmentée, au sud des lacs, pour la partie du canal creusée dans l'argile ; et elle diminuerait au nord pour la partie creusée dans les sables.

La Commission s'arrêtait donc à la pensée d'un canal

sans écluses, interrompu par la vaste nappe d'eau des lacs Amers, et dès lors, elle prenait soin de discuter et de réfuter toutes les objections, d'ailleurs peu graves, que ce système pouvait soulever.

Ainsi, l'entrée du canal serait absolument libre à Suez, comme elle le serait à l'autre extrémité dans la baie de Péluse. La largeur de cette portion du canal entre le golfe Arabique et les lacs Amers serait de 100 mètres à la ligne d'eau ; et l'on ferait un revêtement en pierre là où les sables et les argiles ne paraîtraient pas assez compactes pour résister seuls au courant du flot, dans le cas où ce courant serait le plus rapide, c'est-à-dire par une haute mer d'équinoxe et avec un coup de vent du Sud. L'eau de la mer Rouge, amenée dans les lacs Amers par de successifs emmagasinements, remplirait ces lacs et en formerait une mer intérieure, où le lit du canal, creusé aux profondeurs convenables à l'entrée et à la sortie, ne serait marqué que par des bouées. On traverserait ainsi la vaste étendue des lacs Amers, qui n'auront pas moins de 23 kilomètres de long, déduction faite des travaux du canal aux approches.

Ce système, qui était le plus simple, était aussi le meilleur, et la Commission supprimait tout endiguement. Mais cependant, quelque arrêtée que fût sa conviction, elle croyait prudent de prévoir le cas, d'ailleurs très peu probable, où l'endiguement serait plus tard reconnu indispensable. Aussi voulut-elle que le canal, laissé libre de levées de chaque côté, fût dirigé de telle sorte dans les lacs Amers qu'il fût facile, si l'avenir l'exigeait, de faire non pas deux lignes, mais une seule, qui naturellement serait au vent, pour protéger le canal contre les tempêtes d'ouest et du sud-ouest. Le chenal devait donc se trouver un peu reporté sur la partie orientale des lacs ; et ce serait aux ingénieurs chargés de l'exécution de choisir les pentes qui leur sembleraient les plus propres à se prêter à cette transformation, si l'on avait jamais à la faire.

Dans ce système, qui semble satisfaire à la fois aux exigences présentes sans compromettre l'avenir, tout dépend, faisait remarquer la Commission, de ce que sera le courant dans le parcours entier du canal. Si le courant qui doit entrer dans la mer Rouge et se continuer jusqu'à Péluse devait être assez fort pour compromettre la conservation des berges, s'il fallait que le canal fût empierré dans tout son développement, on n'aurait pas hésité à reconnaître la nécessité des écluses seules capables de conjurer ce danger. Mais il n'en devait pas être ainsi. La connaissance des niveaux relatifs de deux mers, ajoutait le rapport, et des fluctuations de ces niveaux sous l'influence des marées et des vents, a permis à M. Lieussou de déterminer le régime que prendraient les eaux dans le canal; et les résultats de ses calculs l'ont complètement rassuré. Les plus grandes vitesses que les eaux puissent prendre sur le fond, et qu'elles n'atteindront qu'un instant, dans la circonstance infiniment rare où une tempête du sud coïnciderait avec la plus grande marée d'équinoxe, sont:

1° Si le canal est continu d'une mer à l'autre, 1^m 01 par seconde;

2° Si le canal est interrompu dans la traversée des lacs Amers, 1^m 16 dans la section au sud des lacs, où le sol est d'argile; et 0^m 35 seulement dans la section au nord des lacs, où le sol est de sable.

Dans le premier système, c'est-à-dire avec un canal continu et endigué, les berges seraient attaquées, du seuil de Suez à la Méditerranée, sur un parcours de 147 kilomètres à travers les sables; et des écluses en tête du canal deviendraient indispensables. Dans le second système, c'est-à-dire avec un canal non continu dans les lacs Amers, les berges ne pourraient être menacées qu'entre la mer Rouge et le seuil de Suez, dans les parties où l'argile ne serait pas compacte. Il suffirait donc, pour rendre les écluses inutiles, de protéger par des enrochements les quelques points faibles qui se rencontrent dans les vingt premiers kilomètres du canal.

Les ingénieurs du vice-roi proposaient aussi, dans leur avant-projet, de laisser le canal sans endiguement dans la traversée des lacs Amers ; ils trouvaient même des avantages de plus d'un genre à cette mer intérieure, qui dépassera de beaucoup en étendue l'étang de Berre ou l'étang de Thau en France.

La Commission reconnaissait avec eux que cette mer intérieure, loin d'être redoutable, pourrait rendre de très grands services, et que la Compagnie pourrait y affermer plus tard des pêches abondantes. Le canal d'eau douce qui passerait non loin des lacs de l'Ouest, pour se diriger sur Suez, permettrait dans ces lieux, alors déserts, des établissements utiles, et sans donner à l'imagination plus qu'il ne convenait, on pourrait espérer là, non seulement des revenus assez beaux, mais encore des progrès d'industrie, d'agriculture et de commerce dignes du plus grand intérêt.

Le Canal maritime de Suez devait avoir 8 mètres de profondeur sur tout son développement.

Cette profondeur, disait la Commission, est suffisante pour les plus grands navires de commerce qui vont actuellement de l'Europe dans les mers de l'Inde et, par exemple, pour les clippers de 3,000 tonneaux. Il était inutile de songer à l'augmenter, puisqu'il en serait toujours temps, lorsque le besoin s'en ferait sentir. Par cette double considération, on avait adopté sans hésiter la profondeur minima de 8 mètres.

Le plafond du canal pourrait, d'ailleurs, avoir une légère pente du sud au nord, puisque les lacs Amers conserveront leur niveau à 0^{m}28 au-dessous du niveau moyen de

la mer Rouge, et à 0^m40 au-dessus du niveau moyen de la
Méditerranée.

Quant à la largeur du canal, le principe général sur
lequel s'est fondée la Commission est celui-ci : Le canal
doit être assez large, non seulement pour laisser passer
deux lignes, mais encore pour laisser la place à une autre
ligne de navires qui, pour un motif quelconque, viendrait à s'arrêter en chemin. Deux navires de 1,000 tonneaux, par exemple, pour prendre une moyenne, n'exigent,
bord à bord, que 40 mètres, tambours compris ; et quand
il n'y aura que les hélices, la largeur du navire se trouvera
encore réduite. Un troisième bâtiment demanderait
20 mètres. En totalité, 60 mètres. On a ajouté 20 mètres
pour faciliter les mouvements. On a donc pensé que
80 mètres à la ligne d'eau, correspondant à 44 au plafond,
sont une largeur bien suffisante. Le canal calédonien n'a que
17 mètres de large ; celui de la Nord-Hollande en a 38. La
différence en faveur du canal projeté est, comme on le voit,
considérable. Mais d'abord, il y a des écluses dans ces deux
canaux ; et dans le canal de Suez, il n'y en a pas. De plus,
la destination du canal de Suez est toute spéciale. Les deux
canaux que nous venons de citer sont en quelque sorte
purement intérieurs et locaux. Le canal de Suez doit, au
contraire, donner passage à un mouvement de navigation
où les bâtiments se comptent aujourd'hui par milliers, et
qui s'accroîtra beaucoup encore. Il exige donc des facilités
et des dimensions exceptionnelles.

La largeur du canal devait être, de la mer Rouge aux
lacs Amers, sur 20 kilomètres, où les érosions sont à
craindre, de 100 mètres à la ligne d'eau, correspondant à
64 mètres au plafond, tandis que sur le reste de son
parcours, des lacs Amers au port Saïd, sur la Méditerranée, elle offrait une superficie de 80 mètres, comme on
vient de le dire.

Les dimensions générales du futur canal étant ainsi déterminées d'une manière précise, la Commission passe aux travaux d'art qui seront indispensables. Les deux principaux sont :

1° Le port de Suez, sur la mer Rouge ;

2° Le port Saïd, sur la Méditerranée, pour l'embouchure du canal.

En ce qui concernait le port de Suez, les travaux seraient peu considérables, la rade y présentant naturellement toutes les qualités désirables pour qu'on pût établir facilement deux jetées assez peu longues et un arrière-bassin.

La jetée de l'Ouest aurait 1,800 mètres de longueur ; celle de l'Est, 2,000. Elles seraient parallèles et dirigées N. 30° E. et S. 30° O., de manière à permettre l'entrée et la sortie à la voile par les vents S.-E. et N.-E. qui règnent presque exclusivement sur rade. Le chenal endigué aurait 300 mètres de largeur, tandis que son prolongement, de la tête des jetées aux profondeurs de 9 mètres en aurait 500. Ce chenal s'ouvrant sur une rade où la mer n'est jamais grosse, et où le vent est presque toujours maniable, ces dimensions seraient parfaitement suffisantes pour la facilité des mouvements d'entrée et de sortie.

A Suez, les matériaux de toute sorte dont on peut avoir besoin, sont à portée ; et la construction n'exigera que les transports les plus courts.

Les matériaux seront empruntés aux carrières de l'Attaka, montagne voisine de Suez ; et pour certaines parties du travail, à celles de M'Salem, de l'autre côté de la rade, en Asie, et à peu de distance à l'Est. L'enrochement serait fait avec les blocs calcaires de l'Attaka. La maçonnerie, pour le couronnement et le parapet, serait faite avec des pierres de taille extraites des carrières de grès de M'Salem. Les matériaux fournis par l'Attaka seront d'un très bon usage. La montagne, qui est très abrupte, est formée d'un

calcaire compact qui présente des traces singulières de
décomposition. La surface elle-même ne se décompose pas ;
elle paraît seulement avoir éprouvé une espèce de torréfac-
tion, qui en a changé l'aspect plutôt que la nature ; et c'est
sous cette croûte que la décomposition s'opère. Mais ce
phénomène n'est pas général. Dans les gorges étroites d'où
s'échappent dans les temps d'orage des torrents qui entraî-
nent des masses de pierres, la roche, entretenue vive par
ce frottement, a conservé une autre apparence. Elle est
très dure, et elle semble appartenir à la formation d'où
sont sortis les calcaires qui ont servi à la construction des
Pyramides, et qui ont été extraits, près du Caire, sur la
rive droite du Nil. Elles présentent à la surface de nombreuses fissures ; mais ces fissures ne sont qu'apparentes ;
elles disparaissent entièrement dans l'intérieur de la masse.
Ces calcaires pourront donc être très utilement employés.

A Péluse, disait en résumé la Commission, les choses ne
seront pas tout à fait aussi simples. Le golfe de Péluse, de
la pointe de Damiette à l'ouest, au cap Casius à l'est, fait
face au N.-N.-E. Il peut être divisé en deux baies secondaires, séparées par une partie un peu convexe qui avance
dans la mer. La baie de l'est est celle de Péluse proprement dite ; la baie de l'ouest est celle de Dibeh.

La plage est formée partout de sable fin, gris et sans
aucune partie limoneuse. Elle se compose d'un étroit cordon littoral ou lido, qui a 100 à 150 mètres de large environ.
Ce lido n'a pas généralement plus d'un mètre et demi au-
dessus de la mer. Il n'est pas, cependant, franchi par les
vagues dans les temps ordinaires ; car sur ce point les
vagues n'ont jamais une grande élévation, à cause de la
faible déclivité de la partie sous-marine. Derrière ce cordon,
que la mer déborde sur quelques points dans les gros
temps, s'étend à l'est, vers le cap Casius, une chaîne de

dunes, sur lesquelles croissent quelques végétaux, et qui dès lors peuvent être considérées comme fixes; au centre, autour de Péluse, le fond limoneux du lac Menzaleh desséché ; et à l'Ouest, le lac Menzaleh, qui s'étend sur 10 à 12 lieues jusqu'à Damiette. Ce lac est rempli en partie par les eaux de la mer, qui y pénètrent par les boghaz et quelquefois par dessus le lido.

Les boghaz sont des coupures naturelles de la plage qu'ont formé d'anciennes bouches du Nil, par lesquelles, à l'époque des crues du fleuve, le trop plein du lac Menzaleh se déverse dans la mer. Le balancement des eaux de la mer et du lac Menzaleh, dont les niveaux sont essentiellement variables, produit, dans ces bouches, des courants alternatifs, assez vifs, qui en perpétuent l'existence. Ces coupures naturelles de la plage en allant de l'est à l'ouest sont :

1° L'embouchure de l'ancienne branche Pélusiaque qui s'appelle aussi bouche du Tineh, à cause du vieux fort ruiné qui se trouve sur cette branche ;

2° L'embouchure de l'ancienne branche Tanitique ou Saïdienne, qui se nomme aujourd'hui bouche d'Oum-Fareg, près de la tour de ce nom, bâtie par les Français pendant l'expédition d'Egypte ;

3° Enfin la bouche de Ghémiléh, qui fait communiquer la mer avec le lac Menzaleh. La bouche de Ghémiléh ou Ghémil a 385 mètres de large sur une profondeur variable qui est de 1 mètre environ dans les basses eaux. Cette bouche ou boghaz tend à s'accroître depuis que la bouche de Dibeh, plus à l'ouest, a été obstruée. La bouche de Dibeh est l'ancienne branche Mendésienne.

La pointe de Damiette s'atterrit, tandis que le cap Casius présente des traces évidentes d'érosions. La partie saillante du rivage entre les baies de Dibeh et de Péluse éprouve des érosions analogues. Le cordon littoral est, sur ce point, très étroit, et il se repose sur un dépôt de limon du

Nil formé jadis dans le lac Menzaleh ; ce cordon littoral a donc reculé.

Quant au rivage de Péluse, il n'a certainement pas varié sensiblement depuis vingt siècles, ainsi que nous l'avons dit. Les ruines de cette ville sont aujourd'hui à la même distance de la mer que du temps de Strabon ; et les dépôts limoneux du lac Menzaleh desséchés n'en sont séparés que par un mince cordon de sable, dont la largeur n'a pu s'accroître beaucoup. Les atterrissements et les érosions qu'il éprouve sur quelques points sont dus à des causes locales dont l'effet séculaire est à peu près nul. Le cordon littoral qui le borde, de Damiette au cap Casius, peut être considéré dans son ensemble comme immuable.

Les vents d'O.-N.-O. soufflent les deux tiers de l'année ; mais ils n'amènent que fort rarement des tempêtes sur la côte d'Egypte. Les courants n'ont qu'une très faible intensité, et ils varient avec le vent et la houle. Le niveau moyen des eaux est à $0^m 68$ au-dessus du niveau moyen habituel de la mer Rouge. La marée monte et descend au maximum de $0^m 22$.

Telle est donc la configuration générale du golfe de Péluse.

Quant au fond de la mer, voici comment il se présente d'après les nombreux et exacts sondages qui ont été exécutés par M. Larousse, ingénieur hydrographe de la marine, sous la direction de M. Lieussou. Il est bien vrai qu'à Péluse, ou plutôt en face de ses ruines, à l'endroit où les auteurs de l'avant-projet avaient porté l'embouchure du canal, on ne trouve les profondeurs d'eau de 8 mètres qu'à 7,500 mètres de la plage ; et cela se conçoit, puisque c'est là que la plage est la plus concave. Mais, à mesure qu'on s'avance à l'ouest, ces profondeurs se rapprochent successivement du lido. La déclivité du fond est partout très faible et assez régulière. Mais la ligne de plus grande pente se rencontre à 18 kilomètres environ au nord-ouest d'Oum-Fareg. En cet endroit, la ligne de niveau de 8 mètres de profondeur n'est plus qu'à 2,300 mètres de la plage. Plus à l'ouest, vers Ghémil, les lignes de niveau restent à peu près à la même distance de terre, dans une étendue de 20 kilomètres de long.

Ces diverses indications ont paru décisives à la Commission internationale, et en les appréciant, elle n'a pas dû hésiter à placer l'embouchure du canal à cette saillie que fait la côte à la hauteur de l'ancienne Saïs, et qui est la limite de la baie de Péluse proprement dite, à l'est, et de la baie de Dibeh, à l'ouest. C'est là qu'est la plus grande déclivité; et c'est là que les atterrissements sont le moins à craindre, comme le prouvent des traces évidentes d'érosions sur la saillie de la plage.

C'est en souvenir à la fois de l'antique Saïs et en l'honneur du prince qui a accordé à M. de Lesseps la concession du canal, que la Commission a nommé Saïd le port qu'elle propose d'établir en ces lieux, et qui ne sera que l'embouchure agrandie du canal.

Sur ce point, c'est à 3,000 mètres du rivage à peu près qu'on trouve les profondeurs de 10 mètres.

Reste, en ce qui concerne le golfe de Péluse et la conservation de l'embouchure du canal qu'on y créera, une dernière question, qui est la plus grave de toutes, c'est celle des atterrissements. Ils menacent, à ce qu'on s'imagine, la durée de tous les travaux qu'on pourrait faire à la mer dans ces parages. Naturellement, cette question a dû fixer l'attention de la Commission d'une manière toute spéciale. Ceux de ses membres qui se sont rendus en Egypte y ont donné aussi un soin tout particulier sur les lieux mêmes.

La Commission constate ici deux faits de la plus haute importance : l'un, c'est qu'il n'y a pas trace de vase sur le

rivage; l'autre c'est que le Nil, comme tous les grands
fleuves qui n'ont presque pas de pente à leur embouchure,
charrie à la mer beaucoup de vase et très peu de sable.
La vase délayée par la houle se dissout dans la masse des
eaux et elle est portée au loin dans les grands fonds du
large. Le sable, soulevé un instant par la houle, retombe
dès qu'elle cesse de le remuer, et il est maintenu au rivage.
Ainsi, une zone de 2 à 3 kilomètres de largeur sur 4 à
5 mètres d'épaisseur moyenne, une plage exiguë et quelques dunes, éparses en arrière, représentent la masse
totale de sable que le Nil a jetée à la mer, depuis les temps
reculés où il a franchi le littoral.

Les dépôts de sable dans le golfe de Péluse sont donc,
à vrai dire, aussi vieux que le Nil. L'accroissement séculaire
en est absolument nul. Les nouveaux apports du Nil n'en-
combrent guère que son embouchure, dont ils prolongent
la saillie en mer de 3 à 4 mètres par année. Sur les autres
points ils entretiennent la plage et ne l'accroissent pas.

Ainsi tombe la seule objection élevée contre le tracé
direct. Faire déboucher le canal à travers la plage immuable du golfe de Péluse n'est pas du tout une impossibilité.
C'est une œuvre plus facile que celle du port de Malamocco,
créé dans des conditions plus défavorables et pour un objet
moins important.

Le débouché du canal placé à 28 kilomètres 1/2 ouest
du point adopté dans l'avant-projet, est donc bien choisi,
parce que la côte y est moins exposée aux vents dominants,
plus accore et plus avancée au large. En allant plus au
nord-ouest dans la baie de Dibeh et sous la pointe de
Damiette, on ne pourrait se relever par un vent du N.-E.
La saillie que forme la côte en face du sud, entre les
baies de Péluse et de Dibeh est évidemment l'emplacement
le plus favorable; l'appareillage y sera facile par tous les
vents, et un bâtiment surpris à cette hauteur par un vent

violent du large pourra toujours se relever et regagner la
haute mer.

Il est vrai qu'en reportant jusqu'à Saïd l'embouchure du
canal, d'abord projeté à Péluse, on allonge le parcours de
7 kilomètres à peu près. Mais cette considération n'a pas
dû toucher la Commission, parce que, malgré l'allongement,
on pourra, grâce aux avantages du nouvel emplacement,
diminuer de moitié environ les dépenses de cette portion
spéciale des travaux.

Les vents sont réguliers sur la côte d'Egypte. Le mouillage y est meilleur que sur toute la côte de Syrie, qui est
exposée en plein aux vents dominants du N.-O., tandis
que celle d'Egypte en est pareillement abritée. La tenue
du fond est partout excellente. M. Larousse, pendant qu'il
a séjourné sur cette rade, a pris plusieurs fois les positions
du bâtiment à un jour d'intervalle ; et il n'a jamais trouvé
aucune différence, quoique le vent eût soufflé toute la nuit.
Les bâtiments qui voudraient mouiller avant de donner
dans le canal ne doivent donc pas craindre de chasser ; ils
ne courront aucun risque. Les caboteurs du pays attestent
que, dans les gros temps, ils trouvent facilement un abri à
l'est de Damiette, c'est-à-dire vers les lieux mêmes où le canal
débouchera. Il faut de plus reconnaître qu'avant l'établissement des compagnies autrichienne et française pour le service de la navigation à vapeur, les bâtiments caboteurs à voile
faisant ce qu'on appelait la navigation de caravane sur les
côtes d'Egypte et de Syrie, cherchaient souvent un abri
dans la partie ouest du golfe de Péluse, ainsi que la déclaration en a été faite par d'anciens capitaines du port de Marseille. Ceci prouve bien que ces côtes sont très loin d'être
redoutables, ainsi qu'on se le figurait sans les connaître,
et l'on peut être assuré qu'un bâtiment abrité des vents
d'O.-N.-O. pourrait y tenir en tout temps avec de longues
touées par 12 mètres de fond.

On laissera donc le port Saïd complètement libre, comme
celui de Suez, ou plutôt on fera déboucher le canal à Saïd
avec ses deux jetées parallèles, sans aucun autre ouvrage.
Mais on portera sa largeur à 400 mètres au lieu de 100 que
proposait l'avant-projet, dimension évidemment insuffisante pour un chenal qui doit être en même temps un port
et où les navires doivent pouvoir se mettre en travers,
manœuvre quelquefois inévitable pour le mouillage. Les
400 mètres qui ne font que deux encâblures, sont indispensables pour que les navires puissent mouiller sans
toucher les jetées ; car on est encore en mer en quelque
façon. Il ne faut pas oublier non plus qu'il y aura des
bâtiments de 120 mètres de long. Les navires marchands
n'ont plus, de nos jours, comme autrefois, 40 mètres de
longueur ; et les clippers aujourd'hui ont trois fois cette
dimension.

La jetée de l'ouest ou du nord aurait 3,500 mètres de
long, pour atteindre les profondeurs de 10 mètres. Celle
de l'est ou du sud ne serait poussée qu'aux profondeurs
de 8m50. Elle aurait 2,500 mètres de long. Leur direction
sera du S.-O 1/4 S. au N.-E. 1/4 N. ; et l'extrémité de
l'une sera légèrement infléchie, de manière que la tangente
aux deux musoirs soit juste S.-S.-O. et N.-N.-E., et de
1,000 mètres de longueur de l'un à l'autre.

De cette manière, on forme une rade couverte ou avant-
port de 40 hectares de superficie, parfaitement abritée des
vents de N.-O., qui dominent sur cette côte et y amènent
la plupart des tempêtes. Les navires pourront entrer en
tout temps, ce qui est le point essentiel.

En totalité le port Saïd aura au moins une surface de
176 hectares, en y comprenant l'avant-port, le chenal,
l'arrière-rade et l'arrière-bassin.

Le canal viendra déboucher dans le milieu de l'arrière-
bassin avec une largeur de 100 mètres qui se réduira plus

loin à 80; et il se raccordera au moyen de courbes à grand rayon.

La Commission exprime ensuite la conviction que le port établi à Saïd, dans les conditions que nous venons de rappeler, satisfera largement à tous les besoins de la grande navigation. Ce port sera très heureusement complété par un mouillage naturel d'une étendue indéfinie, abrité des vents dominants d'O.-N.-O., où la mer n'est jamais grosse, et où la tenue est excellente.

La Commission ajoutait que, dans son opinion, un navire pourrait sans danger passer l'hiver sur cette rade foraine; et elle désirait que ce fait pût être mis hors de doute par une expérience directe, comme il l'avait été pour Suez par l'hivernage sur rade de la corvette *Zénobia*. Pour satisfaire à ce désir de la Commission, M. de Lesseps demanda à S. A. le vice-roi d'envoyer une corvette égyptienne dans le golfe de Péluse pour y séjourner durant l'hiver de 1857.

Cette expérience décisive fut accomplie avec le plus entier succès.

A bord d'une forte corvette, le capitaine Philigret est resté sur la rade de Péluse, à deux encâblures de l'extrémité de la jetée projetée du port de Saïd, du 7 janvier 1857 au 6 mai suivant. Pendant ces cinq mois, les plus mauvais de l'année dans ces parages, la corvette a essuyé deux ou trois coups de vents terribles, un entre autres dans la nuit du 3 au 4 février, et elle n'a éprouvé ni la moindre avarie, ni le moindre dérangement sur ses ancres. « Cette épreuve, dit le capitaine Philigret, peut être regardée comme décisive; car je suis persuadé qu'on ne peut avoir à supporter un ouragan plus affreux. Je n'hésite pas à déclarer que la rade de Péluse est un très bon mouillage avec les vents, depuis l'est en passant par le sud jusqu'au nord-ouest, et que la tenue des ancres y est excellente et offre les plus sûres garanties. »

Les quatorze rapports du capitaine Philigret avec les deux journaux tenus très exactement à bord, et indiquant les changements de vent heure par heure, furent soumis à l'Académie des sciences de l'Institut impérial de France.

Grâce à cette dernière exploration, disait le rapport, on connaît aujourd'hui la rade de Péluse aussi complètement qu'on peut le désirer, et il n'y a pas de marin qui puisse sérieusement redouter les périls imaginaires dont on se plaisait à y menacer le navigation.

Mais revenons au canal de Suez.

Outre les deux ports aux extrémités, il y aurait dans le lac Timsah un port intérieur dont la commission fixa aussi les dimensions, et qui pourrait sans peine avoir 2,000 hectares, surface du lac, tel qu'il existait alors.

Il était clair que le port intérieur de Timsah, quand le commerce du monde passerait par le canal de Suez, prendrait un immense développement.

En arrivant de ces longs voyages de la Chine ou de l'Australie, de Calcutta ou de Java, les bâtiments, quelque solides qu'ils fussent, quelque heureuse qu'eût été la traversée, auront des besoins de tout genre. Même en ne venant que de la Méditerranée, il pourrait leur être commode de compléter leurs approvisionnements ou de les renouveler. Ne serait-ce que la facilité de faire de l'eau dans le port de Timsah, depuis lors appelé Ismaïlia, ce serait déjà un avantage considérable, puisqu'on s'éviterait au départ d'en prendre une trop forte quantité. Pour l'approvisionnement en charbon de terre, l'avantage serait encore plus précieux.

Les côtes de la mer Rouge et de l'Égypte sur la Méditerranée, ajoutait le rapport, seront éclairées de façon que la navigation n'ait aucun danger à y courir. Quatre bacs, dont deux au lac Menzaleh, un au nord de Suez et le dernier à Suez même, seront établis sur le canal pour que les communications restent toujours ouvertes aux voyageurs et aux caravanes. Enfin, un télégraphe électrique longera le canal maritime dans tout son parcours.

On doit voir assez nettement, concluait le rapport, quel est l'ensemble des travaux du canal maritime de Suez.

Que coûteront-ils ?

La dépense prévue au devis, y compris 15,850,000 francs pour les travaux accessoires de nature à augmenter les bénéfices de l'entreprise, s'élève à la somme de...................................... 143.851.595 fr.

A ce chiffre, il faut ajouter pour avoir la dépense réelle :

1° Les frais d'administration, évalués à 2 1/2 pour 100 du capital............... 3.578.164

2° Une somme à valoir pour omissions ou accidents......................... 14.570.241

Total général de la dépense des travaux 162.000.000 fr.

C'est le chiffre donné par la Commission internationale, qui a fait toutes les études nécessaires pour que ce chiffre fût aussi exact que possible (1).

Cette évaluation générale des dépenses du projet ne sera vraisemblablement pas dépassée ; elle est justifiée dans le devis détaillé des dépenses, dressé par M. Mougel-Bey et approuvé par la Commission. Ce devis, annexé au rapport, se partage en neuf chapitres, sous les titres suivants: 1° Les terrassements ; 2° les enrochements à la mer ; 3° la maçonnerie de béton ; 4° la maçonnerie des jetées ; 5° les parapets ; 6° les murs des quais ; 7° le canal auxiliaire de jonction et d'irrigation ; 8° la mise en culture des terres concédées ; enfin, 9° un chapitre pour dépenses diverses et

(1) Ce chiffre a été augmenté dans une notable proportion par suite des modifications apportées ultérieurement à la convention primitive.

l'on comprend sous ce titre collectif : un phare de premier ordre, deux feux de fort et deux fanaux ; un bassin de radoub à Timsah ; un atelier de construction ; des magasins, bâtiments, hôpitaux, écuries, etc. ; un embarcadère et un port provisoires à Saïd ; le télégraphe électrique à double fil, tout le long du canal maritime ; le matériel des carrières et l'achat des outils pour les ouvriers ; le matériel de touage à vapeur, avec deux chaînes, l'une pour la remonte et l'autre pour la descente, etc.

La dépense des terrassements est de 91,372,926 fr. Elle forme à elle seule près des deux tiers de la dépense totale.

Des hommes expérimentés et prudents comme ceux dont la Commission internationale est composée, devaient porter leur attention sur les moyens d'exécution et c'est ce qu'ils n'ont pas manqué de faire.

Nulle difficulté pour les jetées et le port de Suez, grâce à la proximité d'Attaka. Mais pour les travaux du port de Timsah, et surtout ceux du port de Saïd, il est impossible, du moins dans les premiers temps, de songer à mettre à contribution les carrières de l'Attaka et celles de M'Salem. Les communications ne seraient pas ouvertes et l'on ne peut attendre qu'elles le soient pour commencer les travaux du port de Saïd. On se servira d'ailleurs autant qu'on le pourra, pour les travaux du port de Timsah, du canal de jonction, qui, dès la seconde année, atteindra Suez.

Il faudra pour le port de Saïd user de moyens différents. Il n'y en a pas d'autres que de demander les matériaux aux îles les plus voisines, qui en renferment de très beaux à portée de la mer, et dont l'exploitation serait facile. Nous voulons parler des îles de Chypre, de Rhodes, de Scarpanto, etc. Le littoral de l'Asie pourrait offrir aussi des ressources analogues. Les îles sont un peu éloignées. Mais une opération de ce genre, quand la nécessité l'impose, n'a rien d'extraordinaire, ni qui surpasse la pratique habituelle. La jetée de Malamocco a été construite tout entière avec des blocs naturels venus des carrières de l'Istrie, à 30 lieues de là, de l'autre côté de l'Adriatique. En Hollande, on est forcé d'aller chercher toutes les pierres, dont on a besoin pour le Helder et pour d'autres travaux maritimes, jusqu'en Norvège. Pour le cas particulier qui nous occupe ici, la difficulté serait moins grande qu'on ne se l'imagine. Les petits blocs seraient transportés par des navires spéciaux que l'on construirait alors dans les conditions les plus propres à rendre facile la manœuvre du chargement et du déchargement.

Si la côte du golfe de Péluse n'était dénuée de toute ressource pour la construction des jetées, on n'aurait point eu recours à ce moyen. Mais non seulement on n'y trouve point de pierre de taille, on n'y rencontre même pas de blocs naturels pour les enrochements ni de cailloux pour le béton. Le sol est partout ou du sable fin sur le littoral, ou de la vase limoneuse, accumulée par les alluvions du Nil. On avait bien songé à employer les pierres de Toura, près du Caire, et celles du Mokattan. On pourrait les amener par la branche de Damiette. Mais la profondeur insuffisante et le régime intermittent des boghaz rendront toujours cette ressource très précaire, et l'on ne doit point s'exposer à une interruption des travaux une fois qu'ils seront commencés.

Il est facile d'apprécier, d'ailleurs, la haute importance d'un moyen d'exécution qui serait de nature à soustraire la construction du canal à toutes les chances qui peuvent amener les événements du dehors. Sans doute, il vaudrait mieux tirer tous les matériaux de l'Egypte, sans rien demander à l'extérieur. Les matériaux ne manquent point dans la contrée, et l'on sait du reste tous les trésors

de ce genre qu'elle renferme. Mais les transports sont
impossibles pendant l'étiage, ou du moins d'une difficulté
presque insurmontable. La Commission n'a donc pu que
s'en rapporter aux ingénieurs qui dirigeront les opérations
sur le terrain. Elle leur a recommandé d'une manière
générale de profiter le plus possible des ressources locales
du Nil, tel qu'il est actuellement, du canal de jonction et
d'irrigation, qui sera fait dans un assez court délai, et du
grand canal maritime, au fur et à mesure que les portions
successivement achevées pourront être utilisées d'une
façon quelconque. Des hommes habiles et attentifs sau-
ront tirer bon parti de tous ces moyens, soit simultanément, soit à part, selon les ressources.

Tout ce que nous pouvons dire ici, c'est que la construction du port de Saïd, quoique assez coûteuse, n'a rien qui
puisse justifier les craintes qu'on a trop souvent propagées
à ce sujet. A plus forte raison, en pouvons-nous dire autant
du port intérieur de Timsah, où les matériaux seront
aisément amenés par le canal de jonction, dès que ce
dernier canal sera terminé. Pour cette partie des travaux,
la chose est de toute évidence. Mais pour le port Saïd, il
y aurait toujours à craindre, si l'on tirait les matériaux
d'Égypte, d'avoir à faire des transbordements, tandis qu'en
les tirant de l'archipel grec ou de la côte d'Asie, on
n'aurait jamais qu'un transport par eau, dont on connaît
d'avance toutes les conditions.

Pour terminer cet exposé des travaux du canal, tel que
nous l'avons résumé d'après le rapport de la Commission
internationale, nous ne pouvons mieux faire que de citer
les considérations par lesquelles elle termine son travail.

« La marine commerciale qui passe actuellement par le
cap de Bonne-Espérance, dit la Commission, continuera-
t-elle à faire le double chemin, dans une mer très redoutable
quoique très connue, quand on lui offrira la possibilité de

faire une route moitié moindre, mieux connue que l'autre
dans une partie de son parcours, et beaucoup moins dangereuse dans le parcours entier ? Les seules objections un
peu sérieuses qu'on pût faire à la voie par Suez, c'est que
la navigation à voiles trouverait dans le détroit de Gibraltar
d'assez grandes difficultés. Mais dans l'hypothèse où nous
nous plaçons, et qui est un fait déjà près d'à moitié réel,
toutes ces objections tombent d'elles-mêmes. Là où la voile
pouvait être insuffisante, l'hélice a, dès aujourd'hui, sans
la moindre peine raison de tous les obstacles, des courants
à Gibraltar, ou des moussons dans la mer des Indes. La
poste va très régulièrement, aller et retour, de Southampton
à Alexandrie, en treize jours, et n'en met guère davantage
de Suez à Bombay. Bien plus, il y a des clippers à hélice
auxiliaire qui sont venus de Melbourne à Liverpool en deux
mois. Il leur en aurait fallu beaucoup moins encore, s'ils
avaient pris par la mer Rouge, et si le canal de Suez leur
eût été accessible. L'amirauté anglaise a déjà tellement
compris les avantages de cette route, que, pour une adjudi-
cation récente de la malle d'Australie, la première condition
qu'elle a mise dans le cahier des charges, c'est que cette
malle passerait par Suez, comme y passent déjà celle de
l'Inde et celle de la Chine. »

Mais en laissant même de côté cette hypothèse, qui,
cependant, devient tous les jours une réalité de plus en
plus complète, il est évident que pour les navires à voiles,
tels qu'ils sont aujourd'hui, ce serait un incalculable avantage que de pouvoir abréger leur route de moitié, sauf à
emprunter, s'il le fallait, le secours de remorqueurs, qui
ne leur manqueraient pas au détroit de Gibraltar, comme
on l'a vu en 1847, et à profiter de la saison favorable dans
la mer des Indes pour le temps des moussons.

« De tout ceci il résulte que l'ouverture du canal de
Suez, rendue nécessaire par le développement actuel et

progressif des relations entre l'Europe et l'Asie, le sera
de jour en jour davantage. Le moment n'est pas loin où
la marine commerciale, transformée pour ces longs
voyages, réclamera avec une énergie irrésistible la voie
nouvelle, qui doit lui être si aisée et si lucrative. Ce n'est
pas le canal de Suez qui poussera à cette transformation ;
c'est, au contraire, comme on l'a dit, la navigation à hélice
qui exigera l'abaissement de cette barrière. Il n'est pas
possible qu'un obstacle aussi insignifiant que celui de ce
sol tout uni, de 30 lieues à peine, s'oppose longtemps
encore à un progrès aussi certain et aussi probable.

« Il ne nous appartient pas, ajoute la Commission internationale, de juger quels sont les motifs de diverse nature
qui peuvent retarder l'accomplissement d'une telle œuvre.
Mais nous croyons n'être que l'écho de l'opinion universelle en disant que tout retard est fâcheux, du moment
que l'on a pu prendre une décision réfléchie en cette matière.
Pour nous, notre but a été d'éclairer, autant qu'il a
dépendu de nous, les gouvernements et les peuples ; nous
leur soumettrons avec confiance les résultats définitifs de
notre examen.

« Puisse notre travail hâter le moment où toutes les
difficultés, autres que celles qui proviennent de la nature
même des choses, seront aplanies, et où le bosphore artificiel de Suez pourra être ouvert à la marine de toutes les
nations ! » (1)

Comme on le voit par cette analyse sommaire, le rapport de la Commission internationale à laquelle on doit
une mention toute spéciale dans l'histoire du percement de
l'isthme, ne laissait dans l'ombre ou l'incertitude aucun
point essentiel ; la question de l'établissement du canal était

_____

(1) Ce rapport était signé par M. F.-W. Conrad, président, Lieussou
et Charles Manby, secrétaires.

complètement élucidée; M. de Lesseps avait une base
scientifique solide, et qui devait être inébranlable, pour
répondre à toutes les contradictions ignorantes ou intéressées.

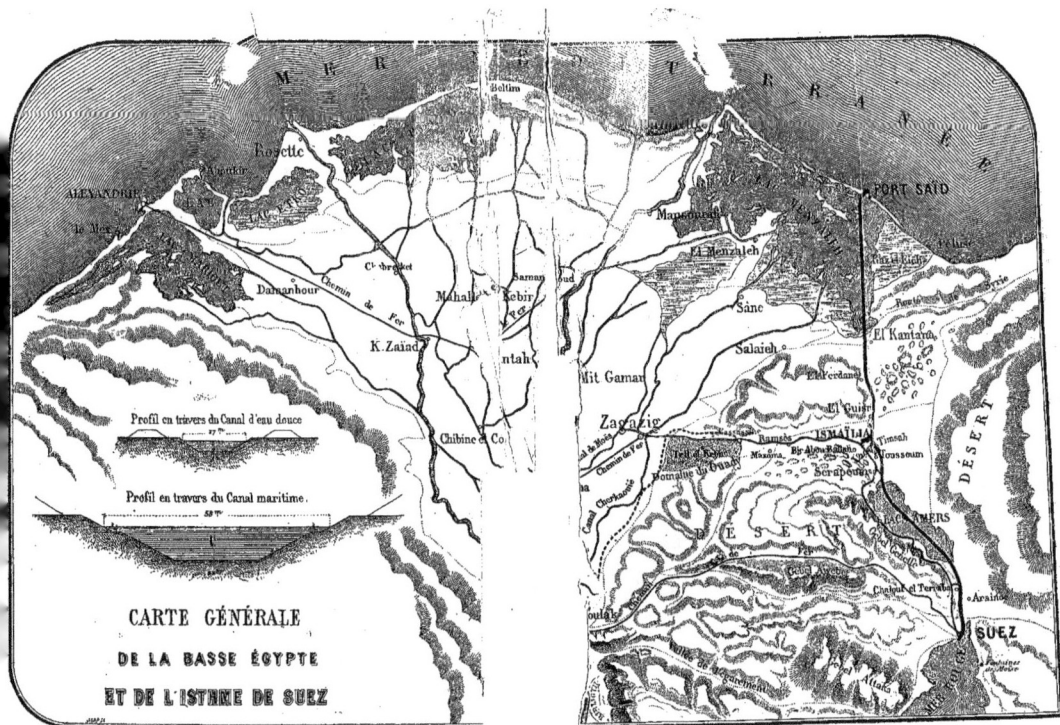

Profil en travers du Canal d'eau douce

Profil en travers du Canal maritime.

CARTE GÉNÉRALE

DE LA BASSE ÉGYPTE

ET DE L'ISTHME DE SUEZ

PANAMA

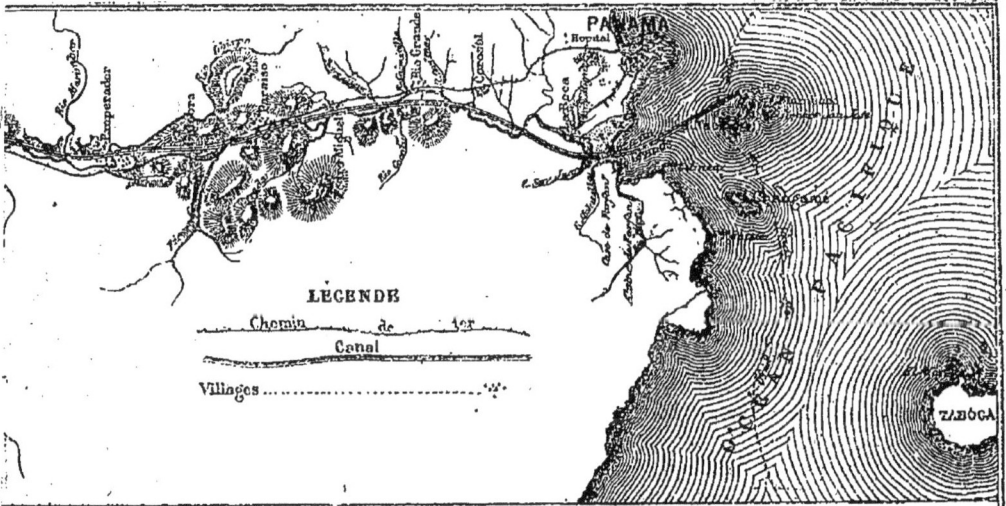

LÉGENDE

Chemin   de   fer

Canal

Villages ....

E DU CANAL

aux longueurs!

LÉGENDE

Terrains tendres ....

Terrains demi-durs ....

Roches dures ....

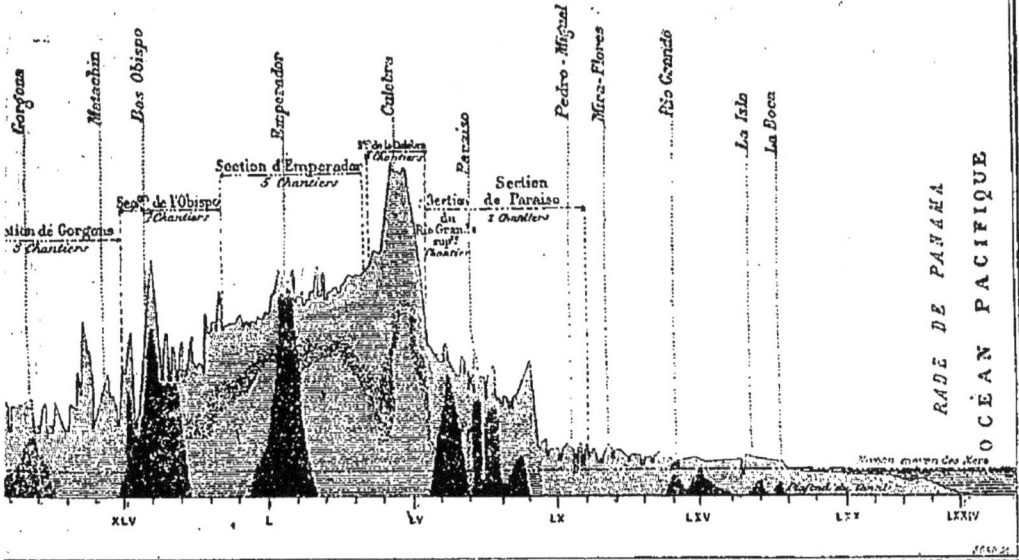

CHAPITRE IV

LES ANNÉES DE LUTTE

LE MOUVEMENT DE L'OPINION EN FRANCE ET A L'ÉTRANGER. — RÉSISTANCE ET OPPOSITION DU GOUVERNEMENT ANGLAIS. — MEETINGS EN FAVEUR DU CANAL. — DISCOURS ET LETTRES DE M. DE LESSEPS. — INTERPELLATION A LA CHAMBRE DES COMMUNES (JUIN 1857). — LE DISCOURS DE LORD PALMERSTON ET L'INCIDENT STEPHENSON. — RÉPLIQUE DE M. DE LESSEPS.

Les années 1855 et 1856 avaient surtout été consacrées par M. de Lesseps à établir la certitude scientifique du succès de sa grande entreprise. Il n'avait cependant cessé de s'adresser à l'opinion publique qui, de son côté, persistait à encourager ses espérances. Il serait impossible de mentionner ici tous les témoignages d'estime et de sympathie qui de toutes parts lui furent adressés.

L'Académie des sciences, dès le premier jour, se montra entièrement favorable à son entreprise. Depuis lors jusqu'au jour où il fut élu à l'Académie française, en 1883, M. de Lesseps trouva auprès de l'Institut de France l'appui le plus persévérant et le plus éclairé.

En 1861, l'Académie française mit au concours, comme sujet du prix de poésie, le *percement de l'Isthme de Suez*. Ce prix fut remporté par M. Henri de Bornier.

Au mois de mars 1857, l'Académie des sciences adoptait, à l'unanimité, les conclusions suivantes d'un rapport

7

qui lui était présenté par le baron Charles Dupin au sujet
des forages exécutés dans l'isthme par la Commission
internationale :

« Nous résumons d'un seul mot, disait le rapporteur,
« notre jugement sur l'œuvre considérable soumise à
« notre examen, œuvre expliquée dans les mémoires de
« M. Ferdinand de Lesseps et dans les calculs, les plans,
« les devis, les rapports à l'appui. La conception et les
« moyens d'exécution du canal de Suez sont les dignes
« apprêts d'une entreprise utile à l'ensemble du genre
« humain.

« Par ces simples mots, nous croyons exprimer, dans sa
« plus grande étendue, le jugement favorable de toute
« l'Académie.

« En conséquence, nous vous proposons de déclarer
« que les mémoires présentés par M. Ferdinand de Les-
« seps, tant en son nom qu'au nom des collaborateurs,
« sont dignes de votre approbation. »

La Société de géographie de Paris n'apporta pas à
M. de Lesseps un concours moins dévoué et moins sympathique que celui de l'Institut.

Consultés au sujet de l'utilité de l'entreprise, les
Chambres de commerce et les Conseils généraux se mon-
trèrent unanimement favorables, et tout particulièrement
ceux des départements industriels ou maritimes.

« Le percement de l'isthme de Suez, disait, dans une
délibération prise à l'unanimité, la Chambre de commerce
de Marseille, est la conquête par excellence, puisqu'il ne
s'agit de rien moins que de créer un raccourci de plusieurs
mille lieues entre les régions asiatiques et le monde européen..... Il s'agit de restituer à la Méditerranée la route
que le commerce avait suivie de temps immémorial et qu'il
a perdue depuis quatre siècles par suite de la découverte
du cap de Bonne-Espérance. »

Dans toute la presse française, il n'y eut que des éloges
et des vœux en faveur du succès de M. de Lesseps ; dès le
premier jour, on considéra comme nationale une entreprise qui par son exécution même aurait pour résultat
d'accroître non seulement le mouvement commercial,
mais encore le prestige du nom français.

De tous les points de l'Europe et du monde M. de Lesseps recevait chaque jour les encouragements les plus
précieux.

Dès le 8 juillet 1856, le doyen des hommes d'Etat de
l'Europe, le prince de Metternich avait adressé à M. de
Lesseps une adhésion très importante. Nous la reproduisons à cause de son puissant intérêt historique. Il était
croyons-nous impossible de montrer une plus judicieuse
clairvoyance que ne le fit alors, notamment en ce qui concerne
la neutralité du canal de Suez, l'ancien rival de Talleyrand.

« S. A. Mohammed-Saïd, disait le prince de Metternich,
avait le droit de décréter l'exécution du canal de Suez.
Toutes les mesures prises par lui à ce sujet méritent
l'assentiment des hommes d'Etat de l'Europe ; mais dans
une question de cette importance, où il y avait lieu de prévoir que la politique étrangère pourrait s'engager, il a très
sagement fait de demander la ratification de la Porte.

« L'approbation officielle d'une entreprise si évidemment
utile aux intérêts de l'empire ottoman, comme à ceux de
toutes les nations, ne peut plus laisser de doutes depuis
que la science a rendu un jugement favorable et que des
capitaux suffisants sont prêts pour l'exécution.

« En admettant donc que le sultan ait commencé par
être d'accord avec son vassal, Sa Hautesse se placera dans
une situation excellente vis-à-vis de l'Europe en proposant
aux puissances alliées ou amies, pour éviter dans l'avenir
sur cette question toutes difficultés entre elles ou avec
l'Egypte, de désigner des plénipotentiaires à Constanti-

nople, à l'effet de régler par une convention la neutralité perpétuelle du passage dans le canal de Suez, dont le principe, en ce qui concerne l'Empire ottoman, est déjà formulé dans l'article 14 de l'acte de concession.

« De cette manière, la question intérieure de l'exécution du canal est séparée, comme elle devait l'être, de la question extérieure de neutralité. Les prérogatives de la souveraineté territoriale restent intactes, et l'empire ottoman prenant pour la première fois, après la conclusion de la paix, la position d'influence qui lui convient dans une négociation de droit public européen, donne satisfaction aux intérêts politiques et commerciaux de toutes les puissances, en même temps qu'il obtient, par leur accession, une nouvelle garantie de son intégrité et de son indépendance.

« Le vice-roi d'Egypte qui a si fidèlement servi son suzerain pendant la guerre, lui aura rendu, par sa conduite dans une œuvre de paix, un service non moins signalé, et ainsi se trouvera justifiée la prédiction de Napoléon Ier, qui déjà, au commencement de ce siècle, avait regardé l'exécution du canal des deux mers comme devant contribuer à la gloire et au maintien de l'Empire ottoman. »

Les pays riverains de la Méditerranée se distinguèrent entre tous par l'expression de leurs vives sympathies pour le promoteur du canal de Suez.

A un banquet donné à Trieste pour l'inauguration du chemin de fer, le 27 juillet 1857, le baron de Bruck, le fondateur du *Lloyd autrichien* et le restaurateur des finances de l'Empire, portait un toast au succès de l'entreprise de M. Ferdinand de Lesseps.

« Nous ne pouvons, disait-il, laisser passer un jour sans « exprimer les vœux les plus ardents pour la réalisation « d'une noble idée, le percement de l'isthme de Suez. « L'opposition d'un seul gouvernement (l'Angleterre)

« n'empêchera pas cette grande idée et ce grand fait de
« s'accomplir. Nous vivons dans un temps où les peuples
« deviennent frères. Au succès de l'entreprise de M. Fer-
« dinand de Lesseps! L'Autriche, Trieste, en particulier,
« font les vœux les plus passionnés pour sa réussite. Que
« l'honorable assemblée prête son appui à ce sentiment
« par une acclamation chaleureuse! »

Aspirant à revivre, les ports de la Péninsule appelaient
de leurs vœux le jour où ils verraient se rouvrir cette route
de l'Orient qui les avait enrichis durant des siècles et dont
Venise et Gênes avaient été dépossédées par la découverte du cap de Bonne-Espérance. A ce point de vue les
journaux de Turin, de Milan, de Rome, de Naples préparaient dans le domaine des idées cette reconstitution de
la patrie italienne qui, aidée par les armes françaises,
allait être réalisée par Victor-Emmanuel, Garibaldi et
Cavour (1).

Le pape Pie IX lui-même envoyait ses encouragements
à M. de Lesseps : « Le monde chrétien, écrivait celui-ci en
remerciant le Souverain Pontife, apprendra avec joie la
haute sollicitude que Votre Sainteté veut bien montrer
pour cette œuvre. Les intérêts de la religion n'y sont pas
moins engagés que ceux du commerce. »

Il faudrait des volumes pour reproduire les adresses
d'adhésions et de félicitations qui de Marseille, du Havre,
de Barcelone, de Gênes, de Venise, de Hambourg, d'Am-
sterdam, de tous les ports maritimes de l'Europe et du
monde parvenaient à M. de Lesseps. Il lui en venait des
pays éloignés; ce n'étaient pas les moins chaleureuses :

_____

(1) Un peu plus tard, au moment même de la guerre d'Italie, *M. de
Cavour* écrivait à M. de Lesseps pour le féliciter d'un projet qui,
disait-il, marchait de pair avec l'émancipation de l'Italie et aurait pour
résultat de faire de nouveau de la Méditerranée le centre de la civilisation.

« Ce qui manque à l'Australie, lui écrivait-on, c'est l'ouverture de la route de Suez pour le gros de l'émigration et du commerce. » Cette prédiction a été plus que réalisée ; plus que toute autre contrée, l'Australie a profité du percement de l'isthme de Suez dans des proportions presque incroyables (1).

« La Russie, disait un journal russe, est, au même titre que la France, intéressée au percement de l'isthme de Suez comme puissance riveraine de la Méditerranée. »

Ce n'est pas seulement l'opinion qui, par l'organe de la presse et par ses sympathiques manifestations, montrait l'importance qu'elle attachait à l'ouverture du futur canal. Les gouvernements s'en préoccupaient vivement et de toutes parts des enquêtes officielles étaient ordonnées, afin d'étudier les conséquences probables de ce grand événement maritime et commercial. Dans le journal l'*Isthme de Suez*, M. de Lesseps signalait cet important symptôme ; son article, par suite de la justesse de ses prévisions, est aujourd'hui très curieux à relire.

« Plusieurs gouvernements européens, disait-il, s'occupent, chacun à leur point de vue, du percement prochain de l'isthme de Suez. Ce sont les gouvernements anglais, sarde, hollandais, autrichien, vénitien et pontifical.

« La Sardaigne, l'Autriche, la Hollande, Venise et le Pape regardent déjà l'entreprise comme définitive, et ils se préparent, avec une louable prévoyance, aux suites considérables qu'elle doit avoir. Les uns agrandissent leurs anciens ports en vue du développement que va recevoir leur commerce. D'autres créent des ports nouveaux. D'autres font une enquête sur les conséquences que l'ouverture d'une voie si neuve et si importante doit nécessairement entraîner. Les uns sont placés sur la

(1) Voir chapitre XIII.

Méditerranée ou l'Adriatique, qui va bientôt trouver vers les marchés de l'Orient des débouchés qu'elle n'espérait point, tout en les désirant. Les autres sont placés sur la mer du Nord et verront abréger de moitié la distance qui les sépare des colonies opulentes, sources principales de leur richesse et de leur puissance.

« Si les choses politiques étaient plus calmes, nous ne doutons pas que plusieurs Etats d'Italie, l'Espagne et la Grèce n'eussent imité déjà l'exemple du Piémont, qui, depuis deux mois, a voté l'agrandissement de son beau port de Gênes.

« Rien qu'à regarder la carte, on voit sans peine le rôle que pourrait jouer dans une telle question le royaume de Naples, par exemple. La Sicile est presque sur la même latitude que Malte, et tandis que la France, le Piémont et l'Autriche ont à traverser des golfes dangereux, la Sicile n'a plus devant elle qu'une mer facile et sûre, qui, en quatre ou cinq jours au plus, la conduit à Péluse (1). Pour la Grèce, si riche en matelots, l'avantage n'est pas moins évident; et sans des préoccupations que nous comprenons tout en les déplorant, ces deux gouvernements que nous venons de nommer songeraient à l'avenir admirable qui les attend, s'ils peuvent s'y disposer avec sagesse.

« Quant à l'Espagne, elle a, de plus que ces autres Etats, des colonies qui ont été jadis très productives et qui pourraient aisément le redevenir. Elle est placée comme eux, quoique un peu plus loin, sur la Méditerranée ; elle y a des ports excellents et nombreux ; et par delà l'océan Indien elle possède des établissements qui n'attendent, pour recouvrer leur ancienne prospérité, que l'impulsion de la mère-patrie.

(1) M. de Lesseps voyait très juste: on sait l'importance qu'a prise depuis lors la voie de Brindisi.

« Nous ne parlons pas de la France, car on sait de reste comment Marseille se prépare à des destinées de plus en plus prospères en se créant un troisième port, qui lui-même ne sera pas le dernier, et en organisant de nombreuses et puissantes compagnies, qui, toutes, ont les yeux tournés vers l'Orient, prochainement accessible à leurs spéculations.

« L'enquête hollandaise et l'enquête autrichienne, ainsi que l'enquête vénitienne, ont surtout pour but de se rendre compte de l'influence que le canal maritime de Suez exercera sur la navigation et le commerce en général, et spécialement sur le commerce de la Néerlande, de l'Adriatique et de l'Allemagne.

« L'enquête anglaise a un tout autre caractère. Devant l'opinion publique, qui se prononce de plus en plus en faveur de notre entreprise, le Cabinet n'a fait aucun acte officiel d'où l'on pût inférer qu'il n'eût point les mêmes sympathies. Seulement, il a envoyé dans la rade de Péluse un bâtiment de la marine royale refaire les sondages qu'avait faits au mois de décembre dernier la Commission internationale. Jusqu'à présent les travaux du *Tartarus*, c'est le nom de la corvette anglaise, semblent concorder entièrement avec ceux de la Commission internationale.

« Cette vérification, dont on peut interpréter la vraie pensée de diverses manières, parce que cette pensée est assez obscure, ne nous inquiète en rien.

« On peut même, si on le juge nécessaire, après les sondages hydrographiques, refaire les forages géologiques. Après la baie de Péluse, on peut étudier de nouveau le golfe de Suez. Peu importe : c'est une satisfaction inutile.

« Quoi qu'il en soit, les gouvernements, sans faire aucune démarche diplomatique, et chacun isolément, s'occupent de cette grande question, qui doit servir à la fois leurs intérêts et ceux de la civilisation entière. Nous sommes d'autant plus heureux de tous ces examens qu'ils sont indépendants les uns des autres; ils ne peuvent tourner qu'aux progrès de notre œuvre, et nous en attendons avec toute assurance le résultat prochain. »

Comme on le voit, M. de Lesseps n'apercevait en Europe qu'un point obscur qui pouvait devenir un point noir ; ce point obscur était à Londres ou plutôt au Foreign-Office.

Dans une note datée du 1ᵉʳ octobre 1856 et destinée à l'Empereur, M. de Lesseps indiquait très nettement cette situation, et demandait qu'en présence des menées anglaises à Constantinople, le gouvernement français s'employât du moins à obtenir de la Porte, en faveur de la Compagnie de Suez, une neutralité bienveillante.

Lors du départ de M. Thouvenel pour Constantinople, disait M. de Lesseps, il avait été convenu que les deux ambassadeurs de France et d'Angleterre s'abstiendraient d'intervenir auprès de la Porte pour ou contre la question du canal de Suez.

« Si l'un des deux agents venait à manquer à cet arrangement dans un sens, on devait laisser à son collègue toute latitude pour agir dans l'autre sens.

« Jusqu'à présent, lord Stratford n'a cessé d'employer son influence pour inspirer aux ministres de la Porte des dispositions contraires au percement de l'isthme et pour empêcher la ratification de l'acte de concession accordé régulièrement et légalement par le vice-roi d'Egypte.

« Il est, en outre, certain que l'agent anglais en Egypte a cherché à influencer le vice-roi pour le détourner d'un projet qui excite la plus vive sympathie en France comme dans le reste de l'Europe. Mais si les démarches de la politique anglaise en Egypte ont complètement échoué devant l'énergie et l'intelligence de Mohammed-Saïd, qui au fond n'a de confiance que dans l'appui de S. M. l'Empereur, il n'en pouvait être de même à Constantinople, où le gouvernement turc, dans l'état de faiblesse où il se trouve, n'obéit qu'à la pression de la force.

« Aussi les Turcs, placés entre les menaces prépotentes de lord Stratford et l'abstention scrupuleuse recommandée à notre ambassadeur, commencent naturellement à changer d'attitude et à montrer des intentions hostiles au canal auquel, dans le principe, ils étaient favorables.

« Cette situation était déjà fâcheuse pour notre situation en Orient; lord Stratford vient encore de la compliquer au détriment de notre légitime influence et de nos intérêts. Pour bien démontrer qu'il pouvait faire obstacle à une mesure dans laquelle est engagé un intérêt français des plus importants, et qu'il lui serait en même temps facile de satisfaire des intérêts anglais, même dans ce qu'ils ont de plus exclusif et de plus dominant, il a obtenu de la Porte son concours en faveur d'une *compagnie anglaise* pour la concession d'un chemin de fer de trois cent cinquante lieues, de la Méditerranée au golfe Persique. Dans le contrat, le sultan s'engagerait à garantir, pour l'exécution de l'entreprise, un intérêt de six pour cent. Ce chemin dont les études ne sont même pas commencées, est aujourd'hui coté avec prime à la Bourse de Londres. Il coûtera de quatre à cinq cent millions, et il exposera la Turquie à une charge annuelle de trente millions de francs au profit exclusif des capitaux anglais et de l'influence britannique, car l'on ne peut pas se dissimuler que, dans l'avenir, le *British railway Euphrate valley* deviendra une espèce de prise de possession du centre de la Syrie et des contrées qui bordent la vallée de l'Euphrate.

« Quoi qu'il en soit, il est probable que si cette entreprise réussit, ce dont je doute, elle profitera en définitive à la civilisation et au genre humain. Il ne nous conviendrait donc pas de la combattre, mais ce qui vient de se passer ne doit-il pas nous servir d'exemple dans une juste

mesure, et faire penser qu'il est temps d'envoyer des instructions à notre ambassadeur pour que l'entreprise du
canal de Suez ne soit plus entravée à Constantinople et
que la formalité de la ratification soit accordée ?

« On croit devoir faire remarquer, en terminant cette
note, que l'entreprise du canal de Suez n'a demandé
aucune garantie d'intérêt, qu'elle ne sert la politique
exclusive d'aucune puissance, et que, loin d'imposer des
charges à la Turquie, elle abandonne à l'Egypte une attribution de quinze pour cent sur ses revenus.

« En remettant cette note à Sa Majesté, qui est seule
juge de ce qu'il conviendra de faire à Constantinople, je me
borne à lui exposer exactement la situation.

« Je continuerai à marcher en Egypte vers l'accomplissement des faits, en persévérant dans une ligne de conduite
au sujet de laquelle je me félicite d'avoir l'approbation de
Sa Majesté. »

En s'exprimant ainsi, M. de Lesseps ne faisait, en réalité,
que réclamer l'exécution d'une sorte de convention tacite
qui, quelques mois auparavant, avait été conclue entre le
gouvernement impérial et le promoteur du canal de Suez.
Les points principaux de cette convention sont clairement indiqués dans une lettre que M. de Lesseps avait
adressée, dès le 22 avril 1856, à M. Thouvenel, ambassadeur
de France à Constantinople. Cette lettre, qui présente un
grand intérêt historique, était ainsi conçue :

« Londres, 22 avril 1856.

« Voici des renseignements qui vous intéresseront et
qui, dans l'occasion, pourront m'être utiles ; vous pouvez
compter sur leur exactitude.

« Le jour du banquet donné par l'Empereur aux plénipotentiaires du Congrès de la paix, et après dîner, Aali-Pacha,
le plénipotentiaire turc, s'est approché de Sa Majesté et lui a
demandé ce qu'elle pensait de la question de l'isthme de

Suez. Il a ajouté que son maître y attachait une grande importance à tous égards, mais qu'il désirait savoir les intentions de l'empereur des Français. L'Empereur a répondu qu'il portait le plus grand intérêt à cette affaire; qu'elle lui semblait utile pour tout le monde; qu'il l'avait étudiée sous tous ses aspects; qu'il en connaissait tous les documents, et qu'il souhaitait vivement qu'elle se fît; que l'entreprise, toute belle qu'elle était, avait soulevé quelques résistances et quelques objections, en Angleterre surtout; que, quant à lui, il ne trouvait pas que les objections fussent fondées et qu'il espérait bien les écarter; que cependant il ne voulait point trop presser les choses, de peur de les compromettre, et que, se fiant à l'heureuse alliance qui unissait les deux peuples, il s'en remettait à l'avenir, qui, sans doute, serait prochain, où l'on s'entendrait sur cette question.

« Aali-Pacha a dit que son maître apprendrait avec bonheur les sympathies qu'exprimait l'empereur des Français, et qu'il était lui-même très favorable à cette affaire, malgré quelques divergences sur des points secondaires et certaines précautions à prendre dans l'intérêt de la suzeraineté de la Porte; mais quelles que soient ces objections de détail, la Porte n'en voit pas moins avec faveur cette grande œuvre qui sera si profitable à l'Egypte, et dont elle espère bien aussi avoir sa part de profit.

« L'Empereur a paru acquiescer à tout ce qu'a dit Aali-Pacha.

« Puis, laissant un instant le grand vizir, il a fait appeler lord Clarendon et lui a demandé ce qu'il pensait de l'affaire de Suez, en lui racontant ce qu'il venait d'entendre d'Aali-Pacha, et ce qu'il avait répondu. Lord Clarendon, un peu surpris de cette sortie à l'improviste, a répondu que c'était une affaire très grave, qu'il n'y avait pas encore assez réfléchi pour donner sur le champ une solution, qu'il devait en référer à son Cabinet, et que d'ailleurs l'exécution du projet était impossible. L'Empereur, tout en accordant qu'il fallait réfléchir à cette affaire, a soutenu que l'exécution était possible, et que la science avait prononcé. Comme lord Clarendon insistait, l'Empereur dit qu'il émettait l'hypothèse que le canal était possible, et que, raisonnant sur cette donnée, il demandait l'avis de l'Angleterre. Lord Clarendon a déclaré alors qu'au point de vue du commerce anglais, il n'y avait aucune objection, et que l'Angleterre y profiterait beaucoup, mais que, pour les rapports de l'Egypte et de la Turquie, c'était une chose fort délicate, et que le vice-roi n'avait pas le droit de faire le canal sans l'autorisation de la Porte. — L'Empereur a rappelé les bonnes dispositions de la Sublime-Porte et la conversation n'est pas allée plus loin.

« En somme, cette conversation me paraît décisive ; les conclusions qui me semblent devoir en être tirées, sont celles-ci :

« 1° *Ménager avec le plus grand soin les susceptibilités de la Porte, savoir au juste quelles sont les objections de détail dans lesquelles on reconnaîtra nécessairement les inspirations de lord Stratford de Redcliffe* (alors ambassadeur d'Angleterre à Constantinople).

« 2° *Il ne faudra pas ménager avec moins de soin la susceptibilité du vice-roi, que les ennemis du canal ne seraient pas fâchés de mettre en conflit avec son suzerain.*

« 3° *L'opinion exprimée par l'empereur des Français aura un grand poids sur la Porte et même sur l'Angleterre.*

« 4° *D'après la déclaration de lord Clarendon, il faut s'adresser à l'opinion publique en Angleterre et engager les intérêts anglais dans l'entreprise.* »

Comme on le voit par les passages que nous venons de souligner à cause de leur importance particulière, le programme d'action de M. de Lesseps était, dès cette époque, très nettement et très complètement arrêté. C'est ce programme qui, durant les douze années qui vont suivre, et à travers les plus multiples incidents, fut sans cesse et toujours scrupuleusement observé. Sur ces divers points, M. de Lesseps ne varia jamais.

L'hostilité du gouvernement britannique et les difficultés qu'il multipliait à Constantinople, n'empêchaient pas une notable fraction de la population anglaise, notamment dans les grandes villes industrielles et commerciales, de témoigner à M. de Lesseps la plus vive sympathie. L'illustre Richard Cobden et plusieurs autres hommes éminents, lord John Russell, M. Gladstone, M. Bright patronnaient de toutes leurs forces l'entreprise du canal de Suez, dont ils comprenaient le merveilleux avenir relativement aux intérêts de la Grande-Bretagne ; ils reconsaient qu'au point de vue commercial, politique et militaire, ce serait pour celle-ci un immense avantage de raccourcir dans de telles proportions la route maritime de l'Angleterre vers les Indes.

En présence de ce double courant, M. de Lesseps résolut de ne pas plus tarder à faire dans le Royaume-Uni une de ces campagnes de propagande et d'agitation pacifique et légale qui, de l'autre côté du détroit, ont souvent amené les Chambres et le gouvernement à se rendre aux vœux de l'opinion, lorsque celle-ci met au service d'une cause la toute-puissance qui est la sienne dans un pays libre.

Vers le milieu d'avril 1857, M. de Lesseps débarqua en Angleterre et commença cette campagne ; c'est ce que l'on pouvait appeler porter la guerre chez l'ennemi. M. de Lesseps reçut le plus brillant accueil ; presque partout il fut acclamé et fêté. Dès son arrivée à Londres, il adressait aux banquiers, négociants, armateurs et principaux fabricants une lettre dans laquelle, après avoir rappelé que la route projetée abrégerait de 5,000 milles la route de l'Angleterre aux Indes et que la partie technique du projet avait reçu les plus précieuses adhésions scientifiques, il ajoutait : « Mon but, en venant au milieu de vous, est de m'assurer des sentiments qui existent dans les classes financières et commerciales de la Grande-Bretagne à l'égard de cette grande entreprise et de leur fournir personnellement toutes les informations. »

En moins de deux mois, de la fin d'avril à la fin de juin 1857, M. de Lesseps assista à vingt-quatre grands meetings ou banquets, sans parler des réunions moins importantes dans lesquelles il prit la parole. A Londres, à Liverpool, à Manchester, à Dublin, à Cork, à Belfast, à Glasgow, à Aberdeen, à Edimbourg, à Newcastle, à Hull, à Birmingham, à Bristol, etc., l'accueil fut des plus chaleureux. M. de Lesseps a résumé, sous une forme piquante, l'impression qu'il rapporta de ce voyage en disant : « Autant je trouvai de têtes de bois chez les hommes politiques, autant je trouvai de sympathie chez les classes commerciales et lettrées. »

A Liverpool, les négociants déclarèrent qu'ils considéraient le percement de l'isthme de Suez comme devant procurer les plus grands bénéfices au commerce anglais. A Londres, le meeting affirma par ses votes qu'une voie sûre et commode par l'Egypte était devenue nécessaire à la bonne administration de l'empire britannique dans l'Inde. A Shields, on décida l'envoi à lord Palmerston d'un mémoire favorable.

La réponse de lord Palmerston ne se fit pas attendre. Dans une lettre curieuse, adressée à sa belle-mère, Mme Delamalc, — lettre écrite sous le coup des accusations calomnieuses, à force d'être injustes, de l'homme d'Etat anglais, — M. de Lesseps s'exprime ainsi :

« J'ai retrouvé lord Palmerston toujours l'homme de 1840, rempli de défiance et de préjugés à l'égard de la

France... Il m'a tenu, sur le canal de Suez, le langage le plus contradictoire, le plus incohérent et j'oserai même dire le plus insensé qu'on puisse imaginer. Il en est à croire que la France a suivi depuis longtemps en Egypte, contre l'Angleterre, une politique machiavélique, et que c'est l'or de Louis-Philippe ou de son gouvernement qui a payé les dépenses des fortifications d'Alexandrie. Il voit dans le canal de Suez la conséquence de cette politique. D'un autre côté, il persiste à soutenir que l'exécution du canal est matériellement impossible et qu'il en sait à ce sujet beaucoup plus que les ingénieurs de l'Europe, dont l'opinion n'ébranlera pas la sienne (sic)... En l'entendant, il m'est arrivé, de temps en temps, de me demander si j'avais devant moi un maniaque ou un homme d'Etat. Pas un seul de ses arguments ne pourrait être soutenu un instant dans une discussion sérieuse... Aimant les positions tranchées, je suis bien aise de savoir à quoi m'en tenir. »

Demeuré, comme le disait justement M. de Lesseps, l'homme de 1840 et même le gallophobe enragé de 1813 ou de 1815, lord Palmerston ne perdait aucune occasion de manifester l'hostilité la plus violente, et même la plus inconvenante, contre l'œuvre et la personne de M. de Lesseps.

A la suite du triomphe remporté dans les meetings anglais par le hardi novateur, un membre du Parlement, M. H. Berkeley, représentant de la ville de Bristol, qui venait de se proclamer absolument favorable au percement de l'isthme de Suez, adressa à lord Palmerston la question suivante :

« Je demande au premier lord de la Trésorerie si le gouvernement de Sa Majesté veut bien user de son influence auprès de S. H. le sultan, afin d'appuyer le vice-roi d'Egypte dans la sanction qu'il sollicite de la Sublime-

Porte, pour la construction d'un canal maritime à travers
l'isthme de Suez, canal dont la concession a été accordée
par le vice-roi à M. Ferdinand de Lesseps et qui a reçu
l'approbation des cités principales, ports et villes commerciales du Royaume-Uni. »

Cette interpellation venait à l'appui de la lettre suivante
adressée quelques jours auparavant par M. de Lesseps aux
membres du Parlement anglais :

« MILORDS ET MESSIEURS,

« Je vous dédie individuellement et je soumets à vos
illustres assemblées les pages suivantes. Elles contiennent
l'exact résumé des délibérations et des résolutions des principales villes du Royaume-Uni où les corporations commerciales et municipales ont régulièrement, et sous la
présidence de leurs autorités élues, manifesté l'expression
de leur opinion sur les intérêts du commerce, de la marine
et des colonies britanniques, dans la question du projet de
l'ouverture de l'isthme de Suez, au moyen d'un canal
maritime destiné à réunir, sans obligation de transborder
les marchandises, la Méditerranée à la mer Rouge.

« Rassuré maintenant sur l'opinion si compétente des
commerçants, armateurs et manufacturiers de l'Angleterre,
et au moment de poursuivre l'exécution de l'entreprise en
faveur de laquelle je ne réclame la protection ou le concours
exclusif d'aucun gouvernement, je m'adresse avec toute
confiance pour faire cesser l'opposition de l'ambassadeur
britannique de Constantinople, aux corps politiques d'un
pays libre qui, dans d'autres circonstances, ont déjà eu la
gloire de placer au-dessus de toute considération d'intérêts
privés ou de rivalités nationales, les grands principes de
la civilisation et de la liberté commerciale. »

Voici en quels termes lord Palmerston répondit au
député de Bristol et, du même coup, à M. de Lesseps. Une

8

nouvelle Armada ou un nouveau camp de Boulogne eût menacé l'Angleterre que le premier ministre anglais n'aurait pu se servir d'expressions plus violentes :

« Le gouvernement de Sa Majesté, dit en résumé lord Palmerston, ne peut certainement pas entreprendre d'employer son influence sur le sultan pour l'induire à permettre la construction de ce canal, parce que dans les quinze dernières années le gouvernement de Sa Majesté a usé de toute l'influence qu'il possède à Constantinople et en Egypte pour empêcher que ce projet ne fût mis à exécution. C'est une entreprise qui, je le crois, au point de vue du caractère commercial, peut être jugée comme étant au rang de ces nombreux projets d'attrape (Bubble) qui de temps en temps sont tendus à la crédulité des capitalistes-gobe-mouches.

« Je pense qu'il est physiquement impraticable, si ce n'est pas une dépense qui serait beaucoup trop grande pour garantir aucune espérance de rémunération. Ceux qui engagent leur argent dans une entreprise de cette espèce (si mon honorable ami a quelques-uns de ses électeurs qui se disposent à le faire) se trouveront déplorablement déçus par le résultat.

« Néanmoins ce n'est pas le motif pour lequel le gouvernement est opposé au projet. Les individus privés sont abandonnés au soin de veiller à leurs propres intérêts, et s'ils s'embarquent dans des entreprises impraticables, ils en supportent la peine.

« Mais le projet est hostile aux intérêts de notre pays, opposé à la politique constante de l'Angleterre relativement aux relations de l'Egypte avec la Turquie, — politique qui a été soutenue par la guerre et par le traité de Paris. L'évidente tendance de l'entreprise est de rendre plus aisée la séparation de l'Egypte et de la Turquie. Elle est fondée aussi sur des calculs éloignés concernant un accès plus aisé vers nos possessions indiennes ; je n'ai pas besoin de faire une allusion plus distincte à ces calculs, parce qu'ils sautent aux yeux de tout homme qui accorde son attention au sujet.

« Je puis seulement exprimer ma surprise que M. F. de Lesseps ait assez compté sur la crédulité des capitalistes anglais pour penser que, par une tournée dans les différents comtés, il réussirait à obtenir l'argent anglais pour un projet qui est de tous points opposé aux intérêts britanniques.

« Ce projet a été lancé, je crois, il y a quinze ans comme un rival du chemin de fer d'Alexandrie à Suez par le Caire qui, étant infiniment plus praticable et de nature à être plus utile, obtint la préférence. Mais probablement l'objet que M. de Lesseps et quelques-uns des promoteurs ont en vue sera accompli même si la totalité de l'entreprise n'est pas conduite à exécution.

Si mon honorable ami, le membre pour Bristol, veut prendre mon avis, il restera entièrement étranger au projet en question ».

La réplique de M. de Lesseps aux violentes attaques de lord Palmerston ne se fit pas attendre. Il semble que, plus que jamais, M. de Lesseps, en cette grave circonstance, se soit souvenu du mot célèbre : « Tu te fâches, donc tu as tort. » Il ne se fâcha pas ; il était sûr d'avoir raison. A la véhémente et injurieuse philippique de lord Palmerston il répondit par des arguments irréfutables, des faits certains, des preuves évidentes, des témoignages scientifiques de premier ordre. Cette réponse, d'un ton si calme et si fier, restera comme une page d'honneur dans la vie de M. de Lesseps ; lorsqu'on la relit aujourd'hui après trente ans écoulés, elle apparaît comme un monument d'incomparable clairvoyance. Où sont, à cette heure, les assertions de lord Palmerston sur ce *projet d'attrape tendu à la crédulité des capitalistes gobe-mouches ?*

Cette lettre de M. de Lesseps était adressée à ceux-là même qui, en Angleterre, venaient de lui faire un si brillant accueil ; datée du 11 juillet 1857, elle était ainsi conçue :

« Messieurs, je ne dois pas laisser sans réponse auprès de vous les assertions que le premier lord de la Trésorerie a cru pouvoir se permettre sur l'affaire du canal de Suez, dans la séance de la Chambre des Communes du mardi 7 juillet 1857.

« Lord Palmerston, en répondant à l'honorable M. Henri Berkeley, membre du Parlement pour la ville de Bristol, a combattu l'ouverture de l'isthme de Suez par des raisons commerciales, techniques et politiques et par des personnalités que je m'abstiens de qualifier.

« Sur le premier point, en ce qui regarde les avantages commerciaux pour la Grande-Bretagne, je réponds par votre autorité et votre compétence après une discussion et un examen approfondis.

« Je réponds par votre unanimité, par celle des dix-huit cités commerciales et industrielles que j'ai consultées dans le Royaume-Uni. Vous avez tous déclaré qu'une communication directe maritime entre la Méditerranée et la mer Rouge, abrégeant de moitié la route de l'Inde, serait avantageuse au commerce anglais.

« Sur le second point, j'oppose à lord Palmerston le rapport de la Commission internationale, composée d'ingénieurs et de marins éminents, anglais, français, espagnols, autrichiens, allemands, hollandais, italiens, qui, après deux ans des plus minutieuses études et une exploration attentive des lieux ont décidé, au nom de la science, que le canal était d'une exécution non seulement praticable, mais encore facile. J'oppose au premier lord de la Trésorerie la sanction donnée à l'opinion des ingénieurs et à leurs plans par l'Académie des sciences de l'Institut impérial de France.

« Vous jugerez, messieurs, entre l'autorité de ce verdict émané de la science européenne, et l'autorité dont semble s'armer vaguement lord Palmerston en s'abstenant de la faire connaître.

« Sans m'arrêter à la contradiction dans laquelle on est tombé en traitant de chimérique un projet dont l'inévitable réalisation inspire en même temps des craintes et des défiances si singulières, je passe au troisième point.

« Les arguments politiques de lord Palmerston semblent fondés sur les prétendus dangers que le canal de Suez ferait courir à l'Inde, ainsi qu'à l'intégrité de l'Empire ottoman. La presse anglaise a déjà répondu elle-même que les maîtres de l'Inde n'ont rien à redouter des puissances méditerranéennes, lorsqu'ils possèdent Gibraltar, Malte et Aden, et qu'ils viennent de s'emparer de Périm. La Turquie est certainement aussi intéressée que lord Palmerston à maintenir l'Egypte dans la situation réglée par les traités. Or, le Divan considère si peu le canal de Suez comme une cause de séparation, que l'ambassadeur anglais est obligé de peser de tout son poids pour faire suspendre la ratification du projet. Il est évident pour la Porte, comme pour tout esprit réfléchi, que l'ouverture de l'isthme, en garantissant l'Egypte contre toute ambition étrangère, ajoutera une force nouvelle à l'intégrité de l'Empire, et aura pour la Turquie des conséquences religieuses et économiques du plus grand intérêt.

« Si l'on persiste dans un système d'opposition insoutenable, on pourra créer à l'entreprise des difficultés qui la grandiront encore au lieu de l'affaiblir ; mais l'exécution en sera poursuivie résolûment, et le concours universel en rendra le succès infaillible. En attendant, il appartiendra aux classes commerciales de l'Angleterre de décider si, contrairement à leurs manifestations, les obstacles doivent venir de leur propre gouvernement. Elles auront à juger

s'il est permis de pratiquer en leur nom une politique
aussi contraire aux principes de libres communications et
de libre-échange que la nation a proclamés à la face du
monde, et s'il est possible de s'obstiner à vouloir empêcher
la réunion des deux mers conduisant directement aux
Indes et à la Chine, alors que d'un autre côté l'on s'efforce de
mettre ces vastes contrées en contact avec les peuples civilisés.

« J'en viens aux personnalités, et je m'appliquerai, en y
répondant, à garder la modération, les égards et la gravité
dont on est bien loin de m'avoir donné l'exemple en m'at-
taquant dans une assemblée où il ne m'était pas possible
de me défendre.

« Lord Palmerston a cru pouvoir affirmer, dans des
termes qu'un langage sérieux ne permet pas de reproduire,
que j'étais venu en Angleterre pour tendre un piège à la
bourse des Anglais et abuser de la crédulité des capitalistes assez naïfs pour croire à une entreprise chimérique.
Vous savez, Messieurs, s'il y a rien eu dans ma conduite
ou dans mes paroles qui pût justifier des imputations de
ce genre. Ai-je fait le moindre appel aux capitaux ? Vous
vous rappelez que je vous ai, au contraire, déclaré à plusieurs reprises, que ce n'était point une souscription
d'actions, mais une expression d'opinion que je venais solliciter auprès de vous. Si, dans la répartition d'un capital de
200 millions de francs, l'Angleterre doit avoir plus tard,
comme la France, une part de quarante millions, c'est une
déférence que j'ai cru devoir à une puissante nation com-
merçante, directement intéressée dans l'exécution de la
voie nouvelle. Mais les capitaux anglais font si peu besoin
à l'entreprise dont je suis le promoteur, que, si la part
réservée à l'Angleterre n'était pas entièrement acceptée
par elle, cette part serait à l'instant couverte par les
demandes supplémentaires qui me sont parvenues de
diverses parties du monde.

« Voilà, Messieurs, la réponse bien simple, et selon moi irréfutable, que je fais à lord Palmerston et que j'adresse à la conscience de tous les honnêtes gens. Vous me rendrez cette justice que, dans ma réponse, j'observe envers l'âge et la situation politique du premier lord de la Trésorerie les devoirs qu'imposent les convenances. Je croirais d'ailleurs manquer à la dignité de mon caractère et au respect que je vous porte, si je me permettais d'employer envers lui un langage semblable à celui dont il a usé envers moi.

« Je devais ces explications à la bienveillante estime avec laquelle vous m'avez accueilli, et dont je reste profondément touché et reconnaissant. »

En même temps qu'il adressait cette lettre aux membres des Chambres de commerce anglaises, M. de Lesseps, en la communiquant à l'Empereur et au ministre des affaires étrangères, le comte Walewski, rappelait au gouvernement de Napoléon III les promesses qui lui avaient été faites et qui n'avaient pas encore été tenues.

« Il avait été convenu, écrivait M. de Lesseps, dans le principe, que M. Thouvenel serait autorisé à agir en faveur du canal, dans le cas où lord Stratford agirait contre. En attendant l'accord des deux gouvernements, leurs agents devaient garder la neutralité envers une entreprise qui était le fait d'une initiative particulière.

« Lord Palmerston annonce aujourd'hui publiquement : *que le gouvernement de Sa Majesté Britannique a usé jusqu'à ce moment de toute son influence pour empêcher le projet du canal de Suez d'être mis à exécution.*

« En présence d'un tel aveu fondé sur des défiances invétérées contre la France, défiances que l'on ne se donne même plus la peine de dissimuler, avons-nous besoin de la permission de lord Palmerston pour demander formellement au sultan de ratifier l'acte de concession du vice-roi d'Egypte, surtout lorsque nous savons que le sultan est disposé à satisfaire à cette demande ?

« Lorsqu'on considère que le gouvernement britannique, sans s'inquiéter de ce qu'un gouvernement étranger pourrait en penser, a fait obtenir à Constantinople des concessions fort importantes, entre autres celle du chemin de fer de l'Euphrate, officiellement appuyée comme étant la route militaire anglaise de l'Asie, et qu'en dernier lieu, il s'est emparé de Périm, dépendance de la Turquie, sans même en donner avis ; lorsqu'enfin l'opinion du commerce du Royaume-Uni a été unanime en faveur de l'exécution du canal, personne ne pourrait faire le moindre reproche à l'ambassadeur de France, s'il était autorisé à protéger, d'accord avec les représentants des principales puissances dont le concours est assuré, les intérêts du concessionnaire du canal de Suez qui est Français, et qui, en définitive, n'a d'autre but que de faire une route commerciale profitable au monde entier.

« Je comprends d'ailleurs que le gouvernement de l'Empereur ait besoin de choisir le moment favorable ; j'attendrai ce moment, en continuant à préparer l'exécution de l'œuvre, et si l'on tardait trop, on n'aurait plus qu'à reconnaître le fait accompli. »

Le gouvernement impérial ne devait pas encore se déterminer à agir et lord Palmerston pendant longtemps encore allait donner libre carrière à une hostilité que le percement de l'isthme de Suez, accompli par un Français, avait le don de surexciter au delà de toute expression.

Ses violences redoublèrent d'autant plus qu'il voyait, tant en Angleterre qu'en Europe, les protestations se multiplier contre ses paroles. Presque au lendemain de la réponse de M. de Lesseps, hautement approuvée par la presque unanimité de la presse européenne, M. D. Griffith, membre du Parlement, interpellait de nouveau le

premier ministre et demandait à la Chambre des Communes si, dans son opinion bien arrêtée, il était avantageux
à l'honneur ou aux intérêts de l'Angleterre qu'elle se mon-
trât hostile au canal de Suez.

Lord Palmerston répondit à M. Griffith en rééditant les
arguments qu'il avait déjà présentés — arguments soi-
disant techniques ou arguments politiques; on les a vus
tout au long développés dans son précédent discours ; nous
n'y reviendrons pas ; le seul intérêt du discours de lord
Palmerston, dans cette seconde interpellation, fut l'appel
qu'il adressa en faveur de sa singulière théorie scientifique
et hydraulique à M. R. Stephenson, ingénieur, membre du
Parlement et fils du célèbre inventeur des chemins de fer,
Georges Stephenson.

M. R. Stephenson fut le principal auxiliaire de lord Palmerston dans sa longue campagne contre M. de Lesseps.
Ses arguments dont l'exécution du canal de Suez a démontré la complète inanité, empruntaient auprès du Parlement
britannique une importance et une autorité particulières
au nom illustre qu'il portait, à sa propre réputation d'ingénieur très distingué et enfin à la connaissance approfondie
qu'il passait pour avoir de la question, parce qu'en 1847 il
avait exploré l'isthme de Suez en compagnie de MM. Talabot et de Negrelli.

A l'appui des paroles de lord Palmerston, M. Stephenson
soutint que le canal était impossible parce que les deux
mers étaient de niveau et il affirmait — assertion que
M. de Negrelli devait formellement démentir, comme on le
verra plus loin — que ses deux collègues avaient comme
lui abandonné le projet, dès qu'on avait reconnu qu'il n'y
avait pas entre la Méditerranée et la mer Rouge, au point
de vue du niveau, la différence de 32 pieds à laquelle on
avait cru jusqu'alors. Une véritable agitation suivit en
Europe et en Angleterre les discours de lord Palmerston

et de M. Stephenson. Ils provoquèrent les plus vives protestations. Un instant même l'affaire parut devoir prendre
une tournure personnelle, M. de Lesseps demanda à M. R.
Stephenson des explications écrites au sujet de l'adhésion
qu'il avait paru accorder aux paroles blessantes du premier
ministre anglais « que sa position ne lui permettait pas de
prendre à partie ».

M. Stephenson donna, à ce point de vue personnel,
entière satisfaction à M. de Lesseps dans la lettre suivante :

« Londres, 28 juillet 1857.

« CHER MONSIEUR,

« Rien ne pouvait être plus éloigné de mes intentions,
en parlant du canal de Suez l'autre nuit dans la Chambre
des Communes, que de faire la moindre observation qui
pût être considérée comme contenant quelque allusion qui
vous fût personnelle ; et je suis assuré qu'aucun de ceux
qui m'ont entendu ne peuvent regarder ce que j'ai dit
comme ayant une portée de ce genre. Quand j'ai dit que
j'étais d'accord avec lord Palmerston et de la même opinion,
je me référais à cette affirmation que l'argent pourrait
vaincre toutes les difficultés physiques, quelque grandes
qu'elles fussent, et que l'entreprise, quand même elle
aboutirait, ne serait pas commercialement avantageuse.

« La première étude que j'ai faite du sujet, en 1847, m'a
conduit à cette opinion, et rien de ce qui est venu à ma
connaissance depuis cette époque n'a été de nature à changer mes vues.

« Votre dévoué serviteur,

« Rob. STEPHENSON. »

Dans la séance du 14 août, la question du canal revint
de nouveau devant le Parlement, à propos d'une interpellation de M. Estcourt sur le chemin de fer de l'Eu-

phrate, — cette entreprise parallèle que le gouvernement anglais cherchait à opposer au percement de l'isthme de Suez. M. de Lesseps eut, en cette circonstance, l'heureuse fortune de rencontrer un défenseur qui possédait déjà auprès de l'opinion publique une haute autorité due à ses talents, à son éloquence, à son caractère, à la justesse et à la hauteur de ses vues, M. Gladstone.

L'éminent homme d'Etat contesta au gouvernement anglais le droit de mêler la politique dans une question purement commerciale, dont les meilleurs juges restaient, suivant lui, les capitalistes qui croyaient devoir lui accorder leur confiance.

« Si ce projet, ajouta-t-il, vient à être converti par le gouvernement en une question politique, il y aurait le plus grand danger de voir rompre ce concert et cet accord européens qui sont d'une importance supérieure en ce qui concerne notre politique en Orient. Personne, cependant, ne pourra regarder la carte du monde et nier qu'un canal à travers l'isthme de Suez, s'il était possible, ne fût d'un grand avantage pour l'intérêt de l'humanité. Ce projet a été approuvé et trouvé excellent par tous les gouvernements de l'Europe, et spécialement par la France, notre grande alliée. Qu'y aurait-il alors de plus malheureux que de voir naître des querelles à Constantinople à ce sujet entre les ambassadeurs de France et d'Angleterre? Par rapport à nos possessions dans l'Inde, il est à désirer que jamais toute la force et la vigueur de l'Angleterre ne lui manquent pour faire les efforts que réclame la conservation de ces contrées ; et tant que nous aurons des devoirs à remplir envers le genre humain dans ces pays, les plus grands sacrifices ne devraient jamais nous coûter, ni même être calculés, quelle qu'en fût l'importance, pour remplir de telles obligations. Mais ne faisons pas naître dans l'Europe l'opinion que la possession de l'Inde par la Grande-

Bretagne a besoin pour se maintenir que l'Angleterre s'oppose à des mesures qui sont avantageuses aux intérêts généraux de l'Europe. Ne laissons pas naître cette fâcheuse contradiction, parce que ce serait affaiblir notre pouvoir dans l'Hindoustan plus que ne le. feraient dix révoltes comme celles qui viennent d'avoir lieu dernièrement ».

Lord Palmerston reprit encore une fois la parole; il insista sur ses précédentes objections en reconnaissant, d'ailleurs, que depuis quinze ans l'Angleterre pesait à Constantinople pour qu'on ne permît jamais l'ouverture de l'isthme de Suez, qui amènerait fatalement le démembrement de la Turquie et l'indépendance de l'Egypte. Suivant le mot de M. de Lesseps, lord Palmerston demeurait plus que jamais l'homme de 1840; toute sa politique, malgré la guerre de Crimée, restait dominée par un invincible sentiment de jalousie et de défiance contre la France. Il faut rendre au peuple anglais cette justice que dans cette question il vit souvent beaucoup plus clair que son gouvernement.

« Quel est ce projet, disait dès lors le *Daily-News*, que le premier ministre d'Angleterre déclare être une duperie, auquel il se glorifie d'avoir résisté pendant quinze ans, et auquel il déclare vouloir s'opposer jusqu'au bout? Par lui-même, c'est tout simplement un projet pour abréger de quelques milliers de milles la distance par mer qui sépare aujourd'hui l'Europe de l'Australie et de l'extrême Orient. Mais à un autre point de vue, c'est quelque chose de plus que ceci. Lorsqu'on le considère comme un symtôme des temps et un développement de l'époque, il a un autre sens et une signification plus profonde; le nouveau monde s'est éveillé pour sa mission d'animer le vieux monde; l'Europe se précipite elle-même sur l'Asie, la science, la richesse, l'énergie de l'Occident marchent à pas de géant pour remuer la longue torpeur de l'Orient. L'Indus aura ses vapeurs ; le Sindh, cette Égypte de l'extrême Orient, ses chemins de fers ; les produits de l'Asie centrale, les tissus de cachemire et l'abondance du Bengale descendront le grand fleuve sur les ailes de la vapeur vers les bords de l'océan Indien. Les plus ignorants en savent assez des pays d'aurore pour parler « de la splendeur et de la décadence de l'Orient ». Le temps est venu où il faut retrancher la « décadence » sans porter atteinte à « la splendeur ». Ce n'est pas le romantisme, c'est l'intérêt qui hâte cette entreprise. Chaque dollar sagement dépensé pour civiliser l'Orient vaut dix dollars ajoutés plus tard aux richesses de l'Occident. L'or que nous semons, fondu dans la construction de chemins de fer et de canaux, produira, avant qu'une génération ait passé, une riche récolte de marchés et de clients. C'est l'instinct et la tendance de l'époque, instinct et tendance que des premiers ministres, avec leurs craintes étroites et leurs traditions diplomatiques, sont complètement impuissants à détourner. »

C'était là la voix de la raison ; c'était déjà celle de l'opinion publique ; ce n'était pas et ce ne devait pas être de sitôt celle du gouvernement anglais. Les faits seuls devaient le convertir ; alors seulement il reconnut toute l'étendue de son erreur. Sir Stafford de Northcote devait alors, en plein Parlement, s'écrier : « Nous avons été dupes de notre incrédulité ». Mais, à la fin de 1857, l'heure de la justice n'avait pas encore sonné et durant douze longues années M. de Lesseps allait encore avoir à soutenir des luttes incessantes et de rudes assauts. Il ne les redoutait pas, car au lendemain même des violentes attaques qu'il venait de subir, il écrivait dans une lettre confidentielle adressée à M. Thouvenel, ambassadeur à Constantinople : « Après les déclarations de lord Palmerston, je suis plus certain de la réussite que jamais ».

CHAPITRE V

LE PARLEMENT ANGLAIS

Plus heureux que ne l'avait été avant lui le vainqueur des Pyramides dont l'ombre, malgré Waterloo et Sainte-Hélène, impressionnait encore le gouvernement britannique, le promoteur du percement de l'isthme de Suez avait opéré en Angleterre une descente victorieuse. Il en avait parcouru en triomphateur les principales cités commerciales, conquérant à son projet, par son infatigable propagande, la majeure partie de l'opinion.

Une fois de plus, il avait pu en acquérir la certitude, c'était du cabinet de Saint-James que venaient toutes les difficultés ; c'était du Foreign-Office que partait le mot d'ordre qui tenait tout en suspens.

Au mois de décembre 1857, M. de Lesseps retourna à Constantinople, mais il s'y heurta aux mêmes obstacles. Il s'agissait toujours de savoir si la Porte ratifierait l'acte

de concession signé par le vice-roi d'Égypte trois ans auparavant, le 30 novembre 1854, et l'on était à la fin de 1857.

Cette nouvelle négociation dura plusieurs mois; elle
reposa tout entière sur M. de Lesseps; le sultan le recevait
avec distinction; les grands vizirs qui se succédaient aux
affaires, Réchid-Pacha et Aali-Pacha, se déclaraient personnellement très sympathiques à son œuvre; mais ni les
communications officielles comme la lettre qu'il adressa
au sultan le 29 novembre 1857 pour réclamer l'iradé de
ratification, ni les plus pressantes démarches officieuses
ne parvenaient à un résultat. L'Angleterre, toujours em-
busquée derrière la Porte, empêchait la négociation
d'aboutir et ne négligeait rien pour susciter de nouvelles
entraves, de nouveaux obstacles.

Il faut dire qu'à cette heure même l'Angleterre, qui
avait, dans l'Inde, à faire face à un terrible soulèvement,
éprouvait les plus vives alarmes; elle craignait de voir une
autre puissance se frayer une route nouvelle vers cet
empire, dont la France avait failli conquérir la souveraineté au temps de Dupleix et de La Bourdonnais (1). Au
Parlement, où les nouvelles de la révolte des Cipayes
causaient la plus vive émotion, l'on discutait le *bill* tendant
à soustraire l'Inde à la domination de la vieille Compagnie

---

(1) Le célèbre Nana-Saïb, l'un des principaux chefs de l'insurrection,
dans une proclamation adressée aux musulmans de l'Indoustan, dit que
le sultan de Constantinople, dans un firman adressé au vice-roi, lui
a ordonné de fermer l'Égypte, *qui est la route de l'Inde*, aux troupes anglaises; que, par conséquent, il n'y avait pas à craindre leur
prochaine arrivée et que le gouverneur général, lord Canning, *fut
plongé, à cette nouvelle, dans le plus profond chagrin et se frappa
la tête.*

Ce révolté indien ne se doutait certainement pas que, dans le même
temps où il inventait cette nouvelle, c'était le contraire qui avait lieu,
c'est-à-dire que le vice-roi d'Égypte ordonnait l'ouverture du canal de
Suez, tandis que le premier ministre de l'Angleterre et son ambassadeur
à Constantinople s'y opposaient.

qui l'avait conquise et de la placer sous la souveraineté directe de la couronne d'Angleterre. L'examen de ce *bill* donnait lieu à de vives discussions.. Il semblait qu'une fois de plus, se sentant menacée, la Grande-Bretagne adressait au dieu des mers l'invocation célèbre de William Pitt :

Neptune britanni tu pater Oceani !

Neptune venait à l'aide de l'Angleterre en lui suggérant la pensée de prendre dans la mer Rouge possession de Périm et d'Aden. C'était deux stations importantes sur la future route du canal de Suez ; malgré tout, le gouvernement de la reine commençait à croire au canal ; il le prouvait par ses annexions (1). Cela ne l'empêchait pas, d'ailleurs, de continuer à attaquer M. de Lesseps par tous les moyens en son pouvoir.

Cependant le Cabinet de lord Palmerston avait été renversé. Un ministère présidé par lord Derby et comptant parmi ses membres M. Disraëli, en qualité de chancelier de l'Echiquier, lui succéda. Tout d'abord, on put croire que le nouveau Cabinet serait plus favorable que le précédent

---

(1) Il en était si bien ainsi qu'en se reportant aux événements de 1839 et 1840, relatifs à l'Égypte, on y eût trouvé, comme le fit alors remarquer M. de Lesseps, plus d'une analogie avec les discussions d'alors. Ainsi, parmi les griefs que mettait en avant le manifeste de la Porte, publié à l'instigation de lord Ponsonby, ambassadeur d'Angleterre à Constantinople, pour justifier la prise d'armes contre Méhémet-Ali, se trouvait l'accusation contre le vice-roi d'Egypte de vouloir entraver les communications de la Grande-Bretagne avec les Indes par l'Egypte et la Syrie. Ce grief n'avait d'autre fondement que l'opinion exprimée par Méhémet-Ali, dans une dépêche confidentielle au grand-vizir et établissant :

« Que l'ouverture du passage de l'Europe aux Indes par l'Égypte et la
« Syrie devait être exécutée au profit et avec le concours de toutes les
« nations, et ne devait pas constituer un monopole au profit de l'Angle-
« terre seule, monopole qui serait très dangereux pour les droits du
« sultan ! »

au percement de l'isthme. Il n'en fut rien. Les instructions données au représentant de la Grande-Bretagne à Constantinople restèrent les mêmes et M. de Lesseps continua à lutter en vain contre l'inertie calculée et persistante du Divan.

Un moment, il est vrai, M. de Lesseps espéra que le gouvernement français l'appuierait à Constantinople; il n'en fut rien; Napoléon III, qui croyait à la nécessité du maintien de l'alliance anglo-française, ne jugeait pas le moment arrivé, et notre ambassadeur, M. Thouvenel, attendait toujours des instructions précises qui ne venaient pas. Les autres puissances, malgré leurs sympathies, ne voulaient, *motu proprio*, prendre aucune initiative, si bien que la parole semblait devoir revenir aux muets du sérail avant que M. de Lesseps eût obtenu du Divan une réponse parfois promise, mais toujours ajournée.

La vérité, c'est que l'hostilité du ministère Derby égalait celle du ministère Palmerston. On le vit bien dans la séance du 26 mars 1858, au Parlement anglais. Interrogé au sujet de l'attitude qu'il entendait prendre concernant l'entreprise de M. de Lesseps, M. Disraéli, chancelier de l'Echiquier, répondit sous une forme moins brutale que ne l'eût fait lord Palmerston; mais ses paroles n'étaient nullement empreintes de bienveillance.

La question, disait en résumé M. Disraéli, se présentait sous deux points de vue; le point de vue scientifique et le point de vue politique. En ce qui concerne le point de vue scientifique, il aurait désiré que le membre pour Whitby (M. Stephenson, l'ingénieur si hostile au percement du canal) fût présent; ce membre ayant déjà, dans une autre occasion, exprimé la conviction que l'entreprise du percement de l'isthme de Suez était une vaine entreprise et que les capitaux engagés ne produiraient jamais aucun revenu. Sans exprimer une opinion définitive, le chancelier de l'Echiquier ajoutait que, d'après les informations qu'il avait recueillies, il pensait que l'entreprise projetée serait une *vaine tentative.*

Ce n'était là qu'une escarmouche; elle était significative. Peu de temps après, la question revint devant le Parlement avec un caractère d'urgence et de solennité qu'elle n'avait pas encore présenté à un degré analogue. C'est, en effet, une mémorable discussion que celle qui eut lieu dans la Chambre des Communes du 1er juin 1858.

Les membres les plus éminents du gouvernement et de l'opposition prirent part à ce grand débat. Jamais jusqu'alors l'entreprise de M. de Lesseps n'avait soutenu un aussi formidable assaut ; jamais non plus elle n'avait rencontré de plus brillants défenseurs. Sous la direction combinée de M. Disraéli et de lord Palmerston qui oublièrent, en cette circonstance, leurs vieilles rivalités, les adversaires du canal furent de beaucoup les plus nombreux et les plus forts, mais la cause de M. de Lesseps, défendue publiquement avec une rare éloquence et une grande énerhie par des orateurs tels que M. Gladstone et lord John Russell, parut dès lors assurée du succès et de l'avenir.

Le premier orateur qui prit la parole fut M. Rœbuck, le même qui précédemment avait demandé à interpeller sur cette question et dont la proposition avait été ajournée.

« Il s'agit, dit-il, de l'honneur et de l'intérêt de l'Angleterre ; il me semble que son honneur a été sacrifié, que son grand nom a été traîné dans la boue, et que nous nous sommes conduits d'une manière égoïste et basse relativement à cette question. »

Comme on le voit, dès le premier moment, le débat prenait une allure des plus vives.

Entrant alors dans l'examen même de la question, M. Rœbuck soutint que la Chambre des Communes n'avait nullement à se préoccuper de protéger les capitalistes malgré eux. Tout ce qu'elle devait considérer, c'était la question de savoir si la construction de ce canal servirait l'intérêt de l'Angleterre. Or, le peuple anglais, faisant avec l'Inde un commerce beaucoup plus important que le reste du monde, s'il y avait quelqu'un qui dût tirer avantage du canal de Suez, ce devait être la Grande-Bretagne.

Répondant ensuite aux craintes qui semblaient surtout peser sur l'esprit de la majorité du Parlement, M. Rœbuck nia formellement que l'exécution du canal pût devenir pour l'Angleterre une cause d'abaissement. « Notre domination dans l'Inde dépend, dit-il, de notre supériorité maritime. Le moment où nous cesserons d'être la puissance dominante sur mer sera celui où nous perdrons notre domination dans l'Inde. Est-ce qu'en faisant un canal maritime à Suez nous perdrons notre supériorité maritime ? Bien au contraire. »

Un peu plus loin, revenant sur la même idée, M. Rœbuck ajoutait : « Si quelqu'un peut tirer avantage d'une plus grande facilité de transport dans l'Inde, c'est l'Angleterre. Notre esprit d'entreprise mercantile en profitera plus que celui de toute autre contrée de l'univers. Nous ferons alors de l'Inde ce que nous désirons en faire, une partie intégrante de notre propre pays, et ce sera comme si nous étions rapprochés de l'Inde de quelques milliers de milles de plus ». L'avenir devait démontrer toute la vérité de ces paroles.

Dans une autre partie de son discours, M. Rœbuck toucha au point de la question le plus délicat, mais aussi le plus sensible à la Chambre des Communes comme au public anglais ; il réfuta les objections qui pourraient être tirées des avantages excessifs que le canal pourrait procurer à la France. « Il a été dit qu'il y a des temps où la Méditerranée a été dominée par une flotte française. L'expédition d'Egypte par Napoléon Bonaparte en a été un des exemples les plus remarquables. Notre supériorité maritime a cependant été maintenue et nous enfermâmes Napoléon et son armée comme dans un piège... Le danger résultant de la possibilité qu'à un moment donné la France ou quelque autre puissance puisse nous être supérieure dans la Méditerranée est complètement illusoire, et de fait nous sacrifions les intérêts de l'Angleterre et de l'humanité à un danger entièrement imaginaire...

« Le vice-roi d'Egypte, disait en concluant M. Rœbuck, a pris les mesures les plus impartiales pour s'assurer si les difficultés physiques étaient insurmontables ou non ; il a nommé une commission d'ingénieurs de France, d'Angleterre, de Prusse, d'Autriche, d'Espagne, de Sardaigne pour explorer la route et faire un rapport sur le projet; l'avis de ces hommes éminents ne saurait être paralysé par le simple *ipse dixit* d'un seul membre de la Chambre des Communes. Le bon sens doit dire à tout le monde que le percement du canal· est *dans l'intérêt de l'humanité*, et j'espère que la Chambre adoptera la résolution suivante : « La Chambre est d'avis que le pouvoir et l'influence de ce pays ne doivent pas être employés pour obliger le Sultan à retenir son assentiment au projet de percement d'un canal à travers l'isthme de Suez. »

La motion de M. Rœbuck fut appuyée par M. Griffith qui soutint que soit pour la guerre, soit pour le commerce, il ne pouvait y avoir pour l'Angleterre rien de plus avantageux que l'exécution du canal.

M. Gibson, en demandant la production de la correspondance diplomatique échangée avec la Turquie, rappela l'accueil si favorable fait par le commerce anglais au projet de M. de Lesseps et les encouragements votés aux promoteurs du projet par les meetings de Londres, Liverpool, Manchester, Glasgow, Birmingham, Edimbourg, Bristol, Newcastle, Belfort, Cork, etc.

Les deux principaux adversaires du projet furent au

point de vue technique M. Stephenson, au point de vue politique, lord Palmerston. Comme on s'en souvient, l'opinion de M. Stephenson devant le Parlement anglais tirait une grande autorité non seulement du nom illustre qui était le sien, de sa réputation personnelle de compétence et de savoir, mais encore et surtout de ce fait qu'en 1849, avec MM. Paulin Talabot et Negrelli, il avait pris part à une exploration scientifique de l'isthme de Suez.

Une fois de plus, M. Stephenson nia « formellement » que la construction du canal « fût physiquement possible. »

Aujourd'hui que le canal est ouvert depuis dix-sept ans, on reste confondu lorsqu'on relit ce discours qui, un moment, faillit tenir en échec l'œuvre de M. de Lesseps. Jamais on ne soutint avec une assurance plus doctorale et plus hautaine un pareil échafaudage d'erreurs.

Voici en quels termes s'exprima M. Stephenson :

« L'honorable et savant membre pour Sheffield a avancé un grand nombre de généralités, mais il n'a pas avancé un seul fait absolu.

« Suivant lui, il serait, par exemple, très désirable de faciliter le commerce entre deux parties du monde. Personne n'en doute, mais l'honorable gentleman n'a pas démontré que le canal remplira ce but. Je crois qu'il ne le remplira pas, *même en supposant sa construction physiquement possible, ce que je nie.*

« L'honorable membre a cité beaucoup d'autorités en faveur de la possibilité du projet, mais il a oublié de citer les opinions de trois gentlemen, l'un de Paris, l'autre d'Autriche et moi-même d'Angleterre, qui ont fait les premières recherches à ce sujet en 1847. Ils ont examiné la configuration physique du pays et délibéré sur la question de la manière la plus minutieuse, en basant leurs observations sur la supposition énoncée qu'il serait possible d'établir un bosphore artificiel entre la mer Rouge et la mer Méditerranée, tel qu'il existe naturellement entre la mer Noire et la mer Méditerranée. Ils se basèrent sur la supposition que le nivellement français, démontrant une différence de 30 pieds dans les deux mers, au moyen de laquelle il serait possible d'entretenir un courant constant, était exact ; mais au lieu d'une différence de 30 pieds de hauteur, il a été constaté que les deux mers sont de niveau et qu'aucun courant ne peut être établi.

« Le savant et honorable membre a donc eu tort, dans les termes dont il s'est servi, de parler d'un canal. *Ce ne serait pas un canal à proprement parler; ce serait bien plutôt un fossé.*

« L'orateur a cité feu M. Rendel comme un partisan du canal qu'il défend. Mais je puis dire positivement que M. Rendel n'a pas accepté le projet tel qu'il est présenté maintenant ; j'en donne pour preuve qu'il n'a pas signé le rapport. M. Rendel a été bien connu de presque tous les membres de cette Chambre, et l'on sait que son autorité dans ces matières était considérable. M. Mac-Clean, autre autorité dans les questions de ce genre, soutient aussi que le canal n'est pas exécutable. En ce qui concerne les ingénieurs anglais, je crois pouvoir affirmer qu'ils sont tous de même avis que moi. En ce qui concerne les difficultés que rencontre l'exécution, je n'en signalerai qu'une seule : c'est de creuser un canal dans un désert de plus de 80 milles de long, sans fruits, sans une goutte d'eau dans tout cet espace. J'ai traversé à pied toute la contrée, du moins toute la partie qui est à sec. Je ne veux pas aborder le côté politique de la question ; mais je puis bien affirmer, en ce qui concerne le transit des passagers et des malles, qu'il n'y aura pas économie de temps, car, comme on peut aller aujourd'hui en chemin de fer d'Alexandrie à Suez en huit heures de temps, il faudrait tout au moins le double par le canal, en le supposant le meilleur possible ; car les

navires qui se rendraient d'Europe aux Indes pourraient
faire du charbon, soit à Alexandrie, soit à Suez. On prétend
que nous n'avons pas à nous occuper des difficultés physiques du projet; mais je pense que la Chambre a bien aussi
à y penser; et c'est ce que j'ai fait pour ma part. (Écoutez!)
Si je gardais le silence, on pourrait croire que j'accepte la
motion, et que je concède que le canal de Suez est exécutable; mais si on le tente, et j'espère bien qu'il ne sera pas
tenté, du moins avec l'argent des Anglais, *on verra bien que
ce projet ne peut qu'échouer en ruinant ses entrepreneurs.* »

Lord Palmerston, bien qu'il siégeât alors sur les bancs
de l'opposition, crut devoir apporter dans le débat la même
ardeur, la même animosité contre le projet de M. de
Lesseps que lorsqu'il était premier ministre. « La plus
charitable manière d'envisager le projet, le point de vue le
plus innocent de le considérer, c'est, à mon avis, que ce
projet est *la plus grande duperie qui ait jamais été proposée
à la simplicité et à la crédulité des gens de notre pays.* »

Ce début promettait; lord Palmerston en tint toutes les
promesses; toutes les objections faites par les précédents
orateurs, par la presse, par la science, par l'opinion à sa
manière de voir lui semblaient ridicules et puériles. Les
meetings anglais, belle affaire; ils avaient été réunis par
des faiseurs étrangers. Les avantages commerciaux du
projet, — ils seraient plus que nuls, et il était impossible
que le canal payât même ses frais de construction.

A entendre lord Palmerston, le canal avait surtout pour
but de barrer le passage à toute armée turque qui serait
envoyée pour rétablir l'empire du sultan, en ouvrant un
grand passage militaire de 300 pieds de largeur et 30 pieds
de profondeur, couvert de batteries et garni au bas mot
de 3 à 4,000 canons.

« Il n'est pas de notre intérêt; ajoutait lord Palmerston,
qu'il y ait entre la Méditerranée et l'Océan de l'Inde un

passage maritime au pouvoir des autres nations et pas au
nôtre. Si le passage que nous avons à présent nous était
enlevé, nous serions obligés d'aller dans l'Inde par le cap
de Bonne-Espérance, et il serait absurde de fermer les yeux
sur le préjudice qui atteindrait nos intérêts si une rupture
subite avait lieu et sur la facilité qui, au cas où ce projet
devrait être exécuté, serait donnée à un ennemi en cas de
guerre. »

A vrai dire, cette considération était la plus sérieuse du
discours de lord Palmerston ; le célèbre homme d'Etat y
livrait sa pensée ; ce qu'il redoutait surtout, c'est que ce
canal, dont il eût voulu faire un canal britannique, ne devînt,
dans la réalité des choses, un canal international, peut-être
même un canal français. Cette crainte, M. Gladstone
s'appliqua à la réfuter, dans sa réplique à lord Palmerston.
Cette réponse fut empreinte d'une hauteur et d'une justesse
de vue incomparables.

« Mon noble ami (lord Palmerston) et le sous-secrétaire
d'État des affaires étrangères affirment tous deux, dit
M. Gladstone, que l'ouverture de ce canal sera dangereuse
pour le maintien de l'empire anglais dans les Indes parce
qu'il permettra aux nations étrangères de nous entraver,
en envoyant des armements hostiles dans les Indes en cas
de conflit avec le pays. Monsieur, j'élève une protestation
respectueuse, mais la plus sérieuse possible, contre l'esprit
et l'expression d'un pareil langage. Je ne puis rien concevoir de plus imprudent en ce qui concerne la bonne intelligence des nations de l'Europe ; je ne puis rien concevoir
de plus compromettant pour les véritables intérêts de
l'Angleterre.

« D'abord, je ne puis pas placer du tout l'empire indien
de la Grande-Bretagne en opposition avec les intérêts du
reste de l'humanité ou avec le sentiment général de l'Europe, et je soutiens que c'est ce que vous faites si, dans une

question purement commerciale, vous mettez de côté les
arguments commerciaux et si, pour la faire tomber dans
l'arène politique, vous vous opposez à l'exécution d'un
projet commercial, vous allez le déclarer impraticable uniquement parce que vous le croyez dangereux à l'empire de
l'Angleterre dans les Indes.

« Je repousse donc de toutes mes forces le système d'insi-
nuation qui est renfermé dans l'allusion faite à ces dangers ;
je dis que c'est un système sans générosité, imprudent et
plein de périls ; mais, en même temps, je nie absolument
l'existence de ces dangers. Je soutiens que si ce canal avait
été ouvert l'année dernière, que s'il eût été alors praticable,
question qui n'est pas actuellement soumise à nos votes,
nous aurions eu la plus grande raison de profonde reconnaissance pour ceux qui auraient construit ce canal. Quelle
différence dans ce déplorable conflit que nous avons à soutenir dans l'Inde si, il y a douze mois, au lieu de cette
longue route du Cap, vous aviez pu envoyer vos troupes
directement dans l'Inde !

Oui, l'avantage de ce canal, si ce canal est praticable,
quelque grand qu'il soit pour le reste du monde, serait plus
grand encore pour l'Angleterre. Qui aurait le contrôle de
la mer Rouge ? Qui a maintenant le contrôle de cette mer
à son extrémité méridionale ? Qui a occupé Aden et Périm
et qui a offensé si vivement les nations étrangères par
l'occupation de ce dernier point ? Qui doit maintenant
rendre compte peut-être à cette Chambre de cette mesure,
en exposant les raisons qui ont pu la justifier et qui l'ont
rendue à la fois nécessaire et juste ? Mais, assez naturellement, on fut très mécontent à l'étranger quand on vit
l'Angleterre occuper la première un des côtés de la mer
Rouge et bientôt aussi l'autre côté, par des forts fortifiés
et s'opposer avec égoïsme, par des craintes pour son
empire des Indes, à ce qui paraissait une entreprise bien-

faisante pour toute l'humanité. Quel est le pouvoir qui posséderait réellement ce canal, s'il était ouvert ? N'est-ce pas un canal qui, de toute nécessité, tomberait sous le contrôle de la première puissance de l'Europe ? C'est l'Angleterre et non point un autre pays qui dominerait ce canal. »

Comment ne point reconnaître jusqu'à quel point l'avenir d'alors, — le passé d'aujourd'hui, — devait justifier ces paroles de M. Gladstone qui, en terminant, ajouta : « Quel que soit le vote de cette nuit, je suis profondément convaincu que, dans l'état où est à ce sujet l'opinion générale, la politique adoptée est une fausse politique, diamétralement opposée aux plus simples principes de la prudence, et on peut le dire aussi à la courtoisie et à la bienveillance nécessaires entre deux nations amies. »

Dans d'autres parties de son discours, M. Gladstone avait indiqué combien le gouvernement anglais excéderait ses droits en invitant les Chambres à déclarer que le percement de l'isthme de Suez constituait un projet aventureux, chimérique, malhonnête.

M. Disraéli, chancelier de l'Echiquier, prit la parole au nom du Cabinet. Il défendit le gouvernement de la Reine d'avoir voulu exercer sur le sultan une sorte de pression et de contrainte. Il protesta contre les termes employés par M. Gladstone, qui avait traité l'opposition faite au projet de M. de Lesseps « d'opposition inconvenante, déplacée et illégitime. » S'il y a, dit-il, dans le monde quelque projet mis en avant que nous croyons être compromettant pour les intérêts de l'Angleterre et ceux des nations en général, l'opposition contre ce projet ne saurait être ni déplacée, ni inconvenante, ni illégitime.

Dans son ensemble, cependant, le langage de M. Disraéli fut assez vague. Il s'en tint à des généralités telles que celle-ci : « Si l'on me demande mon assentiment à un projet dont les conséquences doivent être des armements beaucoup plus considérables en Angleterre et des résultats très douteux d'un caractère cosmopolite et philanthropique pour le monde, je suis forcé de considérer les frais de ces armements, leur influence sur nos impôts, l'effet général sur l'équilibre des pouvoirs, ainsi que nos chances plus grandes de nous brouiller avec des nations étrangères. »

Relativement à la Turquie, le chancelier de l'Echiquier défendait le gouvernement contre le reproche de vouloir exercer une pression sur la Turquie, mais il indiquait clairement que l'intérêt de celle-ci n'était pas de favoriser le percement de l'isthme de Suez. Il insinuait, en outre, que les gouvernements français et autrichien étaient moins favorables qu'on voulait bien le dire à l'entreprise de M. de Lesseps.

En un mot, le discours de M. Disraéli, moins acerbe et moins violent que celui de lord Palmerston, n'était, en réalité, ni moins hostile, ni moins dangereux.

Lord John Russell répondit à M. Disraéli en s'associant aux paroles de M. Gladstone ; il soutint que l'opposition faite au projet était de nature à entretenir l'opinion trop répandue sur le continent que, poussée par des intérêts égoïstes, l'Angleterre était prête à sacrifier ou à entraver le commerce de toutes les autres nations.

Tout aussitôt M. Drummond prit la parole pour déclarer que, si l'on regardait non les abstractions, mais les actes du gouvernement français, on verrait que ce canal, ainsi que l'avait dit lord Palmerston, n'était ni plus ni moins qu'*une chaîne de forteresses pour barrer par cette route le passage de l'Angleterre vers les Indes.*

Après quelques observations présentées par M. Bright, qui réclama communication de la correspondance échangée avec la Porte, une réponse dilatoire de M. Disraéli et une réplique de M. Rœbuck qui adjura les représentants du peuple anglais de ne pas donner leur sanction à une politique qu'en France et sur le continent on considérait comme égoïste, étroite et absolument injuste, la Chambre passa au vote. Par 228 voix contre 62, elle repoussa la motion invitant le gouvernement à ne pas employer le pouvoir et l'influence de l'Angleterre pour obliger le sultan à retenir son consentement pour la concession d'un canal à travers l'isthme de Suez.

Le lendemain, en réponse à une demande de M. Gibson, le chancelier de l'Echiquier refusa de déposer sur le bureau de la Chambre la correspondance diplomatique relative au canal de Suez. Il était donc acquis que le gouvernement anglais restait plus que jamais opposé à l'adhésion du sultan et par là même à l'exécution du canal.

Tel fut ce mémorable débat; dans toute l'Europe il produisit l'impression la plus vive; loin de nuire à l'entreprise de M. de Lesseps, il fut pour celui-ci le point de départ d'une nouvelle et féconde campagne.

De toutes les contrées de l'Europe et de tous les points de l'Angleterre elle-même il s'éleva d'innombrables protestations contre le vote du Parlement et surtout contre les prétentions exorbitantes de lord Palmerston et de M. Disraéli.

Une polémique fort intéressante s'engagea, notamment entre le *Times* et le *Journal des Débats*; l'opinion la suivit avec une attention passionnée. Le journal anglais ayant eu l'imprudence de dire que « toute tentative du vice-roi pour mettre son pouvoir en opposition avec celui du sultan produirait les plus grandes complications », le *Journal des Débats* répondit, non sans raison, qu'aucune nation n'ayant plus que la France fait en Crimée des sacrifices pour maintenir l'intégrité de la Turquie, aucune nation n'aurait davantage le droit de se plaindre, si sa voix n'était pas écoutée convenablement à Constantinople

Comme on le voit, la lutte d'influence était plus que jamais engagée entre le gouvernement anglais, d'une part, et la France, de l'autre.

Il n'en restait pas moins acquis que la question venait de faire un grand pas. Dans un article qui fut alors très remarqué, M. Cucheval-Clarigny pouvait dire avec raison que « le jour n'était pas éloigné où l'Angleterre reconnaîtrait la nécessité de faire librement passer ses vaisseaux de la Méditerranée dans la mer Rouge et mettrait autant d'ardeur à presser l'exécution du canal qu'elle montrait de passion pour l'empêcher. »

Pour M. de Lesseps, la grande discussion du 1er juin, au Parlement anglais, ne fit que l'animer d'une ardeur et d'une énergie plus grandes. Encouragé par les protestations presque unanimes de la presse européenne contre la politique égoïste du Cabinet de Saint-James, il poursuivit sa campagne de propagande avec une activité incroyable, infatigable, merveilleuse..

Dans le débat qui avait eu lieu les adversaires du canal s'étaient surtout appuyés sur l'opinion de l'ingénieur Stephenson. M. de Lesseps, — avec quel coup d'œil et quelle justesse de vue, l'avenir l'a prouvé, — suscita contre cette opinion erronée et fausse, une véritable croisade scientifique à laquelle prirent part les plus illustres ingénieurs de l'Europe, et quelques-uns de ceux-là même dont M. Stephenson avait invoqué le témoignage.

Ainsi en fût-il notamment de MM. de Negrelli, Paleocappa et Conrad : « Vous supposez, écrivait M. Conrad à M. Stephenson, que le canal de Suez entre les deux mers qui sont de niveau ne sera qu'un *fossé*, pour reprendre votre expression ? Et nos canaux de Hollande, qu'en pensez-vous ? Tous, ils sont construits et fonctionnent admirablement dans les conditions mêmes qui vous effraient tant. Est-ce qu'il en est un seul où les eaux ne soient pas, dans tout leur parcours, absolument de niveau? Sont-ils stagnants pour cela? Pas le moins du monde. Venez les voir, vous les trouverez en pleine activité, nous rendant de continuels services. Surtout, ne nous en dites pas de mal parce qu'on pourrait ne tenir aucun compte de vos théories. »

M. de Negrelli, l'ingénieur autrichien qui, en 1847, avait fait le voyage d'Egypte avec M. Stephenson, apportait, lui aussi, un éclatant témoignage à M. de Lesseps. Voici en quels termes, dans une lettre adressée à la *Gazette autrichienne* du 18 juin, M. de Negrelli répondait à M. Stephenson :

« Dans la séance du Parlement anglais du 1er juin, M. R. Stephenson a prétendu, relativement à la responsabilité du canal de Suez, qu'en 1847 une commission, composée d'un Français, d'un Autrichien et de lui-même, avait constaté l'impraticabilité de ce projet. Déjà, l'an dernier, j'avais eu l'intention de rectifier les affirmations faites publiquement par mon honorable ami « au sujet des opi- « nions de l'ingénieur autrichien. »

« Mais M. Paléocappa m'avait devancé, et sa réfutation des assertions de M. Stephenson était tellement frappante, que je me contentai, ainsi que les autres membres de la commission internationale, de me joindre à lui, et que je m'attendais à une réponse basée sur les arguments techniques de la part de mon honorable ami d'Angleterre.

« Au grand étonnement de ceux qui suivent l'affaire du canal avec cet intérêt qu'excite une entreprise si belle, si importante et si utile, cette réponse n'a jamais été faite. M. Stephenson n'a fait que répéter ses anciennes assertions dans la séance du 1er juin. Il semble donc être dans l'intérêt de la vérité d'exposer franchement la marche historique des faits, et M. Stephenson me saura gré de venir en aide à sa mémoire.

« Je me permets de lui rappeler qu'entre nous (un Autri-

chien, Negrelli, un Français, Talabot, et un Anglais,
Stephenson) il n'y a eu, ni en 1847 ni plus tard, un échange
d'opinions sur la question du canal de Suez. La seule fois
que j'ai parlé de cette affaire à M. Stephenson fut en 1846
à Paris, où nous conclûmes un traité le 30 novembre
suivant, par lequel nous devions nous charger, moi de
l'exploration du golfe de Péluse et de la levée du littoral
de Tineh, mon ami Talabot de la levée et du nivellement
de l'isthme, et M. Stephenson de l'exploration et de la
levée du golfe de Suez. Ce traité contient encore d'autres
stipulations, toutes adoptées par M. Stephenson. A cette
époque, il semble donc avoir eu foi dans l'utilité et les
revenus du canal, et ne pas avoir considéré comme absurde
l'idée du percement de l'isthme. Que le canal ait ou n'ait
pas une pente de trente pieds, cela ne change rien à la
chose. Pour ma part, je considère un canal horizontal
comme plus avantageux à la navigation qu'un canal en
pente; et je trouve que dans tous les canaux ayant une
pente il faut établir des écluses pour l'annuler. Ainsi, je
considère comme un fait très heureux qu'il n'y ait pas de
différence de niveau entre les deux mers, circonstance qui
facilite essentiellement l'exécution d'un canal libre.

« M. Talabot et moi, nous avons envoyé, en 1847, des
détachements d'ingénieurs en Egypte, et adressé les résultats de nivellements à la Commission réunie à Paris.
M. Stephenson n'a envoyé personne en Egypte, et il s'est
contenté, pour sa part, d'adresser, sans autres explications
ou observations, quelques cartes géographiques imprimées
de la mer Rouge.

« Nous étions, de plus, convenus qu'il ne serait porté de
jugement sur les nivellements des ingénieurs autrichiens
et français que lorsque les ingénieurs en chef Negrelli,
Talabot et Stephenson les auraient comparés à l'état des
lieux mêmes et complétés par leurs propres expériences.

« Au mois de janvier 1848, nous convînmes de partir ensemble pour l'Egypte dans le courant du mois de mars, et de délibérer, après l'exploration du terrain seulement, sur la possibilité et les détails du projet. Tous les préparatifs de voyage étaient faits, lorsque les événements de février survinrent ; le voyage fut suspendu, et depuis cette époque, aucune délibération n'a eu lieu entre les trois ingénieurs. Il est vrai qu'ils se sont encore une fois rencontrés à Paris au mois d'août 1855 ; mais aucun mot n'a été échangé entre eux sur le projet du canal.

« Pendant ce temps, M. Bourdaloue, chef de la brigade des ingénieurs français, publia ses nivellements ; et comme ils se rattachaient à ceux de la brigade autrichienne, toutes les personnes qui s'y intéressaient pouvaient élaborer et préparer leurs plans sur l'exécution du projet.

« Il est vrai que M. Stephenson est allé en Egypte sans se concerter avec ses collègues et sans y aller à cause du canal de Suez, mais dans l'intention d'entrer en négociation avec le gouvernement au sujet de l'exécution d'un chemin de fer d'Alexandrie à Suez. A cette occasion, M. Stephenson peut avoir parcouru le désert entre le Caire et Suez ; mais ainsi il n'a vu que cette partie de l'isthme qui touche immédiatement à Suez. Cependant notre honorable ami prétend avoir parcouru à pied tout l'isthme entre les deux mers. Mais en Egypte, où les préparatifs pour un voyage dans le désert excitent toujours l'attention, personne ne veut avoir entendu parler ou savoir quelque chose d'un pareil voyage de M. Stephenson ; et sa dernière affirmation au Parlement anglais, suivant laquelle il faudrait creuser 80 milles anglais, confirme l'opinion générale en Egypte, que M. Stephenson n'a ni parcouru, ni vu l'isthme proprement dit ; car dans ce cas il aurait vu aussi les bassins des lacs Amers et du lac Timsah, que l'on n'a pas à creuser, et qui ôtent un nombre

10

assez grand de milles au chiffre de M. Stephenson, et faciliteraient ainsi l'exécution du canal d'une manière considérable.

« Les ingénieurs du vice-roi d'Egypte avaient pris part aux nivellements de la brigade française, et ils étaient en possession des résultats ; ils ont répété le nivellement en 1853, et trouvé le même résultat. A la suite de ces travaux, ils élaborèrent un avant-projet de percement de l'isthme après que la concession eut été accordée à M. de Lesseps en 1854.

« M. Talabot a publié, de son côté, un projet dans lequel, abandonnant l'union directe des deux mers, il propose de creuser un canal de Suez au lac Timsah, et de là, par l'Oua-dée-Toumilat, et en traversant le Nil, jusqu'à Alexandrie.

« Moi, de mon côté, je trouvais le résultat des nivellements très favorable à l'union directe des deux mers, l'égalité de leurs niveaux dispensant de la construction des écluses. Cependant, je restai sur la réserve avec mon opinion, jusqu'à ce que mes prévisions fussent confirmées par l'exploration du terrain et les sondages ordonnés.

« Par suite de l'exploration du terrain, exécutée au mois de décembre 1855 par la Commission internationale, j'ai acquis la conviction de l'exécution facile du percement, ainsi que la possibilité de construire des entrées et des ports sûrs aux deux extrémités du canal et au lac Timsah. Et à peine l'exploration du désert et des deux golfes était-elle terminée, que, fortifié dans mes longues expériences par les nouvelles études, je me prononçai définitivement, étant encore dans le golfe de Péluse, pour l'union directe des deux mers au moyen d'un canal libre.

« Je ne partage pas l'opinion de mon honorable ami d'Angleterre, que le canal, faute de courant, deviendra un *fossé vaseux et stagnant*.

« Les grands bassins dans l'intérieur de l'isthme forme-

ront des surfaces d'eau très considérables, et qui entretien-
dront, comme tous les lacs intérieurs, le mouvement constant des eaux. La différence des marées, dans les deux
mers, communiquera au canal l'agitation qu'ont les mers
elles-mêmes. Le canal ne peut être considéré que comme
la continuation des deux mers, qui mêlent leurs eaux dans
les deux bassins. Que mon honorable ami essaye d'observer
par les fenêtres du Parlement où il a développé de si singulières connaissances hydrauliques, il verra que le reflux
de la Tamise jusqu'au delà de Windsor est causé par la
marée montante et par l'agitation communiquée au fleuve;
quoique Windsor soit à plusieurs lieues de la mer, néanmoins l'influence de la marée sur les eaux intérieures se
fait sentir régulièrement. De même la Méditerranée et la
mer Rouge agiteront le canal de Suez. Les eaux iront et
viendront; en un mot, elles prendront part à tous les mouvements de la mer. Car le canal, nous le répétons, n'est
qu'une prolongation des deux mers jusqu'à leur point
d'union dans le bassin des lacs Amers, et il sera conti-
nuellement alimenté par elles. Cette agitation se manifeste
dans toutes les lagunes ou canaux qui communiquent avec
la mer. Ainsi le lac Menzaleh, alimenté et animé par la
Méditerranée, s'étend très loin dans le pays, sans devenir
une mare stagnante.

« Mon honorable ami comprendra donc qu'il n'aura pas
dans « l'Autrichien » un appui pour sa manière de voir, et
que ce dernier ne renonce pas à des données historiques, ni
à sa conviction formée après un examen sérieux, à savoir
que le percement de l'isthme de Suez en vue de l'établissement d'un canal maritime pour unir les deux mers, est
d'une exécution facile au point de vue technique. »

C'était là une réplique des plus concluantes à M. Stephenson; l'avenir devait démontrer qu'il n'y a pas un point
sur lequel M. Negrelli n'eût absolument raison.

CHAPITRE VI

LA SOUSCRIPTION

SOUSCRIPTION PUBLIQUE POUR LA CRÉATION DE LA COMPAGNIE
UNIVERSELLE DU CANAL MARITIME. — INCIDENTS DIVERS. —
SUCCÈS DE L'ÉMISSION. — CONSTITUTION DE LA COMPAGNIE. —
COUP D'OEIL SUR LES RÉSULTATS ACQUIS ET LA SITUATION A LA
FIN DE 1858.

M. de Lesseps venait de remporter une double victoire,
politique et scientifique. Plus que jamais l'opinion lui était
favorable. Les polémiques des journaux, les adhésions des
gouvernements européens, les manifestations sympathiques des corps savants, le récit des réceptions enthousiastes faites au promoteur du canal de Suez en Egypte, à
Odessa, à Venise, à Trieste, partout enfin, — tous ces
incidents qui s'étaient si rapidement succédé n'avaient fait
qu'ajouter aux sympathies du premier jour. De M. de Lesseps plus que de tout autre on pouvait dire : « *Vires acqui-
rit eundo* ». Plus il marchait, plus sa force devenait invincible.

Renonçant à toute temporisation il résolut de frapper
un grand coup. A peine de retour à Paris, le 15 octobre,
il adressa sous la forme d'une note, publiée dans tous les
journaux français et étrangers, l'appel suivant aux futurs
souscripteurs de la Compagnie universelle du canal de
Suez :

« Au moment où la question du percement de l'isthme de Suez va entrer dans la période d'exécution, le mandataire de S. A. le vice-roi d'Egypte croit devoir à l'opinion publique, qui l'a si puissamment secondé, des informations nettes et précises sur la situation de l'entreprise.

« Les instrucctions données au concessionnaire, dès le 19 mai 1855, par S. A. le vice-roi d'Egypte contenaient ce qui suit : « Ce sera seulement après l'adoption du tracé de communication entre les deux mers, et lorsque tous les avantages et toutes les obligations de ceux qui prendront part à l'entreprise seront bien déterminés, que les capitalistes et le public seront appelés à souscrire des actions, et que les représentants des intéressés décideront en dernier ressort sur toutes les questions se rattachant à l'exécution et à l'exploitation de l'entreprise ».

« Ces instructions ont été suivies de point en point. Le tracé du canal a été déterminé par une autorité scientifique hors de toute atteinte. Les avantages et les obligations de ceux qui vont prendre part à l'entreprise ont été énumérés déjà plus d'une fois et sont ici l'objet d'un nouvel exposé. Enfin, le public va être appelé à souscrire les actions et à constituer la Compagnie.

« Cette Compagnie, dont les statuts ont été approuvés par S. A. le vice-roi d'Egypte, a pour objet : 1° la réunion de la Méditerranée à la mer Rouge par un canal de grande navigation; 2° la jonction du Nil au canal maritime par un canal d'irrigation et de navigation fluviale ; 3° la mise en valeur des terrains concédés à la Compagnie et situés de manière à profiter du canal d'irrigation. »

« La dépense totale à prévoir pour l'exécution de tous les travaux s'élève à 160,000,000 de francs. Dans cette somme ne sont pas compris les intérêts annuels, à 5 %, qui seront calculés sur les versements effectués, et qui sont assurés aux actionnaires jusqu'au moment où l'entreprise donnera des produits suffisants.

« Le produit brut du canal a été évalué à la somme annuelle de 30,000,000 francs, provenant du seul droit de passage des bâtiments, à raison de 3,000,000 de tonneaux de charge et de 10 francs par tonneau. Or, la capacité des navires de commerce qui doublent aujourd'hui le cap de Bonne-Espérance est de plus de 4,000,000 de tonneaux. En bornant à 3,000,000 le tonnage des navires qui passeront par le canal maritime, on reste fort au-dessous de toutes les probabilités, surtout lorsqu'on considère que l'année dernière 3,600,000 tonneaux ont transité par les Dardanelles.

« Le revenu provenant du droit de passage par le canal maritime s'augmentera par le développement obligé de la navigation générale, ainsi que par la perception des droits de navigation sur le canal d'eau douce, et par le produit des terrains cultivés, bâtis ou boisés qui font partie de la concession.

« L'ouverture de l'isthme de Suez abrège la distance entre l'Europe et les Indes de 3,000 lieues en moyenne sur 6,000. Le bénéfice général de la navigation obtenu par cette abréviation sera donc de 50 %.

« L'exécution des travaux comprendra deux périodes distinctes : l'une qui aura pour terme l'achèvement complet de toutes les constructions et durera six ans; l'autre qui ne s'étendra pas à plus de trois années, à l'expiration desquelles la Compagnie percevra déjà des revenus considérables. En effet, dès la première année le canal d'eau douce sera terminé. Ce canal partira du Caire, et, parvenu à la hauteur du canal maritime, se divisera en deux branches d'irrigation, dont l'une aboutira à la Méditerranée, l'autre à Suez. Il donnera aux terres environnantes cette fertilité exceptionnelle qui distingue la vallée du Nil.

Ce sera une première source de revenu. Deux années après, une communication suffisante pour une très grande partie de la navigation actuelle sera ouverte entre les deux mers. Les travaux de construction qui doivent donner au canal maritime une largeur et une profondeur suffisantes pour le passage des plus grands bâtiments seront ensuite poursuivis jusqu'à leur terme. Pour obtenir ce résultat, c'est-à-dire l'établissement du canal d'eau douce et l'ouverture du canal maritime provisoire, une dépense de 80,000,000 ou des deux cinquièmes du capital social a été reconnue suffisante.

« Tous les pays ont été appelés indistinctement à prendre part à l'entreprise, et chacun d'eux a pu se préparer à apporter son concours dans la proportion qui lui a été indiquée dès l'origine de la concession. Aujourd'hui il s'agira, dans la souscription générale qui va être ouverte publiquement, de faire une part égale à tous les capitaux qui viendront s'offrir. Les souscriptions appuyées d'un acompte de versement seront totalisées sans exception d'origine, et l'attribution à chaque souscripteur sera faite au prorata des demandes.

« La souscription générale sera ouverte partout en même temps. Les conditions en seront publiées par des annonces qui fixeront le montant et l'époque des premiers versements.

« Ainsi seront remplies les intentions de S. A. Mohammed-Saïd. Ce prince, en appelant l'Europe à ouvrir une communication maritime entre la Méditerranée et la mer Rouge à travers le territoire qu'il gouverne, a été inspiré par la louable pensée de contribuer aux progrès de la civilisation ; mais il a voulu, en outre, assurer la rémunération des capitaux engagés dans l'entreprise. Tel a été le double but de sa libérale concession et des instructions rappelées dans le présent exposé. Elles sont une nouvelle

preuve de l'esprit éclairé et du caractère généreux du vice-
roi d'Egypte.

« Paris, le 15 octobre 1878.

« Ferdinand de LESSEPS. »

M. de Lesseps avait eu tout d'abord l'intention d'ouvrir
la souscription chez M. de Rothschild, mais la négociation
n'avait pas abouti; M. de Lesseps lui-même en a fait un
piquant récit :

« Je commençai, dit-il, en annonçant à M. de Rothschild mon désir de procéder bientôt à la souscription
qui devait s'élever à 200,000,000 de francs. Le baron
m'interrompit pour me féliciter vivement. Il parla avec
enthousiasme du projet en lui-même, des résultats magnifiques que le monde des affaires entrevoyait dans l'avenir,
et enfin de son désir tout particulier de m'être agréable. Il
termina en disant :

— Si vous pensez que nous puissions vous être utile, et
si vous le désirez, nos guichets recevront vos souscriptions,
tant à Paris qu'à l'étranger.

J'étais enchanté. Après avoir remercié avec effusion
mon interlocuteur, j'allais me retirer lorsque cependant
l'idée me vint que, dans sa pensée, le service que me rendait le baron n'était peut-être pas gratuit. Et afin d'être fixé :

— Que me demanderez-vous en échange ?

— Mon Dieu ! on voit bien que vous n'êtes pas
homme d'affaires. Ce sera comme à l'ordinaire, 5 %.

— Cinq pour cent! Mais pour 200,000,000, cela fait
10,000,000... Dix millions de francs pris sur l'argent de
mes actionnaires pour vos corridors obscurs... Grand
merci!... Gardez vos guichets. Notre souscription se fera
sans vous. Je trouverai bien quelque part un local à cet
usage. Je le paierai 12,000 francs pour un mois. Et il
fera tout aussi bien notre affaire...

— Vous ne réussirez pas !

— Nous verrons.

Dès que l'émission eut été décidée, M. de Lesseps reprit le cours de ses voyages, communiquant à tous, comme une sorte de feu sacré, sa foi dans l'avenir et dans l'excellence de son entreprise.

Ainsi en fut-il notamment à Barcelone et à Marseille. M. de Lesseps ayant accepté les invitations que ces deux villes lui avaient adressées, fut dans chacune d'elle l'objet d'une réception enthousiaste. Pénétré de reconnaissance pour un tel accueil, M. de Lesseps y devait puiser, à la veille de la souscription qui allait servir de *criterium* du crédit public, une nouvelle et absolue confiance. « Lorsque les idées, put-il dire alors, pénètrent de cette manière dans l'opinion publique, elles sont irrésistibles, et l'ouverture du canal de Suez en sera une nouvelle preuve. »

Ce n'était pas là une vaine parole; l'immense succès de la souscription publique devait, quelques jours après, en démontrer toute la vérité.

Les résultats de l'émission dépassèrent toutes les espérances, même les plus optimistes. En France on en fit une question nationale; à l'étranger, il y eut là comme un éclatant hommage rendu à l'idée de génie dont un Français avec tant d'énergie poursuivait l'exécution.

Rien qu'en France, 220,000 actions furent souscrites.

Jamais émission ne fut plus populaire.

En France, la souscription se décomposa ainsi : banquiers et agents de change, 369; mécaniciens, 91; ponts et chaussées, 267; médecins, 433; instituteurs et professeurs, 434; clergé, 480; avocats, avoués, notaires, 819; artisans, 928; armée et marine, 974; fonctionnaires publics, 1,309; employés, 2,195; commerçants et industriels, 4,763; propriétaires et rentiers, 5,982; professions diverses, 2,137; total 21,295. L'Angleterre, la Belgique, le Danemark,

Naples, l'empire Ottoman, l'Egypte, l'Espagne, Rome, les
Pays-Bas, le Portugal, la Prusse, le Piémont, la Russie,
Tunis, la Toscane, la Suède se répartirent avec le vice-roi
d'Egypte le surplus des souscriptions.

La souscription donna lieu à de piquants épisodes. Un
prêtre vint souscrire en disant qu'il considérait le percement du canal de Suez comme une revanche de Waterloo;
il croyait faire œuvre de bon patriote en prenant des
actions pour se venger des Anglais. Le vieux comte de
Rambuteau, devenu aveugle, disait à M. de Lesseps : « Je
n'ai jamais placé un centime dans n'importe quelle entreprise. Cependant je vous ai pris deux actions ». Le
colonel du régiment du génie en garnison à Arras prit, au
nom de ses officiers, une part « dans cette œuvre éminemment française ». Un Monsieur bien mis se présente dans
les bureaux. — Je viens, dit-il, souscrire pour le chemin
de fer de l'île de Suède. — Mais, lui fait-on observer, ce n'est
pas un chemin de fer, c'est un canal. Ce n'est pas une île,
c'est un isthme. Ce n'est pas en Suède, c'est à Suez. —
Cela m'est égal, j'ai confiance en M. de Lesseps et je
souscris.

Le 9 décembre, M. de Lesseps pouvait publier le bulletin officiel de sa grande victoire. Il s'exprimait ainsi dans
une lettre qu'il adressait à tous les souscripteurs du futur
canal :

« La souscription ouverte pour le percement de l'isthme
de Suez a donné des résultats que je m'empresse de communiquer aux vingt-cinq mille souscripteurs du canal.

« Je veux aussi leur faire connaître, dès ce moment, les
mesures qui vont suivre, afin d'éclairer la voie de ceux
qui marchent avec moi au but que je me suis proposé
d'atteindre.

« En France la souscription a dépassé mon attente. Elle
a trouvé son appui dans le public, qui, après tout, est le plus

riche des capitalistes. Elle s'est élevée à 220,000 actions (1).
Les chiffres jusqu'ici constatés des apports des autres
pays complètent le capital social. Ainsi, la Compagnie est
dès à présent en mesure de fonctionner, et dans très peu
de jours elle sera constituée suivant les termes des statuts.
Les membres du conseil d'administration sont déjà désignés ; ils comprennent les principaux fondateurs et actionnaires de l'entreprise, et sont choisis parmi ceux qui, dès
le principe, ont cru à la réalisation de l'entreprise, l'ont
constamment soutenue de leurs efforts et de leur dévouement et qui, enfin, s'y sont associés dans le même esprit
que l'immense majorité des souscripteurs, c'est-à-dire à
cause de la grandeur de son but et de ses résultats. Il faut
considérer que la Compagnie n'étant point formée de
personnes qui se proposent de faire mouvoir leurs fonds,
mais de souscripteurs dont l'objet est le percement de
l'isthme de Suez, entreprise qui, d'ailleurs, suivant ma
propre conviction, ne sera pas moins profitable qu'honorable pour ceux qui y ont pris part, la présence dans le
conseil d'une majorité de grandes influences financières
était moins nécessaire que dans une compagnie autrement
constituée.

« Les intérêts de 5 °/₀ assurés aux souscripteurs, et qui
ont été prévus dans le budget des dépenses de l'entreprise
avec d'autant plus de justice et de droit qu'on a dû calculer le
prix des journées de travailleurs dont les bras creuseront
le canal, courront à partir du 1ᵉʳ janvier prochain. D'ici là,

(1) Dans ce chiffre figuraient un certain nombre de souscriptions
étrangères qui avaient été transmises à Paris par les agents de la souscription, et inscrites dans les premiers relevés afférents à la France.
Cette rectification qui ne change rien aux chiffres généraux, explique
la différence qu'on peut remarquer entre le chiffre indiqué le 9 décembre par M. de Lesseps, 220,000 actions, et le chiffre qui appartient définitivement à la France, 207,229 actions.

le conseil d'administration sera appelé à fixer la date de
l'appel de fonds destiné à compléter le versement des deux
cinquièmes du capital, et il lui sera proposé de faire échan-
ger dès le 1er mars les récépissés nominatifs provisoires
contre les titres au porteur.

« Je ne crois pas me tromper en disant que le premier
coup de pioche qui sera donné sur le tracé du canal, aura
dans le monde entier un grand retentissement. Ce sera le
signal d'un nouveau rapprochement des peuples, d'un
immense progrès moral et matériel auquel je suis heureux
de voir mon pays contribuer le plus largement.

« Le résultat ne se fera pas, d'ailleurs, très longtemps
attendre. J'avais réuni pendant la durée de la souscription
un conseil de travaux, qui a examiné dans tous leurs détails
les projets d'exécution. Les noms des membres de ce conseil suffisent pour donner la plus grande autorité à leurs
délibérations.

« Je vous remets les procès-verbaux de leurs séances.
Ils constatent qu'en moins de deux ans, et avec une dépense
de moins de 15,000,000 de francs, un passage sera ouvert
à une partie de la navigation, entre le Méditerranée et la
mer Rouge.

« Une telle promptitude d'exécution sera doublement
satisfaisante, en ce qu'elle tranchera bientôt victorieusement la question de l'ouverture de l'isthme, et en ce qu'elle
donnera une rémunération rapide aux capitaux engagés
dans l'entreprise.

« Telle est la situation de l'affaire.

« Elle est des plus nettes et procède par les moyens les
plus simples. En allant droit à mon but, je m'appuie sur
une force qui, je l'espère, ne me manquera pas.

« La sympathie publique ne m'a pas été seulement acquise
à cause de la grandeur de l'œuvre dont je suis l'humble et
persévérant serviteur, mais surtout parce que le public a

toujours été initié à chacune des phases de l'entreprise, qu'il la suit pas à pas, et qu'elle n'a point de mystère pour lui. L'œuvre du canal de Suez continuera à puiser sa force dans la publicité de tous ses actes.

« Je ne me départirai pas de la règle qui m'a fait obtenir le succès, et c'est avec cette disposition que je vous prie de publier ma lettre : j'ajoute que je serai constamment prêt à répondre à ceux des souscripteurs qui auraient quelques éclaircissements à obtenir; ils sont assurés qu'aucune question sérieuse ne restera sans examen, soit qu'ils s'adressent directement à moi, soit qu'ils soumettent leurs observations aux agents de la Compagnie dans les départements ou à l'étranger. »

« Ferdinand DE LESSEPS. »

Il faut rendre cette justice au vice-roi, Mohammed-Saïd, que, par son attitude très ferme, il apporta dans ces circonstances à l'œuvre de M. de Lesseps un persistant concours, sans lequel elle n'aurait peut-être pas abouti.

Après comme avant la souscription, la diplomatie anglaise ne négligea rien cependant pour tâcher d'ébranler les résolutions de Mohammed-Saïd. Le 19 décembre, M. Green, consul d'Angleterre à Alexandrie, se rendit au Caire et se présenta chez le vice-roi. Il exposa à Saïd que, par suite de la concession accordée à M. de Lesseps, il allait se trouver dans une grande perplexité, puisque M. de Lesseps, s'autorisant du titre de mandataire du pacha d'Égypte dans l'affaire du canal, avait constitué une Compagnie. Le consul invita le vice-roi à désavouer son prétendu mandataire. Le vice-roi lui répondit :

« C'est à tort qu'en Europe on a attribué à M. de Lesseps seul le projet de percement de l'isthme de Suez. C'est moi qui en suis le promoteur. M. de Lesseps, dans tout ce qu'il a fait jusqu'à ce jour, n'a fait que suivre mes instructions.

« Vous allez sans doute me demander quel est le mobile

qui m'a déterminé à concevoir cette entreprise ? Je vous répondrai franchement que c'est le désir d'honorer mon gouvernement et d'illustrer mon nom, en même temps que je servais de la manière la plus efficace les véritables intérêts de l'empire Ottoman. Je me suis acquis, par ce fait, les sympathies de tous les peuples de l'Europe et j'ai poursuivi une entreprise à laquelle chacun d'eux doit s'intéresser. Or, il vous est démontré par les faits que la plupart des grandes puissances s'intéressent au plus haut degré au percement de l'isthme de Suez.

— Que votre Altesse, répliqua M. Green, me permette de lui faire observer que si, en effet, la France et d'autres puissances se sont montrées favorables à ce projet, il a été hautement désapprouvé par le Cabinet anglais comme étant contraire à ses intérêts.

— Je suis décidé, reprit le vice-roi, à persévérer dans la ligne de conduite que j'ai suivie jusqu'ici et à faire tout ce qui dépendra de moi pour accélérer l'exécution d'un projet dont on désire si généralement la réalisation. »

Là-dessus, M. Green ayant demandé au vice-roi s'il pouvait faire part à son gouvernement de la conversation qu'il venait d'avoir avec lui, Son Altesse répondit affirmativement. M. Green sortit et dès le lendemain, il retournait à Alexandrie. Une fois de plus, Mohammed-Saïd, envers lequel la postérité saura être équitable, avait su être, non pas seulement l'ami de Ferdinand de Lesseps, mais le serviteur intelligent de la civilisation.

Aussitôt que la souscription eut été close, M. de Lesseps s'occupa de régulariser la constitution de la société. Cette régularisation eut lieu par acte passé à Paris, le 15 décembre 1858, par-devant Me Mocquard, notaire.

Cet acte établissait que le capital de la Compagnie fixé à 200 millions de francs, représenté par 400,000 actions de 500 francs, était entièrement souscrit.

A l'appui de cet acte se trouvaient annexés l'état nominatif des souscripteurs, les décrets du vice-roi d'Egypte relatifs à la commission, la liste des membres du Conseil d'administration.

Le premier Conseil d'administration de la Compagnie universelle du canal maritime de Suez fut ainsi composé :

Protecteur

S. A. I. le prince Jérôme Napoléon.

Présidents honoraires

MM. Jomard Bey, président de la Société impériale de géographie, membre de l'Institut ;
le baron Charles Dupin, sénateur, membre de l'Institut ;
le maréchal Narvaez, duc de Valence.

Président

M. Ferd. de Lesseps, ministre plénipotentiaire.

Vice-Présidents

MM. le duc d'Albuféra, député au Corps législatif ;
Forbes (Paul), de la maison R.-B Forbes, banquiers à Boston (Etats-Unis) ;
le chevalier Revoltella, banquier, délégué en Autriche.

Membres

MM. Arman, membre de la Chambre de commerce de Bordeaux, député au Corps législatif ;
Alléon (Jacques), banquier, délégué à Constantinople ;
F.-L. Alvarez d'Andrala, ancien diplomate portugais ;
Brusi (Antonio), président de la Société catalane de crédit, délégué en Espagne ;
de Chancel, ancien officier de marine, inspecteur général du chemin de fer d'Orléans ;
le baron Nicolas Clary, propriétaire ;
Corbin de Mangoux, conseiller à la cour impériale de Bourges ;
Couturier (Gustave), ancien banquier en Turquie, banquier à Paris ;
Delamalle (Victor), propriétaire ;
Deloche, ancien négociant en Turquie ;
Elie de Beaumont, sénateur, secrétaire perpétuel de l'Académie des sciences ;

MM. Fleury-Hérard, banquier à Paris ;

le comte de Galbert, propriétaire, correspondant de la Compagnie dans l'Isère ;

Jadimerowsky (Alexis), de la maison *les fils d'Alexis Jadimerowsky*, de Saint-Pétersbourg ;

Lefebvre (Gabriel), propriétaire ;

le baron Jules de Lesseps, propriétaire ;

de Lagau, ancien ministre plénipotentiaire ;

D.-A. Lange, chef de la maison Lange brothers et Cº, de Londres ;

d'Hoffschmidt, ancien ministre des travaux publics et des affaires étrangères, délégué à Bruxelles ;

le marquis de Pontoi-Pontcarré, membre du Conseil général d'Eure-et-Loir ;

le marquis de Pons, propriétaire ;

Préfontaine, ingénieur civil, inspecteur général du chemin de fer d'Orléans ;

Quesnel (Alfred), de la maison Quesnel frères, délégué au Havre ;

J. Randoing, manufacturier, maire d'Abbeville, député au Corps législatif ;

le chevalier de Réali, président de la Chambre de Commerce de Venise ;

Am. Renée, député au Corps législatif ;

S.-W. Ruyssenaers, consul général des Pays-Bas en Egypte ;

Rouffio (Eug.), négociant, délégué à Marseille ;

le vicomte Tirlet, propriétaire ;

le chevalier Luigi Torelli, député au Parlement sarde, délégué à Turin ;

W. Conrad, commissaire de S.-A. le vice-roi d'Egypte près la Compagnie.

Paul Merruau, secrétaire général de la Compagnie.

Comme on le voit, le conseil d'administration de l'isthme de Suez eut, dès le premier jour, un caractère absolument international ; toutes les nations qui avaient intérêt au percement de l'isthme de Suez y furent représentées.

Simultanément, M. de Lesseps procédait à l'organisation de deux autres conseils qui devaient avoir une part des plus actives à l'accomplissement de cette grande œuvre : un conseil supérieur des travaux et un conseil judiciaire.

11

Le conseil supérieur des travaux était ainsi composé :

MM. Renaud, inspecteur général et membre du Conseil général des
ponts et chaussées de France, *vice-président* ;

Charles de Fourcy, ingénieur en chef, secrétaire du Conseil général des ponts et chaussées de France (section de la navigation) ;

Conrad, inspecteur du Waterstat du royaume des Pays-Bas ;

Paléocapa, ancien ministre des travaux publics, ministre d'Etat
du Royaume de Sardaigne ;

Pascal, ingénieur en chef des ports de Marseille ;

Larousse, ingénieur hydrographe de la marine impériale ;

Ernest Jolly, architecte ;

Bourdon, chef de la division des travaux à l'administration de la
Compagnie du canal.

Voici quelle était la composition du conseil judiciaire :

MM. Sénard, avocat à la Cour impériale de Paris, *vice-président* ;

Paul Fabre, avocat au Conseil d'Etat et à la Cour de cassation ;

Champetier de Ribes, avocat à la Cour impériale de Paris ;

Fréville, agréé au tribunal de commerce de Paris ;

Mocquard, notaire à Paris ;

Denormandie, avoué près le tribunal de première instance de la
Seine ;

Moreau, avoué près la Cour impériale de Paris ;

A. Belland, ancien avoué, chef du contentieux à l'administration
de la Compagnie, *secrétaire*.

Ce fut le 20 décembre 1858 que le Conseil d'administration de la Compagnie universelle du canal maritime de
Suez tint sa première séance au siège social, sous la présidence de M. Ferdinand de Lesseps.

Après avoir procédé à l'organisation définitive de la
Société, le Conseil, par une délibération en date du 24
décembre, attribua à chaque actionnaire la totalité de sa
souscription. Le versement de 150 francs exigible, conformément aux avis publiés pour les conditions de la souscription, fut fixé de la manière suivante : 1° 50 francs au
31 janvier 1859 ; 2° 50 francs en juillet 1859 ; 3° 50 francs en
janvier 1860. Il fut, en outre, décidé qu'aucun appel de
fonds ne serait fait avant 1861.

L'année 1858 avait été féconde pour l'œuvre de M. de Lesseps. Il avait livré au crédit public la grande bataille qu'en dépit de toutes les oppositions, de toutes les hosti-lités, de tous les obstacles, il préparait avec tant d'ardeur, d'intelligence et d'énergie persévérante depuis plus de trois ans. L'opinion était conquise ; l'argent était trouvé. Il restait à justifier la confiance de l'une en employant l'autre conformément à des promesses qui, toutes, nous allons le voir, devaient être entièrement et loyalement tenues.

Par une coïncidence curieuse et qui mérite d'être notée, l'année 1858 avait vu à la fois la fin de la puissante Compa-gnie des Indes, supprimée par le bill du Parlement britan-nique, et la naissance de la Compagnie du canal de Suez, qui, dans l'histoire du XIXᵉ siècle, allait avoir une page si importante, si utile et si féconde; l'une avait marché les armes à la main, en procédant par le fer et le feu ; l'autre ne devait avoir à son service que les instruments de la civilisation et de la paix, le crédit, le travail et la science.

CHAPITRE VII

L'INTERVENTION IMPÉRIALE

Quatre ans s'étaient écoulés depuis le jour où Mohammed-
Saïd, dans le désert libyque, avait accordé à son ami,
Ferdinand de Lesseps, la concession relative à l'établisse-
ment du canal de Suez.

Tenu en échec par le gouvernement anglais à Constantinople, M. de Lesseps n'avait cessé de déployer la plus
grande activité. Il avait conquis l'emplacement du canal,
l'opinion publique, les capitaux nécessaires à l'exécution de
sa grande entreprise. Il lui restait maintenant à faire le
canal.

La Compagnie internationale une fois constituée et ses
principaux conseils organisés, M. de Lesseps ne s'attarda
pas à Paris. Il partit pour l'Egypte, afin de terminer sur
le terrain, avec les ingénieurs investis de sa confiance, les
travaux préparatoires. Ce ne fut pas sans peine.

Au Caire, comme à Londres, comme à Constantinople,

comme partout, il se heurtait à la mauvaise volonté de l'Angleterre qui se manifestait sous toutes les formes et jusque dans les moindres détails relatifs à l'entreprise. Ces taquineries n'effarouchaient pas M. de Lesseps. Avec quelle bonne humeur cependant il les raconte dans ses lettres : « Au moment de me mettre en route pour l'isthme, écrit-il en mars 1859, j'ai appris que M. Walne, consul britannique au Caire, s'était mis en mouvement pour me susciter des embarras en l'absence du vice-roi. Ainsi, par exemple, il était parvenu, avant mon arrivée à Alexandrie, à faire défendre au chef des chameliers de fournir à notre caravane les soixante chameaux qui nous étaient nécessaires pour notre exploration, sous le prétexte que tous les chameaux disponibles avaient été employés pour le service des troupes égyptiennes.

« Je fis venir à mon hôtel le chef des chameliers. Je l'enfermai avec moi dans ma chambre, et je lui fis une telle peur qu'il se jeta à mes pieds, m'avoua qu'il avait reçu l'ordre de ne pas me fournir les chameaux et me supplia de ne pas le compromettre.

« Je le conduisis alors moi-même devant mon ami Zulfikar-Pacha, gouverneur du Caire. Je demandai la punition de cet homme qui déclarait n'avoir pas de chameaux pour notre caravane, ajoutant que, connaissant le pays, je savais parfaitement que, s'il me fallait mille chameaux, je les trouverais le jour même. Mais je n'en voulais que soixante, et je donnais vingt-quatre heures pour me les livrer. Zulfikar-Pacha menaça d'une forte punition le chef chamelier, qui s'empressa d'organiser ma caravane et se mit à ma disposition pendant tout le voyage. J'ai rencontré hier M. Walne, le consul anglais en question, qui m'a fait un grand salut. Mais ses amis disent qu'il n'est pas content. Il faudra qu'il s'y habitue. »

Ces taquineries étaient souvent mesquines, toujours perfides, parfois dangereuses. Elles accompagnèrent M. de Lesseps à travers son nouveau voyage d'exploration dans l'isthme.

Un jour son drogman vient l'avertir qu'un officier turc, à la tête d'un parti de bachi-bouzoucks et de bédouins armés, s'était jeté sur ses bourriquiers et les emmenait pieds et poings liés. M. de Lesseps fit aussitôt savoir à Zulfikar-Pacha, gouverneur du Caire, qu'aux gens armés qui tomberaient ainsi sur son monde et se conduiraient en brigands il répondrait par des coups de fusil.

Une autrefois, on refuse à M. de Lesseps et à ses compagnons toute espèce de provisions. Il envoie aussitôt inviter les cheiks de l'endroit voisin à venir prendre avec lui le café suivant l'usage oriental. « Après qu'ils eurent pris le café, nous dit-il, nous nous levâmes et je leur montrai un pistolet-revolver à six coups. Ils n'en avaient pas encore vu de semblable. Je fis ranger à une certaine distance six bouteilles, et lorsqu'ils virent que je les avais successivement atteintes et brisées, je leur tins ce langage : « Mes bons amis, j'ai appris qu'un officier turc, se disant envoyé par le gouvernement, vous avait ordonné de me refuser les provisions demandées ce matin. Je vous engage charitablement à prévenir cet individu, qui n'est qu'un imposteur, que nous entrons aujourd'hui dans le désert; que nos compagnons sont au nombre de vingt; que parmi eux je ne suis pas le meilleur tireur, et que tout point noir que nous verrons dans le désert sera pour nous une gazelle !

« Là-dessus, nous nous fîmes réciproquement toutes sortes de compliments. Vous pensez bien que personne ne nous a suivis. »

Après avoir procédé à une nouvelle exploration des terrains concédés à la Compagnie et prescrit les mesures et travaux nécessaires à l'installation, au recrutement et à l'approvisionnement des chantiers en vivres et en matériel,

M. de Lesseps établit son campement sur la plage de Péluse, près de l'emplacement désigné pour servir à l'embouchure du canal dans la Méditerranée. Là s'élève aujourd'hui la ville de Port-Saïd, à trente kilomètres environ des ruines de l'ancienne Péluse.

Le 25 avril 1859 est une date importante, capitale, dans l'histoire du percement de l'isthme ; c'est le jour de l'inauguration des travaux. Bien qu'il ne disposât encore que de moyens d'exécution restreints, M. de Lesseps tint à imprimer à cette cérémonie une certaine solennité.

Entouré des membres du conseil, des ingénieurs, des agents et employés de l'exploration, et de 150 marins et ouvriers, le président de la Compagnie de Suez fit déployer le pavillon égyptien à la tête de la tranchée, puis il adressa à ses collaborateurs les paroles suivantes :

« Au nom de la Compagnie universelle du canal maritime de Suez, et en vertu des décisions de son Conseil d'administration, nous allons donner le premier coup de pioche sur ce terrain qui ouvre l'accès de l'Orient au commerce et à la civilisation de l'Occident. Nous sommes tous unis ici dans une même pensée de dévouement pour les intérêts des associés de la Compagnie et ceux de son auguste créateur et bienfaiteur, le prince Mohammed-Saïd.

« L'exploration complète que nous venons de faire nous donne la certitude que l'entreprise, dont l'exécution commence aujourd'hui, ne sera pas seulement œuvre de progrès, mais qu'elle donnera une immense valeur aux capitaux qui l'auront réalisée. »

Après cette allocution, le président, chacun des membres du conseil délégués et après eux les ingénieurs et employés de la Compagnie, la pioche en main, ouvrirent alors la tranchée jalonnée sur le tracé du canal.

M. de Lesseps s'adressa ensuite aux ouvriers égyptiens groupés autour de lui :

« Chacun de vous, leur dit-il, va donner son premier coup de pioche, comme nous venons de le faire ; rappelez-vous que ce n'est pas seulement la terre que vous allez remuer, mais que vos travaux apporteront la prospérité dans vos familles et dans votre beau pays. Honneur à Mohammed-Saïd-Pacha ! Qu'il vive de longues années ! »

Le premier coup de pioche donné à l'isthme de Suez eut en Europe un long retentissement. Il fut accueilli par l'opinion publique avec la plus vive faveur, il causa au gouvernement anglais une irritation qui se traduisit bientôt par des actes, et à l'heure même où M. de Lesseps semblait toucher au succès, une nouvelle tempête vint assaillir son œuvre.

Profitant, en effet, des préoccupations causées en Europe par la guerre d'Italie, le Cabinet anglais, fidèle en cela à une vieille tactique, ne négligea rien pour obtenir du sultan la déchéance de Mohammed-Saïd.

Le 1er juin 1859 M. de Lesseps adressait au ministre des affaires étrangères de France la note suivante :

« Le retentissement qu'a eu dans le monde entier notre coup de pioche de Port-Saïd pousse, non sans succès, les agents anglais à Constantinople à irriter la Porte contre Mohammed-Saïd à cause des travaux d'un canal entrepris sans l'autorisation officielle de la Porte. Ils offrent l'amitié de l'Angleterre pour réduire un vassal prétendu rebelle, comme ils l'ont fait en 1840 contre Méhémet-Ali. Tels sont du moins les renseignements confidentiels que reçoit le vice-roi, qui s'en montre très impressionné... Le consul général anglais lui a même remis (au mois de mars) une note écrite sur les dangers de l'influence française en Egypte. L'agent britannique a ajouté verbalement qu'en persistant dans ses sympathies pour l'entreprise du canal de Suez Son Altesse compromettait grandement les intérêts de sa dynastie. Vous comprenez maintenant la puissance d'une machine ainsi montée ».

La déposition de Mohammed-Saïd et l'intronisation sur le trône d'Egypte d'un prince hostile au percement du canal, tel fut durant plusieurs mois le but poursuivi avec acharnement par le gouvernement anglais.

Les intrigues succédèrent aux intrigues.

C'est ainsi qu'un moment il fut convenu que le sultan ferait un voyage à Beyrouth ; là il aurait donné rendez-vous au vice-roi qui, à son arrivée, aurait été fait prisonnier, déclaré rebelle et déchu de son pouvoir. Quelques années auparavant, le bey de Tripoli avait été ainsi traité. L'escadre anglaise, mouillée en rade d'Alexandrie, se trouvait prête à appuyer l'exécution de ce projet.

Le Cabinet de Londres avait compté sans la promptitude des victoires de l'armée française en Italie.

Grâce à la paix de Villafranca, le gouvernement de Napoléon III qui, jusqu'alors, malgré une réelle sympathie pour M. de Lesseps, avait observé les plus grands ménagements à l'égard des susceptibilités britanniques, recouvrait en grande partie sa liberté d'action. L'Italie renaissante était, comme on l'a vu précédemment, tout acquise à l'œuvre de M. de Lesseps, auquel M. de Cavour écrivait, en ce moment même, une lettre des plus sympathiques et des plus affectueuses.

Ces faits modifièrent forcément les résolutions du gouvernement anglais ; le sultan renonça à son voyage de Beyrouth et la flotte anglaise se tint tranquille.

Quelque favorable cependant que fût la tournure prise par les événements, M. de Lesseps eut à faire face, en Egypte, aux plus sérieuses difficultés. Malgré toute son amitié envers lui, le vice-roi à certains jours était, sous peine de déchéance, obligé de céder à la pression exercée sur son gouvernement par la Porte et l'Angleterre. « En ce qui concerne le vice-roi, écrivait à cette époque M.-de Lesseps, je suis en admiration de sa résistance personnelle à tant d'assauts, en déplorant le double rôle qu'il doit jouer et qui doit bien peser à sa loyale et franche nature. »

Mais les instances de la Grande Bretagne devinrent tellement pressantes, tellement impératives que le vice-roi dut s'incliner ou tout au moins en faire mine, en attendant des circonstances plus propices.

Le 9 juin 1859, le ministre des affaires étrangères égyptien, Chérif-Pacha, remettait à M. de Lesseps, à Alexandrie, une lettre officielle par laquelle le vice-roi déclarait qu'il avait autorisé seulement les travaux préparatoires au percement de l'isthme de Suez, mais que l'exécution ne pouvait avoir lieu qu'après l'approbation de S. M. I. le sultan, — approbation qui n'avait pas encore été obtenue. En conséquence, M. de Lesseps était invité à faire immédiatement cesser tous les travaux en cours.

Un tel ordre eut produit sur tout autre l'effet d'un coup de foudre. M. de Lesseps ne se laissa même pas ébranler.

Il répondit à Chérif-Pacha qu'il ne pouvait accepter ni dans le fond, ni dans la forme, la note qui venait de lui être transmise. Il rappela les termes de la concession qui lui avait été accordée, les engagements pris envers la Compagnie internationale, les intérêts dont il était le mandataire. En terminant, il ajoutait avec une maîtresse et méritoire énergie : « J'aime à croire que le gouvernement égyptien ne persévérera pas dans une voie funeste et compromettante. »

En même temps, M. de Lesseps adressa une protestation indignée aux corps consulaires et, pour mieux accentuer ses résolutions, il fit aux chantiers de l'isthme de nouveaux envois de matériel, en ordonnant de poursuivre les travaux avec plus d'ardeur que jamais.

Pas un jour, pas une heure, M. de Lesseps ne se

départit de cette attitude. Autant il avait été patient, —
patient avec dignité, — dans ses laborieuses négociations à Constantinople et ailleurs, autant il se montra
plein d'énergie et de vigueur dans ces circonstances
difficiles.

« Nous triompherons, écrivait-il à son frère, avec de la
mesure et une patience énergique dans notre marche *qui
ne doit être à aucun prix interrompue.* Nous triompherons
de toutes les difficultés présentes ou futures, comme nous
avons déjà vaincu celles qui se sont présentées depuis cinq
ans. Notre cause n'a qu'à gagner à la discussion, chaque
fois qu'elle est attaquée. »

M. de Lesseps disait vrai. C'est ce qui était arrivé l'année
précédente, alors que l'opposition systématique du gouvernement anglais avait été suivie du succès de l'émission.
C'est ce qui allait avoir lieu cette fois encore, malgré la
série de difficultés nouvelles que présageait à M. de Lesseps
le retour de lord Palmerston aux affaires, en qualité de
premier ministre.

Le 15 juin, à la suite d'une dissolution de la Chambre
des Communes, lord Palmerston, en effet, avait recueilli
la succession de lord Derby. A peine est-il besoin de
l'indiquer, il revenait au pouvoir animé contre le canal de
Suez des dispositions les plus contraires. Pour lui, M. de
Lesseps c'était l'ennemi. Il ne fut pas longtemps à recom-
mencer les hostilités. Elles durèrent six ans encore, c'est-
à-dire autant que lui. Rentré aux affaires en juin 1859,
Palmerston ne devait les quitter qu'à la veille de sa mort,
en juillet 1865.

M. de Lesseps vit le danger. Il comprit que l'heure de
l'exécution des travaux ayant sonné, il fallait à tout prix
obtenir l'appui du gouvernement français, sous peine de
ne pas venir, auprès du vice-roi et du sultan, à bout de
l'hostilité chaque jour plus vive de l'Angleterre. « Pour

conquérir notre force, écrit-il au ministre des affaires
étrangères, il faut que le vice-roi soit bien convaincu que
le gouvernement français n'abandonnera pas les intérêts
engagés dans notre entreprise et qu'il ne soit laissé aucun
contrepoids à la disposition de nos adversaires. »

Cet appui, il était d'autant plus urgent de l'obtenir qu'en
Égypte M. de Lesseps ne pouvait plus compter que sur ses
propres forces. Il y était, à cette heure, abandonné, même
par ses défenseurs naturels.

Obéissant à un sentiment qui paraît inexplicable, le
consul général de France à Alexandrie, M. Sabatier,
témoignait contre la Compagnie du canal une hostilité
d'autant plus surprenante que, depuis le commencement
de la guerre d'Italie, l'Autriche, jusqu'alors très favorable
au percement de l'isthme, avait pris au Caire et à Constantinople une attitude nettement hostile et appuyait en toutes
circonstances les démarches des représentants de l'Angleterre.

Longtemps, M. de Lesseps ne put croire à l'opposition
du représentant du gouvernement français à Alexandrie,
pour lequel il s'était toujours montré plein d'égards ; mais,
dès que cette opposition lui eût été démontrée par les faits,
il s'en plaignit hautement. « M. Sabatier, écrit-il à la date
du 15 septembre, s'est montré l'adversaire le plus dangereux du canal de Suez. N'ayant jamais eu envers lui que
de bons et loyaux procédés, je m'étais pendant longtemps
refusé à croire ce qui était de notoriété. J'ai la certitude
que M. Sabatier fait tous ses efforts pour décourager le
vice-roi et l'engager à ne pas persévérer dans son entreprise. »

On en était là lorsque, dans les premiers jours d'octobre,
une frégate turque entra dans le port d'Alexandrie ; elle
avait à son bord un envoyé du sultan, ou, pour parler avec
plus d'exactitude, de sir Henri Bulwer, ambassadeur

d'Angleterre à Constantinople qui, cette fois, pensait frapper un coup décisif.

Mouktar - Bey, ministre des finances de la Porte, apportait au Caire une lettre par laquelle le sultan enjoignait au vice-roi de faire immédiatement cesser toutes les études, tous les travaux préparatoires qui avaient lieu dans l'isthme.

Sur l'ordre du vice-roi, le ministre des affaires étrangères convoqua le corps consulaire pour lui donner lecture de cette lettre et l'informer que le gouvernement égyptien entendait se conformer à l'injonction du sultan; il conclut en invitant les représentants des puissances à prêter leur concours pour l'exécution de cet ordre et des mesures qu'il pourrait motiver.

Le corps consulaire entendit cette communication en silence. Seul, le consul général français, M. Sabatier, de la part duquel on s'attendait à une protestation, prit la parole pour donner son approbation à la lettre vizirielle.

Le représentant de la France alla plus loin. Il invita les agents placés sous ses ordres à faire savoir aux Français ou protégés français, employés au service de la Compagnie du canal maritime, que l'autorité locale était fermement résolue à faire exécuter, même par la force, les ordres qu'elle avait reçus relativement à la cessation des travaux. « Ceux d'entre eux, ajoutait le consul général, qui, au 1er novembre prochain, auraient refusé de se soumettre n'auraient à s'en prendre qu'à eux-mêmes des conséquences fâcheuses, quelles qu'elles fussent, que pourrait entraîner leur résistance. »

Les agents de la Compagnie, en l'absence de M. de Lesseps, et conformément à ses instructions, déployèrent la plus grande énergie pour résister aux intrigues anglaises, aux menaces du gouvernement égyptien, aux injonctions du consul de France.

« M. le consul général de France, écrivait M. Laroche, ingénieur, chef de section des travaux à Port-Saïd, n'a pu prendre en sérieuse considération les intérêts de la Compagnie. Je le regrette pour lui. C'était, en effet, un beau rôle de défendre les intérêts de la France, et, sans emphase, du monde entier.

« Je n'aurais jamais cru qu'une voix française viendrait étouffer la voix d'intérêts légitimes qui se défendent loyalement.

« *Il faut que les travaux cessent,* dit M. le consul général. »

« Cette mesure compromet les intérêts qui me sont confiés.

« En conséquence, je maintiendrai les termes de ma protestation. »

Le consul de France n'accorda aucun crédit à la protestation de M. Laroche et, se faisant l'exécuteur du gouvernement égyptien, qui lui-même ne faisait qu'exécuter les ordres de la Porte, ou pour mieux dire du Foreign-Office, il répondit, le 17 octobre :

« Je regrette de ne pouvoir prendre en sérieuse considération la protestation de M. Laroche. Il n'est pas admissible, en effet, qu'un agent subalterne de la Compagnie proteste contre une décision du gouvernement égyptien...

« En tout cas, je vous prie de représenter, encore une fois, à M. Laroche, comme à tous les employés placés sous sa direction, que Son Altesse, comme j'ai eu l'honneur de vous le dire, n'agit en cette circonstance qu'en vertu d'ordres venus de Constantinople, et qu'elle est formellement décidée à les faire exécuter. Son intention, au surplus, n'est pas de porter atteinte aux intérêts de la Compagnie. M. Laroche peut prendre telles mesures que bon lui semblera pour l'évacuation ou du moins pour la conservation du matériel qui lui a été confié.

« Mais il faut que les travaux cessent, et je compte assez sur la modération et la prudence de M. Laroche lui-même, pour être certain que l'on ne sera pas obligé de recourir, à son endroit, à des mesures de rigueur *qui auraient l'approbation la plus complète du consulat général.* »

Sans se laisser ébranler, M. Laroche maintint, en les accentuant encore, les termes de sa protestation. Dans une nouvelle lettre en date du 22 octobre il s'exprimait ainsi : « Je ne puis me résoudre à retirer ma protestation. *Il faut que les travaux cessent,* dit M. le consul général. La désorganisation des chantiers de Port-Saïd n'est-elle donc pas atteinte et ne porte-t-elle pas un dommage très grave aux intérêts qui me sont confiés ?

« Peut-on le nier ?

« Aussi Son Altesse ne pourrait trouver mauvais que la Compagnie fît ses réserves, et je ne vois pas que la justice empêche de les appuyer.

« En conséquence, je maintiens les termes de ma protestation. M. le consul général a foi dans ma prudence et ma modération : il a raison.

« Aussi la menace qui termine sa lettre était inutile.

« C'est l'épouvantail qu'un père montre à ses enfants pour les éloigner du danger, mais qui ne le dispense pas de veiller à leur salut ».

La résistance de M. Laroche aux ordres du consul général de France donnait à la Compagnie le temps d'agir avant que rien fût compromis ; aussi cet acte d'intelligente énergie reçut-il de M. de Lesseps la plus entière approbation.

« M. l'ingénieur Laroche, — dit-il dans une note adressée à cette époque au ministre des affaires étrangères, — M. l'ingénieur Laroche, chef d'un chantier, chargé par la direction d'un service dont il a toute la responsabilité, obéissait à un devoir et restait dans les limites de son droit et de sa responsabilité en protestant contre des actes de

violence qui le menaçaient directement dans l'exercice de
ses fonctions, et dont la menace lui était officiellement
notifiée, à lui, ingénieur français, exerçant son industrie
sur le sol égyptien, par le consul général de France lui-
même...

« En fait, quels eussent été les résultats des actes imposés
à Son Altesse par la Turquie, à l'instigation de la politique
anglaise, et dont M. Sabatier se faisait l'instrument, si les
ordres de l'Empereur n'avaient pas été envoyés en Egypte
pour assurer l'exercice des droits de la Compagnie ? C'eût
été la désorganisation des chantiers établis péniblement
et à grands frais dans les déserts et y fonctionnant depuis
six mois avec activité ; c'eût été l'inaction d'un nombreux
personnel ; un matériel immense eût été laissé sans emploi
ou livré à l'abandon et au pillage, une société industrielle
considérable atteinte dans ses droits et mise en demeure
de laisser ses capitaux inertes et improductifs.

« La conclusion de M. Sabatier est *que les travaux doivent
cesser.*

« De pareils aveux consacrent l'abandon complet, définitif et sans appel des droits et privilèges séculaires
garantis en Orient aux sujets français par les capitu-
lations.

« Pour la Compagnie, ils sont *un acte direct d'hostilité,
une négation ouverte et violente de ses droits essentiels,*
qui mettent en péril pour elle jusqu'aux effets de la bienveillance de l'Empereur. »

Mais de telles protestations ne suffisaient pas. En présence des complications d'une situation qui en Egypte
devenait menaçante, M. de Lesseps résolut de frapper un
grand coup et de s'adresser directement et personnellement à Napoléon III. Il s'agissait d'obtenir de l'empereur
des Français l'appui qui, plus que jamais, devenait pour
la compagnie de Suez, suivant l'expression même de M. de

12

Lesseps, « une question d'existence ». Qu'on ne croie pas
cependant qu'à cette heure si grave il éprouvât quelque
découragement :

« Pour moi, écrit-il, la situation de notre entreprise n'a
jamais été meilleure ; elle est arrivée au point que j'ai
toujours ambitionné : c'est qu'elle fût portée comme question de fait, et non comme projet, au tribunal de la politique européenne. Elle ne pouvait pas se présenter dans
des conditions plus favorables que celles qui ont été pro-
duites par la mission de Mouktar-Bey.

« Si j'avais un million à ma disposition, je le consacre-
rais à acheter immédiatement, au pair, des actions du
canal de Suez ; mais, malheureusement, ma fortune ne m'a
permis d'en payer et, par conséquent, de n'en avoir que 200...

«... Les difficultés que nous avons rencontrées jusqu'ici,
disait-il encore, n'auront fait que nous grandir et nous
fortifier. La mission de Mouktar-Bey qui, aux yeux de
nos adversaires, devait nous porter le dernier coup, a été,
au contraire, pour nous l'occasion de sortir d'un cercle
vicieux et d'entrer franchement dans la voie définitive
que depuis cinq ans tous nos efforts avaient cherché à
atteindre. »

M. de Lesseps disait vrai et voyait juste. Il fallait
hausser la défense à la hauteur de l'attaque ; c'est ce qui
le détermina, si l'on peut ainsi parler, à risquer la partie
en sollicitant de Napoléon III, — chose difficile à obtenir,
— une réponse précise.

Dès longtemps M. de Lesseps y avait pensé, mais il se
rappelait qu'au début de son entreprise, il lui avait été
répondu : « Lorsque vous serez très fort, tout le monde
vous soutiendra, et moi tout le premier. »

C'était là une traduction nouvelle de la maxime : « Aide-
toi, le ciel t'aidera. » L'on sait si depuis cinq ans M. de
Lesseps s'était aidé. Par ses origines, ses attaches, sa

propagande, ses capitaux, la Compagnie de Suez était devenue une grande puissance.

En diplomate habile et qui veut réussir, M. de Lesseps n'avait, d'ailleurs, rien négligé, surtout depuis quelques mois, pour se ménager auprès de l'Empereur de puissants appuis. L'impératrice Eugénie, à la famille maternelle de laquelle il était allié, lui avait toujours témoigné une grande bienveillance. « Je vous serai obligé, écrivait dès le 14 septembre M. de Lesseps à M. Damas-Hinard, secrétaire des commandements de l'impératrice, de remettre à Sa Majesté pour la donner et la recommander elle-même à l'Empereur la copie d'une pétition que les membres du Conseil d'administration ont signée dans leur séance mensuelle d'hier. Le Conseil a décidé qu'une députation serait chargée de solliciter une audience de l'Empereur pour lui remettre l'original de cette pétition. »

Malgré l'intervention personnelle de l'impératrice, ce fut une grosse question que d'obtenir cette audience de l'Empereur. Les rapports avec l'Angleterre relativement à l'isthme de Suez étaient à ce point tendus que Napoléon III craignait de donner prise à des complications, qui même sur un autre terrain pourraient devenir un embarras sérieux pour la politique impériale. Des influences contraires s'exerçaient aussi auprès du souverain.

Sans la mission de Mouktar-Bey à Alexandrie, et sans les pressantes démarches de M. de Lesseps, il n'est pas douteux que Napoléon III serait resté longtemps encore sans se prononcer nettement, fidèle en cela, d'ailleurs, à un système que l'on aurait pu parfois qualifier ainsi : la persistance dans l'indécision.

Raisons politiques, raisons techniques, raisons de sentiment, raisons d'honneur patriotique et de dignité nationale, — M. de Lesseps, dans ses fréquentes communications à M. Damas-Hinard, ne négligea rien de ce qui

pouvait appeler sur son œuvre l'intérêt et la sympathie
de personnages alors tout puissants, et dont il fallait, à
tout prix, se concilier le bon vouloir.

Proches ou lointains, les arguments ne manquaient
jamais à M. de Lesseps ; tous les événements, toutes les
circonstances lui en fournissaient, et souvent de concluants :
« Ce qui vient de se passer en Chine, écrit-il par exemple
le 14 septembre 1859, me paraît un excellent argument
pour amener l'Angleterre à comprendre que la vieille
jalousie contre ce qui peut être utile à notre pays l'aveugle
et l'empêche de voir que la Russie et les Etats-Unis
d'Amérique menacent réellement sa suprématie dans les
mers orientales, dont ils sont plus rapprochés que l'Angleterre par l'Amour et la Californie. » N'ignorant pas sans
doute l'intérêt que la question religieuse avait aux yeux
de l'impératrice, il invoque une autre fois l'avis favorable
de l'ambassadeur français près le Saint-Siège, le duc de
Gramont, et il ajoute : « Le clergé catholique tout
entier porte le plus grand intérêt à l'exécution du canal de
Suez. Encore tout récemment dans une lettre pastorale,
l'évêque d'Orléans a exprimé en faveur du projet les vœux
les plus ardents. »

Dès qu'il s'agissait du succès de son œuvre, M. de
Lesseps, on peut le dire, se montrait fort éclectique en
matière de suffrages ; il en examinait beaucoup moins
la couleur politique ou religieuse que la puissance, la
valeur morale ou l'autorité. Le canal ne devait-il pas être
un canal international et la Compagnie de Suez une compagnie universelle ? Mais de même qu'à Venise, au-dessus
de tout le reste dans les tableaux des maîtres, on aperçoit
toujours l'image de la Sérénissime République, de même
chez M. de Lesseps un sentiment domine toujours tous
les autres : le respect et l'amour des intérêts et de l'honneur
de la France.

C'est ce noble sentiment que M. de Lesseps s'appliquait
à faire vibrer chez Napoléon III. « L'intervention de
l'Empereur, écrit-il à son intermédiaire auprès de lui,
augmentera certainement sa popularité dans la nation et
son influence à l'étranger. Tous les gouvernements sont
prêts à le soutenir contre l'opposition isolée de la vieille
politique anglaise. » Cet hommage, rendu à l'ascendant
politique de l'Empereur, rappelle l'hommage rendu à
Charles VIII un jour de bataille. Dès que le roi parut,
la noblesse ouvrit ses rangs, et, lui cédant la première
place : « A vous, lui dit-elle, l'honneur du premier coup
de lance. » On était alors, ne l'oublions pas, au lendemain
de Solférino et de Villafranca.

Mais le temps presse ; les correspondances que M. de Lesseps reçoit d'Alexandrie et de Londres l'informent que les
ennemis du canal profitent de la mission de Mouktar-Bey
pour *crier bien haut* que c'en est fait de l'entreprise, que
le gouvernement de l'Empereur ne veut pas s'en mêler et
laisse le champ libre à l'opposition des agents anglais.
Les lettres de M. de Lesseps se succèdent, pressantes,
énergiques, éloquentes.

Enfin, l'ordre d'interrompre les travaux ayant été réitéré
par le gouvernement égyptien, Napoléon III se décide à
intervenir.

Il accorde à M. de Lesseps l'audience dès longtemps
demandée.

Dans une lettre adressée à M. Ruyssenaers, M. de Lesseps
a raconté cette mémorable visite à Saint-Cloud, qui eut
sur les destinées du canal de Suez une influence notable.

A dater de cette audience, en effet, et malgré certaines
défaillances ou réticences ultérieures, le gouvernement
impérial, se trouvant engagé, accorda officiellement son
appui à l'entreprise de M. de Lesseps.

Cette fois encore, M. de Lesseps avait vu très juste ;

c'était la crise elle-même qui avait imposé la nécessité d'une solution jusque-là désirée et sollicitée en vain.

Voici cette lettre si intéressante de M. de Lesseps à son fidèle et dévoué collaborateur; elle est datée du 24 octobre 1859.

« J'ai la satisfaction, écrivait M. de Lesseps, de vous annoncer que notre réception chez l'Empereur a eu lieu hier, à Saint-Cloud. MM. Elie de Beaumont, baron Dupin, nos présidents honoraires, s'étaient joints aux membres du Conseil. Nous fîmes demi-cercle autour de l'Empereur qui avait une attitude fort bienveillante.

« Sa Majesté, qui connaissait le but de notre visite, s'adressant directement à moi, dit : « Comment se fait-il, M. de Lesseps, que tant de monde soit contre votre entreprise. — Sire, ai-je répondu immédiatement, c'est que tout le monde croit que Votre Majesté ne veut pas nous soutenir. »

« L'Empereur, roulant alors dans ses doigts le bout de ses longues moustaches, comme il a l'habitude de le faire lorsqu'il réfléchit, ajouta, après quelques secondes de silence : « Eh bien, soyez tranquille, vous pouvez compter sur mon appui et ma protection. »

« A l'occasion de la résistance de l'Angleterre et d'une récente réponse de Londres, dont il nous a parlé en la qualifiant de raide, l'Empereur a dit : « C'est un grain, il faut carguer les voiles. »

Alors nous lui avons demandé de nous autoriser à annoncer à nos actionnaires que, des négociations étant entamées, il y avait lieu d'ajourner l'Assemblée générale, faute de quoi nous serions obligés de les liquider et de les rembourser.

« Il a accepté ce que nous demandions et nous a autorisés à motiver, par le commencement des négociations, l'ajournement de l'Assemblée générale des actionnaires. Il nous a permis de faire savoir, en Egypte, qu'il avait déjà donné à son ministre des affaires étrangères des ordres pour

que nos droits et nos opérations fussent maintenus. Nous
l'en avons remercié.

« Nous nous sommes plaints de la conduite du consul
général de France en Egypte, dont la protection avait
complètement manqué à la défense de nos intérêts, et nous
avons remis une note pour appuyer notre plainte.

« Ayant jugé que le moment était venu de nous retirer,
je fis un signe à mes collègues, et je dis à l'Empereur que
je croyais utile de me rendre à Constantinople et à Alexandrie. Il m'a répondu : « C'est très important ».

« Chacun alors a défilé devant Sa Majesté ; je suis resté le
dernier avec le duc d'Albuféra, ayant remarqué que l'Empereur désirait nous entretenir en particulier. Il nous dit, avec
un air de grande bonhomie : « Que pensez-vous qu'il y ait
à faire en ce moment? — Sire, ai-je répliqué, le changement de résidence du consul général de France, qui, étant
un agent d'une grande capacité, peut être appelé à un
autre poste. — Eh bien! s'il n'y a que cela, ce sera bien
facile ; dites-le à Walewski. »

« Je me suis empressé, au sortir de l'audience, d'envoyer
au comte Walewski une note dans laquelle je lui faisais le compte rendu dont je viens de vous donner la sub-
stance et je terminai ainsi ma note :

« La conséquence pratique de cette excellente audience
« me semble être, tout en réservant les questions politiques
« qui seront à décider par la diplomatie : 1° Que M. Tou-
« venel reçoive l'ordre de demander au nouveau grand-
« vizir (que je crois favorable à notre entreprise) une lettre
« pour le vice-roi, l'autorisant à faire continuer les opéra-
« tions de la phase préparatoire, telle qu'elle a été définie
« dans une lettre que j'ai adressée de Corfou, le 3 mars
« 1859, à l'ex-grand-vizir Aali-Pacha, qui a été acceptée par
« le vice-roi et qui est mise en exécution en Egypte depuis
« plusieurs mois.

« 2° Que les services de M. Sabatier soient utilisés ailleurs
« qu'en Egypte.

« Il est fort heureux que je me sois trouvé en France,
au lieu d'être resté en Egypte lors de la mission de Mouktar-Bey, qui vous a causé, avec raison, tant de soucis et
à l'occasion de laquelle vous avez donné de nouvelles
preuves de votre tact, de votre bon esprit et de votre
dévouement aux intérêts de la Compagnie. »

Avec juste raison, M. de Lesseps se félicitait hautement
du résultat qu'il venait d'obtenir ; la lettre suivante, adressée, le 1er novembre 1859, aux membres du Conseil d'administration de la Compagnie, marque toute l'importance de
ce succès ; nous la reproduisons à ce titre, et aussi parce
qu'elle contient quelques réflexions et quelques détails com-
plémentaires fort intéressants :

« Les journaux vous ont appris que la députation du
Conseil a obtenu son audience de l'Empereur.

« Le terme de la convocation était trop court pour me
donner le temps de vous appeler.

« Le numéro de ce matin du journal l'*Isthme de Suez* vous
donnera les détails que j'ai pu faire connaître au public ;
mais, à vous, j'en dirai davantage : vous apprendrez avec
grand plaisir que l'Empereur ne s'est pas contenté de nous
promettre son appui, mais qu'il nous l'a prêté avec une
promptitude et une efficacité sur lesquelles je n'osais pas
moi-même compter.

« Les ambassadeurs des puissances qui nous sont favorables ont été invités à demander à leurs gouvernements de
joindre leurs démarches à celles du gouvernement français, pour obtenir, à Constantinople, les autorisations
nécessaires, et pour assurer le libre exercice des droits de
la Compagnie.

« Des dépêches sont déjà parties pour le consul général
de France à Alexandrie, et pour notre ambassadeur à

Constantinople. On m'a fait connaître que l'appui à donner
à la Compagnie était indépendant de la bonne ou de la
mauvaise volonté du Cabinet anglais, et que l'on était
décidé à *passer outre*, dans le cas où l'ancienne opposition
britannique se maintiendrait. Le comte Walewski avait
commencé par faire faire des ouvertures à la Cour de
Saint-James. Ces ouvertures avaient été d'abord mal
accueillies, et l'Empereur, en nous en parlant lui-même dans
notre audience, avait qualifié de *raide* la réponse des
ministres anglais, mais lorsque, sur de nouvelles communications de notre ambassadeur à Londres, nos chers voisins ont acquis la certitude que l'Empereur était parfaitement décidé à nous soutenir, ils se sont montrés disposés
à entrer en accommodement, en exprimant le désir de
s'entendre de bon accord. Avec les Anglais, vous le savez,
le meilleur moyen de conserver de bonnes relations est de
se faire respecter et de ne pas faillir devant leurs moyens
habituels d'intimidation.

« Lorsque l'on a raison et qu'on les a mis dans le cas de ne
pas trouver d'appui en dehors de leur pays pour soutenir
leurs prétentions, ils se résignent très bien et l'on peut être
certain qu'ils céderont.

« Je me suis permis de dire à l'Empereur que la principale
force de leur opposition avait consisté dans l'opinion
qu'ils avaient cherché à répandre partout que l'Empereur
restait indifférent et que, nous trouvant privés de l'appui
des divers gouvernements, leur *veto* suffirait pour nous
écraser. Ils sont aujourd'hui détrompés et, par conséquent,
le triomphe de notre cause est désormais assuré.

« Aussi, les difficultés que nous avons rencontrées jusqu'ici n'auront fait que nous grandir et nous fortifier. Et,
en dernier lieu, la mission de Mouktar-Bey en Égypte, qui
aux yeux de nos adversaires devait nous porter le dernier
coup, a été au contraire l'occasion, pour nous, de sortir

du cercle vicieux et d'entrer franchement dans la voie définitive que, depuis cinq ans, tous mes efforts avaient cherché à atteindre. »

M. de Lesseps était quelque peu optimiste en pensant que la plupart des obstacles étaient vaincus, il venait seulement d'en surmonter de très importants ; il avait obtenu le rappel du consul général hostile à la Compagnie, l'appui officiel du gouvernement français, et enfin la promesse de son intervention et de celle des puissances amies à Constantinople.

Quant à l'hostilité du Cabinet de Londres, elle devait persister plusieurs années encore et continuer à se manifester sous les formes les plus multiples. Le jour, cependant, devait à la fin arriver où l'Angleterre reconnaîtrait officiellement, par l'organe du successeur de lord Palmerston, le comte Clarendon, tout le prix de cette voie nouvelle de communication entre l'Orient et l'Occident, c'est-à-dire pour elle entre la Grande Bretagne et les Indes rapprochées de trois mille lieues. Pour l'instant, en 1860, le gouvernement anglais ne voyait qu'une chose, c'est que ce canal était fait par des mains françaises : l'ouvrier lui faisait oublier l'œuvre.

CHAPITRE VIII

LA MORT DE MOHAMMED-SAID

NOUVEAU VOYAGE DE M. DE LESSEPS A CONSTANTINOPLE. — HOS-
TILITÉ DE L'AMBASSADEUR ANGLAIS, SIR HENRI BULWER. —
PREMIÈRE ASSEMBLÉE GÉNÉRALE DES ACTIONNAIRES (15 MAI
1860). — INTERPELLATION SEYMOUR; NOUVELLES ATTAQUES DE
LORD PALMERSTON; RÉPONSE DE M. DE LESSEPS. — RETOUR DE
M. DE LESSEPS EN ÉGYPTE. — LES TRAVAUX. — INTERPELLATION
DU COMTE CARNAVON A LA CHAMBRE DES LORDS (6 MAI 1861). —
SON IMPORTANCE. — POLÉMIQUES. — LETTRE DE M. DE LESSEPS
A M. LAYARD. — INAUGURATION DU CANAL D'EAU DOUCE. —
MORT DE MOHAMMED-SAID.

A peine M. de Lesseps avait-il obtenu de l'empereur
Napoléon III la promesse de protection qui lui était nécessaire pour résister victorieusement à l'hostilité persistante
du gouvernement britannique, qu'il partit pour Constantinople, afin de tirer le meilleur parti possible de cette
situation nouvelle.

Si bienveillante qu'eût été pour lui la réception impériale, elle n'avait pas suffi à mettre fin aux intrigues de
toute sorte qui visaient non seulement l'œuvre de M. de
Lesseps, mais sa personne. Ses adversaires ne négligèrent
rien pour ébranler son crédit auprès du souverain. On
l'accusa de liaisons, de relations, d'affiliations hostiles à
l'empire. M. de Lesseps répondit à ces attaques dans une

lettre fort digne, adressée à son frère : « Tout le monde,
y disait-il, a pu suivre chacun des pas que j'ai faits, et
certes rien dans mes démarches, dans mes écrits, dans mes
relations, n'a pu fournir le moindre prétexte à des attaques que je dédaigne vraiment de combattre davantage, et
auxquelles je ne répondrais même pas, si je ne les croyais
pas nuisibles, dans ce moment, à la réussite de mon entreprise... Si je n'ai pas voté pour l'empire, je ne suis pas
un factieux et, si j'aime la liberté, on ne m'enrôlera jamais
pour renverser ce que mon pays a élevé. »

M. Thouvenel, alors ambassadeur de France à Constantinople, appuyant très fortement auprès du Divan les nouvelles démarches de M. de Lesseps, l'hostilité de l'ambassadeur d'Angleterre, sir Henri Bulwer, devint plus vive que
jamais.

M. Thouvenel demandait à la Porte d'adresser un appel
aux puissances pour connaître officiellement leur avis,
préjugé d'ailleurs favorable, sur la question du canal de
Suez. Mais avec la Porte il ne suffisait pas de demander,
il fallait obtenir, et bien qu'il fût vivement pressé par l'ambassadeur de France, le Divan ne consacrait pas moins de
seize séances à examiner cette demande. « On fumera
encore bien des pipes avant de décider », écrivait philosophi-
quement et plaisamment M. de Lesseps qui, entre temps,
n'était pas non plus sans s'égayer quelque peu dans ses
lettres aux dépens de sir Henri Bulwer. « Il était au lit,
écrit-il, le jour de mon arrivée, ma venue lui a produit
l'effet d'une bonne dose de quinine, car il s'est mis en
campagne dès le lendemain matin. » Et dans une autre
lettre, M. de Lesseps ajoutait : « Bulwer cherche à détruire
le soir ce que M. Thouvenel a fait le matin. Malheureusement pour lui, il se lève toujours trop tard, et avec les
Turcs, c'est de bonne heure qu'il faut faire les affaires,
avant que les ennuis de la journée aient dérangé leur *kief.* »

Enfin, malgré sir Henri Bulwer qui alla jusqu'à faire entendre des menaces de guerre, la Porte se décida à acquiescer aux vœux de l'ambassadeur français.

Ruchdi-Pacha, qui venait de succéder à Kuprisly-Pacha en qualité de grand-vizir, informa M. de Lesseps que, le gouvernement ottoman ayant définitivement jugé le canal de Suez profitable aux intérêts de la Porte, « personne ne pourrait trouver mauvais qu'il demandât à des puissances amies de s'entendre sur les questions politiques qui pourraient être la conséquence de l'exécution du canal, tant vis-à-vis de l'Egypte que vis-à-vis de l'Europe. »

Fort de ces promesses, qui semblaient positives, M. de Lesseps quitta le 29 décembre Constantinople pour aller à Alexandrie rendre compte de ses démarches au vice-roi, qui s'en montra très satisfait.

D'Alexandrie, M. de Lesseps revint à Paris où M. Thouvenel venait d'être appelé au ministère des affaires étrangères.

La note annoncée par le gouvernement turc était enfin arrivée. Ce fut une désillusion.

Cette note ne précisait rien ; c'était une simple échappatoire officielle, qui laissait au temps et aux événements le soin de définir ce qu'elle n'avait pas voulu dire. « C'est un enterrement politique, écrivait M. de Lesseps, qui nous permet d'agir pratiquement et de forcer plus tard la solution. On appelle cela en espagnol *cubrir el expediente*, c'est-à-dire *sauver les apparences*. »

Le 30 janvier, M. de Lesseps faisait tenir aux membres du corps diplomatique, à Paris, un mémoire précisant l'état des questions relatives au canal et mettant une fois de plus en pleine lumière l'utilité de son achèvement. « Considérée dans sa valeur commerciale, disait M. de Lesseps, la généralité de la presse anglaise soutient que le projet n'est pas exécutable et que, s'il est exécuté, il aura si peu d'utilité publique qu'il ne couvrira pas ses frais. Par contre, l'unanimité de la presse et de l'opinion sur le continent d'Europe et dans le monde entier est d'un avis diamétralement opposé. De ces deux appréciations, laquelle est la bonne? Si elles sont toutes deux sincères, aucun des partisans de l'une ou de l'autre ne peut trouver mauvais qu'ils passent par l'épreuve de l'événement, de l'expérience, du fait. L'affaire est suffisamment soutenue par ceux qui ont foi dans son succès, et ce succès, s'il est obtenu, profitera, de leur propre aveu, à ceux-là même qui n'y croient pas et auxquels nous ne demandons aucune espèce de concours ou d'assistance. »

Il était difficile de mieux préciser une plus juste demande.

Le 7 février, M. de Lesseps, dans une nouvelle audience qui lui était accordée, insistait auprès de Napoléon III sur l'intérêt qui s'attachait pour la France au prompt achèvement de sa grande entreprise. Peu de jours après il lui adressait une note en réponse à certaines objections formulées par Napoléon III au sujet des difficultés que présentait, d'après lui, la navigation dans la mer Rouge.

L'impression que M. de Lesseps emporta de cette nouvelle entrevue, il l'indique ainsi dans une lettre adressée le surlendemain à Mohammed-Saïd : « Votre Altesse peut être assurée que le gouvernement de l'Empereur sera d'autant plus en mesure de faire respecter ses droits vis-à-vis de la Porte et vis-à-vis de l'Angleterre, qu'elle se montrera déterminée à poursuivre elle-même l'entreprise qu'elle a commencée aux applaudissements du monde entier. Je me rappelle les paroles qui m'ont été dites par l'Empereur, il y a déjà quatre ans : « Lorsque vous serez très fort, tout le monde vous soutiendra et moi tout le premier. »

C'était encore à l'esprit d'initiative et de résolution

de M. de Lesseps qu'il appartenait de triompher des irréso-
lutions si souvent renaissantes de Napoléon III.

Quoi qu'il en soit, un résultat important avait été obtenu;
suivant une expression fort juste employée par M. de
Lavalette, nommé ambassadeur à Constantinople en rem-
placement de M. Thouvenel, M. de Lesseps, grâce à ces
dernières et habiles négociations, avait su empêcher qu'on
ne l'empêchât de travailler. Il profita largement de la permission.

On en eut la preuve éclatante lors de la première assemblée générale des actionnaires de la Compagnie du canal,
qui se tint le 15 mai 1860 : M. de Lesseps put y fournir les
explications et les renseignements les plus satisfaisants sur
la marche des travaux, poussés dès ce moment avec la plus
grande activité.

A l'unanimité, cette réunion sanctionna par son approbation tous les actes antérieurs de M. de Lesseps et, en lui
conférant pour l'avenir de pleins pouvoirs, lui donna une
force nouvelle en vue du succès définitif de l'entreprise.
Une fois de plus on put constater qu'il y avait une complète et parfaite identité de vues entre les actionnaires de
la Compagnie et l'homme de cœur qui, dans un langage
très noble et très élevé, venait de leur dire :

« Dévoués à une œuvre qui vous promet de légitimes
bénéfices, vous êtes cependant animés d'une pensée plus
haute. Vous envisagez les immenses services que le rapprochement de l'Occident et de l'Orient doit rendre à
la civilisation et au développement de la richesse générale.

« Le monde attend de vous un grand progrès et vous
voulez répondre à l'attente du monde.

« Cette pensée morale qui domine parmi vous et que
nous avons recueillie dans toutes vos communications,
a été et restera l'honneur de notre Compagnie. »

L'assemblée, à l'unanimité, avait voulu approuver par acclamation les comptes antérieurs.

« Ce n'est pas possible, répliqua M. de Lesseps, nous avons à nous faire entendre au dehors comme au dedans ; la confiance que vous nous témoignez nous touche autant qu'elle nous honore. Vous nous rendez justice ; mais vous savez à quelles pressions nous avons été en butte, et il ne faut laisser à la malveillance aucun prétexte un peu plausible. Nous insistons donc pour que vous chargiez une commission de vérifier nos comptes, et nous avons l'honneur de vous proposer trois membres qui nous ont été désignés comme pouvant vous inspirer toute confiance. »

Tel n'est pas l'avis de la réunion. « Je comprends, dit l'un des actionnaires, la nomination d'une commission chargée de vérifier les comptes dans une Compagnie ordinaire, mais la Compagnie universelle du canal maritime de Suez n'est pas une Compagnie ordinaire. Elle est dans une situation exceptionnelle, autant par les hommes qui la dirigent que par son objet. Je renouvelle donc une proposition qui vient d'être faite : ne vous paraîtrait-il pas plus convenable d'accepter par acclamation les comptes qui vous ont été présentés que de les soumettre à une inutile vérification ? (Très bien ! très bien ! aux voix !)

M. de Lesseps s'oppose de nouveau au vote de cette motion et dit : Que l'on me permette, en mon nom et au nom des membres du Conseil d'administration, de persister dans notre demande. La nomination de la Commission ne peut rien avoir que de satisfaisant pour nous, puisque nous la sollicitons nous-mêmes, en dehors des statuts. La confiance sans limite que vous voulez bien nous accorder, est pour nous une raison d'insister. Si quelques doutes s'étaient élevés dans l'assemblée et que la proposition d'une commission des comptes eût été l'expression de ce doute, nous comprendrions que dans cette circonstance elle pût n'être pas accueillie; mais l'unanimité de l'assemblée dans l'approbation du passé et dans les pleins pouvoirs qu'elle nous a donnés pour l'avenir, nous impose encore plus étroitement le devoir de réclamer que tout le monde s'éclaire par les documents et les chiffres, au lieu d'agir par entraînement.

Nous comprenons et nous apprécions le sentiment de généreuse courtoisie qui vous anime, mais nous ne saurions y céder.

Je mets aux voix la deuxième délibération, portant nomination d'une Commission de vérification des comptes composée de :

MM. Roy-Bry, membre du Corps législatif;
Bellot, ancien notaire à Paris ;
Bertrand (de l'Yonne), ancien député, ancien président du Tribunal de Commerce. »

Cette proposition fut adoptée.

Etait-il possible de mieux justifier que par cette délicatesse et cette droiture poussées jusqu'au scrupule la confiance inébranlable que les collaborateurs de M. de Lesseps mettaient en lui et qui faisait envers et contre tous sa force invincible ?

Comme il fallait s'y attendre, à la suite de cette première assemblée générale des actionnaires du canal, le *Times* et d'autres journaux anglais redoublèrent de vivacité dans leurs attaques contre M. de Lesseps et contre le canal, qu'ils représentèrent de plus en plus comme étant d'une exécution impossible et comme dissimulant fort insuffisamment, de la part de la France, des visées purement commerciales et militaires.

Avec quelle affectation de pitié ces journaux parlaient alors de M. de Lesseps :

« La littérature de fiction, disait le *Daily-News*, n'est pas morte dans un pays qui possède Alexandre Dumas et

M. de Lesseps. Les romanciers les plus extravagants sont des enfants comparés au grand découvreur d'une nouvelle Péluse, essayant de convaincre son auditoire à la salle Herz, que deux cent cinquante Européens malades et six cents Arabes enrôlés de force accompliront cette œuvre stupéfiante sans argent, sans eau et sans pierre : sans eau pour abreuver les hommes ou les chameaux ; sans pierre, à moins de 13 à 14 francs le mètre cube... *Comme affaire, le canal de Suez est dérisoire.* C'est une espèce de crédit mobilier dans le désert... Nous ne ferons pas à nos lecteurs l'injure de croire qu'ils puissent jamais admettre que les titres de Suez représentent un placement quelconque. »

Le *Times* allait plus loin encore : « On peut, disait-il, trouver une fin, quoique éloignée, à l'argent que coûtera le canal de Suez. Mais il n'y aura pas de fin à l'argent qu'il faudra dépenser pour le conserver. En fait, c'est creuser des trous dans le sable, dans un pays où la terre elle-même n'a pas de solidité, et où l'aspect de la nature est changé par une tempête de vent... L'eau est indispensable à la vie ; celle qu'on trouve est si imprégnée de sel que les chameaux eux-mêmes ne veulent la boire. La *dépense pour conduire l'eau douce sera excessivement coûteuse ; et une nuit d'orage engloutira tout dans le sable...* Telles sont les conditions qui rendront l'entreprise *impraticable......* »

« M. de Lesseps, disait dans un autre article le journal de la Cité, peut être certain que ni le dépit, ni l'alarme ne nous inspirent. Sa Compagnie n'est pas la première qui a englouti ses fonds dans un mauvais placement. Ses travaux ne sont pas les premiers qui se soient perdus dans les sables d'Egypte, dont le sol est couvert de monuments d'entreprises mal conçues ; il peut pousser son travail le long de la même ligne que celle des anciens ouvrages inspirés par le même esprit et trouver à Péluse et à Suez des traces des extravagances passées. Si nous lui représentons que son travail sera sans bénéfice, nous ne parlons pas dans une pensée de jalousie, mais dans un simple esprit de vérité et avec une abondance de raison. »

Ces conseils partaient, sans nul doute, d'un bon naturel ; la vérité nous oblige à dire que M. de Lesseps ne s'y arrêta pas un instant.

Ce n'était pas seulement dans la presse anglaise, c'était au Parlement que les attaques redoublaient contre l'œuvre de M. de Lesseps, alors qu'on lui voyait des chances de succès plus grandes et plus prochaines.

Dans cette même année 1860, le 23 août, M. H. Seymour, à la Chambre des Communes, interrogeait lord Palmerston sur les facilités nouvelles accordées pas le vice-roi d'Egypte à la Compagnie de Suez. « Je demande, disait M. H. Seymour, quelques renseignements sur l'assertion publiée dans les journaux que le pacha d'Egypte a mis la Compagnie du canal de Suez en état d'être constituée en prenant des actions pour une somme de 95 millions de francs, qu'il a été impossible de placer, et en prévenant ainsi sa dissolution. Je demanderai, en même temps, si des négociations sont pendantes relativement au canal de Suez, et si M. Cobden a des instructions pour négocier à Paris sur ce sujet. Je demanderai enfin au noble lord si le pacha d'Egypte, avant de contracter ce dernier emprunt avec M. Laffitte, de Paris, a obtenu la sanction de la Porte ; et, dans le cas contraire, si ce n'est point là une infraction au traité d'institution conclu à la fin de la guerre de Syrie, en 1840. »

Lord Palmerston ne pouvait perdre une aussi belle occasion de reprendre la parole contre une entreprise qui, chaque jour davantage, devenait son *delenda Carthago*. Toutes les fois qu'il parlait du canal de Suez, l'éminent homme d'Etat perdait tout sang-froid, voire même tout sentiment des convenances. Cette fois il s'exprima ainsi :

« Il est vrai, comme le dit mon honorable ami, que le pacha d'Egypte a été induit à prendre un grand nombre d'actions de la Compagnie du canal de Suez. Cette Compagnie, comme je l'ai souvent dit, est l'*une des plus remarquables tentatives de tromperie qui aient été mises en pratique dans les temps modernes* (Rires). C'est un *leurre complet,* depuis le commencement jusqu'à la fin. Beaucoup de personnes en France, de petites gens (*small persons*) ont été induites à prendre de petites actions, sous l'impression que l'affaire serait une chose profitable. La marche des travaux en Egypte, toutefois, a été telle, qu'elle a montré que si l'entreprise n'est pas impraticable, elle exige des sacrifices d'argent, de temps et de travail tout à fait au-dessus des forces de toute compagnie.

« L'auteur du projet, M. de Lesseps, trouva qu'une maison de Trieste répudiait un grand nombre d'actions qu'elle avait été amenée à prendre, et alors il pensa que le pacha d'Egypte était l'homme qu'il fallait pour endosser la responsabilité de les accepter.

« Il induisit, en conséquence, l'infortuné pacha à prendre 64,000 actions montant à 32 millions de francs. M. de Lesseps chercha ensuite à lui en faire prendre un plus grand nombre (Rires) ; mais le malheureux pacha, qui s'était laissé aveugler une fois, avait désormais les yeux ouverts ; il refusa d'en accepter de nouvelles (Rires). M. de Lesseps, néanmoins, désirant, dans sa bienveillance pour le pacha, lui rendre un service dont le pacha lui-même n'appréciait pas le prix, porta sans le consentement du pacha, à son crédit, un grand nombre d'actions additionnelles s'élevant en valeur à environ la somme mentionnée par mon honorable ami.

« Quant à l'autre question qu'il m'a posée, j'ai à dire que le pacha a contracté un emprunt avec une maison de Marseille, mais il l'a fait en sa qualité privée. Pour remplir ses engagements envers la Compagnie du canal de Suez, il a hypothéqué tous ses biens particuliers en Egypte, à cette maison de Marseille. Cela ne s'est pas fait avec le consentement du gouvernement turc, et ce consentement n'était pas nécessaire.

« Il n'y a rien dans la convention à laquelle se réfère mon honorable ami, qui milite contre le droit du pacha d'agir comme il l'entend avec ce qu'il considère comme sa propriété. Je n'ai connaissance d'aucune négociation pendante à ce sujet. Il y a eu des négociations entre les gouvernements de France et d'Angleterre, et nous avons exprimé tout du long notre opinion sur les mérites de l'entreprise. Le gouvernement français a dit qu'il ne prendrait point part à l'affaire. Les agents de la France, qui ne sont pas toujours soutenus par leur gouvernement, ont, je crois, joué un rôle actif sur les lieux. Il n'y a pas de négociation particulière pendante en ce moment et M. Cobden n'a reçu aucune instruction portant sur cette question. »

M. de Lesseps ne laissa point passer, sans les relever, ces vives et injurieuses attaques. Au nom du Conseil d'administration, il adressa aux correspondants de la Compagnie la lettre suivante qui, publiée et commentée par toute la presse européenne, produisit une très vive et très favorable impression. Il semblait que lord Palmerston eut le don de le mettre en verve.

« Les allégations de lord Palmerston, disait M. de Lesseps, ont porté sur trois ordres de faits parfaitement distincts l'un de l'autre, auxquels Sa Seigneurie a donné, dans un esprit de malveillance contre le canal, une corrélation qui n'existe pas.

« 1° Lord Palmerston a déclaré qu'un certain nombre d'actions portées au compte du vice-roi, lui ont été attribuées à son insu et sans son consentement.

« Cette affirmation est fausse de tous points. Pour le prouver, il suffit de rappeler les termes du rapport que j'ai présenté à l'assemblée générale des actionnaires, le 15 mai de l'année courante. Après avoir exposé tous les faits relatifs à cette transaction et en avoir fait l'historique détaillé dans ce rapport qui a reçu la publicité la plus étendue, je disais : « Nous nous entendîmes avec le vice-roi pour qu'il « prît définitivement à son compte les actions réservées « aux banquiers étrangers empêchés par les circonstances « de remplir leurs engagements. »

« Non seulement l'énoncé de ce fait n'a suscité aucune réclamation du gouvernement de Son Altesse ; mais encore, pendant le séjour que je viens de faire en Egypte, la convention intervenue à ce sujet entre Son Altesse et moi a été consacrée par un acte du gouvernement égyptien.

« 2° Lord Palmerston a prétendu que les travaux déjà faits démontraient l'impossibilité d'exécuter le canal sans une dépense de temps et d'argent qu'aucune compagnie ne pourrait supporter.

« C'est le contraire qui est vrai. L'expérience déjà faite ne permet pas de douter que le canal maritime de Suez ne soit ouvert à la navigation dans un délai beaucoup plus court et à des frais beaucoup moins considérables que la Commission internationale des ingénieurs ne l'avait prévu. Je maintiens à cet égard toutes les indications que j'ai données dans mon rapport à l'assemblée générale. Toutes les espérances que j'y ai exprimées ont reçu une nouvelle confirmation des travaux poursuivis depuis cette époque.

« 3° Lord Palmerston a essayé de présenter l'emprunt qui vient d'être conclu par Son Altesse avec une notabilité financière des plus honorables et des plus considérables de Paris comme ayant été nécessité par sa souscription à l'entreprise du canal maritime de Suez.

« Il n'en est rien. Les finances de l'Egypte sont dans une situation très prospère. Le revenu de l'Etat, pendant une année, dépasse de beaucoup celui de la dette entière.

« Au moyen de l'emprunt que Son Altesse vient de conclure à des conditions avantageuses qui prouvent la confiance des capitalistes, le vice-roi se propose de libérer complètement le pays de cette dette, chargée d'intérêts beaucoup plus onéreux que celui de l'emprunt nouvellement contracté. Son gouvernement a donc fait purement et simplement une bonne opération qui, dans un délai de très peu d'années, doit contribuer à équilibrer la situation financière du pays.

« Quant au canal, il est complètement étranger à la transaction qui vient de s'opérer.

« Les revenus ordinaires du vice-roi sont plus que suffisants pour lui permettre de remplir avec facilité ses engagements envers la Compagnie, engagements qu'il considère d'ailleurs avec raison comme étant une source nouvelle de crédit et de revenus.

« Tel est, Messieurs, l'exposé sincère et parfaitement exact de la situation de notre entreprise. Elle n'a jamais présenté de meilleures garanties de succès. Les paroles de lord Palmerston ne surprendront pas ceux qui connaissent la malveillance invétérée de Sa Seigneurie contre la Compagnie du canal de Suez. Jusqu'à quel point cette malveillance autorise-t-elle l'altération persistante des faits et de la vérité ? C'est ce dont jugera votre conscience. Quant à moi, je n'aurais peut-être pas relevé ces fausses allégations que lord Palmerston ne nous a jamais épargnées, si le Conseil d'administration, gardien vigilant des intérêts des actionnaires, n'y avait vu une intention de porter atteinte à la moralité et au crédit de notre Compagnie et, d'après cette considération, ne s'était fait un devoir d'y répondre. »

Comme on le voit, la réponse de M. de Lesseps ne laissait debout aucune des assertions si perfides de lord Palmerston. Mais quel acharnement de la part du noble lord ! Jamais Napoléon I⁰ʳ, cherchant à fermer les mers à la Grande Bretagne par le blocus continental, n'avait été combattu avec plus d'ardeur que M. de Lesseps s'efforçant de raccourcir de 3,000 lieues le chemin entre Londres et Bombay.

Le 15 mai avait eu lieu la réunion des actionnaires du canal de Suez; dès le 18, M. de Lesseps s'embarquait à Marseille pour aller inspecter les travaux de l'isthme et leur imprimer une nouvelle impulsion. Mieux valait, à vrai dire, combattre sur ce champ de bataille que sur le terrain de la diplomatie ottomane ou britannique.

Durant ce voyage, M. de Lesseps prit sur ses adversaires une brillante revanche. Rarement il déploya une activité plus féconde. Installation de nouveaux chantiers, de voies ferrées, de dragues, de puissantes machines, — organisation du travail, mesures de toute sorte au point de vue de l'approvisionnement, de l'hygiène et du bien-être des ouvriers, — règlement des questions financières alors pendantes avec le vice-roi, — M. de Lesseps trouve du temps pour tout. En manière de délassement, il écrit une intéressante étude qu'il fait tenir, par l'entreprise de son frère, au comte Walewski sur l'histoire d'Abyssinie et sur l'intérêt que pourrait présenter l'établissement de relations plus suivies avec le Négus qui, dans une lettre fort curieuse, vient de lui exprimer ses plus vives sympathies en faveur de l'achèvement du canal. Et quelle vaste correspondance ! Malgré tout, ses lettres sont toujours empreintes d'une invincible bonne humeur ; il ne néglige même pas d'y lancer quelques pointes aimables à l'adresse de ses adversaires. C'est ainsi qu'écrivant à M. Delamalle, il rapporte ces paroles du vice-roi : « Il y a des moments où l'on voudrait, à l'aide d'une lunette télégraphique, voir de loin certaines figures, lorsque ces messieurs vont apprendre qu'ils ont perdu la partie et que Lesseps l'a gagnée. »

C'était là le vœu du vice-roi qui ne cessait de se montrer pour M. de Lesseps un ami des plus dévoués ; était-ce déjà la réalité ?

Peu de jours après, ce prince, qui fut, durant cette période, le plus harcelé, le plus tourmenté de tous les potentats, recevait de Constantinople une nouvelle lettre vizirielle lui exprimant le mécontentement de la Porte au sujet de l'importance et de l'activité des travaux du canal de Suez.

Le reproche était fondé. M. de Lesseps ne demandait qu'à le mériter encore davantage, tout en laissant faire la diplomatie. « Attendons, écrivait-il le 4 janvier 1861 au duc d'Albuféra, vice-président de la Compagnie, attendons avec patience la solution des questions qui ne dépendent pas de nous. En attendant, soutenons-nous vigoureusement nous-mêmes en restant tous unis dans la poursuite de notre entreprise avec les excellents moyens de personnel et de matériel qui ont été formés avec tant de peine et de soins. » Comme on le voit, M. de Lesseps avait trouvé une méthode nouvelle de temporisation : il *temporisait en agissant*.

Le vice-roi témoignait-il quelque ennui au sujet de la lettre expédiée de Constantinople : « En Espagne, lui raconte M. de Lesseps, lorsque le roi envoyait à une municipalité un ordre qui pouvait être nuisible aux intérêts ou aux usages de la commune, le chef de la municipalité, en séance officielle, déroulait devant les membres du Conseil l'ordre royal, le portait humblement à son front et ordonnait au greffier de l'enregistrer en ajoutant : *Il acuta pero no se cumple* (on le respecte, mais on ne l'accomplit pas). »

C'est exactement ce que firent, en cette circonstance, et le vice-roi et M. de Lesseps.

Partout, les travaux furent poussés, avec une activité nouvelle, à Port-Saïd, à Kantara, au seuil d'El-Guirs, au lac Menzaleh.

La question du recrutement des ouvriers libres se posait avec une urgence d'autant plus grande que de très sérieuses difficultés commençaient à poindre du côté de l'Angleterre au sujet des corvées que le vice-roi, conformément à un usage traditionnel en Égypte, avait mises à la disposition de la Compagnie de Suez.

Durant toute cette période, M. de Lesseps ne cessa de parcourir ses chantiers, d'encourager les travailleurs, de prendre toutes les mesures nécessaires pour assurer l'achèvement du canal d'eau douce qui, en transportant les eaux du Nil dans le désert, était destiné à assurer les approvisionnements de la grande armée qui opérait dans l'isthme.

Entre temps, M. de Lesseps fait une excursion en Syrie; les populations, qui gardent le meilleur souvenir des services qu'il leur a rendus vingt-cinq ans auparavant, lorsque en qualité de consul il les protégea contre la vengeance de Méhémet-Ali, lui font une réception enthousiaste et lui promettent, pour l'achèvement du canal, le concours de nombreux ouvriers.

Ce séjour prolongé de M. de Lesseps en Égypte, cette activité chaque jour plus grande, ces installations de machines, cet enrôlement de travailleurs nouveaux, aussi bien que la protection désormais officielle du gouvernement français, dès lors représenté à Alexandrie par un agent consulaire, M. de Beauval, plein de sympathie pour l'œuvre de M. de Lesseps, il y avait là des prétextes plus que suffisants pour motiver de la part du gouvernement anglais de nouvelles et plus vives attaques. Le 6 mai 1861, ce ne fut plus seulement à la Chambre des Communes, ce fut aussi à la Chambre des lords que le percement de l'isthme de Suez fut attaqué avec la plus grande vivacité et la plus aveugle passion.

Nous croyons devoir donner ici le résumé de ce débat mémorable. C'est une des pages les plus intéressantes, les plus instructives, nous dirions volontiers les plus importantes de l'histoire du canal de Suez ; plus que toute autre, elle permet d'apprécier la puissance des persistantes attaques, des redoutables préjugés dont M. de Lesseps a dû triompher pour mener à bien son œuvre civilisatrice.

La discussion s'engagea à la Chambre des lords sur une motion du comte de Carnavon ayant pour objet de demander connaissance de la correspondance échangée entre le gouvernement de Sa Majesté et son consul en Égypte, et de toute autre communication qui aurait pu avoir lieu entre le gouvernement de Sa Majesté et les gouvernements de Turquie et de France, relativement à la construction projetée du canal de Suez.

Voici en quels termes le noble orateur motiva sa motion :

« C'est parce que ce projet me semble destiné à échouer comme entreprise commerciale et que pourtant il n'est nullement abandonné, que je désire vivement appeler l'attention de Vos Seigneuries aussi bien que celle du gouvernement sur un très sérieux état de choses requérant leur sage considération. Sans entrer dans les détails de l'histoire du canal de Suez, il suffit de dire que pendant des siècles, son exécution a été l'objet de l'ambition de plusieurs grands princes et souverains, et jamais peut-être projet ne fut plus propre à réunir les sympathies et à exciter l'imagination que l'accomplissement d'un grand ouvrage unissant la Méditerranée et la mer Rouge, ouvrage qui serait un stimulant pour le commerce et imprimerait un nouvel élan à la civilisation et même au christianisme. Mais entre la conception et l'exécution il existe une large différence, et c'est sur ce projet que je veux appeler l'attention de Vos Seigneuries.

« Des objections d'une nature très grave lui ont été opposées ; elles sont relatives, non seulement au succès commercial de l'entreprise, mais aussi à la manière dont il pouvait affecter politiquement les intérêts de l'Egypte, de la Turquie, de l'Europe en général et de l'Angleterre en particulier. En ce qui concerne les difficultés d'art de l'entreprise, j'en parle avec une grande défiance; mais le projet n'est pas nouveau, et les difficultés qui existaient autrefois existent encore aujourd'hui, malgré l'état avancé de la science. *Tous les ingénieurs anglais déclarent que l'entreprise est impossible ;* mais, en la supposant possible, la dépense en serait si grande qu'elle exclurait toute rémunération satisfaisante. Il faut aussi se rappeler que tous ces grands ouvrages dans l'Orient doivent être accomplis, non par le travail volontaire, mais par un système de travail forcé ; et dès lors cette question se présente : jusqu'à quel point peut être justifié le sacrifice des existences qui en doit résulter, même dans le but d'obtenir un grand avantage commercial ?

« On avait cru qu'il y avait une différence de niveau entre la Méditerranée et la mer Rouge, mais il est certain que ce niveau ne fournit pas un courant suffisant pour tenir le canal libre et écarter tous les empêchements. Néanmoins, et quoiqu'on doive regretter que des capitaux soient engagés dans un pareil leurre, ce ne serait pas une considération à porter devant Vos Seigneuries. Mais s'il impliquait de puissants intérêts affectant l'Egypte, la Turquie, l'Europe et notre propre pays, ce serait alors un devoir pour notre gouvernement de donner à la Chambre toutes les explications en son pouvoir, quant à la marche politique qu'il a jusqu'à présent poursuivie dans cette question.

« Je demande donc sous quelle sanction il est procédé à

la construction de ce grand ouvrage. Je sais que le vice-roi d'Egypte a accordé une permission à M. de Lesseps, mais le vice-roi n'est, sous aucun rapport, une puissance indépendante, étant soumis à la suzeraineté de la Porte ; et sa permission doit être ratifiée par la Porte. Or, j'ose dire que jamais cette permission n'a été ratifiée par la Turquie, et j'ai même compris que la Porte aurait distinctement refusé son assentiment, par le motif que l'arrangement était préjudiciable aux intérêts de la Turquie.

« Néanmoins, M. de Lesseps et sa Compagnie poursuivent leur œuvre, et par les termes de la concession ils sont autorisés, non seulement à construire le canal, mais aussi à prendre possession d'un territoire s'étendant de chaque côté à 1 mille ou à 1 mille 1/2 de distance. Ainsi, une Compagnie étrangère et un gouvernement étranger, agissant par l'intermédiaire de cette Compagnie, peuvent devenir possesseurs de propriétés d'une étendue considérable au cœur de l'Egypte, et comme cette partie de l'Egypte est entièrement dénuée de fortifications, ces travaux du canal, quoique entrepris maintenant dans un objet purement commercial, pourraient facilement être convertis, dans le long cours du temps, en ouvrages d'une importance stratégique.

« La position de M. de Lesseps serait, à un haut degré, justifiée, s'il pouvait prouver que son entreprise est entièrement commerciale, et qu'il n'a d'aucune façon cherché à imposer des conditions de nature à intervenir illégitimement dans l'action du gouvernement égyptien. Mais il se trouve que M. de Lesseps a persuadé au vice-roi de s'associer à l'œuvre pour l'énorme somme de 90 millions de francs, quoique les revenus actuels de l'Egypte n'excèdent pas 125 millions de francs par an.

« Je crois que la Chambre pensera avec moi que les objections à une telle façon de procéder ne sont pas légères,

qu'elles sont au contraire graves et sérieuses, parce qu'une
compagnie pareille ne peut être considérée, dans aucun
sens du mot, comme toute autre compagnie privée, et que,
dans le cours des événements, l'action de la Compagnie
pourrait fort bien devenir l'action du gouvernement
français. Il y aurait beaucoup d'inconvénients pour ce
gouvernement à être placé dans une semblable situation,
et je ne dis point cela par rapport à la France seule, car je
pense que la même objection existerait pour toute autre
puissance isolée de l'Europe. Je n'ai pas envie d'entraver le
développement du commerce français dans cette direction,
car je crois que l'accroissement du commerce chez une
nation stimule naturellement le commerce des autres, et
comme le trafic de l'Inde avec l'Angleterre est aussi grand,
sinon plus grand que celui que l'Inde entretient avec tous
les autres pays, ce canal, si on pouvait s'en servir, serait
principalement avantageux à l'Angleterre. Je ne désire
pas davantage entraver la nation française à un point de
vue politique, pourvu que l'influence politique qu'elle
recherche ne soit pas de nature à compromettre les intérêts
anglais, et il n'y a là rien d'illégitime. Quant au système
d'influence politique dont l'établissement forme une partie
de la politique française, je le regrette autant par rapport
à la France elle-même que par aucune autre raison. Je suis
convaincu que c'est un système dispendieux, et des agents
subordonnés, souvent peu soucieux des moyens par lesquels
ils obtiennent leurs fins, placent constamment le gouvernement français dans une position humiliante, falsifiant aux
yeux de l'Europe les intentions de leur gouvernement.

« Toutefois, si le gouvernement préfère adopter ce
système, c'est son affaire d'en considérer les résultats.
Mais je crois que le gouvernement anglais est obligé à ce
que des obligations ne soient pas imposées, des conditions
arrachées ou une influence créée, qui puissent, en quelque

matière que ce soit, compromettre la neutralité de l'Egypte. Notre pays a été accusé souvent d'être jaloux et susceptible sur ce point, et naturellement il en sera ainsi aussi long-temps que l'Angleterre possèdera l'empire de l'Inde; et je ne puis pas croire que la France, si un appel était fait à ses sentiments de droiture et de magnanimité, permettrait à ses agents de faire naître la discorde par ces moyens indi-rects.

« Je n'ai aucun désir de dresser un réquisitoire contre la politique du gouvernement français dans ce cas; je ne désire point davantage me plaindre de la grande quantité de Français actuellement en Egypte, plus grande que dans aucune autre année précédente. Mais ce dont je me plains, c'est le ton pris et la conduite poursuivie par la Compagnie de Lesseps, par ceux qui professent d'être les agents de la nation française, de représenter son gouvernement et d'ex-primer la politique de la nation. L'objet de la Compagnie est clairement d'identifier ses actes avec la politique du gouvernement français et d'obtenir son appui. Je connais des cas où les employés de la Compagnie ont forcé des Anglais de s'en retourner, non pour les empêcher d'ins-pecter les ouvrages en cours d'exécution, mais pour leur interdire d'examiner la ligne de pays que le canal projeté doit traverser. Il est clair que cette Compagnie n'occupe point simplement le terrain, mais qu'elle y prétend à un droit exclusif, qu'elle vise à y établir en fait une juridiction territoriale. La nature de l'esprit oriental est si impres-sionnable qu'il est aisé, pour une Compagnie comme celle-là, d'acquérir le prestige qu'elle recherche.

« Le public a été informé par des rapports périodiques du nombre des ouvriers et de l'état des travaux, et il y a quelques mois il fut proclamé que le canal serait suffisam-ment ouvert dans l'automne pour livrer passage à un bateau d'une de ses extrémités à l'autre. Je ne puis croire

que le gouvernement français consente à se laisser compromettre dans le projet d'une *Compagnie en banqueroute*,
et qu'il veuille se faire le ravaudeur d'une spéculation
commerciale *qui n'est qu'un leurre aussi grossier et aussi
trompeur qu'aucun de ceux qui aient été lancés sur la mer
du commerce.*

« Je suis très anxieux d'apprendre quelle politique le
gouvernement anglais a l'intention d'adopter, et par le
passé il m'est très difficile de conjecturer ce que sera
l'avenir. La dernière fois que la question fut discutée
dans la Chambre des Communes, quatre membres du
Cabinet actuel prirent part au débat ; le noble lord aujour-
d'hui à la tête du gouvernement (lord Palmerston) soutint
que ce projet, s'il était exécuté, ne serait rien moins que le
démembrement de l'empire Ottoman ; qu'il ne pouvait concorder avec les relations entre la Turquie et l'Egypte,
et qu'il ne serait point satisfaisant pour l'Angleterre.
M. Gladstone, en cette occasion, nia l'existence des dangers signalés par le noble lord, et pensa que ses arguments étaient absurdes et incomplets. M. Milner Gibson
partagea généralement les opinions exprimées par notre
présent chancelier de l'Echiquier. Le noble lord qui est
maintenant à la tête de nos affaires étrangères (lord John
Russell) ne put, pour sa part, ni s'accorder avec lord Palmerston, ni aller aussi loin que M. Gladstone. Il pensait
qu'en temps de paix le canal n'aurait aucun danger, et
qu'en temps de guerre les appréhensions exprimées se trouveraient être chimériques.

« Je ne suis point disposé à appuyer entièrement ma
motion sur les arguments employés par le noble lord à la
tête du gouvernement (lord Palmerston), mais je serais
bien aise que le gouvernement de Sa Majesté voulût suivre
les vues du noble vicomte relativement à ce projet.

Au nom du gouvernement, lord Wodehouse répondit

dans les termes suivants : « Je ne suis point surpris que le noble comte qui vient de parler ait désiré appeler notre attention sur une question aussi importante que celle du canal de Suez. Je compte cependant que le noble préopinant n'insistera point sur la production des papiers, parce qu'il serait préjudiciable au service public que la correspondance fût produite conformément à sa motion.

« Je suis bien aise d'assurer le noble comte que la politique du gouvernement de Sa Majesté, en ce qui concerne le canal de Suez, n'est en rien changée. Il continue à penser *que le projet est impraticable en lui-même*, et que l'existence d'autres considérations rend nécessaire de le surveiller avec grand soin. Notre pays ne pensera jamais à s'opposer à un simple projet commercial, quelle qu'en soit l'origine ; mais il doit en même temps regarder à la position dans laquelle nous nous trouvons envers l'empire turc et aux engagements que les traités nous imposent pour maintenir l'intégrité et l'indépendance de cet empire, aussi bien qu'aux engagements que nous avons contractés en 1841 par rapport à la position du pacha d'Egypte (Ecoutez ! écoutez !).

« Mon noble ami a fait allusion à la construction de certains ouvrages et à la position où se trouve en ce moment la Compagnie. Voici, je crois, l'état des faits :

« M. de Lesseps, comme la Chambre le sait, a, en 1854, obtenu une concession du pacha d'Egypte qui lui donnait titre à exécuter son projet pour la construction d'un canal et acquérir de grandes quantités de terre. Quelque temps après, M. de Lesseps jugea qu'il était nécessaire d'obtenir une concession du sultan ; cette concession, néanmoins, le sultan ne l'a jamais donnée. Sans déclarer positivement que dans aucune circonstance elle n'accéderait à l'établissement d'un canal pour réunir la Méditerranée à la mer

14

Rouge, la Porte dit qu'avant de consentir à un tel projet, elle devait recevoir certaines garanties de nature à assurer l'intégrité de l'empire et l'observation due aux lois. Mon noble ami a fait allusion à une loi existante dans l'empire turc et qui serait probablement violée si le projet était exécuté ; j'entends parler de la loi par laquelle le travail forcé n'est pas permis. Le projet pour la construction d'un canal ne peut être accompli que par une forte masse de travail, et dans un pays comme l'Egypte ce serait probablement un travail forcé. Le sultan pourrait aussi opposer des objections à l'acquisition d'une grande quantité de terres par une Compagnie attachée à un pays étranger. On peut admettre aussi qu'une somme considérable de dangers pourrait surgir pour l'empire Ottoman de l'établissement d'une entreprise aussi importante en Egypte, divisant l'empire turc et établissant un corps compact d'étrangers avec des privilèges spéciaux et non sujets à la juridiction du pays (Ecoutez ! écoutez !). Ce sont là, évidemment, de grands dangers, et le gouvernement de Sa Majesté n'a point caché ses opinions à ce sujet. Il a déclaré, comme l'avait fait le ministère auquel appartenait le noble comte auteur de la motion, et comme l'avait fait aussi le ministère précédent de lord Palmerston, qu'il opposait des objections au projet par les motifs que je viens d'exposer à la Chambre (Ecoutez ! écoutez !). La position d'un grand gouvernement, notre allié, celui de la France, par rapport à ce projet, a rendu naturellement nécessaire que le gouvernement de Sa Majesté procédât avec beaucoup de circonspection; mais il n'a pas caché à ce gouvernement ses objections à l'égard de l'entreprise. Le sultan a signifié au pacha d'Egypte que la concession n'ayant pas été accordée par lui, on ne devait point persister à poursuivre le projet. M. de Lesseps, néanmoins, dans cet intervalle, avait obtenu du pacha la permission de faire quelques arrangements préliminaires pour l'exécution de l'œuvre, et il a maintenant commencé ses travaux.

« Je ne pense pas toutefois qu'il faille beaucoup s'alarmer des progrès faits par le projet. En tant que le gouvernement de Sa Majesté est bien informé, l'embourbement du port, l'invasion des sables, la rareté de l'eau, le manque de travail, ont eu leur plein effet. Dans la pratique, la partie la plus difficile du projet semble être l'établissement d'un port. Aussitôt qu'une jetée est construite afin de ménager un abri, l'excavation est comblée par l'envahissement des sables. *L'opération dans sa réalité me rappelle le travail fabuleux de Sisyphe roulant sans cesse une pierre au haut de la montagne* (Ecoutez !).

« Je ressens *une grande commisération pour les personnes engagées dans cette spéculation infortunée* ; il serait heureux que la perte d'argent fût limitée aux actionnaires, mais M. de Lesseps a réussi de la manière la plus ingénieuse à persuader au pacha d'Egypte de prendre lui-même la moitié des actions de la Compagnie. Le pacha est ainsi placé dans une position malheureuse. Si le projet se poursuit, il perdra probablement tout l'argent pour lequel il s'est obligé, et s'il est abandonné, il n'est pas impossible qu'on lui réclame des indemnités.

« Le gouvernement de Sa Majesté a considéré qu'il était convenable que la question fût soumise à la considération de la Porte. La Porte est encore, sur ce sujet, en communication avec le pacha d'Egypte, et j'ai la confiance, ou que le projet, que je crois impraticable, sera abandonné, ou qu'au moins, il sera insisté pour obtenir toutes les garanties capables de donner à la Porte et à toutes les autres puissances européennes, qui ont des intérêts dans cette partie du monde, la sécurité que la ligne de communication projetée ne sera point préjudiciable à ces intérêts, et qu'elles ne seront point privées des avantages dont pourrait jouir

toute autre puissance, spécialement en temps de guerre
(Très bien! très bien!). »

Lord Stratford de Redcliffe, l'ancien ambassadeur de la
Grande-Bretagne à Constantinople, ne crut point devoir
négliger l'occasion qui lui était offerte de rompre une nouvelle lance contre M. de Lesseps et, dans les termes suivants, appuya les paroles de lord Wodehouse :

« Nous devons de la reconnaissance au noble comte qui
a introduit la question pour nous avoir donné l'occasion
d'exprimer nos opinions à ce sujet et de faire connaître
nos vues, de façon à encourager le gouvernement de Sa
Majesté à poursuivre une droite ligne de politique, et à prévenir ce qui serait un mal très sérieux pour les intérêts de l'empire turc comme pour ceux du pacha d'Egypte. Je dois
dire, d'après toutes les informations que j'ai reçues de
personnes pratiquant l'art de l'ingénieur et d'officiers qui
ont été employés à lever le plan de la côte, que *les opinions de ceux auxquels il faut le plus se fier sont défavorables à la praticabilité de la spéculation.* Si le projet
n'avait qu'un caractère commercial et qu'il pût être avantageux au commerce du monde, je ne concevrais pas que
par un sentiment de jalousie il pût trouver de l'opposition
dans notre grand pays qui, à coup sûr, en ce cas, retirerait le principal bénéfice de son exécution. Lorsque j'étais
ambassadeur à Constantinople, mon opinion fut demandée
sur l'état réel du cas, et, connaissant les vues générales
du gouvernement de Sa Majesté, je crus devoir m'exprimer
d'une manière calculée à engager le gouvernement turc
de peser avec grande attention toutes les circonstances
qui devaient être considérées dans leur connexion avec le
projet.

« Au total, je pense que l'affaire peut être abandonnée
aux mains du gouvernement (Très bien! très bien!) et comme
aucun dissentiment n'a été exprimé sur la politique qu'il

poursuit, j'espère que le monde entier saura que le gouvernement de Sa Majesté sera soutenu par Vos Seigneuries dans toute mesure qu'il adopterait pour donner un complet effet aux objections qui ont été déjà présentées. »

Ces observations furent ainsi corroborées par le comte Ellenborough :

« Un seul bosphore nous a déjà donné assez de trouble. Je crois que le projet que nous discutons est une tentative de créer un autre bosphore et de le placer dans les mains des Français (Rires et cris de : Ecoutez ! écoutez !). Dès l'abord, je dois déclarer ma conviction que *la tentative échouera* (Ecoutez ! écoutez !), mais quels seraient ses effets si elle venait à réussir ? C'est qu'au moyen de ce canal, les Français pourraient envoyer une flotte dans les mers d'Orient en cinq semaines, tandis que nous ne pourrions le faire en moins de dix. En cas d'une guerre, et à Dieu ne plaise qu'une semblable occurrence éclate, ces ouvriers, comme on les appelle, pourraient descendre à Suez et couper la communication par l'Egypte entre l'Angleterre et l'Inde, si bien que l'Egypte cesserait d'être neutre. (Ecoutez ! écoutez !)

« Dans la situation actuelle, il y a deux choses qui doivent être faites par le gouvernement ; combien d'autres choses y a-t-il à faire ? je ne le sais pas, mais il en est deux qu'il faut faire immédiatement. La première, c'est que le gouvernement doit établir, et établir en parfaite sécurité, une communication télégraphique entre l'Inde, Aden et l'île de Périm ; tous les points par lesquels une attaque sur cette communication pourrait être appréhendée devraient être défendus ; c'est un travail que nous pouvons faire, il n'y a pas de puissance dans le monde qui puisse nous empêcher de l'accomplir (Ecoutez ! écoutez !). L'autre mesure que je demande consiste à posséder en Egypte ce que certainement nous n'y avions point la dernière fois que j'ai tra-

versé ce pays, c'est-à-dire un corps très nombreux et très
capable d'agents consulaires. Ces fonctionnaires donne-
raient au gouvernement les plus complètes informations
sur tous les points, lui fourniraient les moyens d'agir sur
les sentiments et les opinions du peuple d'Egypte (Très
bien ! très bien !). »

Le comte de Carnarvon, trouvant satisfaisantes les
explications qui venaient d'être données, retira sa motion.

Ainsi qu'on a pu le constater, le langage tenu à la
Chambre des Lords par le comte de Carnavon dépassait
encore en violence celui de lord Palmerston. M. de Lesseps
en fut personnellement ému. Il lui sembla qu'il n'était
permis à personne de traiter de *leurre grossier et trompeur* sa grande entreprise et de Compagnie en banqueroute
la société qu'il présidait.

« Lorsque lord Palmerston, écrivit-il au comte de Carnavon, s'est permis précédemment dans la Chambre des
communes un langage semblable, j'ai dû me contenter de
livrer à l'appréciation du public des calomnies couvertes
par l'inviolabilité du pouvoir et par la protection de la
vieillesse, mais notre situation respective est toute différente ; vous comprendrez donc que j'aie à vous demander
des explications personnelles et une rectification publique
des faits sur lesquels votre bonne foi a pu être abusée. Je
ne saurais laisser passer des imputations qui blessent mon
honneur, sans réclamer de votre loyauté une complète
satisfaction ».

M. de Lesseps chargea en même temps deux de ses amis,
le général Morris et l'amiral Jurien de la Gravière, de
s'entendre sur la suite à donner à cet incident ; mais ces
deux officiers généraux ne partagèrent pas l'avis de M. de
Lesseps : « Avant de déférer à votre désir, lui écrivirent-
ils, nous jugeons de notre devoir de vous faire connaître
notre opinion au sujet d'un incident qui se produit pour

la seconde fois et qui pourrait aussi bien se reproduire tous les jours.

« Aujourd'hui que votre Société est régulièrement constituée et représentée par un Conseil d'administration, il ne vous appartient plus de répondre seul à des attaques dont le sentiment public de votre pays a, depuis longtemps, fait justice.

« Ces agressions n'ont jamais été plus vives que lorsque vos chances de succès ont paru augmenter.

« Vous ne pouvez donc leur faire de meilleures réponses que de mener à bonne fin la grande entreprise dont une jalouse politique, qui se trompe d'époque, n'a cessé de prophétiser la ruine. »

M. de Lesseps ne pouvait que s'incliner devant l'arrêt d'aussi bons juges.

Quelques jours auparavant l'assemblée générale des actionnaires du canal l'avait, d'ailleurs, vengé de ces attaques si passionnées et si profondément injustes en lui continuant tous les pouvoirs nécessaires pour la poursuite de l'entreprise.

Une fois de plus, devant cette assemblée, M. de Lesseps avait affirmé sa foi invincible dans le succès. Non sans raison, il attachait dans son discours une importance particulière à la réponse faite au nom du gouvernement anglais par lord Wodehouse au comte de Carnavon; il y relevait certaines paroles relatives à la nécessité de la neutralité du canal qui, à elles seules, eussent suffi à démontrer que le cabinet de Saint-James ne considérait plus l'entreprise comme étant du domaine de la fantaisie et de la chimère.

C'était là, en effet, un progrès marqué dans l'attitude du gouvernement de la Reine; M. de Lesseps en prenait acte en ces termes : « Abandonner le projet dans l'état d'avancement où il est, ce serait de la part de ceux qui sont

placés à votre tête une coupable désertion ; ce serait de
votre part une ruineuse faiblesse à laquelle vous êtes
disposés moins que jamais. Le projet ne sera donc pas
abandonné ; son exécution est infaillible. Mais entourer le
canal de toutes les garanties capables de lui maintenir ce
caractère universel qui est notre condition d'existence, qui
le destine à être utile à tous, en restant inoffensif pour
tous, c'est là notre vœu le plus cher, le but constant de nos
efforts. »

Il était impossible de mieux préciser le but à atteindre à
cette heure même où l'on élevait de nouveaux doutes
sur l'objet aussi bien que sur la vitalité de l'entreprise.

Comme d'habitude, la violence de l'attaque provoque
chez M. de Lesseps un redoublement d'énergie. Il retourne
à Alexandrie, constate l'avancement des travaux à Timsah,
à Kantara, à Port-Saïd, et insiste auprès du vice-roi pour
que ce prince, conformément aux conventions antérieures,
mette à sa disposition un plus grand nombre d'ouvriers
indigènes. Le vice-roi s'y montre disposé. Il semblait que
toutes les difficultés fussent aplanies ; ce fut le signe, de
l'autre côté du détroit, d'une nouvelle et redoutable tempête.

Le 25 juin, à la Chambre des communes, M. Griffith
demandait à lord Palmerston et à lord John Russell s'il
était vrai que le travail forcé fût installé dans l'isthme
avec l'autorisation du vice-roi et si le gouvernement anglais
avait fait à ce propos des communications à la Turquie et
à la France.

Quelques semaines plus tard deux autres interpellations
eurent lieu sur la même question.

Battu sur le terrain financier, puis sur le terrain politique, le gouvernement de la Reine manifestait dès lors
l'intention, à laquelle il ne donna suite qu'un peu plus

tard, de porter la question sur le terrain humanitaire, — comme si M. de Lesseps eût été pour quelque chose dans cette institution de la corvée, telle qu'elle existait alors depuis tant de siècles en Egypte et qu'il n'avait fait qu'adoucir d'ailleurs par l'humanité avec laquelle les fellahs étaient traités dans les chantiers de la Compagnie de Suez.

Dans une très belle lettre adressée à M. Layard, sous-secrétaire d'Etat au Foreign-Office, M. de Lesseps, en réponse aux attaques dirigées contre lui au sein de Parlement anglais, exposa la question sous son véritable jour. Il exprima dans cette lettre les sentiments élevés et humanitaires qui ont toujours été les siens et fit justice de ces erreurs et de ces calomnies.

Nous reproduisons ici les principaux passages de cette lettre ; elle nous dispensera de longs développements sur cette question de la corvée dont on allait faire un si grand bruit pendant plus de trois ans.

Voici en quels termes s'exprimait M. de Lesseps :

« Permettez-moi de présenter ici une considération préliminaire qui n'est pas une récrimination, mais une simple réflexion de justice internationale. En admettant que le travail forcé fût une coutume ou une institution égyptienne, un gouvernement étranger a-t-il le droit d'intervenir dans les affaires intérieures du gouvernement de l'Égypte ?

« Le principe de l'esclavage est établi en Amérique. L'Angleterre s'est-elle jamais hasardée à peser sur le gouvernement de Washington pour lui demander l'abolition de l'esclavage. Jusqu'à notre époque il y avait 40 millions de serfs en Russie, l'Angleterre a-t-elle jamais tenté d'exprimer le moindre mécontentement à la Russie parce qu'elle maintenait le servage ?

« L'Espagne est un pays dont les lois n'admettent la pro-

pagation d'aucun autre culte que celui de la religion
catholique. L'Angleterre est un pays protestant. Plusieurs
citoyens espagnols ont été condamnés devant les tribunaux pour avoir pratiqué ou enseigné la religion réformée.
On s'en plaint au Parlement. Qu'a répondu fort sagement
lord Palmerston? Que c'était là une question de législation intérieure, dans laquelle, par conséquent, il ne pouvait intervenir officiellement auprès du gouvernement espagnol.

« Dans ces trois circonstances, il s'agissait pourtant des
principes les plus chers à l'Angleterre : la liberté de
l'homme et la liberté des cultes.

« Pourquoi donc l'Angleterre s'est-elle toujours abstenue
à Washington et à Saint-Pétersbourg? Pourquoi a-t-elle
montré tant de réserve à Madrid ? Et pourquoi lui recom-
manderait-on une conduite tout opposée au Caire ? Il est
un pays jouissant des avantages de la civilisation la plus
avancée où se passent les faits suivants :

« Les enfants d'un âge tendre sont engagés comme
apprentis par leurs parents, qui reçoivent le salaire stipulé
dans le contrat, et l'apprentissage, à quelque époque qu'il
commence, dure jusqu'à vingt et un ans. Des magistrats
obligent les enfants à observer l'engagement par lequel ils
sont liés, toutes les fois qu'ils y résistent, quoique leur
consentement n'ait jamais été demandé. L'apprenti fait
partie de la propriété du maître, tant qu'il est au-dessous
de vingt et un ans. Les héritiers du maître en héritent en
cas de mort de celui-ci. Tel de ces apprentis a été acheté à
un homme par un autre homme, pour le prix de 12
francs. Il n'est pas rare qu'appartenant à un propriétaire
sans argent, celui-ci le loue et reçoive le prix de son travail excédant le salaire qu'il doit aux parents. L'apprenti
est puni par des coups et par la privation de nourriture. »

Ce tableau a été tracé par l'un des écrivains les plus

populaires de l'Angleterre, et le pays qui lui en a fourni le sujet, c'est l'Angleterre.

« Vous savez mieux que moi, cher Monsieur qui avez défendu avec tant d'éclat et de chaleur la cause des Hindous, tout ce que je pourrais dire sur l'état des travailleurs dans les possessions anglaises de l'Inde, si je voulais consulter vos discours et vos écrits.

« Pourtant si, au nom de la civilisation et de l'humanité, la France se permettait de se mêler à ces questions douloureuses par ses agents ou par des observations officielles, quelle juste irritation cette ingérence ne soulèverait-elle pas en Angleterre, et pourquoi, si vous avez le droit d'intervenir en faveur des fellahs d'Egypte, d'autres pays n'auraient-ils pas le droit d'intervenir en faveur des apprentis de vos industriels et des ryots de l'Hindoustan ?

« C'est que, tout en sentant le besoin de remédier à de pareils abus, les gouvernements et les peuples doivent, avant tout, avoir un respect réciproque de leur dignité et de leur indépendance, et une intervention irrégulière, bien loin d'adoucir ces plaies, n'est propre qu'à les envenimer.

« Cependant, en ce qui me concerne, je n'admets pas une fin de non-recevoir dans une question d'humanité. On incrimine la Compagnie de Suez et le gouvernement égyptien. Je suis prêt à les défendre. Voyons dans quelles conditions fonctionne ce prétendu travail forcé.

« J'invoque l'autorité du discours de lord Henry Scott dont vous-même avez fait l'éloge. Il a dit :

« Il est vrai qu'un grand ouvrage ne peut être exécuté dans les pays orientaux sans l'intervention du gouvernement ; mais en se rappelant que les travailleurs du canal sont régulièrement payés et bien nourris, on ne peut pas dire que leur travail soit entièrement forcé. Ils vivent,

dans l'isthme, beaucoup mieux qu'ils ne le font quand
ils sont engagés dans leurs travaux habituels.

« Voilà donc un témoin anglais qui constate le bon trai-
tement des ouvriers. Parlons du recrutement de ces
ouvriers, effectué avec l'aide du gouvernement égyptien.

« Moins qu'aucun autre pays, l'Angleterre n'est en état de
nier le droit qu'a l'Egypte de lever des ouvriers pour les
travaux d'utilité publique. C'est par ce mode de recrutement qu'a été construit, sous le vice-roi Abbas-Pacha,
le chemin de fer d'Alexandrie au Caire, grâce à la pression
et à l'insistance des agents britanniques. C'est par ce
mode de recrutement et sous les mêmes influences que
ce chemin, si désiré par l'Angleterre, a été prolongé du
Caire à Suez. C'est ainsi encore que, récemment, de fortes
tempêtes ou des débordements du Nil ayant occasionné
d'énormes dégâts à cette voie ferrée, des armées d'ouvriers
ont été rassemblées. Le chiffre s'en est élevé, il y a
peu de mois, à 50,000 hommes, réunis en si grand
nombre pour empêcher une longue interruption dans le
service du transport des malles entre l'Inde et l'Angleterre.

« Je ne parle pas des souffrances causées par la précipitation de ces rassemblements, dans des solitudes où les
approvisionnements n'avaient pas été préparés à l'avance,
comme ils l'ont été pour les opérations du canal de Suez.
L'urgence parlait et l'Angleterre aussi. Mais certes, après
de tels faits, ce n'est point en Angleterre que l'on peut prétendre que le gouvernement égyptien n'a pas un droit
que l'Angleterre a si souvent invoqué, exploité et en
quelque sorte imposé.

« Ce point étant établi, l'action du gouvernement, pour la
réunion d'un grand nombre de travailleurs, était indispensable en Egypte, comme dans le reste de l'empire Ottoman;
la négation de cette faculté n'étant que la négation de

la possibilité de l'exécution de toute œuvre d'utilité publique dans les pays orientaux, il reste à examiner si, au point de vue de l'intérêt général, et au point de vue de l'humanité, tout n'a pas été combiné dans les arrangements contractés entre la Compagnie et le vice-roi pour le bien-être des fellahs et pour le perfectionnement des conditions du travail demandé à la population égyptienne.

« Vous avez parlé, cher monsieur, du traité conclu entre Son Altesse et la Compagnie du canal, dans le but de prévenir la trop grande influence des étrangers en Egypte et d'assurer aux travaux les bras qui leur sont nécessaires. J'ajouterai que cet arrangement a eu pour cause déterminante l'intention d'enlever à votre gouvernement l'une de ses inquiétudes: celle de voir la Compagnie menacer l'indépendance égyptienne par une agglomération considérable de travailleurs européens. Le gouvernement égyptien est lié par ce contrat, qui est l'une des bases sur lesquelles les actionnaires ont été appelés à souscrire. Son inexécution serait le seul cas qui pourrait autoriser notre gouvernement à intervenir en faveur des capitaux français compromis et déçus. Or, vouloir contraindre le vice-roi ou le pousser à ne pas remplir ses engagements à ce sujet, ce serait justement provoquer et faire naître, de la part de la France, la raison légitime et le devoir d'une intervention qui semble si redoutée de l'autre côté du détroit.

« Le vice-roi a minutieusement sauvegardé, dans les règlements relatifs aux ouvriers du canal de Suez, toutes les questions d'humanité. Il leur a assuré un salaire supérieur à la paie ordinaire, ainsi qu'une bonne nourriture. Il les a mis à l'abri des châtiments corporels. Non seulement ils doivent être soignés gratuitement s'ils sont malades, mais encore ils touchent, dans ce cas, la moitié de leur salaire. L'Europe entière, quand ce règlement a été publié, a applaudi à la sollicitude dont on y fait preuve. Personne ne s'est hasardé à le critiquer, et devant le texte de cet acte, la malveillance n'a plus qu'une ressource : celle de faire croire à son inexécution.

« C'est ainsi que les orateurs du Parlement ont été conduits, par des rapports ou des renseignements au moins inexacts, à articuler devant la Chambre des erreurs que je vous ai signalées au début de cette lettre, et qu'il est temps d'énumérer :

« 1° D'après M. Griffith, la Compagnie paierait au vice-roi le salaire mensuel gagné par chaque travailleur, en se bornant à lui fournir des rations ;

« 2° D'après lord Henri Scott, les indigènes toucheraient leur pleine paie, mais ils la recevraient en billets à ordre, payables au Caire par la trésorerie égyptienne employant ce moyen pour réduire sa créance sur le gouvernement;

« 3° Le noble lord ajoute que les malheureux travailleurs sont ainsi contraints, pour recevoir en argent le prix de leur labeur, de faire un voyage de 100 à 150 milles, et que, s'ils ne sont pas appuyés par des amis influents, on ne leur délivre au Caire que de nouveaux billets à échéance, qu'ils abandonnent à peu près pour rien aux escompteurs de profession;

« 4° Vous avez vous-même une troisième version. Selon vos informations, la paie des hommes serait versée partiellement aux cheiks des villages, et pour la plus grosse part entre les mains du vice-roi;

« 5° Les ouvriers auraient été payés, selon vous, tantôt par la Compagnie, tantôt par les entrepreneurs, et ceux-ci, à une certaine époque, auraient cessé leurs paiements;

« 6° Vous dites qu'un grand nombre d'hommes auraient été enlevés à l'époque de la moisson, ce qui naturellement serait pour eux, leurs femmes et leurs enfants, une affligeante cause de détresse;

« 7° Vous affirmez que le quart social de la Compagnie est déjà dépensé, quoique, dans votre opinion, les travaux soient très médiocrement avancés.

« Je ne peux pas oublier, cher monsieur, que, dans des termes tout bienveillants, vous avez mis en dehors de ces allégations ma personne et mon caractère. Ce n'est pas la première fois que j'ai à regretter et à signaler la facilité avec laquelle on accueille sur les bancs de la Chambre, en Angleterre, tout renseignement et toute erreur défavorables au canal de Suez, et je voudrais, au moins pour l'avenir, mettre en garde cette assemblée contre ces entraînements, qui la compromettent dans l'esprit de mes compatriotes et dans l'opinion du continent. Il n'est pas une seule des assertions que je viens de mentionner qui ne soit contraire à la réalité des faits. Je vous ai fait remarquer qu'à l'égard d'un de ces faits principaux, les renseignements de M. Griffith n'étaient d'accord ni avec ceux de lord Scott, ni avec les vôtres. Eh bien ! les trois versions sont également et absolument inexactes.

« Il n'y a rien de vrai dans cette assertion que, sous une forme ou dans une proportion quelconque, les salaires des hommes aient été retenus par la Compagnie, pour être versés, soit en argent, soit en compte, entre les mains du vice-roi.

« Les hommes ont toujours été directement et personnellement payés. Ils ont toujours été payés en argent et non en papier. Ils ont toujours été payés sur les lieux où ils ont travaillé. Il n'y a donc aucune espèce de réalité ni de vraisemblance dans le récit par lequel on a fait croire à lord Scott, et l'on vous a fait croire à vous-même, que nos ouvriers avaient des voyages à entreprendre pour réaliser leur paie et qu'ils étaient livrés aux usuriers du Caire. Il n'est pas vrai que les entrepreneurs aient interrompu leurs paiements, et que jamais un ouvrier ait été licencié sans que

son compte fût réglé et soldé. Voilà, cher monsieur, ce
que je vous affirme et ce que je suis prêt à prouver, s'il y a
lieu, contre tout contradicteur.

« Les faits parlent d'eux-mêmes. Il est mort jusqu'ici
deux hommes sur dix mille. C'est une mortalité beaucoup
moindre que dans tout le reste de l'Egypte. Cependant les
fellahs se mêlent peu à peu à notre civilisation. Vous
craignez que nous ne leur apportions la misère ; nous leur
apporterons des millions en salaires, qui iront se répandre
dans les campagnes, et qui, dans un temps donné, atté-
nueront, nous l'espérons, l'horrible usure qui est une plaie
de l'Egypte. Nous élevons progressivement le fellah à la
dignité de l'ouvrier libre. Nous aidons Mohammed-Saïd
à achever son œuvre de civilisation. On accuse ce prince,
on le calomnie même. Cependant qu'a-t-il fait ?

« Il a rendu aux fellahs la liberté de la culture ; il leur a
rendu la libre possession de leurs produits. Ils étaient
serfs, il les a détachés de la glèbe ; il leur a distribué les
terres du gouvernement ; il a supprimé les monopoles sous
lesquels ils gémissaient. Par son arrangement avec la
Compagnie universelle, il a augmenté la somme de leur
travail, il a multiplié les ressources du salaire, il a été leur
émancipateur à un degré inconnu dans les annales de
l'Egypte ; et c'est pourtant cet émancipateur des fellahs
qu'en Angleterre des esprits honnêtes, mais mal informés,
voudraient faire passer pour leur oppresseur !

« Enfin, on vous a rapporté que nos dépenses, jusqu'à ce
jour, s'élevaient au quart de notre capital, c'est-à-dire
50 millions. Elles s'élèvent à moins de 40 millions. On ne
vous a pas dit que, de cette somme de dépenses, il fallait
encore déduire les nombreux approvisionnements accumulés dans nos magasins, et qui représentent une quantité de
travaux à accomplir, puisqu'ils sont destinés à nourrir les
futurs travailleurs. On ne vous a pas dit qu'il en fallait

déduire aussi le fonds de roulement assez considérable qui doit toujours exister dans la caisse de notre agence supérieure d'Alexandrie. On ne vous a pas dit qu'il en fallait retirer encore les 2 millions et demi employés dans des achats d'immeubles productifs, avantageux à la Compagnie, et qui sont un placement et non une dépense. On ne vous a pas dit, enfin, que les frais de premier établissement étaient une des principales charges d'une entreprise de cette nature, surtout dans un désert où il fallait tout transporter et que ces frais devaient se répartir sur l'ensemble et le prix de revient de toute l'opération. On ne vous a pas dit que, préalablement à l'exécution du travail, il fallait construire ou acheter un énorme matériel qui allégerait la dépense de l'avenir, tandis qu'il pèse sur les dépenses actuelles. On ne vous a pas dit que nous avions fondé, sur les bords de la Méditerranée, une ville de 4,000 habitants, pourvue d'immenses ateliers et de mécanismes de toutes sortes, et qui doivent servir et fonctionner jusqu'à la fin des opérations. On ne vous a pas dit que nous avions porté le Nil au désert; que nous avions assuré le transport économique de tous nos matériaux et tous nos approvisionnements; que notre organisation est complète, pour soutenir, alimenter et fournir d'instruments de tout genre une armée pacifique de 40,000 travailleurs. Nous croyons, au contraire, avoir beaucoup fait, quoiqu'il nous reste beaucoup à faire.

« Nous avons commencé par semer, nous commençons à recueillir ; nous sommes loin d'avoir à nous plaindre des résultats acquis, et je ne pense pas avoir à vous ajourner à longtemps pour en voir de plus grands encore, quoique j'avoue que nos frais généraux eussent pu être plus rapidement productifs si nous n'avions été, pendant des années, gênés et entravés par la malheureuse opposition de quelques-uns de vos hommes d'Etat , mais ce n'est pas sur nous que le blâme en peut retomber.

« Quant à moi, je n'hésite pas à exprimer toute ma confiance que nos prévisions sur les résultats définitifs de la dépense seront justifiées par l'événement.

« Mais que vous importe, cher monsieur ? Si l'Angleterre est intéressée au succès du percement de l'isthme, ce n'est pas du moins pour son argent. Pourquoi donc chercher à jeter, par des hypothèses ou des doutes arbitraires, du discrédit sur une entreprise si utile ? A quoi bon ces coups d'épingles ? Ils ne sont pas dignes de la juste estime où vous tient le monde, ni de la grandeur de votre pays.

« Croyez-moi, écartons toutes ces chicanes ; marchons avec cordialité et union vers le but auquel nos deux peuples aspirent et qu'ils doivent atteindre. Vous êtes, plus que personne, fait pour entendre cet appel adressé à la concorde et à la fraternité pour le bien de la civilisation, pour la diffusion des lumières et des richesses dans le monde. C'est dans cet espoir que j'ai l'honneur d'être, avec autant de considération que d'attachement,

« Votre bien dévoué,

« Ferdinand de LESSEPS. »

Les chicanes, les coups d'épingle dont parlait M. de Lesseps dans sa lettre à M. Layard n'étaient pas près de prendre fin. Ce n'était pas là, d'ailleurs, de simples taquineries ; M. de Lesseps ne s'y méprenait pas. En réalité, il s'agissait de priver le canal de Suez des milliers de bras qui avaient été promis et qui étaient nécessaires pour l'achever. En vain les dispositions personnelles de Mohammed-Saïd restaient-elles des plus favorables ; ce prince, en proie à de perpétuelles obsessions, se sentait et se croyait à ce point menacé par le gouvernement anglais qu'il différait de jour en jour l'exécution complète des engagements qu'il avait contractés à l'égard de la Compagnie, relativement au nombre des travailleurs qu'il avait promis de mettre à sa disposition. Au lieu de 50,000, il ne lui en avait encore fourni que 12,000.

Plus le temps avançait, plus les hésitations du vice-roi semblaient s'accentuer, et plus aussi la perplexité de M. de Lesseps devenait grande. Il voyait approcher le moment où il serait obligé de faire connaître à l'Europe son impuissance, sinon sa défaite définitive. Il multipliait ses efforts, ses lettres, ses démarches auprès du vice-roi ; il supputait le nombre des journées de travail sur lesquelles il avait compté et qui lui faisaient défaut ; en un mot, il éprouvait les plus sérieuses et les plus vives inquiétudes.

« Après les préparatifs que l'on a fait faire à l'entrepreneur, écrivait-il le 22 janvier 1862 au secrétaire du vice-roi, comment répondre à ses justes plaintes et peut-être à ses protestations, si le nombre d'hommes sur lesquels il était autorisé à compter ne lui arrive pas ? Comment expliquer cette situation inattendue à tous les membres du Conseil d'administration qui sont en droit d'espérer un résultat prochain ? Comment l'expliquer à l'assemblée générale des actionnaires ? J'ai fait bien des tours de force, mais j'avoue que celui-là me semble impossible à exécuter. Ma personne est bien peu de chose et je la sacrifierais volontiers ; mais quelle douleur, si je me trouvais dépourvu de tous moyens de justifier la conduite d'un prince auquel je suis si profondément dévoué et attaché ! » Et M. de Lesseps supputait avec anxiété, avec angoisse, le nombre de mètres cubes qui allaient lui manquer, faute de bras, pour tenir ses promesses, ses engagements formels.

M. de Lesseps passa alors de durs moments. Plus d'une fois l'image de lord Palmerston, victorieux, dut se dresser devant lui. « La Compagnie Lesseps, écrivait à peu près vers ce temps, 8 décembre 1861, lord Palmerston à lord John Russell, est maintenant ostensiblement à l'œuvre

depuis près de dix ans pour faire un canal qui doit avoir
100 pieds de largeur et 30 de profondeur d'une mer à
l'autre, avec des ports sur la Méditerranée et sur la mer
Rouge pour les grands navires et, en ce moment, quoiqu'elle ait dépensé une notable partie de son capital, on
n'a pas remué une seule brouette de terre pour la construction du canal lui-même. »

Lord Palmerston allait-il donc avoir dit vrai? M. de
Lesseps, à cette heure, remua ciel et terre. C'était plus
qu'une simple brouette. Il usa de toutes les influences. Le
gouvernement impérial fit savoir indirectement à Saïd-
Pacha, qui était fort soucieux de sa situation financière,
que le seul moyen d'obtenir à Paris un crédit sérieux et
de se placer dans une meilleure situation, c'était de pousser les travaux de l'isthme de manière à réunir le plus
promptement possible le canal d'eau douce et la rigole
maritime dans le lac Timsah.

M. de Lesseps, cette fois encore, eut gain de cause ; des
travailleurs de jour en jour plus nombreux lui furent
accordés et, durant cette année 1862, son entreprise
marcha en quelque sorte à pas de géant.

Le 2 février, dans un magnifique canal creusé par la
Compagnie, le Nil portait ses eaux jusqu'au lac Timsah,
au centre de l'isthme de Suez ; le 15 mai, la première pierre
de la ville de Timsah était posée ; enfin, le 18 novembre, la
Méditerranée entrait dans ce lac.

M. de Lesseps présida lui-même cette journée du 18
novembre ; elle fut comme la préface de l'inauguration
solennelle du canal, qui devait encore être si longtemps
retardée.

Travailleurs européens, fellahs et bédouins étaient répandus sur les bords et les berges du canal. Le grand
muphti d'Egypte, les principaux ulémas du Caire, le
cheick-ul-islam, l'évêque catholique d'Egypte environné de

son clergé, les invités, les ingénieurs, les médecins, les chefs de chantier, tous ceux qui avaient pris part à ce grand travail, occupaient ou entouraient l'estrade. Le délégué du vice-roi était présent. M. de Lesseps réclama le silence et s'adressant aux ouvriers encore massés sur la digue établie pour retenir les eaux : « Au nom de S. A. Mohammed-Saïd, dit-il, je commande que les eaux de la Méditerranée soient introduites dans le lac Timsah, par la grâce de Dieu ! »

Il y eut un moment de silence solennel ; chacun avait le regard fixé sur la digue. Mais aussitôt que l'on vit l'eau s'élancer par la coupure grondant et entraînant les terres, une immense acclamation s'éleva. C'étaient des transports, des cris d'enthousiasme ; l'émotion avait pénétré tous les cœurs. Tout en la voyant on croyait à peine à cette Méditerranée rugissante s'avançant à la rencontre de la mer Rouge.

Tout marchait donc bien pour la Compagnie du canal maritime : chaque jour marquait un progrès nouveau, et apportait à M. de Lesseps de nouveaux suffrages. L'un des premiers ingénieurs d'Angleterre, M. Hawkshaw, venait, sur l'invitation du vice-roi, de faire dans l'isthme une longue et minutieuse enquête et, au risque de renverser toutes les idées de lord Palmerston, il n'hésitait pas à déclarer que le canal était réalisable dans toutes ses parties et qu'il n'y avait dans son exécution aucune difficulté qui ne pût être surmontée par l'art de l'ingénieur. Quelque temps auparavant, le comte de Chambord était venu visiter l'isthme et avait hautement félicité M. de Lesseps. Un peu plus tard il devait en être de même du duc de Brabant, le futur roi des Belges, Léopold II, qui avait d'ailleurs été dès l'origine l'un des plus dévoués défenseurs du canal.

Mais la plus inattendue des visites qui furent, cette année-là, faites à ces travaux, ce fut celle de l'ambassadeur anglais à Constantinople, sir Henri Bulwer, qui, accompagné par M. de Lesseps lui-même, put en constater toute l'importance. Il fut convaincu mais non pas converti.

Venu en Egypte sous prétexte d'un voyage de convalescence, sir Henri Bulwer insista vivement auprès du vice-roi pour l'empêcher d'opérer sa liquidation financière avec la Compagnie et d'augmenter le contingent des travailleurs. Il ne négligea rien pour éveiller le susceptibilités du prince au sujet de la suzeraineté que, d'après lui, la France prétendait exercer sur l'Egypte. Cette démarche de l'ambassadeur anglais eut peu de succès : Mohammed-Saïd était plus que jamais déterminé à favoriser une œuvre à laquelle étaient liés la gloire de son nom et l'avenir de ses Etats.

Tout paraissait donc marcher à souhait, lorsqu'une grave nouvelle parvint à M. de Lesseps qui, à ce moment même, parcourait l'isthme pour faire ouvrir de nouveaux chantiers et encourager par sa présence et ses conseils ses collaborateurs. Le vice-roi venait de mourir, emporté par une maladie dont il avait ressenti les premières atteintes lors d'un récent voyage en Angleterre. Cette nouvelle causa à M. de Lesseps un profond chagrin.

La porte était de nouveau ouverte à toutes les incertitudes de l'avenir. Cette pensée ne fut pourtant pas celle qui domina chez lui : « Je suis désespéré, écrit-il, non pas à cause de mon entreprise dans laquelle je conserve la foi la plus sereine, malgré toutes les difficultés qui pourront survenir, mais pour cette cruelle séparation d'un fidèle ami qui, depuis vingt-cinq ans, m'avait donné tant de témoignages d'affection et de confiance... Je repasse dans mon esprit toutes les circonstances de nos relations pendant son enfance, sa vie insouciante de jeune homme et son règne bienfaisant. » Ces lignes, empreintes d'une émotion sincère, ne font-elles pas le plus grand honneur à M. de Lesseps ?

C'était un ami, mais c'était surtout un puissant protecteur que venait de perdre le promoteur du percement de l'isthme de Suez. Combien de fois a-t-il rendu hommage à sa mémoire ! M. de Lesseps n'est pas de ceux qui pratiquent l'indépendance du cœur. En réalité, il donna plus à Mohammed-Saïd qu'il ne reçut de lui : le nom du canal de Suez restera, comme un titre de gloire, attaché au nom du fils de Méhémet-Ali. Mais sans l'avènement de Mohammed-Saïd, sans son amitié, sans les sentiments élevés et généreux qui étaient le fond de l'esprit quelque peu étrange et fantasque du prince égyptien, sans sa résistance, dissimulée parfois, mais toujours persistante, aux agents du gouvernement anglais et de la Porte ottomane, M. de Lesseps n'aurait très probablement pas réussi à faire sortir du domaine des idées le grand projet qu'il avait conçu. Mohammed-Saïd lui permit de poursuivre l'étude et de commencer l'exécution du canal sur cette vieille terre d'Egypte, qui est redevenue aujourd'hui un centre d'activité et de vie, mais qui depuis des siècles n'avait plus été que la nécropole des Pharaons.

CHAPITRE IX

LA SENTENCE ARBITRALE

AVÈNEMENT D'ISMAÏL-PACHA. — LA QUESTION DE LA CORVÉE. — MISSION DE NUBAR-PACHA A CONSTANTINOPLE ET A PARIS. — MENACES DE DÉCHÉANCE ADRESSÉES A LA COMPAGNIE. — LE DUC DE MORNY. — RÉSISTANCE ET DÉMARCHES DE M. DE LESSEPS. — BANQUET DU PALAIS DE L'INDUSTRIE (11 FÉVRIER 1864). — INTERVENTION DE NAPOLÉON III. — LA SENTENCE ARBITRALE (6 JUILLET 1864); SON CARACTÈRE, SES CONSÉQUENCES.

Il sembla tout d'abord que l'avènement au trône d'Ismaïl-Pacha ne marquerait autre chose que la continuation de la période favorable qui s'était récemment ouverte en faveur de l'achèvement du canal. Le nouveau vice-roi témoignait à M. de Lesseps les meilleures et les plus sympathiques dispositions. « Nos affaires en Égypte vont pour le mieux, écrivait, le 23 janvier 1863, M. de Lesseps au duc d'Albuféra; après avoir eu un long entretien confidentiel avec S. A. Ismaïl-Pacha, je suis en mesure de vous assurer que nous pouvons avoir une sécurité parfaite, tant sur la marche des travaux que sur l'acquittement régulier des engagements du gouvernement égyptien pour le paiement de ses actions... »

Un peu plus loin, M. de Lesseps ajoutait: « S. A. Ismaïl-Pacha m'a annoncé, il y a quelques jours, qu'il avait envoyé des bateaux à vapeur pour amener les contingents de travailleurs de la haute et moyenne Égypte pour le mois de Ramadan pendant lequel, par exception, il n'y aura pas de chômage dans les travaux de l'isthme. Il était fort important qu'il n'y eût, cette année, durant le carême musulman, aucune interruption de travail ; car cette interruption, explicable dans les circonstances ordinaires, aurait été certainement mal interprétée dans les circonstances actuelles. Le vice-roi l'a bien compris. Les faits qui se produisent viennent donc confirmer les dispositions manifestées par Son Altesse dès le premier jour de son avènement au pouvoir. Nos affaires en Égypte vont pour le mieux. »

M. de Lesseps était enchanté ; on l'eût été à moins. « Ismaïl-Pacha, écrivait-il quelques jours plus tard, le 14 février, ne cesse de me répéter qu'il ne serait pas digne d'être vice-roi d'Egypte s'il n'était plus *canaliste* que moi-même. Il me témoigne beaucoup de confiance et me donne de plus en plus la conviction que son entier concours nous est assuré, tant sous le point de vue de l'exécution des travaux que sous le point de vue financier, de manière à éteindre à notre convenance la dette du Trésor égyptien. »

Tout paraissait donc devoir marcher à merveille. Il semblait que les points noirs eussent disparu même du côté de Constantinople, où Ismaïl-Pacha venait d'aller recevoir l'investiture du sultan. « Le vice-roi, écrivait le 10 mars M. de Lesseps, m'a confidentiellement entretenu de tous les détails de son séjour auprès du sultan... Son voyage a été excellent pour nous. Je le résume par les propres paroles de Son Altesse lorsque je suis allé la féliciter: « Vous auriez été vice-roi d'Egypte en même temps que président de votre Compagnie que vous n'eussiez pas mieux fait les affaires du canal de Suez. »

Presque en même temps, M. de Lesseps donnait, en l'honneur du prince, le nom d'Ismaïlia à la nouvelle ville qui allait s'élever sur les bords du lac Timsah et qui devait être le centre du transit du futur canal.

Il est dans la nature de M. de Lesseps de ne croire aux difficultés que lorsque leur existence lui est démontrée. Alors il s'emploie à les vaincre avec une patience et une énergie redoutables, qui font expier chèrement à ses adversaires la surprise dont ils avaient eu la pensée.

Peut-être donc, dans les premiers mois qui suivirent l'avènement d'Ismaïl-Pacha, M. de Lesseps, justement charmé des déclarations du nouveau vice-roi, avait-il quelque peu négligé de se souvenir d'une réflexion qu'il faisait lui-même au mois de décembre précédent et de la dernière conversation qu'avait eue avec lui le vice-roi défunt, Mohammed-Saïd.

La réflexion était celle-ci : « Il est bon, disait-il, dans une lettre adressée au duc d'Albuféra, de prévoir un mauvais coup et de nous mettre en garde avant notre prochaine assemblée générale d'actionnaires. »

Voici la conversation : « Mohammed-Saïd me raconta que, Bulwer lui ayant demandé un entretien, lui expliqua que si le Cabinet anglais s'opposait à l'exécution du canal, c'était par intérêt pour lui, parce que cette entreprise émanciperait trop l'Egypte et qu'il ne serait plus maître chez lui : « Vous comprenez, me disait le prince, que je ne donne pas dans le panneau. J'ai appris que, ces jours derniers, l'ambassadeur avait fait des visites à mon neveu et successeur ; je ne sais s'il a reçu de lui des engagements, mais j'ai des raisons de croire qu'il en a demandés ; *si je pars, vous êtes donc averti* ; vous aurez à vous défendre non pas contre lui personnellement, car il a de l'amitié pour vous, mais *contre la politique qui pèsera sur son gouvernement.* »

L'avertissement était bon à suivre et à méditer ; quelques semaines plus tard, M. de Lesseps en devait faire l'expérience.

Les premiers indices des difficultés qui allaient surgir se manifestèrent pendant le voyage que le sultan, au mois d'avril 1863, fit à Alexandrie pour rendre sa visite au nouveau vice-roi. La diplomatie anglaise, toujours en éveil, chercha à profiter de ce voyage pour exercer sur le sultan et par le sultan sur Ismaïl-Pacha une pression hostile à M. de Lesseps et aux intérêts dont il était le principal défenseur. L'impatience du Cabinet de Saint-James était, à cet égard, d'autant plus marquée que le gouvernement égyptien et M. de Lesseps venaient, à la date des 18 et 20 mars, de signer deux importantes conventions relatives à la construction du canal d'eau douce du Caire au Ouadi et à la participation du gouvernement égyptien dans la souscription du capital de la Compagnie.

Pour effectuer le solde des deuxième et troisième versements exigibles sur les 177,642 actions dont il était souscripteur et qui s'élevaient, suivant le compte établi, à la somme de 35,150,977 fr. 23 c., le gouvernement égyptien s'engageait à payer à la Compagnie, à dater du 1er janvier 1864 et, de mois en mois, la somme de 1,500,000 francs par mois. En retour, et par une autre convention, la Compagnie renonçait au droit qui résultait pour elle des actes de sa concession, à l'effet d'établir par elle-même au Caire la prise d'eau de son canal dérivé du Nil et de prendre possession des terrains nécessaires à la construction de ce canal qui, désormais, devait, sous le contrôle des ingénieurs de la Compagnie, être exécuté par le gouvernement du vice-roi.

La diplomatie anglaise ne se trompait donc pas en pensant que la situation tendait de plus en plus à se régulariser et à s'améliorer en faveur de la Compagnie du canal. Une entente cordiale semblait à la veille de s'établir entre celle-ci et le gouvernement du vice-roi.

Persuadé qu'il devenait urgent d'agir, sir Henri Bulwer

insista de nouveau concernant la suppression de la corvée, et dans une première note, M. de Lesseps dut rappeler les adoucissements dont celle-ci avait été l'objet de la part de la Compagnie du canal, « alors que cette même corvée avait été très durement pratiquée, sous Abbas-Pacha, à la sollicitation et à la satisfaction des agents britanniques, dans les travaux du chemin de fer d'Alexandrie à Suez où, sur la section du Caire à Suez particulièrement, l'on peut dire que les rails reposent sur des milliers de cadavres égyptiens. »

Dans cette même note sur la condition des travailleurs employés par la Compagnie du canal, M. de Lesseps faisait ressortir que celle-ci, en payant les ouvriers qui lui étaient fournis par le vice-roi, en veillant à leur santé et à leur bien-être, avait, en fait, inauguré le système de l'abolition des corvées, puisque le travail forcé s'était ainsi transformé en un travail payé. Il reproduisait les termes de la convention de juillet 1856 et indiquait suffisamment combien il serait exorbitant et injuste de priver d'un jour à l'autre la Compagnie des moyens d'action sur la foi desquels elle avait commencé et poursuivi ses travaux.

L'article 2 du deuxième acte de concession et cahier des charges pour la construction et l'exploitation du canal maritime de Suez et dépendances disait, en effet, en propres termes : « Les quatre cinquièmes au moins des ouvriers employés aux travaux seront Égyptiens. » Et dans le règlement du 20 juillet de la même année sur l'emploi des ouvriers indigènes, l'article 1ᵉʳ était ainsi conçu : « Les « ouvriers qui seront employés aux travaux de la Compa- « gnie seront fournis par le gouvernement égyptien, « d'après les demandes des ingénieurs en chef et suivant « les besoins ».

En droit, les raisons invoquées par M. de Lesseps étaient donc excellentes; en fait, elles n'empêchaient pas la diplomatie anglaise d'avoir découvert une arme dont elle allait se servir avec une rare habileté, pour ne pas dire avec une extrême perfidie.

Le voyage du sultan permit à M. de Lesseps d'apercevoir les premiers fils de cette nouvelle opération de guerre, l'une des plus redoutables épreuves qu'il devait avoir à surmonter. Dans une lettre du 19 avril, adressée au duc d'Albuféra, il s'exprime ainsi : « La fin du séjour du sultan n'a pas été exempte de lutte, ou plutôt d'une surveillance continue que nous avons dû exercer sur les agents anglais... Les dépêches télégraphiques chiffrées arrivaient de la part de M. Bulwer à M. Stevens, son secrétaire, envoyé ici pour agir, et de la part du ministre anglais à M. Colghoun. M. Stevens ne quittait plus Fuad-Pacha (alors grand-vizir), poursuivait le vice-roi et Nubar-Bey et ne cessait de conférer avec M. Colghoun. L'attitude décidée et ferme de M. Tastu (alors consul général de France au Caire) embarrassa Fuad-Pacha et l'empêcha de conseiller au sultan de faire quelque acte ou déclaration contre nous ; mais toutes les manœuvres furent employées pour battre en brèche le vice-roi sur les deux questions de la *commission des terres à la Compagnie* et des *contingents de travailleurs*. Des lettres de Constantinople menaçaient le vice-roi et ses principaux conseillers de toute la colère, de toute la rancune de l'Angleterre. C'était de la rage, mais heureusement de la rage impuissante. Le vice-roi est resté impassible, désireux de plaire à l'Empereur et à la France.

« Sûr de l'amitié du sultan, appuyé sur des actes conclus sans précipitation et en toute connaissance de cause, il répondait à ceux qui prétendaient qu'il n'avait pas eu le droit de faire ce qu'il avait fait, que c'était maintenant une chose accomplie, que le sultan, seul, avait avec les puissances des relations diplomatiques en ce qui concernait les grandes questions politiques de l'empire Ottoman... Le temps a été ainsi gagné jusqu'au départ du sultan qui, personnellement, est resté étranger aux intrigues de son entourage et des agents britanniques ».

La prudence cependant commandait de veiller, et quelle que fût encore la confiance de M. de Lesseps, il croyait opportun de donner au vice-roi et au consul général de France quelques armes défensives. Ces armes, c'étaient deux notes très complètes et très concluantes sur les concessions de terres et les contingents de travailleurs.

Dès lors, en effet, des rumeurs inquiétantes pour l'avenir des travaux commençaient à se répandre en Europe et jusque dans l'isthme même. A la date du 25 mai, M. de Lesseps, mis en éveil, écrivait à M. Gérardin, agent supérieur de la Compagnie, pour l'inviter à faire démentir ces faux bruits par un ordre de service. Il faisait en même temps savoir au personnel que le prince Napoléon, qui venait de visiter les travaux de l'isthme, avait témoigné, dans les termes les plus honorables pour tous, chefs et employés, sa profonde conviction de la prochaine réalisation de l'entreprise.

L'heure approchait cependant où les rumeurs démenties par le président de la Compagnie de Suez allaient devenir une réalité menaçante.

Obéissant aux suggestions de l'Angleterre, le vice-roi, dans le courant de juillet, envoya à Constantinople Nubar-Pacha, son ministre des affaires étrangères et son principal conseiller, soi-disant pour demander à la Sublime Porte de régler les conditions dans lesquelles la Compagnie pourrait continuer son œuvre, mais en réalité pour travailler, si c'était possible, à sa déchéance.

Le gouvernement égyptien, en effet, annonçait l'intention d'adresser à la Compagnie une véritable mise en demeure, pour qu'elle eût à modifier, en les restreignant, les plans dont l'exécution était définitivement adoptée et commencée en vue de l'achèvement du canal. Sur la note remise au grand-vizir Fuad-Pacha, Nubar, malgré sa réelle habileté, avait, à vrai dire, mais un peu trop tôt, apposé l'estampille de lord Palmerston : « Le canal de Suez, disait l'un des paragraphes de cette note, devant être un canal commercial et non point une voie militaire, une commission d'ingénieurs serait chargée d'examiner les dimensions (largeur, profondeur) proposées par la Compagnie et de les réduire, s'il y a lieu, afin de ne pas dépasser le but exclusivement commercial que, d'ailleurs, la Compagnie s'est proposé dès le principe. »

D'autre part, il était enjoint à la Compagnie de renoncer aux principaux avantages qui lui avaient été, dix ans auparavant, accordés par Mohammed-Saïd. Elle était invitée à rétrocéder les terres que le feu vice-roi lui avait concédées, à réduire au chiffre dérisoire de 6,000 le nombre de ses ouvriers et à augmenter les redevances payées par elle, à divers titres, au gouvernement égyptien.

Presque immédiatement une lettre vizirielle, s'inspirant des vues exposées par Nubar, transformait en un ultimatum de la Porte la mise en demeure adressée par le vice-roi à la Compagnie, et cela sous peine de déchéance dans un délai de six mois.

Dès lors, le but de la campagne entreprise par Nubar apparaissait clairement ; les journaux anglais, hostiles à l'œuvre de M. Lesseps, achevèrent de déchirer tous les voiles. « Le travail ne pourra plus être obtenu, disait le *Standard*, qu'au moyen de dépenses énormes. Que diront alors les actionnaires, ces pauvres spéculateurs, en France, en Egypte, en Turquie. *Ils seront ruinés.* Lorsque les 200 millions auront été épuisés, l'entreprise tombera d'elle-même, faute de fonds. M. de Lesseps et les aventuriers qui l'ont soutenu de leur argent feront bien de se tirer promptement d'une mauvaise affaire et de faire le meilleur marché qu'ils pourront avec le pacha. »

Comprenant toute la gravité de la menace dirigée contre
la Compagnie et toute la puissance des auteurs de cette
menace, M. de Lesseps multiplia ses efforts pour parvenir
à parer ce coup terrible.

Il déclara que la Compagnie ne pouvait voir dans la
tentative en cours d'exécution qu'un procédé de plus pour
lui préparer des difficultés. Il lui était impossible d'admettre que la Porte eût le droit de bouleverser ou de
refaire des plans définitivement arrêtés, pour lesquels
toutes les obligations de l'acte de concession, toutes les
règles publiquement tracées à l'avance avaient été exactement suivies par une Commission supérieure composée
des plus éminents ingénieurs de l'Europe.

M. de Lesseps ajoutait qu'il ne pouvait davantage
admettre que la Compagnie dût s'adresser à la Porte
toutes les fois que ses intérêts ou ceux du commerce lui
imposeraient la nécessité d'un agrandissement du canal.
Comment, demandait M. de Lesseps, — et l'on peut constater aujourd'hui jusqu'à quel point il a eu raison, — distinguer entre la nécessité de la navigation pour un navire
de guerre et pour un vaisseau de commerce ? Les grands
paquebots de la Compagnie péninsulaire et orientale et
ceux des Messageries ont des proportions et un tirant
d'eau supérieurs à ceux des frégates de guerre.

Ce n'est point, ajoutait-il, en se ménageant des moyens
de tracasseries sur le plus ou le moins de facilités de passage d'une mer à l'autre que la Porte assurera la neutralité
du Canal. « Il y a pour cela un procédé plus simple et
« plus sûr, nous disons même le seul efficace. C'est un
« traité de neutralité signé et garanti par toutes les puis-
« sances maritimes, traité qui permettra enfin d'établir la
« liberté complète des mers pour le commerce, même en
« temps de guerre ». Combien ces paroles sont restées
vraies !

16

En résumé, dès le premier jour de cette grande lutte, M. de Lesseps annonçait l'intention de ne pas céder et de s'en tenir à ses contrats, à l'abri desquels il entendait, inaccessible à l'intimidation et pénétré de ses devoirs envers ses commettants, défendre sans défaillance son droit et l'intérêt universel.

Nubar-Pacha était un adversaire très souple, très adroit, très redoutable. Tandis que M. de Lesseps revenait en Egypte pour négocier avec le vice-roi, Nubar, sous prétexte de traiter plus facilement l'affaire, arrivait à Paris afin d'attaquer celle-ci sur place, sans repos et sans trève.

Nubar était depuis quelques jours à peine dans la capitale de la France qu'il y avait, usant de puissants moyens d'action, remué ciel et terre. M. de Lesseps était informé qu'un puissant personnage de l'entourage de l'empereur — il s'agissait du duc de Morny, alors président du Corps législatif, — travaillait à persuader à l'empereur, à l'aide de rapports rédigés pour la circonstance, que la direction de l'affaire était mauvaise, le capital des actionnaires compromis, l'honneur et le succès de l'entreprise en danger. On voulait faire liquider la Compagnie actuelle et la remplacer par une autre.

Cette fois encore, M. de Lesseps ne se laissa pas ébranler. « L'héritage de la Compagnie de Suez, écrit-il le jour même à son frère, n'est pas à partager. Nous avons suffisamment donné des preuves de vie et nous nous portons assez bien, Dieu merci... Nous montrerons que, si nous avons su nous constituer financièrement sans l'appui des grands financiers, nous saurons, avec le précieux concours des savants ingénieurs des ponts et chaussées, achever nos travaux, sans les livrer à de grands spéculateurs qui ne seraient pas fâchés d'absorber une partie des millions de nos actionnaires. Nous avons labouré et semé, nous ferons nous-mêmes la moisson. Il en sera des nouvelles intrigues, si elles existent, comme il en a été des intrigues financières, des intrigues politiques. »

Rien ne démontait M. de Lesseps ; il se sentait de taille à lutter, même contre celui qui, en Europe, passait alors pour être en France presque plus puissant que le souverain dont l'avènement au trône était en partie son œuvre.

Un moment, cependant, Nubar put se croire assuré du succès. Il allait presque jusqu'à user d'intimidation. Il écrivait au duc de Morny : « J'attends tout de votre haute et puissante entremise. Je désire vivement, pour mon compte, n'en être pas réduit cette fois à retourner à Constantinople et à aller frapper à la porte de sir H. Bulwer. »

Le piège, il faut l'avouer, était habilement tendu. Pour amener le gouvernement français à céder, l'envoyé du vice-roi portait la question sur le terrain des susceptibilités patriotiques. Comment l'intervention de M. de Morny n'eût-elle pas semblé, à Napoléon III, préférable, pour trancher la question, à celle de sir Henri Bulwer ?

M. de Lesseps sut, par son honnêteté, sa droiture, sa résolution et aussi son habileté, s'élever à la hauteur de toute cette diplomatie.

Appelé par le duc de Morny pour s'entendre avec lui, d'après les instructions de Napoléon III, au sujet des satisfactions à donner à Nubar-Pacha, M. de Lesseps, — c'est à lui-même que nous devons le récit de ce curieux incident (1) — fit à son interlocuteur une réponse aussi courtoise et mesurée dans la forme que péremptoire et inflexible quant au fond :

« J'ai une trop haute opinion de vous, monsieur le duc, lui dit-il, pour ne pas vous parler en toute franchise ; vous êtes la dernière personne qui, en cette affaire, puissiez servir d'arbitre. Vous n'ignorez pas sans doute les bruits

_____
(1) Lettre à M. S. W. Ruyssenaers à Alexandrie, 3 décembre 1863.

qui ont couru en Egypte, bruits faux et calomnieux, d'après
lesquels les adversaires du canal comptaient sur votre
intervention pour faire réussir la campagne entreprise par
Nubar. On a parlé de sommes considérables données ou
promises, et votre nom, il est de mon devoir de vous le
dire, a servi de bouclier à la mission de Nubar-Pacha, à
laquelle le consul général de France en Egypte avait voulu
s'opposer. Vous voyez donc qu'en présence de pareils bruits,
contre lesquels je n'ai cessé de protester et contre lesquels
certainement vous vous indignez, la réserve de votre part
semble devoir être une nécessité. J'ajouterai qu'appartenant moi-même au ministère des affaires étrangères, je ne
connais que le ministre de ce département pour intermédiaire entre le gouvernement égyptien et l'Empereur. »

Prendre l'attitude précisée dans cette dernière phrase,
ce fut la très grande habileté de M. de Lesseps.

M. de Morny, avec son coup d'œil exercé, put reconnaître
qu'il avait affaire à une inébranlable résolution et qu'il risquait de se compromettre dans une aventure sans issue.

D'autre part, M. de Lesseps, en n'hésitant pas à élever
le conflit entre le duc de Morny et le ministre des affaires
étrangères, M. Drouyn de Lhuys, provoquait en quelque
sorte l'intervention directe de l'Empereur pour trancher la
question, et par là même engageait le gouvernement français. Tel avait été le but de M. de Lesseps dès le premier
jour ; il était atteint.

Mais, en même temps qu'il arrivait à déterminer cette
intervention de l'Empereur, comme il y était déjà parvenu,
en 1860, dans une circonstance décisive, M. de Lesseps,
sous des formes multiples, adressait un appel pressant à
son alliée la plus fidèle et la plus puissante : l'opinion.

Il démasquait publiquement dans la presse les manœuvres de Nubar-Pacha. Il le faisait assigner par le Conseil
d'administration de la Compagnie de Suez devant le tri-

bunal civil de la Seine pour avoir, en sa qualité privée, pris
la responsabilité de la publication de documents falsifiés
et diffamatoires contre la Compagnie.

Jamais, à vrai dire, défense ne fut mieux et plus vigoureusement conduite. M. de Lesseps pensait à tout, pré-
voyait tout. Il ne laissait passer aucune attaque contre la
Compagnie du canal sans la démentir par des faits, preuves
en mains.

Ce fut une rude campagne ; M. de Lesseps y fut vigoureusement soutenu par son Conseil d'administration. Lorsqu'on relit aujourd'hui tous les documents qui furent
publiés alors pour la défense de la Compagnie, et dont
l'avenir, chose rare en de telles matières, se chargera de
démontrer l'absolue vérité, l'on éprouve un sentiment
d'étonnement et presque d'admiration pour tant d'activité,
d'énergie, de persévérance infatigables.

Tout en s'efforçant de ménager les susceptibilités du
monarque absolu qui s'appelait Ismaïl-Pacha et qui, d'un
trait de plume, aurait pu, si l'on n'avait réussi à imprimer
de plus en plus aux affaires de la Compagnie un caractère
international, signer la mort de la Compagnie du canal,
M. de Lesseps ne cessa de décliner de la manière la plus
catégorique toutes les propositions de Nubar. Voici les
conclusions de la réponse définitive faite par le président
fondateur de la Compagnie de Suez à la mise en demeure
du mandataire du vice-roi :

« En ce qui touche l'ensemble des propositions,

« Considérant :

« Qu'elles sont le renversement et la négation des
contrats, l'abrogation rétroactive du mandat donné à
M. Ferdinand de Lesseps pour la constitution de la Compagnie ;

« Que les conditions principales auxquelles le gouvernement égyptien a appelé les souscripteurs à s'engager à

lui pour l'exécution de l'entreprise, sont au nombre de cinq, savoir :

« Concession du canal maritime avec droit de péage ;

« Concession du canal d'eau douce avec le même droit ;

« Concession des terrains ;

« Fourniture, par le gouvernement, des ouvriers nécessaires selon les besoins des travaux ;

« Prix déterminé et fixé d'avance du salaire de ces ouvriers ;

« Que sur ces cinq conditions principales, quatre seraient annulées par l'acceptation des propositions formulées ;

« Considérant :

« Que cette acceptation entraînerait pour la Compagnie :

« 1º Une prolongation de six années pour le payement des intérêts du fonds social ; .

« 2º Une prolongation des frais généraux pendant ce laps de temps ;

« 3º Un égal retard dans l'exploitation maritime et dans ses revenus ;

« 4º Une augmentation dans les prix des salaires pour les terrassements ;

« 5º Enfin, la suppression de la valeur des terrains concédés ;

« Ensemble de pertes qui se compteraient, comme il est facile de le prouver, par des centaines de millions ;

« Par ces motifs :

« Le Conseil décide à l'unanimité :

« Sur la première question, celle de la réduction du nombre des ouvriers et de l'augmentation des salaires :

« Qu'il n'y a pas lieu de déroger aux stipulations du règlement relatif à l'organisation du travail dans l'isthme en date du 20 juillet 1856 ;

« — Sur la seconde question, celle du canal d'eau douce, dit d'alimentation, et des terrains qui peuvent être fécondés par la Compagnie :

« Que la dernière assemblée générale des actionnaires ayant approuvé le traité passé entre la Compagnie et S. A. Ismaïl, vice-roi . d'Egypte, le 18 mars 1863, il y a lieu de s'en tenir aux conditions réciproques de ce traité confirmatif des actes de concession.

· « Et charge spécialement M. le président, déjà muni des pleins pouvoirs des assemblées générales, de maintenir l'exécution des conventions qui lient la Compagnie envers le gouvernement égyptien, et le gouvernement égyptien envers la Compagnie. »

Cette fermeté dans la résistance produisit une fois de plus en Europe une vive impression. Sous l'énergique impulsion de son président, le Conseil d'administration demanda une audience à l'Empereur « pour prier Sa Majesté de daigner prendre en considération la situation que le Conseil avait à soumettre à sa haute et bienveillante appréciation et qu'elle voulût bien saisir exclusivement de l'affaire son ministre des affaires étrangères. »

' Il s'agissait de donner au règlement de l'affaire un caractère public et d'écarter définitivement l'intervention officieuse et peu impartiale du duc de Morny.

« Les soussignés, disaient en terminant les pétitionnaires, ayant appris que des ordres de la Sublime Porte, provoqués par la diplomatie anglaise, étaient dans ce moment préparés pour enjoindre au vice-roi d'Egypte de faire suspendre les travaux du canal de Suez, supplient respectueusement Votre Majesté de faire envoyer des instructions à ses représentants à Constantinople et à Alexandrie, afin que des capitaux français engagés pour des sommes considérables ne soient pas atteints par une violation de contrats.

« De même qu'en 1860, Votre Majesté a empêché que des ordres, officiellement donnés dans le but de nuire à ces capitaux, reçussent leur exécution, les soussignés espèrent que cette fois encore et à plus forte raison la volonté de l'Empereur ne permettra pas l'accomplissement des inten- tions hostiles manifestées contre la Compagnie, et qu'elle daignera protéger les actionnaires français du canal de Suez, aussi bien que le gouvernement de l'Egypte dont l'indépendance administrative est l'œuvre de la politique française formellement consacrée par les conventions de 1841. »

En un mot, la question de Suez prenait chaque jour davantage le caractère d'une question d'Etat, d'une ques- tion nationale; le maintien des droits de la Compagnie devenait celui des droits de la France.

De même qu'en cette année 1860, dont il invoquait le souvenir et durant laquelle la lutte avait été si vive, M. de Lesseps, en 1864, pour venir à bout de l'intrigue et de la corruption, — plusieurs millions furent dépensés durant la mission de Nubar-Pacha, — plaça par-dessus tout sa con- fiance dans l'opinion publique. Pas un seul instant, celle-ci ne lui fit défaut; elle lui restait aussi fidèle qu'au premier jour. Rarement en notre siècle on vit l'exemple d'une plus persistante faveur.

Nubar-Pacha ne déployait guère moins de persévérance dans ses dangereuses attaques.

Cité par la Compagnie devant le tribunal de la Seine, il faisait lire par son avocat une lettre qui lui avait été adressée par le duc de Morny. On disait tout haut que ce personnage avait écrit au vice-roi que l'Empereur approu- vait les propositions formulées par Nubar-Pacha et en- courageait le vice-roi à y persister, cherchant, de son côté, à porter la question sur le terrain juridique.

Le gouvernement ottoman faisait consulter à Paris d'éminents avocats sur la révocation possible du contrat de la Compagnie.

En présence de tous ces faits, M. de Lesseps ne laissait

pas, sans en rien témoigner publiquement, d'être quelque
peu perplexe.

Dans une note qu'il fait tenir à l'Empereur le 20 février
1864, il s'exprime ainsi : « Le nom de l'Empereur est
invoqué par M. le duc de Morny pour nuire aux intérêts
de la Compagnie, tant en France qu'en Egypte. Je crois
devoir faire connaître confidentiellement cette situation à
Sa Majesté, en me permettant de rappeler à sa haute
attention la pétition qui lui a été adressée le mois dernier
par le Conseil d'administration de la Compagnie, et qui
présageait déjà les inconvénients de l'intervention de
M. le duc de Morny dans les affaires du Canal. »

Il y eut là, en ce moment, autour de Napoléon III, une
lutte très active d'influences dont le souvenir mérite d'être
noté. Combattue par M. de Morny, la Compagnie de Suez
était à la fois soutenue par l'impératrice Eugénie et le
prince Napoléon qui, chose rare, se rencontraient à l'égard
de M. de Lesseps sur le terrain commun d'une égale
sympathie.

Mais ce qui domina tout le reste et fit sortir Napoléon III
de la neutralité, à la pensée de laquelle il était, durant
un moment, revenu, ce furent les manifestations éclatantes
de l'opinion publique.

De toutes parts les témoignages de la plus vive sympathie arrivaient de nouveau à M. de Lesseps; les Chambres
de commerce, les Conseils généraux, les Sociétés savantes
rivalisaient d'ardeur pour l'encourager dans sa lutte.
L'Académie française elle-même avait mis au concours,
pour le prix de poésie, le *Canal de Suez* et venait de le
décerner à M. Henri de Bornier.

Mais la plus importante de ces manifestations fut un
banquet offert le 11 février par les actionnaires du canal
de Suez à M. de Lesseps dans la grande salle du palais de
l'Industrie.

Ce banquet, auquel 1,600 personnes prirent place, avait pour président le prince Napoléon et pour vice-président l'amiral Jurien de la Gravière. Là se trouvaient représentés le monde officiel et non officiel, toutes les opinions, toutes les croyances, toutes les professions.

Les discours qui donnèrent sa véritable signification à cette solennité inscrite en lettres d'or dans les annales de la Compagnie de Suez eurent un immense retentissement.

Le prince Napoléon y prononça un important discours en proposant un toast que « vous porterez, dit-il aux assistants, avec autant de plaisir et d'enthousiasme que moi : A la Compagnie de Suez. »

Après avoir rappelé son récent voyage en Egypte et affirmé qu'après avoir visité les travaux du Canal, ce qui n'était qu'un espoir était devenu pour lui une certitude, le cousin de l'Empereur rendait un solennel hommage au courage et à l'indomptable énergie de ceux qui, là-bas, M. Ferdinand de Lesseps à leur tête, menaient à bien cette grande œuvre.

Mais la partie la plus curieuse, et l'on pourrait dire la plus piquante du discours du prince Napoléon, fut celle où il dénonça les menées de Nubar-Pacha, dont il avait été autrefois le condisciple à Genève.

« Nubar, dit-il, est venu ici. Quoi faire ? Essayer de mettre le désordre parmi nous, et c'est ici que nous le combattons. Quelles furent ses lettres de recommandation ? Ai-je besoin de le dire ? Des lettres de crédit sur des banquiers anglais. Son argent de poche, de quoi se composait-il ? De livres sterling et non de napoléons d'or. »

Un peu plus loin, le prince traitait la question de la corvée. « C'est, disait-il, en demandant cette abolition que l'on espère séduire les cœurs français. Eh bien, nous, nous désirons autant et plus que qui que ce soit l'abolition de la corvée ; mais alors nous demandons qu'elle soit abolie pour tout le monde, et non pas seulement pour la Compagnie et à son détriment. Que le vice-roi paie la différence entre le mètre cube exécuté par la corvée qu'il s'était engagé à fournir et le mètre cube exécuté par le travail libre qu'il prétend vous faire adopter aujourd'hui; et alors il sera facile de s'entendre. »

En terminant le prince Napoléon faisait une transparente allusion aux bruits qui circulaient alors et à l'intervention de duc de Morny : « Les ténèbres sont contre vous, disait-il, la lumière est en votre faveur. Suivez une voie ferme et conciliante; tâchez de vous entendre d'abord directement avec le vice-roi; et si tout échoue, s'il vous demande ce que vous ne pouvez pas céder, et s'il veut vous opprimer sous la menace de la Porte, alors adressez-vous au gouvernement de l'Empereur. *Il faut que tout cela passe par la voie régulière et officielle du ministère des affaires étrangères et non par ceux qui sont étrangers à vos affaires.* Agissez en plein soleil. Qu'est-ce que ces arbitres, que ces avis, que ces interventions dont on fait tant de bruit? Je n'en sais rien et n'en veux rien savoir. Ne vous occupez pas de cela; *tout ce qui ne se fait pas au grand jour officiel, tout ce qui affecte l'ombre est mauvais.* »

Bien que le prince Napoléon eût déclaré que cette opinion n'engageait que lui seul, ses paroles n'en restaient pas moins significatives.

La réunion en comprit toute l'importance et M. de Lesseps, en répondant au prince, lui exprima les remercîments de l'assemblée.

Le discours que prononça M. de Lesseps, en cette circonstance, fut remarquable. Il contenait quelques-unes de ces expressions heureuses et enflammées qui portent la conviction dans les esprits et qui raniment les courages. M. de Lesseps parlait en général d'armée. Un mot résumerait son discours : En avant !

« Ceux auxquels vous décernez les honneurs de cette imposante manifestation savent, disait-il, se rendre justice, ils n'en acceptent que la plus humble part.

« Une pensée plus haute les domine.

« En parcourant du regard cette vaste assemblée, ils se disent : Il y a ici l'attestation d'un fait moral immense : ici apparaît la preuve que notre pays n'a rien perdu de ce vieux sens national qui l'a toujours rallié autour du drapeau du progrès et de la civilisation des peuples.

« Ici se trouve le plus puissant encouragement, dans le présent et dans l'avenir, pour les hommes de dévouement et de bonne volonté qui veulent se consacrer aux œuvres du bien public (Applaudissements).

« Ici est l'esprit de la France, le secret de son action expansive.

« Le 29 décembre dernier, une fête pacifique, la fête du travail, se célébrait à Suez. Un fleuve s'élançait à travers des solitudes condamnées à une désolation séculaire. Les populations musulmanes, accourues au passage de l'eau douce, y plongeaient leurs mains, y mouillaient leurs lèvres pour se convaincre que c'était bien le Nil béni.

« La fraternité des races et des croyances se révélait à la foule étonnée, et, le même jour, l'aile de l'électricité répandait en Europe cette nouvelle « les deux mers sont réunies, le Nil est à Suez ! »

« Le Nil à Suez ! c'est pour l'Egypte une province ajoutée à son riche territoire. C'est la vie, c'est la prospérité du port oriental de l'Egypte que vous avez affranchi de l'étreinte aride du désert.

« Ainsi, le premier résultat de votre entreprise a été un bienfait pour le pays auquel vous aviez, avec tant de confiance, apporté vos épargnes et vos capitaux.

« Vous avez répondu à l'acclamation égyptienne par une

manifestation digne de la pensée universelle qui a créé notre œuvre.

« Où pourrions-nous trouver une expression plus complète du sentiment public ?

« Nous avons ici des représentants de toutes les opinions, de toutes les intelligences, de toutes les professions. Vous avez, par le concours de vos adhésions isolées, formé un ensemble qui est le résumé de notre Société française.

« De nombreuses députations départementales ont voulu venir joindre leurs voix à celles de Paris.

« Sans mot d'ordre, sans projet préconçu, nous voilà tous groupés dans ce palais de l'industrie universelle. Vous devenez ainsi une preuve spontanée de l'unité et de la solidarité nationales, le témoignage d'une volonté unanime au jour des difficultés et pour la défense commune.

« Mais, Messieurs, n'oublions pas qu'en cette occasion, la France partage, avec d'autres peuples, l'honneur d'accomplir une œuvre d'utilité générale. La présence au milieu de nous de nos collaborateurs étrangers dit assez le concours que cette œuvre a reçu de toutes les nations amies.

« Le canal de Suez n'est pas l'apanage de quelques hommes, il n'est même pas l'apanage d'une nation ; il doit sa naissance et il appartient à une aspiration de l'humanité, aspiration irrésistible parce qu'elle est unanime, parce qu'elle est le besoin et en quelque sorte la consécration d'une époque.

« Dès le début, l'opinion publique l'a adopté, l'a soutenu.

« Le plan que nous exécutons a été le travail des plus éminents ingénieurs de l'Europe. Chacun a prêté son concours : la presse, son influence ; la science, sa sanction ; l'art et la poésie, leur popularité ; les actionnaires, leurs capitaux ; les masses, leurs acclamations ; les gouvernements, leur protection ou leur sollicitude (Applaudissements).

« La vapeur, les chemins de fer, l'électricité avaient rapproché les distances ; l'Occident, resserré dans des limites trop étroites, étouffait au milieu des merveilles de son industrie ; il cherchait une issue et une carrière plus vaste. Il sentait qu'il faut aujourd'hui les trouver en dehors des révolutions et des guerres.

« Un grand orateur disait : « On ne peut regarder la carte du monde sans éprouver l'ardent désir de couper cette langue de terre qui sépare les deux mers. » Ce désir, notre âge a résolu de le satisfaire.

« C'est le souffle du siècle qui gonfle nos voiles et nous conduira au port.

« Quand l'histoire racontera cet événement, elle reléguera à leur modeste place les efforts des individus.

« Elle dira : « Ce que les temps anciens n'avaient pas osé entreprendre, le XIXᵉ siècle l'a voulu et l'a accompli. »

« Courage donc, et persévérance ! Notre nom est légion. Nous avons pour nous le droit et la vérité.

« Nous avons une idée juste pour levier et l'intérêt du monde pour point d'appui.

« Comment, avec de telles forces, pourrions-nous ne pas triompher des obstacles semés sur la route de tous les travailleurs, obstacles mesurés avec justice par la Providence, en proportion de l'utilité et de la grandeur du but poursuivi par ses humbles instruments ?

« Une parole aimée nous conviait tout à l'heure à la conciliation. Jamais conseils ne seront écoutés avec plus de docilité et de respectueuse sympathie.

« La conciliation ! mais elle est notre principe, elle est notre raison d'être, elle est le premier de nos devoirs et de nos intérêts.

« Nous avons été institués pour ouvrir une route nouvelle, domaine commun de tous les peuples sans exception ni privilège, et c'est encore une des gloires de notre pays de ne point vouloir de privilèges.

« Le hasard des circonstances et des situations a donné
l'initiative à la France, mais elle n'entend et nous n'entendons travailler pour elle qu'en travaillant pour tous (Approbation).

« Nos plus ardents adversaires savent combien de fois
nous leur avons tendu une main franche et loyale.

« La conciliation ! nous la voulons, nous l'appelons
comme vient de le faire notre noble protecteur, mais telle
qu'il l'a définie lui-même : *avec la reconnaissance des droits
acquis; avec le maintien des contrats; avec le respect de
la foi publique; avec la satisfaction des intérêts confiés
à notre honneur.* »

Après M. de Lesseps le procureur général Dupin prit la
parole et, avec l'autorité qui s'attachait à sa grande réputation de jurisconsulte, déclara que ce serait un abus de
pouvoir de la part de la Porte que de vouloir s'immiscer
dans des entreprises industrielles et descendre jusqu'à la
discussion des intérêts privés. « Messieurs, dit-il en terminant, lorsqu'à la fin du xv⁰ siècle, les Portugais doublè-
rent, pour la première fois, la pointe de l'Afrique pour y
chercher par un trajet de 3,000 lieues un passage aux
Indes, le cap qui s'appelait d'abord le cap des Tempêtes
reçut bientôt le nom de *cap de Bonne-Espérance*; le canal
de Suez, sur lequel on a essayé d'amonceler des orages et
de faire gronder des tempêtes, est dès à présent pour nous
le canal de Bonne-Espérance. »

C'était là un joli mot ; ce fut un heureux présage.

Quelques jours après, dans une assemblée générale
extraordinaire des actionnaires, tenue le 1ᵉʳ mars, M. de
Lesseps rendait compte de l'état d'avancement des travaux
dont les progrès durant les neuf derniers mois avaient été
énormes. Il donnait lecture d'une consultation en faveur
des droits de la Compagnie, signée non seulement par le
Conseil judiciaire de la Compagnie que présidait M. Senard,

mais encore par cinquante-huit des plus éminents avocats de Paris, MM. Marie, Plocque, Jules Grévy, Lachaud, Rousse, Lebond, Victor Lefranc, Bétolaud, Calmet d'Aage, Oscar et Octave Falateuf, Lacan, Emmanuel Arago, etc.

M. de Lesseps terminait son rapport en faisant à l'assemblée générale la communication qui suit et qu'elle accueillit par des acclamations : « Nous sommes autorisés à vous « annoncer qu'en réponse aux communications qui lui ont « été faites, le vice-roi a déclaré qu'il s'en rapportait « complètement à l'Empereur pour régler amiablement « et définitivement toutes les questions en litige et que Sa « Majesté a daigné se charger personnellement de la « suprême décision de toutes ces questions. »

Napoléon III venait, en effet, d'accepter le rôle d'arbitre entre le gouvernement égyptien et la Compagnie.

Ismaïl-Pacha s'était, sur les instances du prince Napoléon, décidé, pour sortir d'embarras, à solliciter cet arbitrage et M. de Lesseps l'avait accepté. « Le grand jour officiel » se substituait ainsi « à l'ombre. » La Compagnie de Suez avait tout à y gagner.

Le 3 mars, M. Drouyn de Lhuys, ministre des affaires étrangères, adressait à l'Empereur le rapport suivant :

« Sire, le vice-roi d'Egypte ayant écrit à Votre Majesté pour lui demander de vouloir bien prononcer elle-même sur certaines questions encore pendantes entre le gouvernement égyptien et la Compagnie de l'isthme de Suez, vous avez daigné répondre à Ismaïl-Pacha que vous défériez à son désir.

« Votre Majesté a, en même temps, exprimé la volonté de faire préalablement examiner ces questions par une Commission offrant toutes les garanties d'impartialité et de lumière. Afin de répondre à cet égard aux intentions de Votre Majesté, et conformément à ses ordres, j'ai l'honneur de lui proposer, pour faire partie de cette Commission :

« MM. Thouvenel, sénateur, comme président;
   Mallet, sénateur ;
   Suin, sénateur ;
   Gouin, député au Corps législatif;
   Duvergier, conseiller d'Etat.

«Si Votre Majesté daigne agréer ces noms, je m'empresserai d'adresser une lettre d'avis aux personnes désignées et de mettre à leur disposition tous les documents qui pourraient leur être nécessaires. »

L'Empereur ayant approuvé ce rapport et ces choix, la Commission se mit à l'œuvre ; elle avait à remplir une tâche des plus laborieuses ; les questions dont elle avait à préparer la solution étaient très complexes et très délicates.

La Commission consacra plus de trois mois à leur examen et, s'appuyant sur ces conclusions, l'Empereur rendit, le 6 juillet 1864, sa décision arbitrale.

Cette décision semble avant tout inspirée par le vieil axiome : *In medio veritas.* La Compagnie était dépossédée du droit que lui donnait l'article 1ᵉʳ du règlement du 20 juillet 1856 signé par Mohammed-Saïd : « Les ouvriers qui seront employés aux travaux de la Compagnie *seront fournis* par le gouvernement égyptien d'après les demandes des ingénieurs en chef et suivant les besoins. » En outre, la Compagnie était tenue de rétrocéder au gouvernement égyptien 60,000 hectares de terre qu'elle possédait à titre de concession dans l'isthme. Elle perdait aussi son droit de propriété sur le canal d'eau douce, mais elle conservait la jouissance de ce canal pour toute la durée de la concession. En échange et comme compensation la Compagnie recevait, par annuité, du gouvernement égyptien la somme totale de 84 millions.

Matériellement et dans sa teneur la sentence arbitrale était plus avantageuse au gouvernement égyptien qu'à la Compagnie ; mais, considérée dans son esprit et ses effets, elle constituait pour celle-ci une véritable victoire, puisqu'en lui assurant les moyens d'aller jusqu'au bout de son entreprise, elle lui garantissait la sécurité du lendemain et la protection efficace du gouvernement français, engagé désormais à veiller à la stricte exécution du programme officiellement déterminé et fixé par l'Empereur lui-même.

Malgré les regrets légitimes qu'il put éprouver sur quelques points, notamment sur le retrait des terres qui constituaient pour la Compagnie un magnifique domaine, M. de Lesseps accepta cependant la sentence arbitrale avec une satisfaction dont la lettre adressée aux correspondants de la Compagnie contient l'expression significative. Cette lettre, après avoir rappelé les principaux points de la transaction, ajoutait : « S. A. le vice-roi d'Egypte ayant insisté sur ce changement (l'emploi des ouvriers libres et des moyens mécaniques à substituer au travail obligatoire) dans un intérêt d'humanité, et pour supprimer le régime de la corvée en Egypte, la Compagnie du canal de Suez, qui a été formée dans un but de civilisation et de progrès, n'avait plus, sous la réserve de ses droits, qu'à s'associer aux bonnes intentions du vice-roi.

« La sentence impériale confirme donc l'adhésion déjà donnée par nous au principe de l'abolition du travail obligatoire.

« L'indemnité allouée pour la rétrocession des terres est de 30 millions, l'étendue du domaine territorial concédé à la Compagnie ayant causé des ombrages à la puissance suzeraine, la sentence s'applique à les dissiper par la rétrocession d'un territoire que la Compagnie devait féconder. Mais en prévision des besoins de nos travaux et de ceux de l'exploitation des canaux, la même sentence conserve à la

Compagnie, sur les bords du canal d'eau douce et du canal maritime, et autour de Port-Saïd, d'Ismaïlia et de Suez, les terrains nécessaires à la protection desdits canaux et à tous les établissements que peuvent comporter les besoins d'une navigation active et d'une nombreuse population sédentaire ou de passage. La zone des terres qui nous reste de ce chef forme un total de 23,000 hectares, sans compter le domaine du Ouady, qui est une propriété particulière de la Compagnie, non comprise dans la concession, et par conséquent se trouvant en dehors des questions posées dans le compromis.

« Enfin, 16 millions sont alloués pour la cession du canal d'eau douce entre le Ouady et Suez, savoir : 10 millions représentant le prix des travaux faits ou à faire pour la construction et l'achèvement de la partie du canal ci-dessus indiquée, et 6 millions pour le rachat des droits de navigation et autres que là Compagnie était autorisée à percevoir sur le canal d'eau douce.

« La sentence nous réserve la jouissance exclusive du canal d'eau douce pendant toute la durée des travaux nécessaires à l'achèvement complet du canal de Suez; en outre, la même sentence maintient à la Compagnie, après l'expiration de ce délai, la jouissance de tous les avantages qu'elle avait en vue de s'assurer, lorsqu'elle a construit le canal d'eau douce.

« La Compagnie, qui avait accepté d'avance les résultats de l'arbitrage souverain, est reconnaissante d'avoir été l'objet de l'intervention de l'Empereur.

« L'autorité et la haute équité de cette intervention mettent nos travaux à l'abri de toute difficulté de nature à en ralentir l'achèvement. La sentence concilie les intérêts politiques avec ceux de la Compagnie et termine, à la satisfaction commune, des dissentiments que nous avons hâte de voir disparaître, pour nous livrer, sans diversion aucune, à l'exécution de l'œuvre dont l'achèvement, désormais assuré dans un bref délai, garantit aux actionnaires de si grands avantages. »

Avec la sentence arbitrale du 6 juillet 1864 se termine la période des grandes luttes, des luttes pour la vie, que M. Ferdinand de Lesseps eut à soutenir, afin de conjurer la ruine de l'œuvre qu'il avait entreprise.

Certes, durant les années qui suivront, il surgira encore des difficultés sérieuses et de toute sorte : difficultés politiques, financières, judiciaires même. Mais on ne verra plus rien de comparable aux assauts, victorieusement repoussés en 1858, en 1860, en 1834. Dès ce moment, l'exécution du canal était assurée et il était certain qu'il ne tomberait plus dans des mains autres que celles qui en avaient tracé les plans et posé les premières assises.

C'est avec le prestige du succès que combat désormais M. de Lesseps; ses adversaires eux-mêmes n'osent plus l'attaquer que sur des points de détail; les sympathies de l'opinion deviennent unanimes; il marche en triomphateur vers le but qu'il s'est assigné.

Dans cette marche victorieuse, M. de Lesseps ne se ralentit pas; il a conquis, on sait au prix de quels efforts, le droit de faire le Canal; mais le Canal est loin d'être achevé, et il faut le finir malgré les difficultés nouvelles qui résultent, pour la continuation des travaux, de la sentence arbitrale elle-même. Au point de vue matériel, la difficulté du problème à résoudre s'est encore accrue, puisqu'il faudra une organisation nouvelle, des machines plus puissantes, de plus forts capitaux. Mais, encore une fois, ces obstacles sont peu de chose en comparaison de ceux qui ont été vaincus, et ils seront surmontés à leur tour.

CHAPITRE X

LE FIRMAN

M. de Lesseps en avait fini avec l'Egypte ; il n'en avait
pas fini avec la Porte, ni avec l'Angleterre. « Vous êtes
d'accord avec le vassal, lui disait-on, vous ne l'êtes pas
avec le suzerain. A votre acte de concession est annexé
un court rescrit indiquant que les travaux ne seront commencés qu'après que le vice-roi en aura obtenu l'autorisation du sultan. » C'était toujours l'éternelle objection
de la ratification de la Porte. On sait combien de voyages
à Constantinople elle avait, depuis dix ans, fait faire à
M. de Lesseps.

Lorsqu'il avait été, en avril 1864, appelé devant la
commission chargée de préparer les éléments de la sentence arbitrale, M. de Lesseps, en compagnie du duc
d'Albuféra, vice-président du Conseil d'administration de
la Compagnie, avait nettement stipulé qu'en retour des

sacrifices qui lui étaient demandés, il était bien entendu
que la sentence arbitrale mettrait fin à toutes les difficultés
précédemment soulevées. « Il faudrait, avait répondu
M. Thouvenel, douter de la parole de l'Empereur et de la
puissance de la France, si, après la sentence, vous aviez
encore des difficultés politiques, et si le firman n'en était
pas la conséquence. »

Ces difficultés se réveillèrent cependant et la Porte,
après avoir accepté en principe la sentence arbitrale, éleva
la prétention de l'interpréter, c'est-à-dire d'en paralyser
de son mieux les effets.

De son côté, sir Henri Bulwer commença une nouvelle
campagne ; il y eut cette fois encore un grand échange
de notes, de propositions, de contre-propositions. Il fallut
de nouveau en appeler à l'intervention directe de l'Empereur. C'est ce que fit M. de Lesseps dans une lettre
adressée le 4 février 1865 à Napoléon III pour lui demander
de faire respecter et exécuter, par toutes les parties intéressées, une décision acceptée à l'avance par le Divan lui-même.

A la suite de cette lettre, M. de Lesseps fut chargé par
le ministre des affaires étrangères de se rendre lui-même
à Constantinople pour s'entendre avec M. le marquis de
Moustier, ambassadeur de France, relativement aux négociations nécessaires. Mais la Porte, qui avait eu une
grande part à la mission de Nubar-Pacha, l'année précédente, s'efforça encore de temporiser, en réclamant un
supplément d'informations à toutes les enquêtes multipliées par elle depuis dix ans.

M. de Lesseps avait mieux à faire ; il laissa les négociations se poursuivre et revint en Egypte. Presque en même
temps que lui, sir Henri Bulwer, ambassadeur d'Angleterre,
y arrivait ; il venait, disait-il, y faire un nouveau séjour,
« pour cause de santé. »

M. de Lesseps prit un réel, sinon un malin plaisir à faire

visiter à l'ambassadeur anglais les chantiers de l'isthme, alors en pleine activité.

Dans un toast très spirituel en l'honneur de son hôte, M. de Lesseps se félicita non du motif du voyage de sir Henri Bulwer, mais de son voyage lui même, « puisqu'il lui permettait de se rendre compte des progrès des travaux du Canal. » En passant et avec beaucoup de sens politique, M. de Lesseps ne manquait pas non plus d'insister dans ce toast sur les facilités que donnerait l'achèvement du Canal à l'immense commerce de l'Angleterre avec les Indes.

Sir Henri Bulwer répondit en termes aimables : « Si l'on me disait que la vieille politesse française est perdue, je répondrais maintenant : allez dans l'isthme où elle a été retrouvée. » Puis, faisant une confession qui paraissait encore quelque peu lui coûter, il recommandait à M. de Lesseps de ne demander à l'Egypte et au gouvernement local que ce qui lui était nécessaire pour ses travaux : « Je ne fais point de difficulté de convenir que tout ce que je viens de voir me donne confiance dans le succès de l'entreprise et m'a inspiré le sentiment de sa grandeur. »

En entendant cet aveu d'un de ses plus persistants adversaires, M. de Lesseps ne dut-il pas éprouver un mouvement de légitime amour-propre ? Lord Palmerston était encore premier ministre ; il ne mourut que six mois plus tard, au mois d'octobre 1865.

Sans s'arrêter aux embarras que la diplomatie turque et anglaise ne cessait de créer au canal maritime, M. de Lesseps se préoccupait, en ce moment même, d'une question qui n'avait pas pour la Compagnie une moindre importance.

Cette question, M. de Lesseps, dans une remarquable conférence, faite à Lyon le 9 novembre en se rendant en Egypte, l'avait indiquée en termes très justes : « Les adversaires du Canal, disait-il, sont de deux sortes : les *politiques* et les *agioteurs*... Les agioteurs ne peuvent nous pardonner de n'avoir pas sacrifié sur leur autel, d'avoir constitué sans leur coûteux intermédiaire le capital social et d'avoir soustrait à leurs manifestations l'affaire la plus grande et très probablement la plus fructueuse du siècle... Le parti agioteur travaille de tous ses efforts à désorganiser les actionnaires, procédé que lui avait du reste enseigné le parti politique. Lord Palmerston, au moment où s'ouvrait la souscription, criait aux capitalistes anglais : « C'est une intrigue et une mystification déshonnête ; n'entrez pas dans la Compagnie. » On crie maintenant à Paris aux capitalistes français : « C'est une détestable affaire ; hâtez-vous de vendre vos actions, et sortez de la Compagnie. » Pour cela on n'épargne aucun moyen. Chacun de nos succès surexcite l'acharnement de l'attaque. On agiote à la Bourse, on multiplie les articles, on les expédie au domicile des actionnaires, on imprime, on colporte toute espèce de faux bruits et de fausses nouvelles, on sème les alarmes, on menace de ruiner les capitaux engagés ; en un mot, il faut à tout prix couler l'affaire, c'est le terme du métier, afin de la repêcher en eau trouble... On cherche à persuader au public que le travail ne pourra pas s'achever, par suite de la suppression du travail obligatoire. Encore un démenti infligé par le fait. Les ouvriers ne manquent pas et ne manqueront jamais dans l'isthme. Ils y affluent du Piémont, des Calabres, de la Toscane, de l'Adriatique, de la Dalmatie, des îles de l'Archipel grec. Nous avons dû forcément combler, dans une très grande mesure, par le développement des instruments mécaniques, le vide que nous imposait le défaut de bras du contingent... Tant d'erreurs, tant de fables, tant de calomnies ont été semées dans le public qu'elles pourraient avoir laissé des traces dans quelques esprits. En ce cas, je serais heureux d'avoir l'occasion de les effacer... »

Effacer ces erreurs et ces calomnies, tel était le but de M. de Lesseps; fidèle au système qui a toujours été le sien, c'est aux juges les plus compétents qu'il fit appel. .

Plusieurs années auparavant on avait prétendu que le Canal était scientifiquement irréalisable, que les ouvrages à construire sur mer s'abîmeraient dans les sables, que dans l'isthme les vases fluides et les sables mouvants devaient transformer les tranchées en véritables tonneaux des Danaïdes; M. de Lesseps avait alors soutenu son opinion envers et contre tous; et pour démontrer la possibilité de faire le canal, il avait amené en Egypte une Commission internationale composée des plus célèbres ingénieurs de tous les pays. On a vu plus haut quel avait été leur arrêt.

Aujourd'hui il s'agissait de faire contrôler par le monde entier non plus la possibilité de faire le canal et de le rendre navigable, mais l'activité avec laquelle étaient poussés les travaux, en dépit de toutes les attaques et de toutes les diffamations.

A qui s'adresser si ce n'est au principal intéressé, au commerce lui-même, et non pas seulement au commerce de la France, mais au commerce de toutes les nations?

Le 31 janvier 1865, au plus fort de sa lutte contre les menées de Nubar-Pacha, il envoyait aux principales Chambres de commerce d'Europe et d'Amérique une circulaire pour les prier d'envoyer des délégués chargés de visiter les bras du canal de Suez.

Cette invitation, qui avait pour but de combattre les doutes répandus partout au sujet de la réussite de l'entreprise, donnait rendez-vous à Alexandrie, pour le 6 avril, aux délégués, en ajoutant que M. de Lesseps mettrait à leur disposition tous les moyens d'inspecter les travaux de l'isthme.

Le 6 avril, les délégués au nombre de 120 étaient réunis à Alexandrie. Par les bateaux français, anglais, autrichiens, italiens, russes, il en était vènu de tous les ports de l'Europe et d'Amérique, notamment des Etats-Unis.

A deux exceptions près, les délégués anglais qui avaient été chargés de représenter les Chambres de commerce de Sheffield, de Birmingham, de Plymouth et de Falmouth, et qui s'étaient réunis aux autres délégués pendant deux jours, à Alexandrie et au Caire, ainsi que l'agent de la Compagnie anglaise de navigation péninsulaire et orientale, firent connaître, au moment du départ, que des causes imprévues et importantes ne leur permettaient pas de participer à l'excursion projetée. On ne fut pas sans remarquer que cette abstention coïncidait avec le retour inopiné en Egypte de sir Henri Bulwer qui, après s'être embarqué à Port-Saïd le 31 mars pour la Syrie, était revenu à Alexandrie le 7, et était arrivé le 8 au Caire.

Après avoir visité Zagaziz et Tell-el-Kebir, les délégués arrivèrent le 10 à Ismaïlia, qui avait pris un air de fête pour recevoir ces premiers hôtes, précurseurs de beaucoup d'autres.

Le parcours du Canal, la vue des établissements d'Ismaïlia démontrèrent à la Commission que la conquête du désert était accomplie; il ne s'agissait plus pour elle que d'une question de temps et d'argent, sur laquelle la fin de son voyage devait fixer son opinion. Suivant une expression heureuse employée par M. Berteaut, dans un toast aux actionnaires de la Compagnie, on avait bâti sur le sable et, contrairement aux fameuses assertions de lord Palmerston et de l'ingénieur Stephenson, on y avait bâti solidement.

A chaque pas, la satisfaction des délégués devenait plus marquée :

« Je suis certain, disait M. Field, délégué de la Chambre
« de commerce de New-York, que tous ceux qui auront vu
« ce que nous voyons seront d'accord pour reconnaître

« qu'un canal maritime peut être exécuté à travers
« l'isthme, moyennánt un capital convenable, sous la
« direction des ingénieurs les plus distingués du xixº
« siècle.

« Vous avez entrepris, Monsieur le Président, le grand
« œuvre de couper deux continents au profit de toutes les
« nations commerciales du monde; je fais les vœux les
« plus ardents pour que vous en puissiez voir bientôt le
« succès complet, et pour que ce travail reste un monu-
« ment, aussi durable que les Pyramides, de votre énergie
« et de votre talent. »

Au Serapeum on eut à noter un curieux incident ; les
délégués, afin de témoigner d'une manière matérielle du
concours qu'ils désiraient apporter à l'œuvre, prirent pour
un instant la place des ouvriers, se mettant eux-mêmes au
travail de la pioche et de la brouette. Le 12 ils partaient
d'Ismaïlia sur une flottille de dix-huit barques, et s'arrê-
taient au chalet du vice-roi. De cette élévation, ils admi-
rèrent le vaste panorama qui s'étendait sous leurs yeux et
qui embrasse le lac Timsah-Toussoum, le Gebel-Mariam,
les montagnes de Suez, le canal d'eau douce, Ismaïlia et le
canal maritime.

Plus loin, la Commission, accueillie au Seuil par le salut
perçant des locomotives, montait dans le train, qui lui faisait traverser les ateliers où se trouvaient les machines, rails
et wagons destinés à compléter le chantier d'El-Guisr,
et la conduisait aux excavateurs à sec dont la simplicité et
le travail rapide reçurent des éloges unanimes.

Pendant le déjeuner, qui eut lieu en plein air, sous
une galerie ornée de feuillage, M. de Lesseps s'exprima
ainsi :

« La ville d'Ismaïlia, où nous étions hier, ne rappelle pas
seulement le nom de Son Altesse Ismaïl-Pacha, mais
encore celui d'Ismaïl, fils d'Agar, qui a jadis parcouru ces

déserts et qui est l'ancêtre des tribus arabes. Le chantier où nous nous trouvons, situé sur le plateau d'El-Guisr, mot qui signifie *seuil* en arabe, n'a donc pas encore de nom propre. Je vous proposerai de profiter de votre passage, qui marquera parmi nous une époque si importante, pour appeler Mariam notre chantier n° 5, où, non loin d'une mosquée construite par la Compagnie, s'élève la chapelle Sainte-Marie, consacrant le passage de la sainte Famille en Egypte.

« Déjà une montagne voisine est connue sous le nom de Mariam, nom également respecté par les Arabes et les chrétiens.

« Enfin, Mme Ryer, notre jeune compagne de voyage qui suit son mari, représentant ici San-Francisco, la capitale de la Californie, se nomme aussi Marie. Elle sera la marraine de cet établissement, et ainsi l'Amérique sera venue sur la limite de l'Afrique et de l'Asie donner la main aux travailleurs européens. » On ne pouvait être plus courtois et plus aimable.

Quelques heures après, les délégués arrivaient à Kantara, où MM. Borel et Chavalley procédaient à l'installation d'un chantier.

M. Villa-Pernice, de Milan, porta un toast, en italien, dans lequel il déclara qu' « il n'avait accepté son mandat « qu'avec une certaine hésitation, à cause des préventions « qu'il avait entendu manifester en Europe à certaines « personnes sur l'accomplissement de l'œuvre, mais ce « qu'il en a déjà vu l'a complètement converti, et il ne « doute plus de la possibilité de percer l'isthme. »

M. Alfred de Lindheim, délégué de la Société impériale et royale de Vienne, pour l'encouragement de l'Industrie, exprima en ces termes les sympathies de ses compatriotes pour le canal de Suez :

« La métropole de l'Autriche bénira le jour où l'union

« de la mer Rouge avec la Méditerranée sera au service
« de la grande navigation. Que ce fait s'accomplisse, qui
« pourrait en douter? Nous tous, en retournant dans
« notre pays, nous n'aurons pas seulement à faire l'éloge
« du bon accueil, de l'aimable et gracieuse hospitalité
« avec laquelle la Société a bien voulu nous recevoir,
« nous pourrons dire à nos compatriotes : le Canal n'est
« plus un rêve, il est assuré à jamais.

« Mais nous pourrons faire mieux encore. Nous tous,
« nous pourrons, chacun selon son influence, ses moyens,
« sa capacité, prêter nos forces à cette grande, à cette glo-
« rieuse entreprise.

« Pour moi, même dans ma position modeste, j'avoue
« franchement que j'aime à penser qu'à mon retour, S.
« M. l'Empereur sera assez gracieuse pour me rece-
« voir. C'est bien dans ce moment que j'oserai lui dire :
« Sire, vous avez fait le bonheur de l'Autriche, vous lui
« avez fait le don le plus précieux : elle vous doit la liberté.
« Qu'il plaise à Votre Majesté de mettre sous son auguste
« protection le canal de Suez, une entreprise qui favorise
« le commerce de l'Autriche et qui ne connaît pas d'autres
« intérêts que les intérêts du monde entier. »

Le vœu de M. de Lindheim devait être exaucé. On sait
que l'empereur François-Joseph honora de sa présence
l'inauguration de l'isthme de Suez, dont le percement a,
dans une si large mesure, développé la prospérité de
Trieste.

De Kantara les délégués se rendirent à Port-Saïd, non
sans avoir constaté l'incessante activité des dragues et des
grues installées sur le parcours du canal d'eau douce.

A Port-Saïd, où l'on apprit la mort de Richard Cobden,
une manifestation sympathique eut lieu en mémoire du
célèbre apôtre du libre échange, qui toujours avait prodi-
gué ses encouragements à M. de Lesseps.

Ce fut aussi à Port-Saïd que l'un des représentants de l'Italie, le baron Lévi, délégué des Chambres de commerce de Livourne et de Pise, rappela les précédentes visites qu'il avait faites dans l'isthme et s'exprima ainsi :

« Jusqu'ici je n'ai pas voulu parler ; je n'aurais pu que « vous dire : Vous verrez. Maintenant vous avez vu, et je « puis prendre la parole.

« On m'accusait d'être allé trop loin dans les rapports « que j'ai publiés sur l'entreprise, en 1862 et 1863. Les « incrédules peuvent voir que je m'étais tenu au-dessous « de la vérité. Mes conclusions étaient que le percement « de l'isthme était résolu, que son exécution n'était plus « qu'une question de temps et d'argent. N'est-ce point, « après examen, votre conviction à tous ?

« Les grandes idées soulèvent toujours des objections « et des minuties. On n'y veut pas croire. On les traite « d'utopies. Je suis Italien. On a traité aussi l'unité ita- « lienne d'utopie comme le canal de Suez. Aujourd'hui, « l'Italie est faite et le canal de Suez est fait. »

De son côté, M. Alexandre Smelsky, chargé du consulat général de Russie en Egypte, exprimait aussi à M. de Lesseps les sympathies du gouvernement du Tzar :

« Je vous adresse par écrit l'expression des sentiments « dont mon gouvernement est animé pour le succès de « l'œuvre que vous dirigez. Permettez-moi de vous témoi- « gner, en présence des délégués des différentes Chambres « de commerce, l'intérêt sincère que le gouvernement de « l'empereur, mon maître, porte à la grande affaire du « percement de l'isthme de Suez, et la sympathie qu'il a « pour vous, initiateur de cette grande entreprise, brave « et fidèle champion des intérêts du commerce et de la « navigation universelle.

« Le commerce extérieur de la Russie se développe de « jour en jour avec les améliorations de nos voies de com-

« munication. Nos vastes et fertiles plaines, nos vigou-
« reux travailleurs attendent avec impatience le jour où ils
« pourront envoyer, par la voie dont vous leur ouvrez la
« porte, le produit de leur travail aujourd'hui libre. »

De Suez, après avoir visité divers travaux, notamment
l'écluse du canal d'eau douce qui venait d'être terminée,
les délégués retournèrent au Caire, puis à Alexandrie.

Avant leur départ, M. Cyrus Field adressa à M. de
Lesseps et à ses collègues des paroles d'adieu pleines de
cordialité et d'effusion.

« Plusieurs des délégués, dit-il en terminant, ont jugé
« de leur devoir, avant de prendre congé de vous, de rédi-
« ger une brève déclaration de ce qu'ils viennent de voir,
« et j'ai le plaisir de vous la remettre, avec l'expression
« du sincère désir que votre vie se prolonge bien au delà de
« l'heureux succès de votre grande entreprise, et que vos
« derniers jours soient les plus heureux. »

M. Field déposa alors ce procès-verbal entre les mains
de M. de Lesseps. M. Berteaut, l'un des représentants de
la Chambre de Commerce de Marseille, prit ensuite la
parole pour annoncer que les délégués, en témoignage de
leur admiration, et en souvenir de leur visite, étaient convenus de faire frapper une médaille commémorative de ce voyage et qu'il était chargé de l'offrir, en leur nom, au président.

La visite faite par les délégués aux travaux du canal eut
le plus grand retentissement. En retournant dans leurs
pays respectifs, ils ne manquèrent pas de publier dans les
journaux des deux mondes des relations de leur voyage
conformes au procès-verbal qu'ils avaient remis à M. de
Lesseps et qui constatait qu'après avoir examiné les travaux et vérifié leur importance, l'exécution du canal
n'était plus qu'une question de temps et d'argent. Cette
déclaration ébranla en Europe et jusqu'en Angleterre les
plus incrédules.

Pendant que M. de Lesseps organisait de nouveaux chantiers, recevait les délégués du commerce européen et multipliait ses efforts de toute sorte, la question du firman de la Porte ottomane restait pendante. Elle n'avait nullement progressé lorsque M. de Lesseps revint à Paris au mois de juin 1865. Le Divan, sous la pression de l'ambassadeur anglais, avait trouvé le moyen de soulever des difficultés nouvelles.

Malgré ses promesses antérieures, le gouvernement turc prétendait que la sentence arbitrale de Napoléon III n'engageait que le gouvernement égyptien et la Compagnie de Suez, mais nullement la Sublime Porte, et que celle-ci avait le droit d'examiner de nouveau le projet de convention définitive.

M. de Lesseps fit auprès de M. Drouyn de Lhuys de nouvelles démarches et lui demanda d'intervenir auprès de la Porte pour la décider à tenir enfin ses engagements.

En même temps, il faisait remettre à l'Empereur une note empreinte d'une très grande fermeté, et qui se terminait ainsi : « Si la diplomatie anglaise réussit encore à provoquer de nouveaux atermoiements ou de nouvelles difficultés, le président se bornera à dire (aux actionnaires de la Compagnie) que celle-ci, étant uniquement privée et commerciale, n'a plus à s'occuper, après le prononcé du jugement, que de la marche rapide de ses travaux, laissant au gouvernement de l'Empereur le soin qui lui appartient de faire reconnaître et appliquer la sentence arbitrale du souverain vis-à-vis des puissances qui viennent s'y opposer sous des prétextes politiques. »

Peu de jours après, M. de Lesseps était rappelé en Egypte par le choléra qui faisait de sérieux ravages parmi les travailleurs de l'isthme. Comme toujours, en de telles circonstances, M. de Lesseps se conduisit avec autant de courage que de dévouement ; partout il se prodigua ; l'intelligente direction qu'il imprima au service des secours réduisit, dans une forte proportion, le nombre des victimes (1).

Par suite de cet événement, l'assemblée générale des actionnaires fut renvoyée du mois d'août au mois d'octobre.

La présence de M. de Lesseps en Egypte n'était pas non plus inutile à un autre point de vue.

Il était urgent de résister aux intrigues renouées par la Porte et par l'Angleterre à la cour du vice-roi. Il n'était pas jusqu'au gouvernement de Napoléon III qui, en proie à des fluctuations nouvelles, ne semblât en cet instant faiblir dans la défense de la sentence impériale et parfois même incliner à accepter une solution nouvelle.

M. de Lesseps ne voulut rien entendre. A toutes les ouvertures, à toutes les propositions et contre-propositions il répondit par un *non possumus* absolu.

« En ne sortant pas de là, écrivait-il de Port-Saïd, le 17 juillet 1865, nous sommes inébranlables. Il n'est au pouvoir de qui que ce soit de nous débusquer. Nous n'avons absolument rien à faire qu'à répondre, dans l'occasion, que nous soumettrons à nos actionnaires, en assemblée générale, toute proposition différente de celle adoptée par cette assemblée, en conséquence de la sentence arbitrale, sans appel, officiellement communiquée à la Compagnie et à la législature de notre pays, après avoir été signifiée au public par le *Moniteur*, avec la signature du souverain et le contre-seing de son ministre. *Factum consummatum est!* Nous le tenons ; bien bonnes gens nous serions d'écouter les belles paroles et d'ouvrir le bec pour le lâcher. »

_____

(1) Au chantier central, en moins de vingt jours, du 23 juin au 12 juillet 1865, sur moins de deux mille résidents deux cent dix-sept furent enlevés par le fléau.

Cette ligne de conduite, dans laquelle il persévéra jusqu'au bout, devait réussir à M. de Lesseps ; il résista victorieusement ainsi aux tentatives faites auprès d'Ismaïl par
le consul général d'Angleterre au Caire pour amener, en
protestant sans cesse contre les prétendues atteintes portées par la Compagnie aux intérêts britanniques, une
reprise de la lutte que la sentence d'arbitrage avait paru
terminer.

Cette nouvelle tentative de l'Angleterre s'appuyait sur
une campagne de presse des plus violentes ; il n'est pas de
calomnie qu'à Londres comme à Paris on n'inventât contre
la Compagnie, que l'on diffamait par d'innombrables
pamphlets auprès de ses actionnaires et de ses propres
agents.

M. de Lesseps déféra à la justice française les auteurs de
ces articles et de ces manœuvres. Deux d'entre eux avaient
notamment annoncé que « l'heure était venue pour les
actionnaires de prendre des mesures radicales et énergiques pour obtenir la démission en masse de l'administration et les avaient engagés à refuser tout versement. » Ils
avaient, sous le titre : *La vérité sur le canal de Suez*, réuni
leurs articles dans une brochure distribuée à un grand
nombre d'exemplaires, même parmi les ouvriers de la Compagnie. Le tribunal de la Seine, par un jugement très fortement motivé et tout à l'honneur de la Compagnie de Suez,
les condamna à 80,000 francs de dommages-intérêts soli-
dairement, et autorisa M. de Lesseps à publier les motifs
et le dispositif du jugement dans 50 journaux français et
étrangers, à son choix. Nous ne citons ici, parmi plusieurs
autres analogues, que le plus marquant de ces procès (1).

Voyant avec une vive inquiétude que le firman conti-
nuait à se faire attendre et comprenant qu'il fallait à tout

_____

(1) Jugement du 17 août 1866.

prix l'obtenir, sous peine de compromettre son crédit auprès de ses actionnaires et l'avenir même de son œuvre, le Conseil d'administration de la Compagnie, sur l'initiative de M. de Lesseps, adressa à Napoléon III une requête lui demandant respectueusement, mais très formellement, de faire exécuter la sentence arbitrale que l'Empereur avait rendue dix-huit mois auparavant, et dans laquelle la Compagnie plus que jamais persistait à voir « un titre souverain et sans appel à l'abri de toute contestation. » Cette requête était ainsi conçue :

« Le Conseil d'administration de la Compagnie universelle du canal de Suez avait adressé, le 4 février 1865, une pétition à Votre Majesté pour solliciter l'exécution de la sentence arbitrale rendue, le 6 juillet 1864, sur la demande du vice-roi d'Egypte, préalablement autorisé par la Porte à terminer à l'amiable les différends existant entre le gouvernement égyptien et la Compagnie.

« Votre Majesté daigna faire expédier les ordres nécessaires pour que son ambassadeur à Constantinople réclamât du Divan l'acte officiel d'autorisation de nos travaux. Cet acte devait être la conséquence immédiate de l'arbitrage et de l'acquiescement diplomatique donné par le cabinet ottoman à la sentence impériale qui, suivant ses propres expressions, *avait rempli les diverses conditions à l'accomplissement desquelles la Turquie avait subordonné sa sanction.*

« Mais le Divan a réussi jusqu'à ce moment à traîner les négociations en longueur et à amener une situation qui pourrait devenir fâcheuse pour les intérêts de la Compagnie.

« La note ci-jointe remise au ministre des affaires étrangères à Paris, en réponse à une communication d'un quatrième projet de convention proposé par la Porte à la Compagnie, expose fidèlement les faits qui se sont produits

depuis que Votre Majesté a prononcé une sentence sans
appel, que les lois de la jurisprudence ne permettent pas
au juge lui-même de modifier sans le consentement des
parties ; cette note se termine ainsi :

« En ce qui la concerne, la Compagnie ne peut rien
accepter que la sentence *sans commentaires, sans inter-
prétations, sans restrictions*. La sentence est ce qu'elle est.
Toute convention *doit* la reproduire telle qu'elle est ; si
l'on persiste à négocier encore au lieu d'exiger purement
et simplement, le firman sera toujours promis et toujours
attendu.

« Ne l'oublions pas, la convention n'avait primitivement
pour objet que de faire homologuer la sentence par la
Turquie, question de forme.

« La sentence est devenue le titre essentiel, la garantie,
la sécurité de la Compagnie. Toute modification, toute
altération de la sentence serait la modification ou l'altération des droits de la Compagnie.

« La dernière assemblée générale des actionnaires a
exprimé son étonnement de voir que, depuis plus d'un an,
le firman de la Porte n'ait pas encore été obtenu par le
gouvernement de l'Empereur ; le président, interpellé à ce
sujet, s'est tenu sur la réserve. Il a engagé les membres
de l'assemblée à attendre avec confiance le résultat des
négociations politiques auxquelles une Compagnie exclusivement commerciale et industrielle devait rester étrangère.

« Mais il sera impossible à la prochaine assemblée de se
renfermer, comme on l'a fait cette fois, dans des généralités. Personne ne comprendra que le gouvernement turc
puisse, depuis si longtemps, tenir en échec un acte souverain de l'empereur des Français, sur lequel sont fondés
les droits de 40,000 actionnaires.

« La conclusion de la présente requête du Conseil d'administration est de supplier Votre Majesté de renouveler les ordres pour exiger du gouvernement turc l'exécution pure et simple de la sentence impériale, c'est-à-dire l'octroi du firman promis. La Compagnie de Suez sera ensuite parfaitement disposée à conclure avec le vice-roi d'Egypte, d'accord avec la Porte et sous l'inspiration du gouvernement de Votre Majesté, une convention basée sur les principes et les termes de l'arbitrage et à concourir à la nomination ainsi qu'aux opérations d'une Commission de délimitation des terrains, conformément au tableau de la sentence.

« Après le firman, cette convention sera facilement négociable, parce qu'elle n'aura pas pour but, comme aujourd'hui, de la part de la Porte et de l'Egypte soutenues ou poussées par la politique anglaise, de nous faire payer le firman par l'abandon de nos droits et la modification d'une sentence souveraine dont les communications turques se gardent bien de prononcer le nom ou de rappeler le souvenir. »

En présence d'un rappel aussi énergique des engagements qu'il avait contractés à l'égard de la Compagnie, Napoléon III fit adresser à la Porte une mise en demeure très pressante.

Se résignant une fois de plus à accepter un fait presque accompli et dont il était impuissant à empêcher l'accomplissement, le sultan revêtit de son approbation la convention suivante qui trancha, définitivement et en conformité avec la sentence impériale, les questions litigieuses qui avaient donné lieu naguère à la mission de Nubar-Pacha.

Voici le texte de cette mémorable convention, datée du 22 février 1866 :

Entre S. A. Ismaïl-Pacha, vice-roi d'Egypte, d'une part ;

Et la Compagnie universelle du canal maritime de Suez, représentée par M. Ferdinand de Lesseps, son président-

*fondateur, autorisé à cet effet par les assemblées générales
des actionnaires des 1ᵉʳ mars et 6 août 1864 et par décision
spéciale du Conseil d'administration de ladite Compagnie,
en date du 13 septembre 1864, d'autre part ;*

A été exposé et stipulé ce qui suit :

Un premier acte de concession provisoire, en date du
30 novembre 1854, a autorisé M. de Lesseps à former une
Compagnie financière pour l'exécution du canal maritime
de Suez.

Un second acte de concession, en date du 5 janvier 1856,
a déterminé le cahier des charges pour procéder à la
formation de la Compagnie financière chargée d'exécuter
les travaux du canal, et a donné l'autorisation d'exécuter
les travaux du percement de l'isthme dès que la ratification
de la Sublime Porte serait obtenue.

A cet acte étaient annexés les statuts de la Compagnie
universelle, revêtus de l'approbation du vice-roi.

Un décret-règlement, en date du 20 juillet 1856, a déterminé l'emploi des ouvriers fellahs aux travaux du canal
de Suez.

Une convention intervenue entre le vice-roi et la Compagnie, le 18 mars 1863, a rétrocédé au gouvernement
égyptien la première section du canal d'eau douce, entre
le Caire et le Ouady.

Une autre convention, datée du 20 mars 1863, a réglé
la participation financière du gouvernement égyptien dans
l'entreprise.

Enfin, une dernière convention, en date du 30 janvier
1866, a réglé :

1° L'usage des terrains réservés à la Compagnie, comme
dépendances du canal maritime ;

2° La cession du canal d'eau douce, des terrains ou
ouvrages d'art et constructions en dépendant, et la reprise
par le gouvernement de l'entretien dudit canal ;

3° La vente du domaine du Ouady, au prix de 10,000,000 de francs ;

4° Les échéances des termes fixés pour le payement des sommes dues à la Compagnie.

La Sublime Porte sollicitée, conformément à l'acte de concession du 5 janvier 1856, de donner sa ratification à la concession de l'entreprise du canal, a formulé, par une note en date du 6 avril 1863, les conditions auxquelles cette ratification était subordonnée.

Pour donner pleine satisfaction à cet égard à la Sublime Porte, il s'est établi entre le vice-roi et la Compagnie une entente qu'ils ont consacrée et formulée dans la convention dont les clauses et stipulations suivent :

ARTICLE PREMIER. — Est et demeure abrogé, dans son entier, le règlement en date du 20 juillet 1856 relatif à l'emploi des fellahs aux travaux du canal de Suez.

Est, en conséquence, déclarée nulle et caduque la disposition de l'article 2 de l'acte de concession du 5 janvier 1856, ainsi conçu : « Dans tous les cas, les quatre cinquièmes au moins des ouvriers employés aux travaux seront Egyptiens. »

Le gouvernement égyptien payera à la Compagnie, à titre d'indemnité et en raison de l'annulation du règlement du 20 juillet 1856 et des avantages qu'il comportait, une somme de 38,000,000 de francs.

La Compagnie se procurera désormais, suivant le droit commun, sans privilèges comme sans entraves, les ouvriers nécessaires aux travaux de l'entreprise.

ART. 2. — La Compagnie renonce au bénéfice des articles 7 et 8 de l'acte de concession du 30 novembre 1854 et des articles 10, 11 et 12 de celui du 5 janvier 1856.

L'étendue des terrains susceptibles d'irrigation concédés à la Compagnie par ces mêmes actes de 1854 et 1856 et rétrocédés aux gouvernement, a été reconnue et fixée d'un

commun accord à 63,000 hectares, sur lesquels doivent
être déduits 3,000 hectares qui font partie des emplacements affectés aux besoins du canal maritime.

Art. 3. — Les articles 7 et 8 de l'acte de concession de
1854 et les articles 10, 11 et 12 de celui de 1856 demeurent
abrogés, comme il est dit dans l'article 2, l'indemnité due
à la Compagnie par le gouvernement égyptien, par suite
de la rétrocession des terrains, s'élève à la somme de
30,000,000 de francs, le prix de l'hectare étant fixé à
500 francs.

Art. 4. — Considérant qu'il est nécessaire de déterminer, pour le canal maritime, l'étendue des terrains qu'exigent son établissement et son exploitation dans des conditions propres à assurer la prospérité de l'entreprise ; que
cette étendue ne doit pas être restreinte à l'espace qui sera
matériellement occupé par le Canal même, par ses francs-
bords et par les chemins de halage ; considérant que, pour
donner aux besoins de l'exploitation une entière et complète satisfaction, il faut que la Compagnie puisse établir,
à proximité du canal maritime, des dépôts, des magasins,
des ateliers, des ports dans les lieux où leur utilité sera
reconnue, et enfin des habitations convenables pour les
gardiens, surveillants, les ouvriers chargés des travaux
d'entretien et pour tous les préposés à l'administration ;
qu'il est, en outre, convenable d'accorder, comme accessoires des habitations, des terrains qui puissent être cultivés en jardins et fournir quelques approvisionnements
dans les lieux privés de toute ressource de ce genre ;
qu'enfin, il est indispensable que la Compagnie puisse disposer de terrains suffisants pour y faire les plantations et
les travaux destinés à protéger le canal maritime contre
l'invasion des sables et assurer sa conservation ; mais qu'il
ne doit rien être alloué au delà de ce qui est nécessaire
pour pourvoir amplement aux divers services qui viennent

d'être indiqués ; que la Compagnie ne peut avoir la prétention d'obtenir, dans des vues de spéculations, une étendue
quelconque de terrains, soit pour les livrer à la culture,
soit pour y élever des constructions, soit pour les céder
lorsque la population aura augmentée.

Les deux parties intéressées se renfermant dans ces
limites pour déterminer, sur tout le parcours du canal
maritime, le périmètre des terrains dont la jouissance,
pendant la durée de la concession, est nécessaire à l'établissement, à l'exploitation et à la conservation de ce canal,
sont, d'un commun accord, convenues que la quantité de
terrains nécessaire à l'établissement, l'exploitation et la
conservation dudit canal, est fixée conformément aux
plans et tableaux dressés, arrêtés, signés et annexés à cet
effet aux présentes.

ART. 5. — La Compagnie rétrocède au gouvernement
égyptien la seconde partie du canal d'eau douce, entre le
Ouady, Ismaïlia et Suez, ainsi qu'elle lui avait déjà rétrocédé la première partie du canal située entre le Caire et
le domaine du Ouady, par la convention du 18 mars 1863.
La rétrocession de cette seconde partie du canal d'eau
douce est faite dans les termes et sous les conditions qui
suivent :

1° La Compagnie est tenue de terminer les travaux restant à faire pour mettre le canal du Ouady, Ismaïlia et
Suez dans les dimensions convenues, en état de réception.

2° Le gouvernement égyptien prendra possession du
canal d'eau douce, des travaux d'art et des terrains qui en
dépendent, aussitôt que la Compagnie se croira en mesure
de livrer ledit canal dans les conditions ci-dessus indiquées. Cette livraison, qui impliquera réception de la part
du gouvernement égyptien, sera opérée contradictoire-
ment entre les ingénieurs du gouvernement et ceux de la

Compagnie, et constatée dans un procès-verbal relatant en détail les points par lesquels l'état du Canal s'écartera des conditions qu'il devait réaliser ;

3° Le gouvernement égyptien demeurera, à partir de la livraison, chargé de l'entretien dudit Canal, soit :

I. De faire, dans le délai possible, toutes plantations, cultures et travaux de défense nécessaires pour empêcher la dégradation des berges et l'envahissement des sables, et de maintenir l'alimentation du Canal par celui de Zagazig, jusqu'à ce que cette alimentation soit assurée directement par la prise d'eau du Caire.

II. D'exécuter les travaux de la partie qui lui a été rétrocédée par la convention du 18 mars 1863 et de mettre cette première section en communication avec la seconde au point de jonction du Ouady.

III. D'assurer en toute saison la navigation en maintenant dans le Canal une hauteur d'eau de 2^{m}50 dans les hautes eaux du Nil, de 2 mètres à l'étiage moyen et de 1 mètre au minimum au plus bas étiage.

IV. De fournir, en outre, à la Compagnie, un volume de 70,000 mètres cubes d'eau par jour pour l'alimentation des populations établies sur le parcours du canal maritime, l'arrosage des jardins, le fonctionnement des machines destinées à l'entretien du canal maritime et de celles des établissements industriels se rattachant à son exploitation; l'irrigation des semis et des plantations pratiqués sur les dunes et autres terrains non naturellement irrigables, compris dans les dépendances du canal maritime; enfin l'approvisionnement des navires qui passent par ledit Canal.

V. De faire tout curage et travaux nécessaires pour entretenir le canal d'eau douce et ses ouvrages d'art en parfait état. Le gouvernement égyptien sera, de ce chef, substitué à la Compagnie en toutes les charges et obligations qui résulteraient pour elle d'un entretien insuffisant, étant

tenu compte de l'état dans lequel le Canal aura été livré, et
du délai nécessaire aux travaux que cet état aura pu
exiger.

ART. 6. — La Compagnie aura la servitude de passage
sur les terrains que devront traverser les rigoles et con-
duites d'eau nécessaires au prélèvement des 70,000 mètres
cubes d'eau dont il s'agit ci-dessus.

ART. 7. — Aussitôt après la livraison du canal d'eau
douce, le gouvernement égyptien en aura la jouissance et
disposera de la faculté d'y établir des prises d'eau ; la Compagnie, de son côté, aura, pendant la durée des travaux
du canal maritime et, au besoin jusqu'à la fin de 1869, la
faculté d'établir, sur le canal d'eau douce, des services de
remorqueurs à hélice ou de toueurs, pour les besoins de ses
transports ou de ceux de ses entrepreneurs, et l'exploitation exclusive du transit des marchandises de Port-Saïd
à Suez, et *vice versa*.

Après 1869, la Compagnie rentrera dans le droit commun pour l'usage du canal d'eau douce ; elle n'aura plus
sur ce canal que la jouissance appartenant aux Egyptiens,
sans toutefois que jamais ses barques et bâtiments puissent être soumis à aucun droit de navigation.

L'alimentation d'eau douce en ligne directe à Port-Saïd
sera toujours amenée par les moyens que la Compagnie
jugera convenable d'employer à ses frais.

La Compagnie cesse d'avoir le droit de cession de prise
d'eau, de navigation, de pilotage, de remorquage, de halage
ou stationnement à elle accordé sur le canal d'eau douce
par les articles 8 et 17 de l'acte de concession du 5 janvier
1856.

Les bâtiments construits par la Compagnie pour ses
services sur le parcours du canal d'eau douce de Gagazig
à Suez sont cédés au gouvernement égyptien au prix de
revient ; ceux de ces bâtiments et dépendances qui seront

nécessaires à la Compagnie pendant la période ci-dessus indiquée lui seront loués par le gouvernement au taux de 5 % l'an du capital remboursé.

Le canal d'eau douce ayant été ainsi complètement rétrocédé au gouvernement égyptien, son entretien étant à la charge dudit gouvernement, il pourra établir sur leditcanal et ses dépendances tels ouvrages fixes ou mobiles qu'il jugera convenable ; d'un autre côté il devient inutile de déterminer, ainsi qu'on l'a fait, pour le canal maritime aucune étendue de terrain pour son entretien et pour sa conservation.

ART. 8. — L'indemnité totale due à la Compagnie, s'élevant à la somme de 84,000,000 de francs, lui sera payée par le gouvernement égyptien, ensemble avec le restant du montant des actions du gouvernement, au cas où la Compagnie ferait un appel de fonds la présente année, et les 10,000,000 de francs, prix de la vente du Ouady, de la manière indiquée au tableau dressé à cet effet, signé et annexé aux présentes.

ART. 9. — Le canal maritime et toutes ses dépendances restent soumis à la police égyptienne, qui s'exercera librement comme sur tout autre point du territoire, de façon à assurer le bon ordre, la sécurité publique et l'exécution des lois et règlements du pays.

Le gouvernement égyptien jouira de la servitude de passage à travers le canal maritime sur les points qu'il jugera nécessaires, tant pour ses propres communications que pour la circulation du commerce et du public, sans que la Compagnie puisse percevoir aucun droit de péage ou autre redevance, sous quelque prétexte que ce soit.

ART. 10. — Le gouvernement égyptien occupera, dans le périmètre des terrains réservés comme dépendances du canal maritime, toute position ou tout point stratégique qu'il jugera nécessaire à la défense du pays.

Cette occupation ne devra pas faire obstacle à la navigation et respectera les servitudes attachées aux francs-bords du canal.

Art. 11. — Le gouvernement égyptien, sous les mêmes réserves, pourra occuper pour ses services administratifs (poste, douane, caserne, etc.) tout emplacement disponible qu'il jugera convenable, en tenant compte des nécessités de l'exploitation des services de la Compagnie ; dans ce cas, le gouvernement remboursera, quand il y aura lieu, à la Compagnie les sommes que celle-ci aura dépensées pour créer ou approprier les terrains dont il voudra disposer.

Art. 12. — Dans l'intérêt du commerce, de l'industrie ou de la prospère exploitation du Canal, tout particulier aura la faculté, moyennant l'autorisation préalable du gouvernement et en se soumettant aux règlements administratifs ou municipaux de l'autorité locale, ainsi qu'aux lois, usages et impôts du pays, de s'établir soit le long du canal maritime, soit dans les villes élevées sur son parcours, réserve faite des francs-bords, berges et chemins de halage, ces derniers devant rester ouverts à la libre circulation, sous l'empire des règlements qui en détermineront l'usage.

Ces établissements, du reste, ne pourront avoir lieu que sur les emplacements que les ingénieurs de la Compagnie reconnaîtront n'être pas nécessaires aux services de l'exploitation, et à charge par les bénéficiaires de rembourser à la Compagnie les sommes dépensées par elle pour la création et l'appropriation desdits emplacements.

Art. 13. — Il est entendu que l'établissement des services de douane ne devra porter aucune atteinte aux franchises douanières dont doit jouir le transit général s'effectuant à travers le canal par les bâtiments de toutes les nations sans aucune distinction, exclusion ni préférence de personne ou de nationalité.

Art. 14. — Le gouvernement égyptien, pour assurer la fidèle exécution des conventions mutuelles entre lui et la Compagnie, aura le droit d'entretenir à ses frais, auprès de la Compagnie et sur le lieu des travaux, un commissaire spécial.

Art. 15. — Il est déclaré, à titre d'interprétation, qu'à l'expiration des quatre-vingt-dix-neuf ans de la concession du canal de Suez et à défaut de nouvelle entente entre le gouvernement égyptien et la Compagnie, la concession prendra fin de plein droit.

Art. 16. — La Compagnie universelle du canal maritime de Suez étant égyptienne, elle est régie par les lois et usages du pays ; toutefois, en ce qui regarde sa constitution comme Société et les rapports des associés entre eux, elle est, par une convention spéciale, réglée par les lois qui, en France, régissent les sociétés anonymes. Il est convenu que toutes les contestations de ce chef seront jugées en France par des arbitres avec appel comme surarbitre à la Cour impériale de Paris.

Les différends en Egypte entre la Compagnie et les particuliers, à quelque nationalité qu'ils appartiennent, seront jugés par les tribunaux locaux, suivant les formes consacrées par les lois et usages du pays et les traités.

Les contestations qui viendraient à surgir entre le gouvernement égyptien et la Compagnie seront également soumises aux tribunaux locaux et résolues suivant les lois du pays.

Les préposés, ouvriers et autres personnes appartenant à l'administration de la Compagnie seront jugés par les tribunaux locaux, suivant les lois locales et les traités, pour tous les délits et contestations dans lesquelles les parties ou l'une d'elles seraient indigènes.

Si toutes les parties sont étrangères, il sera procédé entre elles conformément aux règles établies.

Toute signification à la Compagnie par une partie intéressée quelconque en Egypte sera valablement faite au siège de l'administration à Alexandrie.

ART. 17. — Tous les actes antérieurs, concessions, conventions et statuts sont maintenus dans toutes celles de leurs dispositions qui ne sont point en contradiction avec la présente convention.

Fait double au Caire, le vingt-deux février mil huit cent soixante-six.

Signé : ISMAIL.

Signé : Ferd. de LESSEPS.

Cette convention, revêtue du firman du Sultan, constituait, à vrai dire, un véritable traité de paix entre le gouvernement égyptien et la Porte, d'une part, et la Compagnie du canal maritime, représentée par M. de Lesseps, d'autre part. Il y eut, à ce propos, un échange de mutuelles félicitations. Le vice-roi remit à M. de Lesseps les insignes de grand officier du Medjidié, en ajoutant que c'était le gage des liens étroits qui existeraient désormais entre eux pour la réussite de l'œuvre à laquelle il employait tous ses efforts.

« Le vice-roi, écrivait de son côté M. de Lesseps, a montré un réel courage dont la politique et la presse française doivent lui savoir gré, en résistant, dans une situation fort difficile, à une vive pression étrangère. »

M. de Lesseps, comme toujours, le péril une fois conjuré, ne gardait pas rancune ; il oubliait la mission de Nubar-Pacha ; il est vrai que Nubar, sur l'ordre de son maître, contresignait le traité de paix et affectait de devenir l'auxiliaire dévoué de la Compagnie et de son président.

La bataille était gagnée et, à l'assemblée des actionnaires, le 1er août 1866, M. de Lesseps pouvait dire en toute vérité : « Nous nous sommes toujours présentés devant vous avec confiance, mais jamais avec autant de satisfaction qu'au-

jourd'hui. Il n'existe pas d'inconnu sur les moyens d'exécution dé nos travaux. Le succès de leur transformation
n'est plus une espérance, mais un fait incontestablement
acquis.

« Nous n'avons plus de question douteuse dans notre
situation générale.

« Le firman de S. M. I. le Sultan, que vous assurait la
sentence arbitrale de l'empereur Napoléon, a été pro-
mulgué.

« Nous n'avons aucune incertitude sur la rentrée de nos
ressources financières.

« Nous vous apportons une convention qui vous fait
toucher en trois années, c'est-à-dire pendant le temps où
nos travaux doivent être payés, l'indemnité de 84 millions
dont les versements étaient répartis sur quatorze années. »

C'était là un vrai bulletin de victoire; il n'était d'ailleurs
que l'exacte constatation d'un fait.

Dans cette même séance, M. de Lesseps, qui toute sa vie
a eu la rare qualité de ne jamais s'attribuer à lui-même les
mérites de ses collaborateurs, rendait une éclatante justice
au précieux concours qu'il avait rencontré chez MM. Borel
et Lavalley qui, chargés de la majeure partie des opérations de dragage, venaient de renouveler dans l'isthme
l'organisation du travail mécanique et notamment d'inventer la drague à long couloir qui devait aider, dans une
si large proportion, à l'achèvement rapide des travaux
du canal.

Pour avoir une idée de la drague à long couloir, qu'on
se figure un tube énorme ayant une fois et demie la longueur de la colonne Vendôme, coupé par le milieu, appliqué au haut de la drague par un bout, déversant par
l'autre, au loin, les produits du dragage, et formant au
milieu du Canal comme un pont volant.

Les dragues pourvues de cet appareil et construites de

manière à l'utiliser ne déversent pas les déblais, comme le font les dragues ordinaires, dans des bateaux qui viennent les accoster. Elles amenaient d'un seul jet les déblais directement sur les berges, et cela à des distances de 60 à 70 mètres.

Ce résultat, jusqu'alors sans précédent, avait été obtenu par l'adjonction à la drague d'un long couloir, véritable aqueduc métallique dont la partie supérieure prenait naissance sur la drague elle-même, à la plus grande hauteur, où les godets déversaient les produits du dragage et dont l'extrémité inférieure venait aboutir au-dessus et au delà des berges du canal, à une hauteur de plusieurs mètres au-dessus du sol. Ce couloir, soutenu vers le milieu par un ponton en fer, était relié lui-même à la drague et suivait tous ses mouvements.

En même temps que les déblais tombaient des godets dans le couloir, à sa partie supérieure, des pompes, mues par la machine à vapeur de la drague, y versaient des quantités considérables d'eau ; ce torrent délayait et entraînait les déblais qui étaient ainsi projetés au delà des banquettes anciennement construites ; ils allaient s'étaler sur une large surface, ne produisant que des dépôts d'une très faible hauteur et d'un poids insignifiant.

Cet appareil, aussi simple que puissant, fut une des plus heureuses et des plus utiles innovations parmi celles que les besoins de ces gigantesques travaux firent naître ; il aida dans une telle mesure à l'achèvement du canal que nous lui devions ici une mention particulière.

La période de 1866 à 1870 fut, pour les grands travaux d'exécution, la plus active, la plus féconde. Rien ne saurait être plus saisissant, plus curieux, plus pittoresque que le spectacle offert à cette époque par l'isthme de Suez. Tous ceux qui le visitèrent alors en ont conservé une impression et un souvenir que le temps n'a point affaiblis.

Soudain, nous dit un témoin oculaire, les chantiers sont désertés, par ordre, par les fellahs au moment de leur pleine mise en œuvre. L'hésitation, l'arrêt des travaux, c'eût été la défiance des souscripteurs, la perte du crédit déjà battu en brèche par les plus déloyales insinuations; c'eût été peut-être la mort de l'œuvre. Sans perdre un seul jour on fait appel aux entrepreneurs, aux chefs d'équipe, aux ouvriers de toute l'Europe. En six mois 15,000 travailleurs de six nationalités différentes ont remplacé les 20,000 fellahs. Ce sont, avec des Français, et par ordre d'importance numérique, des Arabes, des Grecs, des Italiens, des Syriens, des Dalmates, des Monténégrins. Aux entrepreneurs des premiers jours, fatigués de la lutte, succèdent Borel et Lavalley, qui vont creuser les deux tiers du canal; les frères Dussaud, qui créeront un nouveau Suez et exécuteront les jetées de Port-Saïd; Couvreux, qui triomphera des flots de sable du centre du désert.

Sous la direction de Voisin-Bey, à Ismaïlia, ayant pour aides de camp, à Port-Saïd et à Suez, Laroche et Larousse, vingt ingénieurs sortant des grandes écoles de France dirigent toutes ces bandes ramassées à la hâte et au hasard, qu'aucun lien de la veille n'unissait et que l'autorité morale seule retient.

De toutes parts le merveilleux matériel, commandé aux premières usines de France, était mis en mouvement.

A Port-Saïd on fabrique sur place, avec du sable, de l'eau et du ciment, des blocs artificiels en béton de dix mètres cubes, que l'on immerge pour opposer à la mer deux remparts d'ensemble 5,000 mètres de développement et ayant leurs assises jusqu'à 10 mètres sous l'eau.

De Port-Saïd au Seuil d'El-Serdane des dragues gigantesques, coûtant chacune un demi-million, pesant 500,000 kilogrammes, vont fouiller le sol jusqu'à 8 mètres, et chacune d'elles, manœuvrée par 12 ou 15 hommes, suffit à enlever par jour jusqu'à 1,800 mètres cubes, le travail d'un millier d'ouvriers.

Au lac Timsah un déversoir de 100 poutrelles levées suivant l'action des vents et du flot, de manière à modérer le courant, remplit en cinq mois cette cavité, plus grande que la rade de Toulon, de l'eau de la Méditerranée amenée de 80 kilomètres.

A Chalouf, 800 mineurs font sauter le rocher; des wagons, circulant sur des chemins de fer à plans inclinés, en remontent le débris sur les berges.

En un mot, partout l'activité la plus grande; des villes, des villages, avec leurs constructions à l'européenne, s'étaient partout élevés et en quelque sorte improvisés avec leurs rues, leurs magasins, leur commerce de toute nature.

L'exposition universelle de 1867 permit aux visiteurs, accourus à Paris de tous les points de l'Europe et du monde, de concevoir la puissance des moyens d'action mis en œuvre par les collaborateurs de M. de Lesseps pour l'achèvement, désormais rapide, de l'immense travail dont il poursuivait depuis treize ans déjà l'exécution.

La Compagnie fit en effet, à cette époque, construire dans le parc du Champ-de-Mars un vaste bâtiment dans lequel figuraient :

1° Un panorama peint par MM. Rubé et Chapron, représentant le vaste ensemble des travaux du canal, de Port-Saïd à Suez, avec les stations ou les points dès lors célèbres des lacs Menzaleh, de Kantara, du plateau du Seuil d'El-Guisr, cette redoutable barrière dont la destruction fut si longue et si difficile, d'Ismaïlia, du lac Timsah, du Sérapeum, des lacs Amers, du plateau de Chalouf et enfin de Suez, où le canal, parti de la Méditerranée, débouche sur la Mer Rouge après un parcours de 160 kilomètres;

2° Un grand plan en relief du canal et des contrées environnantes;

3° Des modèles de tout le matériel employé à la construction du canal.

En voyant ces modèles de dragues, d'élévateurs, d'excavateurs, on se fit une idée de ce que pouvait être cette gigantesque entreprise. Récemment tout Paris s'était intéressé à des travaux qui avaient pour but l'extraction de 4 millions de mètres de terre au Trocadéro. Qu'était-ce que ces 4 millions comparés aux 70 millions du canal de Suez?

L'admiration pour cette œuvre grandiose, appelée à rendre d'incalculables services à la civilisation et au commerce, fut générale et lorsque, à la distribution des récompenses, en présence du sultan Abd-ul-Aziz, M. de Lesseps vint recevoir des mains de l'Empereur la grande médaille décernée à la Compagnie du canal dans la personne de son fondateur et de son président, les acclamations et les applaudissements furent unanimes. Ils étaient mérités.

CHAPITRE XI

L'ACHÈVEMENT DES TRAVAUX

NÉCESSITÉ D'UN NOUVEL EMPRUNT. — PROJET DE LOI RELATIF
AUX OBLIGATIONS AVEC LOTS. — RAPPORT DE MM. L'HOPITAL,
LARRABURE, LE VERRIER; DISCUSSION AU CORPS LÉGISLATIF ET
AU SÉNAT. — DISCUSSION ET VOTE DU PROJET. — NOUVELLE
ÉMISSION : SON SUCCÈS. — LE GOUVERNEMENT ANGLAIS COM-
MENCE A CROIRE AU CANAL. — ALLOCUTION DE LORD STANLEY,
MINISTRE DES AFFAIRES ÉTRANGÈRES. — L'ACHÈVEMENT DES
TRAVAUX.

Les longs différends qui avaient retardé le percement de
l'isthme de Suez et la part qu'il faut toujours faire à l'imprévu
rendaient nécessaire la création de nouvelles ressources.

La substitution du travail libre des Européens au travail par corvée des fellahs, prévu par les conventions primitives, avait eu la plus grande part à cet excédent de
dépenses. Ce fut dans ces conditions que la Compagnie de
Suez sollicita du gouvernement français l'autorisation d'attacher des lots aux titres d'un emprunt de 100 millions,
qu'elle émettrait en France pour couvrir le surplus des
dépenses, sans lesquelles l'achèvement du canal ne pourrait être obtenu.

Une telle demande n'était pas sans donner lieu à des
difficultés; les adversaires du canal ou du gouvernement
faisaient observer que la législation française était, dans
une certaine mesure, contraire à la création d'obligations

à lots, bien que celle-ci eût été autorisée en plusieurs circonstances antérieures. Voici en quels termes le conseil d'Etat, par l'organe de son rapporteur, M. L'Hôpital, répondit à ces objections dans l'exposé des motifs du projet de loi :

« Messieurs, la Compagnie du canal maritime de Suez demande l'autorisation d'attacher des lots aux titres d'un emprunt de 100 millions de francs qu'elle émet en France, en exécution de la délibération en date du 1ᵉʳ août dernier, par laquelle l'assemblée générale des actionnaires, en votant cet emprunt, a donné pleins pouvoirs au Conseil d'administration pour déterminer l'époque, le mode, les garanties et les conditions de l'opération.

« Le président du Conseil d'administration avait exposé à cette assemblée qu'il s'agissait de couvrir le surplus des dépenses sans lesquelles ne pouvait être obtenu l'achèvement du canal. Il avait attribué l'insuffisance des ressources déjà créées et réalisées (à savoir : le capital social 260 millions, l'indemnité de 84 millions payée par le gouvernement du vice-roi, à la suite de la sentence arbitrale qui avait terminé ses différends avec la Compagnie, et diverses autres recettes) à plusieurs causes dont la principale serait le retard et le surcroît de dépenses provenant des différends mêmes auxquels nous venons de faire allusion. Il avait insisté sur les conséquences onéreuses qu'avait entraînées la substitution du travail libre des Européens au travail par corvée des fellahs, d'abord prévu et réglé par les conventions primitives, et sur les modifications inévitables qu'il avait fallu apporter aux premiers devis. Il avait évalué à 85 millions le complément de fonds à trouver pour faire face aux frais de l'achèvement du canal, appréciés eu égard à leur état d'avancement et au caractère des dernières études et des derniers marchés passés avec les entrepreneurs. Enfin, il avait cru pouvoir donner l'assurance que, moyennant le sacrifice final d'un emprunt de 100 millions, la Compagnie serait en mesure, à la fin de 1869, d'ouvrir au commerce international la voie terminée.

« Depuis cette époque, les travaux ont continué avec activité et ils continuent encore. Mais l'emprunt, qui doit seul permettre de les poursuivre jusqu'au bout, n'a encore été souscrit que jusqu'à concurrence de 32 millions environ, et c'est pour en placer le reste avec la rapidité dont elle a besoin que la Compagnie veut faire au public un appel nouveau et plus décisif, ayant la confiance qu'il y répondra plus complètement et plus immédiatement, si, aux avantages qu'assurait déjà la souscription des obligations, émises au prix de 300 francs, remboursables à 500 francs et produisant un intérêt de 25 francs par an, venait s'ajouter l'avantage, offert aussi bien aux souscripteurs d'hier qu'aux souscripteurs de demain, de lots à distribuer par voie de tirage au sort, jusqu'à concurrence d'une somme annuelle de 1 million, représentant 1 % du capital emprunté.

« Mais il va s'agir d'une combinaison présentant accessoirement un mélange de chances aléatoires et offrant au public l'espérance d'un gain à acquérir par la voie du sort : aussi la Compagnie, se préoccupant de l'application qui pourrait être faite ou de l'interprétation qui pourrait être invoquée contre elle des principes de notre législation générale, sollicite une disposition législative spéciale, telle que celles qui sont déjà intervenues à diverses reprises en d'autres circonstances justifiant pareille faveur.

« Le gouvernement, Messieurs, ne pouvait méconnaître l'intérêt que la France porte à l'œuvre du canal de Suez. Entreprise par un Français qui la poursuit avec une ardeur et une conviction dont l'éloge n'est pas à faire, elle a été adoptée par un grand nombre de nos compatriotes, pro-

priétaires de la majeure partie des actions. C'est à la
France que l'histoire saura gré et de l'initiative et de la
persévérance. Le Corps législatif sera donc tout disposé
(nous n'en doutons pas) à prendre en grande considération
les efforts que la Compagnie est obligée de multiplier et
auxquels elle attache la confiance du succès.

« Toutefois, la Société du canal de Suez n'est pas et ne
peut pas être une Société française. D'origine nationale,
elle travaille sur un territoire étranger, dans un but international pour le commerce de tous les pays et pour le progrès général de la civilisation.

« Elle s'intitule Compagnie universelle; son siège est à
Alexandrie. Sous réserve d'obéir aux lois de la France, en
tant qu'elle agit en France, où son administration est
constituée, elle doit garder entières son indépendance et
sa responsabilité.

« Aussi ne pouvions-nous songer à vous proposer de lui
prêter un concours qui aurait pu avoir pour conséquence,
ou même seulement pour apparence, l'immixtion directe
ou indirecte de l'Etat dans ses affaires ou la garantie par
l'Etat à un degré quelconque, soit de l'entreprise, soit de
l'emprunt.

« Des calculs nous ont été présentés, tendant à faire ressortir que l'emprunt trouverait sa garantie en lui-même,
dans la sécurité que comportent l'état d'avancement des
travaux et la prévision des recettes que la Société peut
espérer du transit avenir sur le canal maritime, de l'exploitation du transit provisoire, enfin de la vente des terrains. Ils ont fixé notre attention, mais seulement comme
un appel sérieusement fait par le Conseil d'administration
à la libre confiance des capitaux particuliers engagés ou
près de s'engager dans l'affaire. L'Etat n'en fait point (et
du reste on ne lui a pas demandé d'en faire) la base d'aucune combinaison qui eût été de nature à mêler, en quoi

que ce soit, dans le présent ou dans l'avenir, ses intérêts financiers à ceux de la Compagnie.

« L'encouragement qui vous est demandé et que vous accorderez à la Compagnie du canal maritime de Suez, en raison du caractère exceptionnel de son œuvre, sera donc uniquement dans l'autorisation législative d'attacher des lots aux titres de son emprunt. C'est là déjà du reste un témoignage précieux d'une sympathie que le législateur a quelquefois accordée, mais qu'il n'a jamais prodiguée sous cette forme.

« Vous remarquerez, Messieurs, qu'en permettant à la Compagnie de faire intervenir l'aléa dans les avantages que pourra offrir son emprunt, le projet de loi s'attache à en limiter la proportion, et à lui mesurer sa part. Toutes précautions sont prises pour que chaque obligation souscrite conserve le caractère du placement sérieux d'une somme remboursable, produisant un intérêt à servir régulièrement, auquel s'attache, seulement à titre d'accessoire, une chance de lot qui n'est ni le but, ni la pensée, ni la raison d'être de l'entreprise elle-même.

« Dans ces conditions ainsi précisées, et dans les circonstances dont l'intérêt spécial vous est connu, nous soumettons, Messieurs, avec confiance, le projet de loi à l'examen bienveillant du Corps législatif. »

La Chambre nomma pour examiner le projet de loi une Commission ainsi composée : MM. le baron Lespérut, Larrabure, le comte Welles de Lavalette, Pagezy, Terme, Émile Ollivier, Dollfus, Chesnelong, le comte Caffarelli. La Commission choisit comme rapporteur M. Larrabure, qui présenta au Corps législatif le rapport suivant :

« Messieurs, une idée hardie et féconde fut conçue un jour par un vaste esprit, par un grand Français, M. Ferdinand de Lesseps. Examinant la carte du globe, réfléchissant aux obstacles matériels qui éloignaient l'une de l'autre les deux plus riches parties de l'ancien monde, l'Europe et l'Asie, il voyait s'interposer entre elles, d'une part l'immensité des terres avec leurs lentes et difficiles communications ; d'autre part, l'immensité des mers avec leur navigation contournée, à la fois longue et périlleuse. Sur un point donné, une simple langue de terre séparait notre Méditerranée et les mers de l'Asie ; et, pour les communications, cette langue de terre équivalait à des milliers de lieues. Si on perçait cette langue de terre, si on y pratiquait un canal maritime, la mer d'Europe serait unie à la mer Rouge et à l'océan Indien. Une rapide navigation rapprocherait d'environ trois mille lieues ces contrées, d'ailleurs si favorisées du ciel.

« Ce fut une inspiration de génie !

« M. de Lesseps médita longtemps son projet. Après l'avoir mûri, il le livra au monde et le monde fut frappé de sa grandeur et des immenses résultats qui en pouvaient naître. Ce n'était pas une de ces conceptions égoïstes, suggérées par l'intérêt isolé d'une nation. Non, elle avait un caractère plus élevé, un caractère d'intérêt universel. Aussi tous les peuples y applaudirent.

« Ils furent tous conviés à participer à son exécution, comme ils devaient tous participer à ses bienfaits. M. de Lesseps constitua une Compagnie sous le nom de : *Compagnie universelle du canal maritime de Suez.*

« Le canal exécuté, quels résultats le monde pouvait-il se promettre ?

« L'Asie Mineure, l'Afrique septentrionale, l'Europe entière toucheraient, en un temps relativement court, aux régions de l'Inde, de la Chine, du Japon. La jeune et vigoureuse civilisation de l'Occident donnerait la main de plus près à la civilisation antique mais alanguie et incomplète de l'Orient. La distance qui les avait si longtemps

séparées étant beaucoup amoindrie, les idées, les produits
commerciaux des deux extrémités de l'ancien monde
s'échangeraient rapidement et cet échange rapide enfan-
terait les plus heureuses conséquences pour l'humanité.

« Quelle est, Messieurs, la conclusion de ces prémisses ?
La voici : si cette grande entreprise s'achève, elle sera la
gloire du xix⁵ siècle comme elle assurera un nom immortel
à son promoteur, M. de Lesseps. Mais que d'obstacles
n'a-t-il pas rencontrés ! obstacles venus des hommes,
obstacles opposés par la nature ! Son courage ne s'est pas
rebuté ; il savait que les grandes choses ne s'accom-
plissent qu'au prix de rudes épreuves, au prix de cruels
mécomptes.

« Aux épreuves venues des hommes, il a opposé de fortes
convictions, la foi persévérante en son œuvre, et la Compagnie, qui s'est associée à cette œuvre, s'est associée
aussi à la confiance de son auteur, l'a suivi avec une
fermeté égale.

« Mais, quant aux mécomptes financiers, le courage ne
suffit pas ; la Compagnie a besoin que les généreux amis
de tous les progrès humains lui viennent en aide.

« Les causes des mécomptes financiers sont connues ;
elles ont été diverses :

« En premier lieu, on doit s'attendre à en rencontrer
toujours dans des entreprises aussi colossales.

« En second lieu, les différends survenus avec les gouvernements ont causé des retards, des temps d'arrêt qui se
sont traduits en augmentation de dépenses.

« En troisième lieu, d'après les conventions premières, les
travaux devaient s'exécuter par corvées de fellahs ; elles
furent promises à la Compagnie, puis retirées. Il a fallu
leur substituer le travail libre des Européens avec un
immense surcroît de frais. A l'insuffisance des bras qu'on
pouvait ainsi recruter, il a fallu suppléer par la création de

magnifiques mais très dispendieux engins de travail ; le matériel mécanique, ainsi créé, a coûté 60 millions.

« En quatrième lieu, des difficultés de terrain, imprévues et imprévoyables, ont immensément dépassé les devis des ingénieurs.

« Nous omettons d'autres causes de détails qui, réunies, ont concouru à aggraver les dépenses.

« La Compagnie s'est ainsi trouvée jetée très loin de ses prévisions.

« Elle estime aujourd'hui qu'il lui faudra encore 100 millions pour achever son canal.

« Elle les demande aux capitaux libres de la France. La France, toujours attirée par les œuvres qui ont un caractère de grandeur et de générosité, par les œuvres qui, comme celle-ci, doivent propager au loin son nom, ses idées, son influence, la France a déjà fourni à l'entreprise la plus forte partie de son capital social. De son côté, le pacha d'Egypte lui a prêté une généreuse assistance, non seulement une assistance morale par ses sympathies, mais une assistance effective par ses capitaux, car le pacha d'Egypte est devenu et reste toujours le plus fort actionnaire de la Compagnie.

« La France peut-elle l'abandonner aujourd'hui ? Peut-elle la laisser tomber ? Ce serait un immense malheur. Non, Messieurs, la plus magnifique conception du siècle ne périra pas ! Non, le sol égyptien, que le canal devait rendre si célèbre et si prospère, ne restera pas jonché de ruines, et de ruines en grande partie françaises ! Les anciennes barrières entre l'Orient et l'Occident ne se relèveront plus.

« Tout se réunit pour faire désirer l'achèvement du canal. Quant à la France, un juste orgueil national y est intéressé ; de plus, ses capitaux y sont déjà. Enfin, d'importantes considérations commerciales y sont engagées.

« Messieurs, jetez les yeux sur la carte, vous reconnaîtrez

que, par sa position géographique, la France méridionale sera l'intermédiaire principal de l'immense mouvement qu'on peut prévoir.

« Depuis que les rapports européens avec les vastes pays qu'on appelle l'Inde, la Chine, le Japon se sont multipliés, l'isthme de Suez, étant l'obstacle, avait fait dévier la navigation générale vers l'Atlantique, le cap de Bonne-Espérance, les mers de l'Inde. L'isthme étant percé, tout changera. Le bassin de la Méditerranée reprendra la plus grande partie de ce mouvement. Sa mer, longtemps désertée, en sera le double point de départ et d'arrivée. Dans cette conquête nouvelle de la Méditerranée, la France aura une part prépondérante. C'est chez elle surtout qu'afflueront les nouveaux courants des populations et des transactions. L'instinct populaire ne s'y trompe pas. Voyez avec quelle impatience fiévreuse le midi de la France attend que l'isthme soit percé, qu'il ouvre de nouvelles voies avec ces régions merveilleuses de l'Orient. C'est une révolution qu'on pressent; c'est alors qu'apparaît dans toute sa fécondité la grande pensée de M. de Lesseps.

« Messieurs, soyez-en sûrs, le canal de Suez doit considérablement grandir notre rôle et nos destinées d'avenir. De quelque manière qu'on envisage aujourd'hui cette affaire, sa bonne fin devient pour nous un intérêt national. Nous espérons que les hautes fortunes du pays, s'inspirant d'un sentiment patriotique, croiront devoir accorder à la Compagnie le concours qui lui est nécessaire. Quel plus noble usage feraient-elles de leur puissance financière?

« Cependant, les nouveaux capitaux que l'on sollicite aujourd'hui courent-ils risque d'être compromis? Quelle est la situation de la Compagnie? Quelles sûretés offre-t-elle à l'emprunt de 100 millions? Quelles sont les prévisions d'avenir qu'elle peut calculer? Enfin, quelles raisons a-t-elle de croire qu'avec les 100 millions tout sera terminé, qu'il n'y a pas à craindre de nouveaux mécomptes et un nouvel emprunt ?

« A la rigueur, la mission de votre Commission n'allait pas, Messieurs, jusqu'à poser ces questions pour les éclaircir. Cependant, sa sollicitude ayant été éveillée, elle a cru, à titre de simple information, devoir entendre les représentants de la Compagnie. Si la Commission fait des vœux pour le succès de l'emprunt, elle n'entend ni exciter à prendre des titres ni mesurer leur valeur à aucun degré. Elle livre à la publicité les réponses qui lui ont été faites sans prendre à cet égard, bien entendu, aucune responsabilité, même morale. C'est à chacun des intéressés, le cas échéant, à contrôler les renseignements que nous nous bornons à reproduire comme on nous les a donnés. C'est à chacun dans sa liberté, à ses risques et périls, à prendre part à cet emprunt, s'il veut lui accorder sa participation. Ces réserves formelles étant faites, votre Commission a reçu les communications ci-après de MM. les présidents du Conseil d'administration.

« Les titres à émettre sont des titres d'obligation, des titres d'emprunt. Les 100 millions ainsi empruntés auront pour premier gage le canal lui-même et ses produits. Ils auront pour hypothèques de vastes terrains situés le long du canal, sur une largeur de 200 mètres, à gauche et à droite de ses rives, et encore d'autres terrains propres aux constructions, dans les diverses villes du parcours. On peut prévoir la valeur considérable qu'ils acquerront depuis l'ouverture du canal, à mesure que la navigation y attirera le mouvement de la vie. Les produits du canal appartiendront aux obligations, par priorité, pour les intérêts, les lots et leur amortissement successif, qui s'effectuera en cinquante ans.

« Quant à ses produits, quelles prévisions est-il possible de calculer ? Il faut chercher les éléments du calcul dans le mouvement commercial aujourd'hui observé et connu.

« Le passage par les Dardanelles est annuellement de 6 millions de tonneaux.

« Le mouvement extérieur du seul port de Liverpool est aussi de 6 millions de tonneaux, non compris son cabotage avec les autres ports de la Grande-Bretagne qui le double.

« Le mouvement du commerce extérieur de Marseille est d'environ 4 millions de tonneaux.

« Le passage du cap de Bonne-Espérance est évalué à 9 millions de tonneaux.

« Ce sont des points de comparaison.

« Si l'on pense que le canal de Suez doit concentrer une grande partie de ce mouvement commercial, que c'est par lui que s'opérera le double transit d'Europe en Asie et d'Asie en Europe, est-il téméraire d'affirmer que le passage annuel du canal de Suez sera *au moins* de 6 millions de tonneaux, et que cette estimation restera probablement bien au-dessous de la réalité? Or, le péage de cette traversée doit coûter 10 francs par tonneaux; la Compagnie obtiendrait ainsi un revenu d'au moins 60 millions de francs par an.

« C'est largement supputer ses charges annuelles d'administration, de contributions, d'entretien, etc., que de les porter à 10 millions de francs. L'intérêt, les lots, l'amortissement des 100 millions, aujourd'hui empruntés, doivent coûter environ 9 millions et demi, portons-les à 10 millions en chiffres ronds. Ces charges déduites, il resterait encore 40 millions de produits nets pour le capital social de 200 millions formé par les actions.

« Si on veut considérer isolément la charge annuelle à couvrir pour les 100 millions aujourd'hui empruntés, il suffirait pour la couvrir d'un passage annuel de 2 millions de tonneaux, qui produiraient 20 millions de francs par an, savoir :

« 10 millions pour les frais généraux de toutes espèces, 10 millions pour satisfaire et éteindre l'emprunt de 100 millions.

« Telles sont les sûretés offertes à l'emprunt.

« En résumé, le canal achevé, la Compagnie aurait :

« 1° Un passif de 100 millions de dettes et 200 millions d'actions, total 300 millions de francs ;

« 2° Pour actif la possession du canal, ses produits et ses terrains considérables, dont la valeur doit s'accroître dans des proportions qu'on ne saurait chiffrer aujourd'hui, mais dont l'esprit peut calculer l'importance.

« Les 100 millions d'emprunt suffiront-ils pour le complet achèvement du canal jusqu'à le mettre à fruit ? La Compagnie en a la ferme conviction.

« Elle ne marche plus sur un terrain inconnu comme au commencement de l'entreprise ; aujourd'hui tout est sondé, exploré, reconnu. Les travaux qui restent à exécuter sont appréciés et même concédés par traités déjà passés. Les éventualités seront désormais insignifiantes.

« Pour ce qui reste à faire, les charges prévues et les moyens d'exécution peuvent se calculer ainsi : sur l'emprunt de 100 millions de francs il y a déjà 31 millions de réalisés, avec l'encaisse existant ou assuré et l'excédent de l'emprunt à réaliser, la Compagnie aura à sa disposition . . . . Fr.   118,000,000

« Les travaux adjugés, les intérêts des actions et des obligations à payer, les travaux en régie (peu importants), le matériel de traction, les frais de contrôle et d'administration à payer jusqu'à l'achèvement complet doivent lui coûter.   107,000,000

« Il lui restera un solde libre de . . Fr.   11,000,000

« Tel est, dit l'administration de la Compagnie, l'ensemble des garanties, tels sont les éléments de certitude qu'elle offre loyalement aux prêteurs des 100 millions comme à ses actionnaires.

« Nous reproduisons fidèlement, Messieurs, ces renseignements fournis à votre Commission. Nous les redirons au public, sous les réserves exprimées, afin qu'il ait une base à ses propres investigations et à son contrôle.

« Si votre Commission ne veut aucune responsabilité, le gouvernement, dans son exposé des motifs, déclare que l'Etat ne saurait en prendre aucune non plus. Par la loi, il a voulu donner à la Compagnie un témoignage de bienveillant intérêt, une facilité de plus pour le succès de son emprunt. Mais le gouvernement doit rester libre, il n'entend engager de garantie d'aucune sorte directement ni indirectement, à l'égard des prêteurs, et votre Commission l'approuve hautement. »

La discussion du projet de loi eut lieu au Corps législatif, dans la séance du 16 juin.

Le premier orateur qui prit la parole fut le vicomte Lanjuinais. Il commença en rendant hommage à la conception grandiose de M. de Lesseps, et à son collaborateur, M. Lavalley, qui « par des moyens mécaniques véritablement merveilleux, est arrivé à rapprocher de leur terme des travaux dont l'exécution avait été jusque-là regardée comme impossible par des hommes très compétents ».

M. Lanjuinais ajoutait que ses sympathies pour cette œuvre puissante étaient si complètes qu'il serait prêt à lui accorder même un concours pécuniaire. Il se bornait à s'élever contre le mode de concours que le gouvernement impérial prétendait accorder à la Compagnie, parce qu'il y voyait un retour à des combinaisons de loteries abrogées par la loi de 1836.

Ce fut le rapporteur, M. Larrabure, qui répondit à M. Lanjuinais. Il établit fort judicieusement la différence existant entre la demande faite par la Compagnie du canal maritime et les opérations aléatoires que la loi de 1836 avait pour objet de proscrire ou de refréner. Il assimila l'emprunt de la Compagnie aux emprunts, en quelque sorte similaires, faits précédemment par la ville de Paris, le Crédit foncier, etc.

M. Marie, au nom de l'opposition, répondit à M. Larrabure. Il réédita, à peu de chose près, les arguments apportés à la tribune par M. Lanjuinais, en accusant le projet de loi de viser à rétablir ce que la loi de 1836 avait aboli à grand'peine.

Dans un discours très étudié et qui produisit sur la Chambre une certaine impression, le commissaire du gouvernement, M. L'Hôpital, contesta l'assimilation que MM. Lanjuinais et Marie avaient tenté d'établir entre le projet de loi soumis à la Chambre et les loteries prohibées par la loi de 1836. M. L'Hôpital fit surtout valoir que cette loi n'avait eu pour effet ni pour objet d'interdire les placements sérieux, avec un capital vrai et remboursable, avec un intérêt servi, non excessif, suffisant cependant pour déterminer la pensée du père de famille lui-même, en un mot, une opération sage à laquelle un aléa viendrait s'adjoindre seulement par surcroît, comme attrait supplémentaire.

Un peu plus loin, M. L'Hôpital ajoutait que c'était à un grand intérêt général que serait procuré le bienfait de la loi, « la France étant appelée à affermir ainsi sa prépondérance dans la Méditerranée et dans le transit du commerce général ».

Ce fut le principal, le plus éloquent orateur de l'opposition, M. Jules Favre, qui répondit à M. L'Hôpital.

M. Favre, lui aussi, protesta de sa sympathie pour l'entreprise de M. de Lesseps, mais, se plaçant sur le même terrain que MM. Lanjuinais et Marie, dans cette lutte qui eut surtout un caractère politique, il invoqua, contre le projet, la législation de 1836. « De deux choses l'une, dit en terminant M. Favre, ou bien l'entreprise de Suez a cette grandeur et cette utilité nationale qui a été si souvent célébrée, ou bien ç'est une entreprise purement privée. Dans le dernier cas nous ne devons rien à l'isthme de Suez ; nous ne lui devons que nos sympathies ; mais il ne nous est pas permis de faire une loi qui est un véritable rescrit et qui abolit la loi de 1836 à son profit. Si, au contraire, l'entreprise de l'isthme de Suez a un caractère national qui intéresse la France, que la France vienne directement au secours de la Compagnie au moyen d'une garantie d'intérêts ou d'un subvention. »

M. Vuitry, ministre présidant le conseil d'Etat, dans un discours très étudié et d'une argumentation très serrée, insista sur les considérations qui avaient été présentées par MM. L'Hôpital et Larrabure. Il mit en très vive lumière l'intérêt que présentait pour la France le percement de l'isthme de Suez.

« La Compagnie, dit-il en terminant, mérite-t-elle, par la nature de son entreprise, par le caractère de ses fondateurs, par l'utilité générale qu'elle présente, que la faculté exceptionnelle qu'elle demande lui soit conférée ?

« C'est un aide, c'est un appui qu'elle demande, je le reconnais ; mais que le Corps législatif me permette d'ajouter que c'est le seul aide, le seul appui, et dans la seule forme possible qu'elle puisse demander à l'Etat français. »

Après le discours de M. Vuitry et une courte réplique de M. Lanjuinais, la Chambre passa au vote et par 199 voix contre 8 adopta le projet de loi.

Le 21 juin, le projet fut porté au Sénat qui, le 22, nomma une commission ainsi composée : MM. Boinvilliers,

Le Verrier, comte Mallet, Delangle, Michel Chevalier.
M. Le Verrier fut désigné comme rapporteur.

Dans la séance du 30 juin, M. Le Verrier, avec la haute
autorité scientifique qui s'attachait à son nom, donna lecture d'un rapport très étudié et très savant, dans lequel,
après avoir retracé les origines géographiques et scientifiques de la question, il constata, en s'appuyant sur les faits
acquis, que partout les difficultés sérieuses de l'entreprise
avaient été surmontées, et qu'il ne restait à exécuter qu'un
travail d'approfondissement dont le succès n'était plus douteux par suite des puissants engins dont disposait la Compagnie.

M. Le Verrier, dont les calculs furent confirmés par
l'événement, faisait prévoir qu'on verrait au plus tard la
fin des travaux en octobre 1869. Il rendait enfin un éclatant hommage au zèle, au dévouement de cette armée de
travailleurs, dont l'ardeur s'accroît à mesure qu'elle aperçoit de plus près le but qu'elle veut atteindre.

« Ce sont, pour la plupart, ajoutait-il, des Français, nos
compatriotes, à qui leur chef éminent rend ce légitime
hommage qu'à l'époque où les difficultés s'accumulaient et
pouvaient faire redouter un insuccès, pas un d'eux n'a
failli, soutenus qu'ils étaient par le sentiment du devoir,
par leur confiance dans la grandeur de l'œuvre à laquelle
ils sont associés et par la conscience qu'eux aussi portent
et honorent le drapeau de la France sur ce champ de
bataille de la civilisation. »

Après la lecture du texte de la loi, un seul orateur prit la
parole avant le vote. Ce fut le baron Charles Dupin qui,
l'un des premiers, douze ans auparavant, à l'Académie des
sciences, avait pris la défense du projet de M. de Lesseps,
et depuis lors n'avait cessé de lui prêter en toutes circonstances le plus persévérant concours.

Avec une légitime fierté, le baron Dupin put évoquer ce

souvenir, en rappelant que c'était à l'Académie des sciences qu'était dû le premier jugement solennel et décisif avec une conception au plus haut degré favorable à la prospérité des nations. Après un éloquent résumé des événements qui s'étaient accomplis depuis lors, M. Dupin termina son discours en citant cette conclusion de son rapport de 1856, dont les prévisions se trouvaient entièrement réalisées : « Nous résumons par un seul. mot notre jugement sur l'œuvre considérable soumise à notre examen, œuvre expliquée dans les mémoires de M. de Lesseps et dans les calculs, les plans, les devis, les rapports à l'appui : la conception et les moyens d'exécution du canal maritime de Suez sont les dignes apprêts d'une entreprise utile à l'ensemble du genre humain ».

A l'unanimité de 82 votants, le Sénat, se rangeant à l'opinion de MM. Le Verrier et Dupin, déclara, suivant la formule constitutionnelle alors usitée, « qu'il ne s'opposait pas à la promulgation de loi ».

La loi ayant été promulguée dans le *Moniteur* le 5 juillet, la souscription fut ouverte le 6. Elle fut close le 9 et obtint un éclatant succès. En deux jours, les nouveaux titres firent prime de 15 et 18 francs. Dès cette heure, le succès de l'œuvre de M. de Lesseps put être considéré comme acquis ; les dernières difficultés financières étaient résolues.

En présence d'un tel résultat et de l'impulsion de plus en plus vigoureuse donnée aux travaux d'achèvement du canal, la confiance grandissait chaque jour et les sympathies de l'opinion devenaient de plus en plus vives. En Angleterre, la vieille hostilité, même celle du gouvernement, faisait place à une sorte de faveur.

Depuis quelque temps déjà, de l'autre côté du détroit, il était devenu de mode d'aller visiter les travaux de l'isthme. Au commencement de l'année, une lettre adressée au *Times*, par l'un des membres les plus distingués de l'aristocratie anglaise, le duc de Saint-Alban, avait eu un grand retentissement. « Je suis arrivé en Egypte fort sceptique, écrivait-il, j'ai pu, *de visu*, constater la merveilleuse activité qui régnait dans l'isthme, au milieu d'une population de 20,000 Européens, sans compter les indigènes, créée au milieu du désert et fournie de tous les objets de nécessité et de luxe de la vie, *je suis arrivé ici sceptique et j'en pars ferme croyant en l'achèvement du canal de Suez dans un court espace de temps.* »

Quelques mois après, une manifestation commerciale et politique très importante eut lieu à Londres. La *Cotton supply Association*, qui est, comme l'indique son nom, vouée au développement de l'industrie cotonnière et qui est l'une des associations les plus actives et les plus puissantes du Royaume-Uni, adressa à lord Stanley, alors chef du Foreign-Office, une demande pour obtenir du gouvernement qu'il engageât avec les autres puissances, et spécialement avec la France, une négociation tendant à conclure une convention internationale, plaçant sous la protection de toutes les puissances la neutralité du passage à travers l'isthme, dans le plus bref délai possible.

A la députation qui venait lui faire part de ce vœu, en exprimant la conviction que de grands bénéfices résulteraient de l'emploi du canal, principalement pour l'Angleterre, lord Stanley, ministre des affaires étrangères, répondit : « Je sympathise pleinement avec vous sur le sujet que vous avez bien voulu soumettre à mon examen. *Je n'ai aucune espèce de doute sur l'achèvement définitif du canal de Suez.* Il est évident qu'aucune nation ne profitera aussi largement que la nôtre du trafic qui doit passer sur le canal. Je garderai le souvenir des questions dont vous venez de m'entretenir dans la pensée de les résoudre et je leur donnerai toute l'attention que leur grande importance mérite ».

Il y avait loin de cette déclaration officielle du ministre, des affaires étrangères anglais au langage tenu, pendant de longues années, par le gouvernement britannique. Une fois de plus on pouvait constater toute la puissance, ou, pour mieux dire, la toute puissance du fait accompli.

A cette heure-là, en effet, l'achèvement du canal de Suez pouvait être considéré *comme un fait accompli* et quelques mois plus tard, le 2 août 1869, M. de Lesseps annonçait à l'Assemblée générale des actionnaires que la marche des travaux permettait d'annoncer pour le 17 novembre de la même année l'ouverture du canal. Avec quelles acclamations et quels applaudissements fut accueillie cette nouvelle !

Ce fut là pour lui un vrai triomphe.

Jetant sur le passé un coup d'œil dont il avait le droit d'être fier, M. de Lesseps rappela que tous ses engagements avaient été tenus, puis il ajouta :

« Dans votre première Assemblée générale du 15 mai 1860, nous vous disions :

« Vous envisagez les immenses services que le rapprochement de l'Occident et de l'Orient doit rendre à la civilisation et au développement de la richesse générale.

« Le monde attend de vous un grand progrès et vous voulez répondre à l'attente du monde.

« Cette pensée morale, qui domine parmi vous et que nous avons recueillie dans toutes vos communications, a été et restera l'honneur de notre Compagnie. *(Très bien ! très bien !)*

« On a pu oublier comment votre confiance était appréciée par ceux qui ne croyaient pas à la réalisation de notre entreprise.

« Pour nous rendre compte du chemin que nous avons parcouru depuis dix ans, aussi bien que pour rendre

hommage à la sincérité de nos voisins, il n'est pas
sans intérêt de placer ce qui se publiait alors en Angleterre en regard de ce qui s'y publie actuellement. *(Rires
approbatifs.)*

« A la suite de l'Assemblée générale du 15 mai 1860, un
journal de Londres fort répandu écrivait :

« L'allocution adressée par le grand prêtre de l'entre-
« prise égyptienne au corps de souscripteurs le plus rem-
« pli d'abnégation et de confiance qui existe *(on rit)*
« présente, pour tout lecteur qui n'a pas encore noyé ses
« épargnes dans les sables du désert, un mirage aussi
« pittoresque et aussi attrayant que le désert lui-même
« peut l'offrir à des lèvres altérées et à des yeux éblouis.
« *(Nouveaux rires.)* « Le fameux Balbrigane, dont le
« patrimoine hypothéqué jusqu'à la gorge consistait en
« vastes marais salants auprès de la mer, était un enfant
« dans la science de l'imagination, comparé au grand
« découvreur d'une nouvelle Péluse, essayant de convain-
« cre son auditoire, à la salle Herz, que deux cent cin-
« quante européens malades et six cents Arabes enrôlés de
« force, qui constituent l'état-major du canal, sont en ce
« moment engagés à compléter cette œuvre stupéfiante et
« sont assez forts pour le faire sans argent, sans eau et
« sans pierre. *(Hilarité.)* Comment se fait-il que les meil-
« leurs critiques français soient toujours à se lamenter
« sur ce que la littérature de fiction est morte dans un
« pays qui a produit un M. de Lesseps ? » *(Rires approbatifs.)*

« Le 29 août 1869, les paroles suivantes étaient publiquement prononcées par M. Saunders, propriétaire et
rédacteur en chef du journal l'*Englishman*, de Calcutta :

« Comme représentant de la presse de l'Inde, j'ai à recon-
« naître que, moi et nous tous, sujets britanniques, nous

« n'avons pas cru à la possibilité de percer heureusement
« l'isthme de Suez. Nous nous sommes complètement
« trompés et les faits ont réfuté nos opinions. Nous avons
« été repoussés de toutes nos positions. Non seulement le
« canal est percé, mais il a conquis le monde. Nous allons
« voir s'opérer une révolution complète dans le mode de
« navigation sur les mers orientales, révolution causée
« par la nécessité de passer le canal.

« Nos princes et nos vice-rois, nos généraux, nos ingé-
« nieurs et nos négociants ont visité les travaux du canal,
« et tous sont revenus impressionnés de la grandeur de
« l'entreprise, de l'habileté qu'on y a déployée et du succès
« obtenu. Liverpool est arraché à son indifférence, Lon-
« dres est éveillée de sa sécurité illusoire, et tous se pré-
« parent à la grande lutte qui s'avance tranquillement au
« devant d'eux et à laquelle toutes les nations doivent par-
« ticiper. » *(Bruyants applaudissements.)*

« L'ouverture du canal de Suez, sera en effet, une révolution maritime et commerciale. » *(Très bien ! très bien !)*

Cette révolution maritime et commerciale, dès longtemps annoncée par M. de Lesseps, tous les grands ports
du monde, toutes les compagnies de navigation, toute l'industrie, tout le commerce, toutes les nations, en un mot
s'y préparaient avec ardeur ; le canal de Suez n'était
plus une fiction ; il était désormais une réalité. Encore
quelques semaines et les principaux points de l'Europe
allaient être rapprochés de l'Inde et de l'Orient de plus de
3,000 lieues.

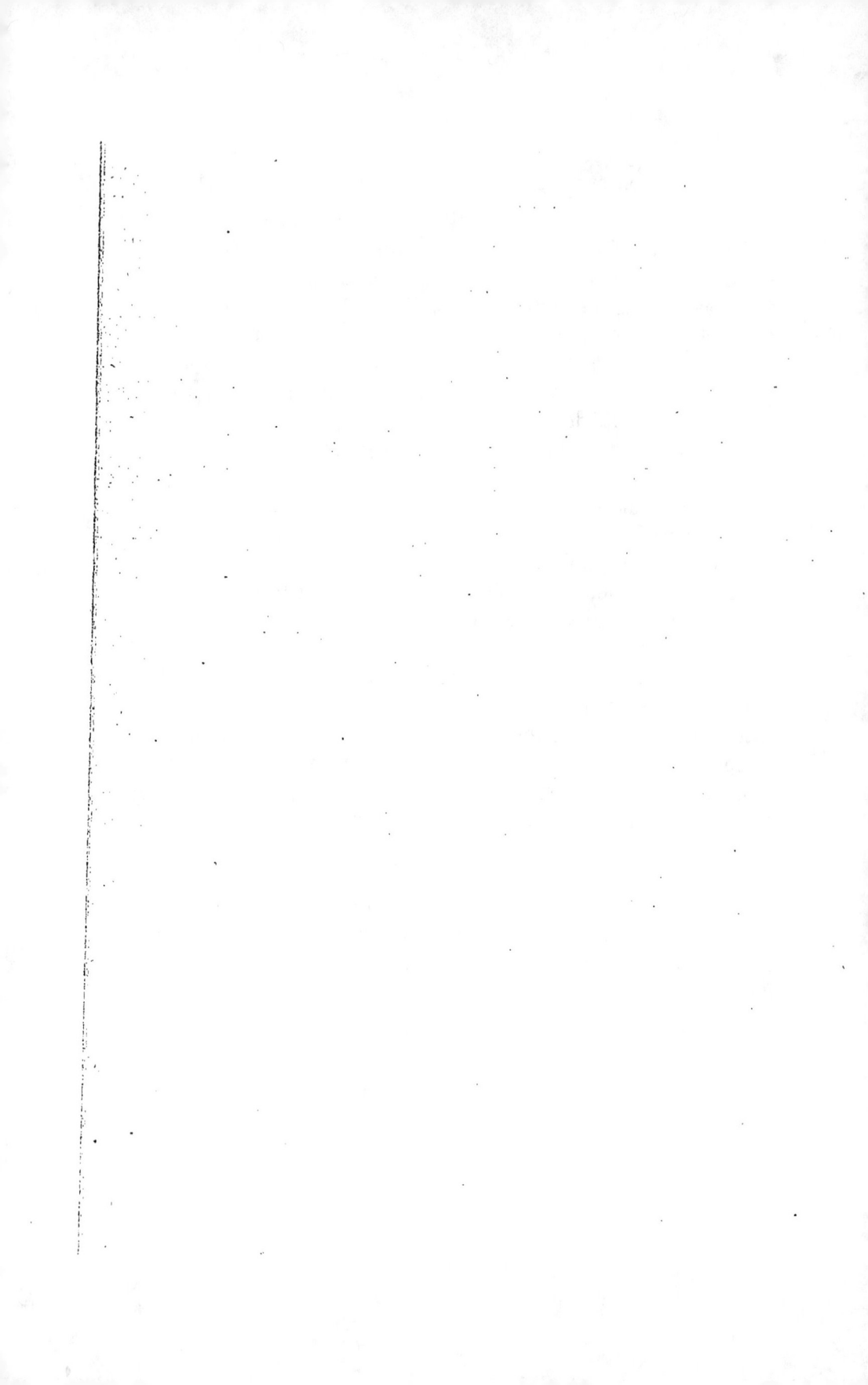

CHAPITRE XII

L'INAUGURATION DU CANAL

L'INAUGURATION. — ARRIVÉE DES SOUVERAINS ET DES PRINCES A
PORT-SAÏD. — LA TRAVERSÉE DU CANAL. — HOMMAGES RENDUS
A M. DE LESSEPS. — MANŒUVRES DE BOURSE. — VOYAGE DE
M. DE LESSEPS EN ANGLETERRE. — OVATIONS A LIVERPOOL
ET A LONDRES EN SON HONNEUR. — LA GUERRE FRANCO-ALLE-
MANDE.

L'heure de la justice avait sonné pour M. de Lesseps en
même temps que celle de la victoire.

Il manqua pourtant quelqu'un à ce triomphe : c'était lord
Palmerston, l'adversaire obstiné, acharné, implacable de ce
canal qui, d'après lui, ne devait être « qu'un fossé vaseux ».

L'homme d'Etat anglais était mort quatre ans trop tôt.
S'il eût encore vécu, M. de Lesseps eût été tout à fait
vengé ; c'était là d'ailleurs la seule revanche qu'il eût
jamais ambitionnée.

« Quand on pense à la grandeur de ce triomphe, a écrit
un des témoins de l'inauguration du canal, on se demande
comment M. de Lesseps peut rester simple, aimable
comme toujours, pensant à tout, accessible au premier venu.»

La vérité, c'est que tout le monde pouvait être surpris
d'un aussi complet succès ; M. de Lesseps ne l'était pas ;
il avait toujours cru à son œuvre. Dans sa réalisation, il

ne vit que la conséquence naturelle et logique de ses longs travaux. Le succès représenté par tant de souverains, de princes et d'illustres personnages fut pour le promoteur du canal de Suez un hôte sympathique et joyeusement accueilli ; ce ne fut pas un hôte inattendu.

Annoncée par M. de Lesseps pour le 17 novembre 1869, l'inauguration eut lieu exactement à la date fixée. Dans les annales de notre siècle, — de tous les siècles peut-être, — on ne trouverait pas une cérémonie dont le caractère ait été plus grandiose et l'objet salué par des acclamations plus sincères, plus unanimes.

Tout était réuni dans cette solennité pour parler à l'esprit, à l'imagination, à l'âme. Sur cette terre d'Egypte, l'un des berceaux de l'humanité, le monde moderne manifestait sa puissance sous la forme la plus saisissante et la plus durable. La science réveillait de son antique sommeil la terre des Pharaons et traçait à la civilisation une route pacifique et féconde à travers les sables du désert.

Attendue avec le plus vif et le plus curieux intérêt, l'inauguration du canal de Suez avait attiré en Egypte, de tous les points de l'Europe et du globe, un grand concours de spectateurs.

Depuis un mois les paquebots de toutes les Compagnies maritimes en relation avec l'Egypte étaient encombrés de passagers ; les uns appelés par l'hospitalité du khédive qui, en cette circonstance, fut splendide (1) ; les autres spontanément attirés par le désir de contempler ce magnifique spectacle. « La presse universelle, la science, les arts, le

_____

(1) Le vice-roi avait prié M. de Lesseps de prendre les dispositions nécessaires pour recevoir les souverains et les étrangers, au nombre de 6,000, qu'il avait à abriter et à nourrir. Des hangars furent construits en quelques jours, pouvant contenir 600 personnes, avec des tables sans cesse renouvelées et servies. Le vice-roi avait fait venir 500 cuisiniers et 1,000 domestiques de Trieste, Gênes, Livourne et Marseille.

commerce et l'industrie, toutes les forces intellectuelles et
actives des nations avaient dans cette foule leurs représentants illustres et autorisés et, comme pour donner tout son
relief à cette fête du travail et de la conquête pacifique, les
souverains, les princes, les ambassadeurs attitrés des
puissances venaient la présider et conduire eux-mêmes une
manifestation inouïe jusqu'alors dans les fastes du
monde. »

Dès le 13 novembre, le prince et la princesse des Pays-
Bas s'étaient rendus à Port-Saïd, où se trouvait déjà
le khédive, venu sur son magnifique yacht le *Maroussa*,
accompagné de Chérif-Pacha, de Nubar-Pacha et de toute
une suite de fonctionnaires égyptiens.

Le 14, M. Ferdinand de Lesseps, en débarquant avec les
membres de sa famille (1), trouvait réunie à Port-Saïd toute
une flotte de navires de guerre et de commerce.

Le 15, l'empereur d'Autriche François-Joseph, escorté
d'une frégate de guerre, entrait à son tour dans le port, au
milieu des acclamations des équipages et au bruit des
salves d'artillerie. Il était accompagné par deux de ses
principaux ministres, le comte de Beust et le comte
Andrassy, et par le baron Prokesh, ambassadeur d'Autriche près la Sublime Porte (2).

---

(1) Parmi les personnes présentes à l'inauguration se trouvait Mlle Hé-
lène Autard de Bragard, qui quelques jours plus tard devint madame
Ferdinand de Lesseps. Le mariage eut lieu à Ismaïlia, le 25 novembre
1869.

(2) De tout temps, sauf durant un court moment, lors de la guerre
d'Italie, l'Autriche n'avait cessé de se montrer très favorable à l'ouverture du canal. Le prince de Metternich en avait été dès les premiers
jours un des partisans les plus convaincus et, dès 1855, l'archiduc Maxi-
milien — auquel l'avenir réservait l'empire du Mexique et une si tragique destinée — adressait à M. de Lesseps, ainsi que son futur beau-
frère, le duc de Brabant, depuis Léopold II de Belgique, l'expression de
ses plus vives sympathies.

Le 16, dès la première heure, de nouveaux navires étaient signalés. Parmi eux on remarquait le *Péluse*, l'un des plus grands vapeurs des Messageries impériales, amenant à Port-Saïd les membres du Conseil d'administration de la Compagnie de Suez. Un peu plus tard, la frégate *Herta*, ayant à son bord le prince royal de Prusse, Frédéric-Guillaume, venait prendre place au mouillage qui lui était destiné.

Enfin, un groupe composé de plus de vingt navires apparaît à l'horizon ; parmi eux se trouve l'*Aigle*, ayant à son bord l'impératrice Eugénie qui, après avoir toujours accordé à l'œuvre de M. de Lesseps une protection très précieuse à certaines heures difficiles, avait tenu à assister à l'inauguration du canal.

L'entrée de l'*Aigle* dans les bassins de Port-Saïd fut superbe. Le canon tonnait de toutes parts ; les vaisseaux de la rade répondaient aux salves parties de l'intérieur du port ; les matelots de tous les navires rangés dans les bassins étaient sur les vergues, le pavillon national flottant au grand mât ; les sons de la musique se mêlaient aux acclamations parties des bâtiments et à celles de la foule cosmopolite qui se pressait sur le rivage. L'*Aigle* s'arrête, jette l'ancre, et l'impératrice, qui avait vu tant de fêtes et qui venait d'assister à celles de Venise et de Constantinople, le Grand canal et le Bosphore, s'écrie : « De ma vie, je n'ai rien vu de plus beau (1) ».

_____

(1) Moins d'un an séparait alors l'Empire de sa chute, qui fut si profonde. Lorsque le 4 septembre 1870 l'ex-impératrice quitta le palais des Tuileries, elle n'eut guère auprès d'elle qu'un ami pour lui offrir le bras, M. de Lesseps. Combien on était loin alors des splendeurs de Port-Saïd et d'Ismaïlia ! Tout avait changé, hormis la reconnaissance chez le créateur du canal de Suez. A quelque parti qu'on appartienne, si hostile même que l'on ait été à l'Empire, il y a des sentiments auxquels il faut savoir rendre hommage. C'est le 4 septembre 1870 que M. de Lesseps

Le lendemain, après les visites échangées entre les souverains et les princes, eurent lieu les cérémonies religieuses qui devaient précéder l'entrée de la flotte internationale dans le *canal maritime*. Ces cérémonies furent imposantes.

Sur la plage, trois estrades avaient été élevées. La première, la plus rapprochée du quai, était destinée aux illustres hôtes du khédive; en face, entre elles et la mer, se dressait à gauche l'estrade réservée au service musulman, à droite l'autel chrétien. Dans une pensée élevée, Ismaïl-Pacha et M. de Lesseps avaient voulu ainsi symboliser l'union des hommes et leur fraternité devant Dieu, sans distinction de cultes. A lui seul, le rapprochement de ces deux autels, sur une terre qui avait vu les croisades, à quelques lieues de la région où venaient d'avoir lieu les massacres de Syrie, n'était-il pas à la fois un enseignement et une espérance ?

A une heure, les troupes égyptiennes venaient former la haie entre le débarcadère du port et les estrades. A trois heures, le prince royal de Prusse, le prince et la princesse des Pays-Bas prenaient place sur l'estrade réservée aux hôtes royaux; ils étaient suivis par l'émir Abd-el-Kader, qui s'était embarqué à Beyrouth sur le navire de guerre français le *Forbin*, puis on vit successivement arriver M. Ferdinand de Lesseps, les membres du Conseil d'administration de la Compagnie, les états-majors des bâtiments de guerre ancrés dans le port, les ambassadeurs, les consuls, etc. Peu d'instants après arrivait le khédive, puis

rendit aux Tuileries la visite qu'il avait reçue à Port-Saïd le 17 novembre 1869. La femme alors était bien déçue ; et quelles larmes réservait à la mère ce sol d'Afrique sur laquelle son pied s'était, pour la première fois, si joyeusement posé. En 1869, qui eût pu prévoir le voyage que la souveraine déchue devait faire dix ans plus tard au Zululand, pour rechercher le corps de son fils tombé sous les flèches d'un sauvage ?

l'empereur d'Autriche donnant le bras à l'impératrice
Eugénie.

Après la prière musulmane, le grand uléma lut un discours en arabe ; un *Te Deum* fut ensuite chanté par le
clergé chrétien et la cérémonie fut close par une allocution
que prononça Mᵍʳ Bauer, protonotaire apostolique, qui
produisit une vive impression sur l'illustre auditoire.

« Il est permis, disait Mᵍʳ Bauer, d'affirmer que l'heure
qui vient de sonner est non seulement une des plus solen-
nelles de ce siècle, mais encore une des plus grandes et
des plus décisives qu'ait vues l'humanité depuis qu'elle a
une histoire ici-bas. Ce lieu, où confinent — sans désormais y toucher — l'Afrique et l'Asie, cette grande fête du
genre humain, cette assistance auguste et cosmopolite,
toutes les races du globe, tous les drapeaux, tous les
pavillons flottant joyeusement sous ce ciel radieux et
immense, la croix debout et respectée de tous en face du
croissant, que de merveilles, que de contrastes saisissants,
que de rêves réputés chimériques devenus de palpables
réalités ; et, dans cet assemblage de tant de prodiges, que
de sujets de réflexion pour le penseur, que de joies dans
l'heure présente, et, dans les perspectives de l'avenir, que
de glorieuses espérances !

« Oui, le voilà donc enfin sous notre regard, à nos pieds,
ce travail de géant, ce canal universel des deux mondes,
que l'on a cru impossible, parce que l'on ne se doutait pas
de quoi est capable l'homme quand il veut véritablement.
Le voilà, créé par des créatures, ce fleuve qui sera désormais le sujet de l'étonnement éternel des générations. Le
voilà, achevé par la science, l'audace, les trésors, les luttes
de toute nature, la persévérance, le génie de l'homme et
la manifeste protection de Dieu ! Voilà les vaisseaux de
toutes les nations prêts à franchir pour la première fois
ce seuil, qui fait de l'Orient et de l'Occident un seul et

même monde ; la barrière est abaissée, un des ennemis les
plus formidables de l'homme et de la civilisation, l'espace,
perd en un seul instant 2,000 lieues de son empire. Les
deux extrémités du globe se rapprochent ; en se rapprochant, elles se reconnaissent ; en se reconnaissant, tous les
hommes, enfants d'un seul et même Dieu, éprouvent le
tressaillement joyeux de leur mutuelle fraternité. O
Occident ! ô Orient ! rapprochez , regardez , recon-
naissez , saluez , étreignez-vous ! Salut à toi, d'abord ,
splendide Orient, d'où, à chaque aurore, nous vient la
lumière qui fait les jours de notre vie mortelle ! de toi
aussi, ô Orient ! nous vint, dès l'aurore des siècles, la
lumière des intelligences, et, plus radieusement que tout,
la lumière des âmes, présage du jour qui ne doit jamais
finir. Salut à toi, merveilleux Occident, qui, après avoir
reçu la double lumière, t'es efforcé et t'efforces tous les
jours, et spécialement à l'heure où je vous parle, à en faire
le patrimoine commun de toute l'humanité ! Ah ! que de
l'Orient à l'Occident on se le dise : La grande voie des
nations est ouverte ! L'océan Indien et la mer Rouge ne
sont désormais qu'un seul et même flot. L'histoire du monde
a atteint une de ses plus glorieuses étapes. Et comme la
chronologie du passé se divise en siècles qui ont précédé
ou suivi la découverte de l'Amérique, la chronologie de
l'avenir dira : Ce fut avant ou après le jour où l'Orient et
l'Occident se rencontrèrent à travers les flancs entr'ouverts de l'Egypte, et ce fut avant ou après le 16 novembre
1869, ce fut avant ou après l'ouverture du canal maritime
de Suez. »

Après avoir rendu un solennel hommage aux souverains
et aux princes qui honoraient de leur présence cette grandiose cérémonie, l'orateur rappelait le nom de cette « noble
et généreuse France qui, dans toutes les classes sociales,
s'est enthousiasmée pour le percement de l'isthme de

Suez, a fourni ses millions et ses bras, son intelligence et
son énergie, ses ingénieurs et ses travailleurs, son personnel et son matériel, à cette France, enfin, qui s'est pour
ainsi dire personnifiée dans un de ses fils, providentielle-
ment doué pour cette tâche prodigieuse par sa persuasive
et familière éloquence, sa fougue impérieuse, son invincible ténacité, la force et la douceur, une habileté consommée et une loyauté vraiment chevaleresque, en un mot, par
la foi pour ainsi dire surhumaine dans l'accomplissement
de cette œuvre gigantesque, risée du monde avant d'être
devenue aujourd'hui l'objet de ses plus enthousiastes admi-
rations ».

Et l'orateur, non sans payer un légitime tribut de
regrets à la mémoire de ceux qui, illustres ou obscurs,
avaient péri au champ d'honneur du travail, après n'avoir
vaincu d'autres ennemis que les espaces et les flots, les
déserts et la barbarie, s'écriait, au milieu des salves d'applaudissements de l'auditoire tout entier : « Proclamons-
le bien haut : le nom de cet homme appartient désormais
à l'histoire où, par un rare privilège de la Providence, il
entre vivant ; proclamons devant toute la terre que la
France qui est loin, mais qui n'est pas absente, est contente et fière de son fils. Proclamons, enfin, que jusqu'à
l'extrême déclin des âges, de même que le nouveau monde
découvert au xv⁰ siècle dira à jamais, à l'oreille de toute la
postérité, le nom de l'homme de génie qui s'appela Christophe Colomb, de même ce canal des deux mondes redira
à jamais le nom d'un homme qui vécut au xix⁰ siècle, ce
nom que je suis heureux de jeter sur cette plage, aux
quatre vents du ciel : le nom de Ferdinand de Lesseps ! »

C'était là un hymne triomphal ; il traduisit à peine l'enthousiasme de l'auditoire.

L'heure de l'épreuve décisive était enfin arrivée pour le
canal de Suez ; jusqu'à la dernière minute, les bruits les

ses collaborateurs n'avaient pas été sans éprouver de
vives alarmes.

C'est ainsi que, presque à la veille de l'inauguration,
l'ingénieur Lavalley découvrit, à 3 mètres au-dessous du
niveau d'eau, un gros rocher qui était resté inaperçu, par
suite d'une erreur commise par les sous-ingénieurs chargés des sondages. Ceux-ci n'avaient jeté la sonde que de 100
mètres en 100 mètres, ce qui était une distance beaucoup
trop considérable, puisque ce fut précisément dans l'un
de ces intervalles que se trouvait le rocher. Ce dernier
fut découvert par un contre-sondage que M. Lavalley fit
exécuter sous ses yeux de 10 mètres en 10 mètres. Il n'était
que temps, puisque cela se passait huit jours avant l'inauguration. Des ouvriers furent aussitôt rassemblés, on atta-
qua l'obstacle avec la mine, avec le pic, on travailla nuit
et jour, et cinquante heures seulement avant la journée du
17 le malencontreux rocher avait disparu.

Ce ne fut pas là le seul incident. Le jour même de
l'inauguration, à l'heure où chacun se plaisait à proclamer
son triomphe, M. de Lesseps put croire, un moment, que
tout était perdu. « Nous avions tout organisé, dit-il, lorsqu'on m'annonce qu'une frégate égyptienne s'est échouée
à 30 kilomètres de Port-Saïd au milieu des eaux, c'est-à-
dire que, placée en travers, elle était montée sur l'une des
berges et barrait le passage. Aussitôt, je fis réunir les
moyens nécessaires pour la deséchouer. A deux heures
et demie du matin, on revint me dire qu'il est impossible
de faire bouger la frégate. Je ne voulus rien changer au
programme du lendemain. Logiquement j'avais tort, mais
les faits ont prouvé que j'avais raison.

« A trois heures du matin, le vice-roi qui était parti
pour Ismaïlia afin d'y recevoir les souverains et les
princes, apprenant l'échouage de la frégate, était revenu
en toute hâte ; en passant il avait fait faire des efforts inu-

tiles pour soulever la frégate ; il m'appela à bord de son
bateau ; je le trouvai dans une vive inquiétude, et les
moments étaient comptés. Si nous avions remis l'inauguration au lendemain, qu'aurait-on dit ! Des dépêches com-
mandées à Paris disaient déjà que tout était perdu.

« Des secours puissants furent mis à la disposition du
prince qui emmena avec lui un millier de marins de son
escadre.

« Nous convînmes qu'il y avait trois moyens à employer :
chercher d'abord à ramener le bâtiment dans le milieu du
chenal ou le coller sur les berges et si ces deux moyens
échouent il y en a un troisième... Nous nous regardâmes
en face, les yeux dans les yeux... « Le faire sauter, s'écria
le prince. — Oui, oui, c'est cela, ce sera magnifique. » Et
je l'embrassai...

« Le lendemain matin, j'arrivai à bord de l'*Aigle*, sans
parler de l'accident à personne. La flotte se mit en marche
et ce ne fut que cinq minutes avant d'arriver à l'endroit de
l'échouement, qu'un amiral égyptien, monté sur un petit
bateau à vapeur, nous fit signe que le canal était dégagé...
Lorsque nous arrivâmes à Kantara, qui est à 34 kilomètres
de Port-Saïd, le *Latif* nous salua de ses canons et tout le
monde fut enchanté de l'attention qu'on avait eue de placer
ainsi cette grande frégate au passage de la flotte d'inauguration. »

Le danger avait été conjuré, mais il était temps, et l'on
comprend que plus d'une fois depuis lors M. de Lesseps
ait pensé à l'accident qui, c'est le cas de le dire, risqua de
l'échouer en arrivant au port. « Ce fut une terrible émotion, a dit M. de Lesseps. Je n'ai jamais vu aussi clairement
que la chute est bien près du triomphe. »

Il y eut quelques autres mécomptes. C'est ainsi que le
Péluse ayant touché sur un banc de roche oublié dans la
précipitation du dernier travail, échoua en arrivant au

Sérapéum ; mais, bientôt renfloué, ce navire put reprendre sa marche et la poursuivre sans encombre jusqu'à Suez où toute la flotte se trouva de nouveau réunie.

En somme, bien que quelques intéressés aient cherché à exploiter sur le moment ces incidents, ils n'avaient aucune importance ; la traversée du canal était un fait acquis aussi bien que son achèvement. M. de Lesseps sortait victorieux de cette épreuve décisive.

L'impression produite par ce grand événement dans toute l'Europe fut immense. De toutes parts M. de Lesseps reçut d'innombrables félicitations. La plupart des souverains lui envoyèrent les grands cordons de leurs ordres.

Le discours que Napoléon III prononça, le 29 novembre, à l'ouverture des Chambres contenait le paragraphe suivant :

« Pendant que l'Amérique unit l'océan Pacifique à « l'Atlantique par un chemin de fer de 1,000 lieues d'éten- « due, partout les capitaux et les intelligences s'entendent « pour relier entre elles, par des communications électri- « ques, les contrées du globe les plus éloignées. La France « et l'Italie vont se donner la main à travers le tunnel des « Alpes ; les eaux de la Méditerranée et de la mer Rouge « se confondent déjà par le canal de Suez. L'Europe « entière s'est fait représenter à l'inauguration de cette « entreprise gigantesque et si aujourd'hui l'Impératrice « n'assiste pas à l'ouverture des Chambres, c'est que j'ai « tenu que par sa présence dans un pays où nos armes se « sont autrefois illustrées, elle témoigne de la sympathie de « la France pour une œuvre due à la persévérance et au « génie d'un Français. »

Pendant les six mois qui suivirent l'ouverture du canal de Suez et jusqu'à la guerre franco-allemande qui vint interrompre ces ovations, M. Ferdinand de Lesseps fut,

suivant l'expression du *Times*, « le lion du jour ». Elevé à la
dignité de grand'croix de la Légion d'honneur, il reçut
successivement le prix de la Société de géographie de
Paris, dont il abandonna généreusement le montant
(10,000 francs) en faveur du voyage que la Société faisait
entreprendre dans l'Afrique équatoriale, la grande médaille
d'or de la Société pour l'encouragement de l'industrie
nationale et une foule d'autres distinctions honorifiques.
Partout où il se montrait il était acclamé, fêté, sollicité de
faire connaître, dans des conférences toujours applaudies
et le plus souvent faites en faveur d'œuvres de bienfaisance,
le succès de sa merveilleuse entreprise.

Plus que tout autre l'Angleterre, dont le gouvernement
avait, durant tant d'années, multiplié les difficultés et les
obstacles sous les pas de M. de Lesseps, se distingua par
son enthousiasme en l'honneur de l'œuvre accomplie.

La Grande-Bretagne, devant l'évidence des faits, comprenait enfin ce que M. de Lesseps avait toujours affirmé
depuis 1854, c'est qu'ayant la plus grande marine et les
plus grandes colonies du monde, elle serait la première à
retirer du canal les plus larges bénéfices à tous les points
de vue.

Une des premières dépêches de félicitations que reçut
M. de Lesseps émanait du gouvernement des Indes britanniques. Elle était ainsi conçue : « Succès au gigantesque
ouvrage de paix si bien exécuté par les Français dans l'intérêt de l'univers ».

Au lendemain de l'inauguration du canal, la lettre suivante fut écrite, au nom du gouvernement anglais, par le
comte de Clarendon, alors ministre des affaires étrangères:

« *Foreign-Office*, 27 novembre 1869.
« *A Monsieur Ferdinand de Lesseps.*

« Monsieur, la nouvelle qui est arrivée en Angleterre,

dans ces derniers jours, du succès de l'ouverture du canal de Suez, a été reçue avec une *grande et universelle* satisfaction. En ayant l'honneur de vous féliciter, vous aussi bien que la nation et le gouvernement français qui ont pris un aussi profond et constant intérêt à vos travaux, je sais que je représente exactement les sentiments de mes compatriotes.

« Malgré les obstacles de tous genres contre lesquels vous avez eu à lutter et qui résultent, nécessairement, tant des circonstances matérielles que d'un état social auquel de pareilles entreprises étaient inconnues, et bien que vous n'ayez eu pour vaincre ces difficultés que les ressources de votre génie, un brillant succès a finalement récompensé votre indomptable persévérance.

« C'est pour moi un véritable plaisir d'être l'organe qui vous transmet les félicitations du gouvernement de Sa Majesté sur l'établissement d'une nouvelle voie de communication entre l'Orient et l'Occident et sur les avantages politiques et commerciaux qu'on peut avec confiance attendre comme le résultat de ces efforts.

« Je suis, Monsieur, votre obéissant serviteur,

« CLARENDON. »

M. de Lesseps répondit à lord Clarendon dans les termes suivants :

« Ismaïlia, 20 décembre 1869.

« Monsieur le comte, la lettre que Votre Excellence m'a fait l'honneur de m'adresser le 27 novembre m'a causé une vive satisfaction. Je connaissais depuis longtemps vos sympathies personnelles pour le succès de mon entreprise, mais le témoignage que vous voulez bien me donner au nom du gouvernement de la Reine, et comme expression du sentiment de vos compatriotes, m'est doublement précieux. D'une part, il faut prévoir que l'Angleterre recueillera de grands avantages du canal de Suez et en fera profiter la Compagnie que je dirige ; de l'autre part, il montre que l'opinion publique de la Grande-Bretagne et de la France, partagée par nos deux gouvernements, servira à consolider une alliance qui doit être la base de toute politique de civilisation, de progrès et de liberté. ».

A la fin de juin, quelques jours avant que n'éclatât entre la France et l'Allemagne une guerre que rien encore ne faisait prévoir, M. de Lesseps fit un voyage triomphal.

A Liverpool et à Londres des réceptions grandioses et magnifiques furent organisées en son honneur par les représentants les plus distingués de l'aristocratie, du haut commerce, de la science.

« Nous faisons, disait le président de la Chambre de Commerce de Liverpool, M. Duckworth, ce que la postérité fera d'une façon plus ample et plus illimitée. Toutefois, nous nous réjouissons que M. de Lesseps , après tant d'autres grands bienfaiteurs de l'humanité, négligés, incompris, inappréciés de leur vivant, n'ait pas à se réfugier dans l'espoir du verdict des générations éloignées. Il voit l'estime dans laquelle le tient le peuple qui l'entoure et dont il est le contemporain. Il trouvera dans nos applaudissements, dans notre sympathie, dans notre admiration les sentiments que tous doivent ressentir pour une œuvre qui est non seulement d'une grande valeur matérielle, mais encore d'un grand héroïsme moral. »

Plus qu'ailleurs M. de Lesseps put, à Liverpool, se rendre un compte exact de l'immense révolution maritime que l'ouverture du canal de Suez devait accomplir en multipliant les relations de l'Occident avec l'Orient et hâtant la substitution de la navigation à vapeur aux navires à voiles.

Le 4 juillet, au banquet offert à M. de Lesseps par le duc de Sutherland et auquel assistaient plusieurs anciens adversaires du canal, notamment M. Disraéli, un grand discours fut prononcé en son honneur par M. Gladstone qui, l'un des premiers — M. de Lesseps se plut à le rappeler en cette circonstance — l'avait, avec Cobden et Stuart Mill, encouragé dans son entreprise, en lui disant : « Monsieur de Lesseps, ne vous préoccupez pas des difficultés que vous pourrez rencontrer dans mon pays ou dans tout autre. Continuez votre travail avec persévérance et lorsque vous aurez réussi, le canal de Suez sera si utile à l'Angleterre que, soyez-en sûr, il y rencontrera l'appui le plus complet. C'est ici que vous serez couronné de gloire ». M. Gladstone avait été bon prophète.

Le 6 juillet, au grand banquet annuel de la Cité, le lord-maire buvait à « celui qui avait mis Madras à vingt et un jours de l'Angleterre » et il ajoutait : « *Nos grands ingénieurs se sont trompés, M. de Lesseps était dans le vrai et le canal de Suez est un fait accompli* ».

Le 8, une grande fête lui était offerte au palais de Cristal ; on alla jusqu'à y tirer en son honneur un feu d'artifice dont la pièce principale était une allégorie relative à l'isthme de Suez, avec cette inscription : « *A de Lesseps, l'Angleterre offre ses félicitations cordiales* ».

Le lendemain, le prince de Galles venait solennellement décerner à M. de Lesseps la médaille d'or fondée en mémoire du prince Albert, à la société pour l'encouragement des arts, des manufactures et du commerce. En lui remettant cette haute distinction, l'héritier de la couronne d'Angleterre, prenant la parole en français, s'exprimait ainsi : « La Grande-Bretagne n'oubliera jamais que c'est à vous qu'est dû le succès de cette grande entreprise qui est destinée à développer à un si haut point les intérêts commerciaux qui existent entre elle et ses possessions de l'Orient, et j'espère que, depuis que vous êtes parmi nous, la nation anglaise vous a prouvé combien elle apprécie les avantages que votre grande œuvre a déjà procurés et procurera à notre pays ».

Le 11 juillet, M. Gladstone, alors premier ministre, annonçait à M. de Lesseps qu'en reconnaissance « de l'énergie, de l'habileté, de la persévérance avec lesquelles pendant tant d'années et au milieu de si grandes difficultés, il avait poursuivi la création du canal de Suez aujourd'hui heureusement achevé », la reine Victoria lui décernait la grand'croix de l'*Etoile de l'Inde*.

Le même jour, sur la proposition du lord-maire, la Cour du *Common council* décidait que « la franchise de la Cité de Londres, enfermée dans une boîte d'or, serait présentée à M. de Lesseps pour son habileté à projeter, son indomptable énergie et sa persévérance à exécuter jusqu'à son heureux achèvement le canal de Suez ».

L'Inde, appelée, elle aussi, à bénéficier dans une si large mesure du canal de Suez, n'avait pas été en reste sur l'Angleterre. Le gouverneur général de l'Inde, lord Mayo, lui avait, l'un des premiers, envoyé ses félicitations et, dans une chaleureuse adresse, la Chambre de Commerce du Bengale se félicitait des communications plus rapprochées avec l'Europe établies par la jonction de la Méditerranée et de l'Océan Indien et joignait sa voix « aux acclamations universelles proclamant les justes titres de M. de Lesseps à la gratitude de tous les peuples et à un rang élevé parmi les hommes illustres des temps modernes ».

Organe de l'opinion, la presse anglaise multiplia en l'honneur de M. de Lesseps les articles enthousiastes. Les temps étaient bien changés; le succès avait justifié, bien plus, il glorifiait l'entreprise. Nous n'en citerons qu'un spécimen. Voici en quels termes s'exprimait le *Times*, naguère si hostile, maintenant si favorable:

« M. Ferdinand de Lesseps, vainqueur de tous les obstacles, comblé d'honneurs, portant sur sa poitrine les ordres de la moitié des souverains de l'Europe, est venu nous visiter. Sa réputation est si universelle, sa grande entreprise est si brillante et si récente que même chez un peuple ayant moins de goût que le peuple anglais pour accourir au devant du lion du jour, sa marche serait un triomphe... Le canal de Suez est une des merveilles de notre monde moderne. Maintenant qu'il est fait, il est des gens qui diront qu'il n'est pas difficile de le faire... A cela on peut répliquer qu'au moment où l'entreprise fut, pour la première fois, annoncée, presque tout le monde croyait que les obstacles scientifiques et financiers ne seraient jamais surmontés. »

Le *Times* en savait quelque chose.

« ... M. de Lesseps, ajoutait le *Times*, arrive dans un pays qui n'a rien fait pour le canal de Suez et qui, cependant, depuis qu'il est ouvert, l'a fait traverser par plus de navires que toutes les nations du monde ensemble. Ce pays lui fournira les dividendes presque entiers que ses actionnaires recevront. Que ce soit la satisfaction que nous offrons pour le tort que nous aurions pu primitivement avoir. »

Combien on était définitivement loin du « fossé vaseux » de lord Palmerston, de la banqueroute prédite par le comte de Carnavon et même des intrigues récentes de sir Henri Bulwer. Et cependant, telle était la destinée du canal de Suez, que jamais, peut-être, il n'eut à subir un plus violent assaut qu'au lendemain du succès définitif de cette grande entreprise.

Au moment même où M. de Lesseps rentrait à Paris, triomphant et acclamé, le 29 janvier 1870, les colporteurs intéressés ou stipendiés de faux bruits propagés systématiquement à la Bourse, racontaient que la nouvelle de cette arrivée n'était qu'un simulacre et que M. de Lesseps restait en Egypte, n'osant se présenter devant les actionnaires français. De nombreuses brochures diffamaient la Compagnie et son président. L'une d'elles était intitulée : *L'Agonie du canal de Suez. Nullité de ses résultats actuels.*

Sa ruine prochaine. M. de Lesseps démentit ces impudents mensonges en se tenant pendant plusieurs jours au siège de la Compagnie, à la disposition de tous ceux qui désiraient venir causer avec lui de l'ouverture du canal, puis en fournissant, dans une assemblée générale, tenue le 30 mars, les explications les plus complètes et les plus concluantes.

La guerre franco-allemande elle-même n'arrêta pas le cours des attaques dirigées par une partie de la presse contre M. de Lesseps. C'est ainsi qu'au mois de décembre 1870, au milieu des plus grandes préoccupations du siège de Paris, un journal annonçait « que M. Ferdinand de Lesseps se trouvait à Londres, où il négocierait la cession de la *Compagnie de Suez* à une société de capitalistes anglais... Il paraîtrait même, ajoutait ce journal, que les statuts de la société nouvelle seraient enregistrés déjà au Board-of-Trade, formalité qui lui donne l'existence légale et lui permet de vendre publiquement ses titres ».

Or, M. de Lesseps n'avait pas quitté Paris depuis le mois d'août; il y était resté enfermé pendant le siège et à aucune époque n'avait engagé de négociations pour l'aliénation du canal. Cette rumeur, malgré son absurdité évidente, fit son chemin dans la presse, et M. de Lesseps dut publiquement la démentir. « Si la parole de M. de Lesseps avait besoin de commentaires, il suffirait de remarquer, faisait à ce propos observer M. Edmond About, qu'on ne peut vendre que ce qu'on possède, et que le canal de Suez n'appartient pas à M. de Lesseps, mais aux actionnaires, à la France, à l'Egypte, à l'Europe et au monde civilisé... M. de Lesseps, ajoutait l'éminent écrivain, ne possède que la gloire d'avoir conçu cette entreprise et de l'avoir menée à bien, à travers mille obstacles moraux et matériels, et cette gloire, s'il voulait la vendre, aucun homme vivant aujourd'hui ne serait assez riche pour l'acheter. »

La guerre elle-même n'arrêta pas la marche progressive du transit dans le canal de Suez. Depuis cette époque, comme on le verra au chapitre suivant, elle ne fit que s'accentuer.

CHAPITRE XIII

LE CANAL DE SUEZ DEPUIS 1870

APERÇU GÉNÉRAL. — IMPORTANCE POLITIQUE ET COMMERCIALE DU
CANAL. — PROGRÈS DU TRAVAIL. — L'ANGLETERRE ET LE CANAL.
— LA PROPRIÉTÉ DE LA COMPAGNIE. — LA QUESTION DU TON-
NAGE. — LA NEUTRALITÉ. — L'INDE ET L'AUSTRALIE. — LES
PORTS DE LA MÉDITERRANÉE ET DE LA MER ROUGE.

En 1868, un Anglais, M. Smith, de Gosforth, s'exprimait
ainsi : « Lorsque le canal aura été ouvert pendant douze
ans, vous verrez que sa conservation sera considérée
comme aussi essentielle à la vie commerciale d'Europe
que la poste à bon marché, les chemins de fer et le télégraphe électrique ». Depuis lors, il ne s'est pas écoulé une
année qui n'ait permis de vérifier la vérité de ces paroles.

Le canal de Suez n'a cessé de jouer un rôle dans les
préoccupations de la diplomatie et du commerce.

Pour comprendre ce rôle si important, si capital, il suffit
de jeter les yeux sur le tableau suivant qui a été souvent
reproduit, mais qui nous fournit la clé même de la question. Voici la différence qui existe entre les distances qui
séparent l'Inde de l'Europe, si l'on prend Bombay pour
point de départ et si l'on compare le trajet par Suez et
par le Cap de Bonne-Espérance :

Port de départ	Distance par le cap	Distance par Suez	Différence
Odessa...........	6,150	1,850	4,300
Constantinople....	6,100	1,800	4,300
Malte	5,840	2,062	3,778
Trieste..........	5,960	2,340	3,620
Marseille.........	5,650	2,374	3,276
Cadix............	5,200	2,224	3,976
Lisbonne.........	5,350	2,500	2,850
Bordeaux.........	5,650	2,800	2,850
Nantes	5,700	2,850	2,850
Le Havre.........	5,800	2,824	2,976
Londres..........	5,950	3,100	2,850
Liverpool	5,900	3,050	2,850
Amsterdam	5,950	3,100	2,850
St-Pétersbourg...	6,550	3,700	2,850
New-York	6,200	3,761	2,439
Nouvelle-Orléans .	6,450	3,724	2,726

Toutefois, lorsque le canal eut été creusé, l'œuvre elle-même était loin d'être accomplie et parfaite. Il faut rendre à M. de Lesseps cette justice qu'après avoir réussi à lui donner la vie, il a été pour elle un incomparable tuteur.

Avec l'aide de collaborateurs des plus distingués et des plus compétents et notamment de son fils, M. Charles de Lesseps, qui depuis cette époque prit une part de plus en plus importante à la direction de la Compagnie de Suez, il a réussi, par une sage et prudente administration toujours prête à se conformer aux lois du progrès, à faire prospérer dans la plus large mesure les intérêts qui lui étaient confiés.

Jamais il n'y eut d'entreprise qui, en quinze ans à peine, ait fourni un développement de trafic pareil à celui du canal de Suez. La progression que l'on a eu occasion de noter, pendant une période de trente ans, sur les résultats de l'exploitation des chemins de fer de l'Europe les plus favorisés, reste bien au-dessous de celle qui se dégage des

CHARLES DE LESSEPS

augmentations successives et si rapides du trafic du canal.

C'est que le canal de Suez a pour tributaires l'Inde, la Chine, l'Australie, le Japon et l'Europe tout entière. L'Inde anglaise, à elle seule, possède 194 millions d'habitants. Les exportations se chiffrent par deux milliards et demi de francs ; les importations, par près de deux milliards. Les articles qui font l'objet de ce mouvement commercial sont de première nécessité. Quoi qu'il arrive, leur consommation ne peut que croître. On consommera toujours du riz et de l'opium, du café et du thé, des cotons et du blé. La Chine fait un commerce d'exportation d'une valeur de plus de 500 millions de francs. Les exportations de thé pour l'Angleterre dépassent la somme de 250 millions. Elle exporte, en outre, bon an, mal an, une quantité de soie d'un poids de 7,400,000 livres.

L'île de la Réunion, Pondichéry, Saïgon, Shangaï, Yokohama, les Seychelles, l'île Maurice, l'Australie, la Nouvelle Calédonie et les Philippines sont autant de tributaires du canal de Suez. Tous les peuples situés sur cette immense zone, comprise entre l'océan Indien et le détroit de Gibraltar, ne peuvent ni étendre leur commerce, ni se développer en un sens quelconque, population, industrie, conquêtes, sans que leurs progrès, quels qu'ils soient, ne se reflètent, en chiffres, sur le tableau des recettes du canal de Suez.

A ne considérer que les Indes anglaises, à quel degré de développement ne sont-elles pas appelées? Pour s'en rendre compte, il suffit de mesurer le terrain parcouru par ce grand pays depuis une vingtaine d'années. L'Inde possédait 1,610 milles de chemins de fer : elle en compte aujourd'hui 7,555. Les tableaux du commerce d'importation et d'exportation qui se chiffraient, en 1862, par un total de 118 millions de livres sterling, se chiffrent aujourd'hui par 150 millions de livres. C'est une augmentation, en vingt ans, de près de 800 millions de francs.

Toutes ces augmentations, tous ces développements, tous ces progrès que l'on pourrait également signaler, dans des proportions diverses chez presque tous les peuples qui forment l'immense clientèle du canal, sont autant de facteurs du développement de la prospérité de la Compagnie de Suez.

Les chiffres, à cet égard, sont éloquents. Voici le tableau du transit commercial du canal de Suez de 1870 à 1885 :

Années	Nombre de navires	Net tonnage	Recette provenant du droit spécial de navigation
1870	486	436.609 370	4.345.758^{fr} 42
1871	755	761.467 090	6.595.385 13
1872	1.082	1.160.743 542	14.377.002 17
1873	1.173	1.367.767 820	20.850.725 15
1874	1.264	1.631.650 140	22.667.791 91
1875	1.494	2.009.984 091	27.430.790 61
1876	1.457	2.096.771 613	27.531.468 20
1877	1.663	2.355.447 095	20.180.928 72
1878	1.593	2.269.678 315	28.345.672 87
1879	1.477	2.263.332 194	27.131.116 77
1880	2.026	3.057.421 881	36.492.620 26
1881	2.727	4.136.779 769	49.193.882 67
1882	3.198	5.074.808 885	55.424.039 59
1883	3.307	5.775.861 795	68.558.488 57
1884	3.284	5.871.500 925	58.618.759 82
1885	3.624	6.335.572 984	60.057.259 97

Comme on le voit, le chiffre de 6 millions de tonnes que M. de Lesseps avait prévu comme prochain dès avant l'ouverture du canal (1), a été rapidement atteint, et il est aujourd'hui dépassé. L'élargissement du canal, dès à présent

(1) A l'assemblée générale des actionnaires du canal de Suez, en 1868, M. de Lesseps s'exprimait ainsi : «... C'est être certainement modéré que de prendre la moitié du chiffre de 11 millions de tonnes (chiffre

commencé, la navigation de nuit avec éclairage électrique
qui vient d'être inaugurée doubleront encore, et très rapidement, de l'avis des juges les plus compétents, le transit
actuel du canal.

Le mouvement des passagers a suivi la progression du
tonnage :

Années	Nombre des passagers	Recettes
1870.	26.758 50	263.552 50
1871.	48.422 »	484.220 »
1872.	67.640 75	676.407 50
1873.	68.030 875	680.308 75
1874.	73.597 125	735.971 25
1875.	84.446 50	844.465 »
1876.	71.843 »	718.430 »
1877.	72.822 50	728.225 »
1878.	99.209 875	992.098 75
1879.	84.512 »	845.120 »
1880.	101.551 75	1.015.517 50
1881.	90.524 875	905.248 75
1882.	131.068 625	1.310.686 25
1883.	119.177 250	1.191.772 50
1884.	151.916 625	1.519.166 25
1885.	205.751 375	2.059.513 75
1886.	167.622 750	1.676.227 50

Nous ne mentionnons ici que pour mémoire les écono-
mies de temps et d'argent que le percement de l'isthme de

auquel s'élevait à cette époque le transit par le Cap); l'on ne peut s'empêcher d'admettre aujourd'hui pour le transit de l'isthme un minimum
de 6 millions de tonnes donnant un revenu brut de 60 millions de fr. »

A la fin de 1867, M. de Lesseps écrivait :

« Le minimum incontestable d'un passage maritime qui fera communiquer, avec une abréviation de 3000 lieues, 300 millions d'Occidentaux
et 700 millions d'Asiatiques ou d'Africains, sera de 6 millions de
tonnes.

« Or, 6 millions de tonnes à 10 fr. par tonne donnent un revenu de
60 millions.

« J'avais annoncé, en appelant les capitaux, lors de la formation de la

Suez a permis au commerce du monde entier de parvenir
à réaliser. Dans une récente assemblée générale des actionnaires de la Compagnie de navigation à vapeur Péninsulaire et Orientale, le président de cette Compagnie, en
constatant une augmentation de 4,500,000 francs depuis
trois ans dans le produit des voyageurs, exposait à ses
actionnaires que par la création de billets d'aller et retour
et de billets circulaires à prix réduits « on peut aujourd'hui
« aller d'Angleterre en Australie ou au Japon, ou bien faire
« un tour circulaire dans l'Inde, en Chine, au Japon et en
« Australie, moyennant une dépense de peu supérieure à
« une livre sterling (25 francs) par jour, tout en voyageant
« à raison de 260 ou 280 milles par jour ».

« Les centaines de mille de voyageurs que leurs affaires
d'intérêt ou de famille appellent chaque année dans l'extrême Orient peuvent donc, grâce à l'ouverture du canal
de Suez, se rendre dans ces lointaines régions dans des
conditions extrêmes de bon marché et, en même temps, de
confortable. »

Souvent, depuis l'ouverture du canal, les difficultés ont
été grandes ; trop d'intérêts complexes et divers se rattachaient à son existence pour qu'il en fût autrement.
Jusqu'à présent, M. de Lesseps a su les vaincre presque
toutes avec un égal bonheur. Et cependant combien, à

Compagnie, que le passage du canal serait de 3 millions de tonnes et
le revenu de 30 millions de francs. Depuis dix ans le mouvement de la
navigation et du commerce entre l'Occident et l'Orient a plus que dou-
blé, non seulement par la progression ordinaire prévue, mais encore
par l'ouverture de la Chine, de la Cochinchine et du Japon, et par la
nouvelle organisation des Indes anglaises.

« La question de la rémunération du capital employé ne peut donc
plus faire l'objet d'aucun doute. »

Comme le prouvent les chiffres ci-dessus, les prévisions de M. de
Lesseps concernant le rendement prochain du canal sont dès à présent
dépassées.

certains jours, la lutte a-t-elle été vive! Plus le temps a
marché, plus l'Angleterre s'est montrée jalouse de ses
droits et de son influence sur le canal, qui est devenu chaque jour davantage un élément essentiel de son existence
et de sa prospérité. Il semble même qu'à cette heure la
question du canal ait pris à ses yeux toute l'importance
qu'elle attachait autrefois à la question des Dardanelles.
Cela s'explique : comme l'avait, dès le début de son entreprise, indiqué M. de Lesseps, le canal de Suez est et
restera la grande voie de communication entre l'Inde et
l'Europe.

Dans un discours qu'il prononçait en 1885 à Birmingham, M. John Bright, l'ancien ministre libéral et le
fidèle disciple de Richard Cobden, faisait ressortir avec
beaucoup de force l'intérêt chaque jour croissant que l'opinion publique en Angleterre attache à toutes les questions
qui ont trait au canal de Suez :

« M. de Lesseps proposa jadis de faire le canal. Il offrit
au peuple anglais de fournir sa part du capital nécessaire.
Dans le pays, la proposition fut accueillie avec une faveur
considérable et je crois que, généralement, ce qui n'était
que rationnel, les Chambres de Commerce se prononcèrent
en faveur du projet.

« Tout à coup, non un grand homme d'Etat à mon avis,
mais un puissant ministre mit le pied sur le projet, le condamna, le dénonça et préféra que nos navires fissent conti-
nuellement le tour par l'ancienne route plutôt que de voir
d'autres pays quelconques obtenir aussi une voie plus
courte. Alors, les Chambres de Commerce, avec une humi-
lité et une soumission fâcheuses à rappeler, ne soufflèrent
plus mot, et je suppose qu'il ne fut pas fourni par l'Angleterre un billet de 5 liv. st. pour le capital du canal. Qu'en
résulta-t-il ? Il fut rejeté nécessairement entre les mains
de la France et le peuple français comprit que le projet

étant partiellement étouffé par l'opposition du ministre anglais, il devenait d'autant plus nécessaire pour lui de faire des efforts énergiques pour faire réussir le canal.

« Le canal fut fait et il eut un succès énorme, reconnu. Et il n'y a pas de pays pour lequel il soit un succès plus que pour l'Angleterre ; car je suppose que les trois quarts au moins des navires qui passent le canal dans les deux sens appartiennent à l'Angleterre et à des armateurs anglais.

« Eh bien, quel changement s'est donc produit ? Nous, — je ne dis pas moi, mais nous, — la nation anglaise, le gouvernement anglais, la presse anglaise, nous disons que ce canal est si essentiel à nos intérêts que nous sommes prêts, si besoin est, à combattre le monde entier pour le tenir ouvert ; nous qui l'avons découragé, nous qui aurions empêché de le faire si nous l'avions pu, nous sommes maintenant enthousiastes et résolus à le défendre. Il n'est pas, au dire de la presse et de bien des hommes publics, de millions d'argent ou de milliers d'existences que nous ne soyons prêts à sacrifier pour tenir ouverte la route navigable de l'Inde. »

Ces paroles de M. Bright sont si vraies que lors de la tentative d'Arabi pour soustraire l'Égypte à l'influence anglaise, une fraction de la presse britannique mit en avant un projet relatif à la construction d'un autre canal de Suez qui serait en quelque sorte devenu la propriété exclusive de l'Angleterre. En réalité, ce projet était mort-né ; l'on ne recommence pas deux fois dans un siècle sur le même point du monde une œuvre semblable à celle qu'avait accomplie M. de Lesseps. Il fallut peu de temps pour que les Anglais, malgré leur mécontentement passager, comprissent que mieux valait tirer parti de l'œuvre existante qui leur offrait d'entières garanties, que de persister dans

leur mauvaise humeur. Pour aller plus loin il eût fallu,
d'ailleurs, violer toute la jurisprudence internationale et
le droit lui-même dans ce qu'il a de plus strict. C'est là un
point d'une évidente vérité et qui est très nettement établi dans le document suivant publié par le comité juridique égyptien, lorsqu'il fut onsulté sur la question de la
création d'un second canal :

« Les directeurs du contentieux de l'Etat, réunis en
comité et consultés sur la question suivante :

« La concession de Lesseps constitue-t-elle un monopole
« qui interdise à tout jamais au gouvernement de Son
« Altesse la faculté d'établir une nouvelle voie de com-
« munication par eau entre la Méditerranée et la mer
« Rouge ? »

« Considérant que l'effet des concessions est de soumettre
un seul particulier ou une association à l'obligation de
construire et d'entretenir à ses frais, risques et périls, un
ouvrage d'utilité publique, moyennant l'abandon, pour un
temps déterminé, de l'exercice de droits qui ont, le plus
ordinairement, pour objet la perception d'un péage ; —
que le gouvernement ne donne donc et le concessionnaire ne reçoit, pour indemnité de ses travaux et dépenses,
que l'autorisation de percevoir certaines taxes ; — que ces
taxes sont tout le prix de l'entreprise pour le particulier ou
l'association qui s'est chargée de l'exécuter ; — que, par
suite, la position du concessionnaire n'est autre que celle
de l'adjudicataire qui a mené à fin son entreprise, à cette
différence près que celui-ci est payé par le versement de la
somme stipulée, tandis que celui-là doit trouver son prix
dans les produits d'une taxe à percevoir ; que, dès lors, la
taxe et le droit de la percevoir, voilà ce qui reste au concessionnaire. Pour lui tout est là. Que s'il s'agit de déterminer les garanties et la protection qui lui sont dues, c'est
à ce droit, dans la nature que nous venons de lui assigner,

qu'il faut se rapporter; que s'il s'agit, au contraire, d'expliquer et de justifier les pouvoirs de protection, de conservation et de disposition attribués au gouvernement, c'est encore à ce droit qu'il faut se rattacher ;

« Considérant que l'octroi à un particulier ou à une association d'une concession dont le but est identique à une précédente concession en pleine exploitation est manifestement de nature, par le seul effet de la concurrence, à diminuer l'usage et, partant, le produit des taxes du travail d'utilité publique, c'est-à-dire à porter atteinte, par le fait du gouvernement, aux conditions mêmes de l'entreprise;

« Considérant que, dans le silence du cahier des charges, on peut admettre qu'une concession préexistante ne met pas obstacle à une concession nouvelle réclamée par l'utilité publique, mais que ce tempérament est corrélatif aux droits essentiels et primordiaux du pouvoir souverain; qu'il est même généralement subordonné à l'exercice de ce pouvoir par voie législative, et qu'il ne s'applique en réalité qu'avec l'assentiment ou à la suite d'arrangements spéciaux intervenus entre le gouvernement et les intéressés;

« Considérant au surplus que la proposition soumise à notre examen ne présente aucune de ces conditions, soit qu'on considère les faits eux-mêmes, soit qu'on considère les rapports de la Compagnie universelle du canal maritime de Suez avec le gouvernement égyptien, rapports qui sont et demeurent régis par les principes du droit commun et notamment par les dispositions de l'art. 7 du Code civil égyptien ;

« Considérant que les actes constitutifs de la Compagnie universelle du canal maritime de Suez ne laissent aucun doute sur la pensée absolue des vice-rois d'Egypte et de M. de Lesseps d'accomplir une œuvre *unique*, excluant

toute idée d'entreprise rivale ; que cette pensée s'explique
par la grandeur du projet et par les obstacles de tout genre
qui lui étaient opposés ; qu'elle devient plus éclatante
encore par le concours et les concessions extraordinaires
données par le gouvernement égyptien ; qu'ainsi, il n'est
jamais question de l'exécution d'un canal, mais bien de
« l'exécution *du canal maritime de Suez* » et ailleurs « *du
grand canal maritime de Suez à Péluse* » ; — qu'il serait
aisé de rapprocher plusieurs expressions du même genre,
concourant toutes à témoigner de la pensée absolue d'une
œuvre unique ; que le firman de S. M. impériale le sultan
a été conçu et écrit sous l'empire de cette même pensée ;
que le caractère universel donné à la Société corrobore ces
considérations ;

« Considérant que si la concession donnée à M. Ferd.
de Lesseps n'est pas qualifiée de monopole dans les actes
constitutifs, elle y est déterminée et expliquée en termes
qui seraient vides de sens s'ils n'avaient point cette signification. Telle est l'incontestable portée du préambule du
premier acte de concession : « Notre ami, M. Ferdinand
« de Lesseps, ayant appelé notre attention sur les avan-
« tages qui résulteraient pour l'Egypte de la jonction de
« la mer Méditerranée et de la mer Rouge par une voie
« navigable pour les grands navires et nous ayant fait con-
« naître la possibilité de constituer à cet effet une Compagnie
« formée de capitalistes de toutes les nations, nous avons
« accueilli les combinaisons qu'il nous a soumises et lui
« avons donné par les présentes *pouvoir exclusif de con-
« stituer et de diriger une Compagnie universelle pour le
« percement de l'isthme de Suez et l'exploitation d'un canal
« entre les deux mers* » ;

« Considérant que la concession de Lesseps dans les
conditions particulières d'existence et de fonctionnement
de la Compagnie universelle du canal maritime de Suez,

n'est pas exclusive du droit éminent de l'Etat agissant dans l'intérêt public en vue d'obtenir des travaux additionnels ou modificatifs; que ce droit est incontestable et que la Compagnie a l'obligation d'en tenir compte dans ses rapports avec l'Etat;

« Considérant que la durée de la Société et de la concession est fixée par l'art. 16 de l'acte du 5 janvier 1886;

« Estiment :

« Que, dans la mesure de la réserve contenue au présent avis relativement à l'exercice du droit éminent de l'Etat dans les questions d'utilité publique, *la concession de Lesseps constitue un monopole qui interdit, pendant sa durée, la création d'une nouvelle voie de communication par eau, entre la mer Méditerranée et la mer Rouge.*

« Délibéré au Caire, le 7 mai 1883.

Signé : « O. BORELLI.

« C. ARA.

« A. M. PIETRI. »

Mais s'il n'était pas admissible que l'Angleterre créât en Egypte un autre canal ou devînt la maîtresse exclusive de celui qui existait, il n'était que légitime qu'elle obtînt dans la propriété et dans l'administration du canal dont elle est la principale cliente la part qui, autrefois, lui avait été offerte et qu'elle-même, ne croyant pas à l'avenir de l'entreprise de M. de Lesseps, avait refusé d'accepter, lors de la constitution de la Société.

M. de Lesseps n'a jamais cessé de dire et de répéter, depuis 1854, que c'était l'Angleterre qui, par suite de la possession des Indes, était la principale intéressée dans la question de l'achèvement du canal; il était donc tout disposé à se prêter, de concert avec le gouvernement qu'il avait fait plus que convaincre de l'utilité du canal, à un arrangement qui non seulement avait pour lui la justice, mais qui consolidait, par la participation même de la

Grande-Bretagne, l'œuvre qu'il avait fondée au prix de tant d'efforts.

Dès le mois de novembre 1875, d'ailleurs, l'Angleterre s'était fait céder par le vice-roi d'Egypte, pour une somme de 4 millions de livres sterling, 176,602 actions de la Compagnie. Elle devint ainsi co-propriétaire du canal et, à la suite de négociations ultérieures, plusieurs places d'administrateurs furent réservées à des sujets anglais dont l'accord avec leurs collègues français, on doit le constater, n'a jamais cessé depuis lors d'être cordial.

Dès la première séance du Conseil d'administration du canal de Suez à laquelle assistaient les nouveaux administrateurs étrangers, M. Monk, député de Glocester, ancien président de l'Association des Chambres de Commerce d'Angleterre, affirma cette pensée d'union et de sympathie. Les paroles de M. Monk, parlant au nom de tous ses collègues anglais, par conséquent au nom de l'élite de la communauté commerciale et maritime de la Grande-Bretagne, ont le caractère d'un véritable engagement.

« Monsieur le président et messieurs, — disait M. Monk le 2 septembre 1884, — nous désirons, avant de terminer cette séance, vous remercier infiniment de l'accueil cordial que vous avez accordé à vos nouveaux collègues anglais. Nous sommes très sensibles, croyez-le, à la responsabilité que nous valent les fonctions d'administrateurs de la Compagnie du canal de Suez. Nous considérons très sérieusement les devoirs qui découlent de la possession de ce titre d'administrateur, et nous nous sommes dit que nous ferions tout notre possible pour assurer une entente cordiale entre les actionnaires et les clients du canal maritime qui sont tous les armateurs et les négociants du monde entier. »

L'accord complet entre M. de Lesseps et ceux qui seuls, en Angleterre, ont le droit de parler haut au nom de l'in-

dustrie des transports maritimes fut donc officiellement
et publiquement établi sur la base des améliorations pro-
jetées et désirables à apporter aux conditions de navigation du canal et de diminutions de droits de transit subor-
données aux augmentations du dividende. L'importance
de cette entente, qui sert et sauvegarde simultanément les
intérêts des actionnaires et ceux du commerce universel,
ne saurait échapper à personne.

Les difficultés relatives à la participation de l'Angleterre,
à la propriété du canal ne furent pas les seules. Il y en eut
d'autres qui, pour être d'un ordre technique et commercial,
ne furent pas moins grandes. Nous ne citerons ici que
celles qui eurent trait à l'évaluation du tonnage, à la neutralité du canal, à son élargissement et à son amélioration.

Tout d'abord le chiffre des recettes fut, comme on l'a vu,
moins élevé que celui que l'on avait espéré. Mais dès
1873 la progression devint des plus marquée et les droits
furent perçus sur 1,173 navires jaugeant ensemble 208,572
tonnes, ce qui, joint aux divers autres revenus de la Compagnie, porta les recettes à 24,830,000 francs. Le moment
était donc prochain où la Compagnie allait être dédomma-
gée de ses longs efforts et de ses immenses sacrifices.

C'est à ce moment que surgirent les difficultés relatives
au tonnage.

Le premier acte de concession, délivré le 30 novembre
1854 à M. de Lesseps, pour préparer l'exécution du canal
de Suez, se bornait à fixer le droit de passage du canal à
10 francs par tonne.

Mais plus tard, lorsqu'il fut question de former une
Société financière chargée d'exécuter le canal, un acte
définitif et explicatif de la première concession, accompagné
de statuts destinés à devenir la loi des actionnaires, fut
octroyé le 5 janvier 1856. Il maintenait la taxe de 10 francs
en ajoutant au mot *tonne* le terme expressif de *capa-*

cité, c'est-à-dire que la perception devait représenter la contenance réelle et utilisable d'un navire et non une mesure fictive inscrite sur les papiers officiels délivrés par les gouvernements et mentionnant un tonnage notamment inférieur à la capacité réelle. La pensée des auteurs de l'acte de concession se trouve interprétée dès l'origine dans une brochure publiée en mai 1856 par M. Barthélemy Saint-Hilaire, alors secrétaire général et l'un des fondateurs de l'entreprise du canal. Il s'agissait, à cette époque, de répondre à un article de la *Revue d'Edimbourg* qui était de nature à produire une fausse impression. L'auteur de l'article prétendait que le canal de Suez était inexécutable et que, dans le cas où l'on parviendrait à l'exécuter à force de temps et de capitaux, les produits ne pourraient jamais suffire à l'entretenir ni à rémunérer les actionnaires. Il fondait son opinion sur le tonnage de jauge officielle des bâtiments passant par le cap de Bonne-Espérance. A cette objection M. Barthélemy Saint-Hilaire répondait, en se basant sur des chiffres indiscutables, qu'il fallait ajouter à la jauge officielle un quart ou un tiers en sus pour obtenir la capacité réelle et utilisable d'un navire. En un mot, il annonçait l'application légale de la *tonne de capacité* autorisée par l'acte de concession pour le droit de passage par le canal.

Un an avant l'ouverture du canal à la grande navigation, en 1868, le Conseil d'administration de la Compagnie forma une commission d'amiraux, d'ingénieurs et de délégués de Compagnies maritimes, afin de régler diverses questions concernant la navigation du canal. Parmi ces questions se trouvait celle du droit de passage. Le président du Conseil d'administration expliqua les circonstances qui permettaient à la Compagnie de ne pas se conformer au système de jauge officielle, dont les gouvernements reconnaissaient eux-mêmes l'inexactitude. Il demanda si la commission serait d'avis de commencer par prendre pour base de-la perception le maximum du droit légal, c'est-à-dire la *tonne de capacité*, ou d'adopter provisoirement, dans les premiers temps de l'ouverture du canal, la tonne de jauge officielle, bien que chaque nation eût pour ses navires un tonnage particulier et différentiel, ce qui était contraire au principe d'égalité pour tous les pavillons, recommandé par le firman de concession.

La Commission, tout en reconnaissant l'exactitude du principe émis par le président du Conseil, fut d'avis de s'en rapporter provisoirement au tonnage des papiers officiels de bord, en attendant le moment d'appliquer la taxe légale calculée sur la tonne de capacité.

Un règlement de navigation arrêté par le Conseil le 17 août 1869 fut imprimé et publié dans toutes les villes de commerce. Il était dit, dans l'article 11 : « Les droits à payer seront calculés sur le tonnage réel des navires. Jusqu'à nouvel ordre, la perception sera faite d'après les papiers officiels de bord ».

Cet état provisoire dura trois ans après l'ouverture du canal, qui avait eu lieu le 17 novembre 1869. La modification annoncée fut retardée par les événements qui ont troublé l'Europe en 1870 et 1871 ; mais pendant ce temps le Conseil d'administration n'a cessé d'étudier et de faire étudier une réforme reconnue nécessaire. Il ouvrit en 1880 une enquête publique à la suite de laquelle une commission de douze membres, indépendants de la Compagnie et d'une haute compétence scientifique, établit, par des calculs dont personne n'a contesté l'exactitude, que la jauge officielle d'un navire ne représentait que la moitié de la capacité totale de ce navire, et qu'en ajoutant un certain espace déjà enregistré par le gouvernement britannique sur les papiers de bord anglais sous le nom de *gros tonnage*, il restait encore un espace plus que suffisant pour réserver l'emplacement occupé par les organes de la navigation, en matériel et personnel, et par les machines à feu des bateaux à vapeur.

La tonne de capacité étant déterminée par la Commission scientifique, la Compagnie du canal de Suez, autorisée par les termes formels de son acte de concession et sur l'avis de son Conseil judiciaire, prit le 4 mars 1872 la décision d'appliquer le 1er juillet suivant la taxe de 10 francs par tonne de capacité réelle et utilisable.

Cette décision fut notifiée au commissaire égyptien ottoman chargé de veiller, auprès de la Compagnie, à la stricte exécution des actes de concession et des statuts. Elle reçut dans le monde entier la plus grande publicité et notamment à Alexandrie, siège social de la Compagnie, où le journal le plus répandu fut chargé de la reproduire dans chacun de ses numéros pendant trois mois avant la mise à exécution.

Aucune opposition ne se produisit d'abord de la part d'aucun gouvernement ni d'aucun armateur.

Ce fut seulement dans les derniers jours qui précédèrent l'application de la décision du Conseil d'administration que la Compagnie des Messageries maritimes françaises intenta un procès devant le tribunal de commerce de Paris pour obliger la Compagnie du canal de Suez à revenir à son ancienne perception. La Compagnie de Suez ne tint aucun compte de la prétention des Messageries ni du jugement qui en fut la conséquence.

Deux gouvernements adressèrent, de leur côté, tant à Constantinople qu'au Caire, les plaintes de quelques armateurs imitant la résistance des Messageries et réclamant contre la modification apportée à la taxe de navigation dans le canal.

Le khédive transmit, le 18 juin 1872, ces réclamations au Président qui répondit, le 19 juin, ce qui suit :

« L'enquête sur la question du tonnage contenant toutes

les études faites par le Conseil, de 1868 à 1872, et la décision du Conseil présentée à l'assemblée générale des actionnaires le 12 mars 1872, document régulièrement transmis au commissaire de Son Altesse, donnent la preuve que la base de l'enquête aussi bien que de la résolution du Conseil a toujours été l'exacte observation de l'art. 17 de l'acte de concession du 5 janvier 1856. Cet article permet au canal de modifier les tarifs de la Compagnie à la condition de ne pas excéder, pour le droit spécial de navigation, le chiffre maximum de 10 francs par tonneau de capacité des navires et par tête de passager et de publier les tarifs trois mois à l'avance. »

Il est incontestable que le mode de perception provisoirement adopté au moment de l'ouverture du canal à la grande navigation, surtout d'après les modifications introduites depuis peu de temps dans les constructions des steamers, ne représentait pas la capacité réelle des navires, c'est-à-dire la partie utilisable pour leur cargaison.

La Compagnie de Suez, après une remarquable plaidoirie de Mᵉ Allou, gagna son procès devant le tribunal de première instance, puis devant la Cour d'appel et devant la Cour de cassation. Mais les armateurs étrangers ne se sentirent pas liés par une décision des tribunaux français et le litige subsista. La Porte, poussée par l'Angleterre, intervint brusquement en 1874, en enjoignant au vice-roi d'Egypte de faire avancer des troupes sur les établissements de la Compagnie, d'en chasser les agents et de prendre en main l'administration du transit, si la Compagnie refusait de déférer à la réclamation des armateurs. En présence de cet emploi de la force, la Compagnie dut céder et consentir provisoirement à ce que les droits fussent perçus sur le tonnage officiel, ce qui fit perdre à la Compagnie un tiers de ses revenus. A cette époque, on alla

jusqu'à parler de la dépossession amiable de la Compagnie
et de la gérance du canal par un syndicat des puissances.
On représentait « que l'entreprise du canal, effectuée à la
hâte avec des ressources insuffisantes et dans des conditions fort ingrates, risquait, à un moment donné, d'être
débordée par les frais d'entretien et peut-être de réfection ».
La progression ininterrompue des recettes qui, à cette
heure, produisent un intérêt de 17 à 18 p. °/₀ du capital
primitif et les améliorations successives dont le canal a été
l'objet, ont donné à ce fâcheux pronostic un absolu démenti.

Depuis plus de dix ans, ces améliorations, on peut le
dire, ont été ininterrompues. Nous ne citerons que les
principales : l'approfondissement du canal, son élargissement, son éclairage à l'électricité qui permet, dès à
présent, aux navires d'effectuer durant la nuit la traversée,
sans relâche et sans interruption. Dès 1876, M. de Lesseps
était entré dans cette voie et signait avec le colonel
Stokes, délégué de l'Angleterre, une convention relative à ces
diverses questions et aux termes de laquelle notamment
la Compagnie s'engageait à affecter, chaque année, pendant
trente ans, un million de francs aux travaux d'amélioration
dans le canal. Depuis lors, le crédit relatif à ces travaux
n'a cessé d'être augmenté.

Dans son dernier rapport à l'Assemblée générale des
actionnaires, M. de Lesseps s'exprimait ainsi au sujet de
l'élargissement et de l'approfondissement du canal :

« Conformément aux avis motivés de la Commission
consultative internationale de 1884-85, et sur la proposition de votre Conseil d'administration, vous avez
approuvé, l'année dernière, la continuation des grands
travaux d'amélioration définitive de notre œuvre et vous
avez voté les ressources actuellement nécessaires.

« Les études d'exécution que nous avons ordonnées seront
finies avant la fin de cet exercice ; elles sont assez avancées

pour que nous ayons pu préparer la commande, à bref
délai, de tout le matériel nécessaire à l'exécution de la
première phase, telle qu'elle vous a été exposée, ainsi qu'à
l'exécution du canal d'eau douce d'Ismaïlia à Port-Saïd.

« Les études sur le terrain ont consisté :

« 1° Pour le canal maritime :

« A tracer une parallèle à 122 mètres de l'axe de Port-Saïd
à Ismaïlia, à niveler les repères placés sur cette ligne, à
procéder à la triangulation du lac Timsah et des petits
lacs Amers, pour l'établissement du développement exact
des courbes.

« 2° Pour le canal d'eau douce :

« A jalonner, piqueter, niveler et relever les profils en
travers depuis Ismaïlia jusqu'à Kantara, c'est-à-dire jusqu'au point où il doit emprunter la berge, définie, du canal
maritime ; enfin, à rédiger les projets des ouvrages d'art. »

En un mot, l'heure est prochaine où l'élargissement du
canal sera un fait accompli.

La question de la neutralité a toujours joué un grand
rôle dans l'histoire de l'isthme de Suez. Elle est sinon
antérieure, du moins connexe à l'établissement du canal
lui-même. Le canal ayant un caractère international et
universel, il n'était pas admissible, dès la première heure,
qu'une nation privilégiée pût en avoir, à un moment donné,
par suite de faits de guerre ou d'autres événements, la
jouissance exclusive. Cette idée de la neutralité du canal
de Suez fut entrevue à la fin du xvii° siècle par le baron
de Tott qui, dans ses études sur les Turcs, dit que « le
canal de la mer Rouge doit être la base du droit public des
nations ». Reprise par l'école saint-simonienne, puis soutenue par M. de Lesseps qui la fit, dès le premier jour, consacrer dans l'acte de concession par le vice-roi, Mohammed-Saïd, la nécessité d'une neutralité inviolable du canal
de Suez fut soutenue par M. Thiers et par le prince de

Metternich dès 1856. Dans une sorte de consultation publiée alors, le célèbre diplomate autrichien s'exprime ainsi :

« Le sultan, disait le prince de Metternich (1), se placera dans une situation excellente vis-à-vis de l'Europe en proposant aux puissances amies ou alliées, pour éviter dans l'avenir, sur cette question, toutes difficultés entre elle ou avec l'Egypte, de désigner des plénipotentiaires à Constantinople à l'effet de régler, par une convention, la neutralité perpétuelle du passage dans le canal de Suez, dont le principe, en ce qui concerne l'empire Ottoman, est déjà formulé dans l'article 14 de l'acte de concession. »

Lors du Congrès de Paris, M. de Lesseps faisait présenter le projet de protocole suivant :

« Les puissances signataires garantissent la neutralité du canal maritime de Suez, en tout temps ;

« Aucun bâtiment ne pourra être saisi, ni dans le canal ni à quatre lieues des entrées sur les deux mers ;

« Aucune troupe étrangère ne pourra stationner sur les bords du canal à moins d'avoir le consentement du gouvernement territorial (2). »

Mais on était, lors du Congrès de Paris, loin du jour de l'ouverture du canal, et, reléguée au second plan, la question de la neutralité du canal de Suez, qui devait par la suite prendre une si grande importance, ne fut pas résolue.

« Ce qu'il y a de certain, écrivait M. de Lesseps à son frère le 27 décembre 1860, c'est que le canal se fera ; mais ce qui sera moins certain, ce sera de voir avant de longues années les grandes puissances se mettre d'accord pour consacrer la neutralité du canal des deux mers sur la base d'un nouveau droit maritime qui détruira les coutumes

(1) Lettre à M. le comte de Lesseps, 8 juillet 1856.
(2) Lettre à M. Barthélemy Saint-Hilaire, 28 février 1856.

barbares sous lesquelles nous continuons à vivre, malgré les sages considérations de M. de Tott (l). »

Dans les nombreuses discussions qui eurent lieu au Parlement anglais avant l'ouverture du canal, les orateurs insistèrent à plusieurs reprises sur la nécessité évidente de la neutralité. En fait, celle-ci fut respectée par les nations belligérantes à diverses reprises, notamment en 1870-1871.

Depuis lors, la question de la neutralité du canal de Suez n'a pas encore été définitivement réglée. Une commission internationale l'a, dans ces dernières années, longuement élaborée ; dès à présent, on peut dire qu'il est décidé, en principe, qu'aucun acte d'hostilité ne doit avoir lieu dans le canal, ni contre le canal, et qu'il devrait en cas de guerre rester également ouvert aux vaisseaux des puissances belligérantes qui, au même titre, devraient en respecter la neutralité.

(1) Voici ce curieux extrait des mémoires du baron de Tott :

« Le sultan Mustapha traita avec un grand intérêt le projet de la jonction des deux mers par l'isthme de Suez, il voulut même ajouter aux connaissances que j'avais à cet égard, celles des différents commissaires qui avaient été en Egypte, et l'on verra, dans la quatrième partie de ces mémoires, que si Mustapha avait assez vécu pour entreprendre ce travail, il eût trouvé sur les lieux des facilités qui l'auraient mis à même d'opérer la plus grande révolution dont la politique soit susceptible. Ce sultan, dont l'esprit commençait à s'éclairer, m'a fait faire un travail sur cet objet important dont il réservait l'exécution à la paix.

« Dans les différents travaux qui ont illustré l'ancienne Egypte, le canal de communication entre la mer Rouge et la Méditerranée mériterait la première place, si les efforts du génie en faveur de l'utilité publique étaient secondés par les générations destinées à en jouir et si les fondements du bien social pouvaient acquérir la même solidité que les préjugés qui tendent à le détruire.

« Voilà cependant l'abrégé de l'histoire ; elle n'offre que ce tableau, c'est celui de toutes les nations, celui de tous les siècles. Sans ces continuelles destructions, la position la plus heureuse aurait dicté des lois immuables, et le canal de la mer Rouge eût été constamment la base du droit public des nations. »

Deux contrées ont vu surtout, depuis l'ouverture du canal de Suez, leur commerce se développer dans des proportions incroyables ; d'un côté c'est l'Inde, et de l'autre l'Australie.

Le tableau comparatif des exportations de l'Inde, favorisées simultanément par l'extension croissante du réseau ferré, est des plus concluant :

Livres sterling.

1870.	53.513.729
1871.	57.556.951
1872.	64.685.376
1873.	56.548.842
1874.	65.910.081
1875.	57.984.549
1876.	60,291.731
1877.	65.043.789
1878.	67.433.324
1879.	64.919.741
1880.	69.247.511
1881.	76.021.043
1882.	83.068.198
1883.	84.527.182
1884.	85.087.858
1885.	84.915.677

La majeure partie de cette exportation a transité par le canal de Suez qui tend de plus en plus à devenir la principale voie de transport des marchandises venant de l'Inde.

Voici les chiffres de la proportion des expéditions par le canal dans les huit dernières années :

1877-78.	54.16 %
1878-79.	48.64 —
1879-80.	51.64 —
1880-81.	58.79 —
1881-82.	61.39 —
1882-83.	62.25 —
1883-84.	65. 8 —
1884-85.	65. 6 —
1885-86.	66. 2 —

La valeur des importations expédiées par cette voie a été
de 53.93.80.958 roupies (1,348,452,395 fr.), ou 77,51 % du
commerce total; quant aux exportations, 58,85 % ont
passé le canal, soit 47.60.20.177 roupies (1,190,050,442 fr.).

Sur la somme totale du commerce de l'Inde ayant
transité par le canal, s'élevant à 1.01.54.01.135 roupies
(2,538,502,837 fr.), le trafic entre l'Angleterre et l'Inde se
chiffre, pour l'année 1884-85, à 77.29.59.803 roupies
(1,932,399,507 fr.), ou 76,12 %.

Le commerce de la France s'est élevé, pendant cette
même année, à 8.11.98.415 roupies (202,994,037 fr.), soit
seulement 8 % du total; celui de l'Autriche à 3.14.86.998
roupies (78,917,495 fr.), ou 3 %, et celui de l'Italie à
4.03.40.362 roupies (100,850,905 fr.), ou 3,97 %. L'ensemble de ces quatre pays forme 91,1 % du trafic total,
entre l'Inde et tous les pays étrangers, par le canal de
Suez.

Le relevé comparatif des navires, à l'entrée et à la sortie
des ports indiens, ayant pris la voie de l'isthme de Suez
depuis cinq ans fait également ressortir l'augmentation
croissante du tonnage à vapeur employé dans le trafic
entre l'Inde et l'Europe :

	Navires.	Tonnes.
1879-80	1.067	1.609.769
1880-81	1.951	2.133.872
1881-82	1.489	2.887.988
1882-83	1.645	2.585.920
1883-84	1.930	3.151.792
1884-85	1.649	2.817.551
1885-86	1.812	3.058.641

Il est intéressant de constater que la capacité de transport augmente d'une façon notable pour les steamers
engagés dans le commerce indien, transitant par le canal
de Suez. En 1881-82, par exemple, comme on peut le voir
par le premier tableau donné plus haut, le nombre des

navires était supérieur à celui de 1884, tandis qu'au contraire le tonnage de 1884 a été sensiblement supérieur au tonnage de 1882.

La moyenne de tonnage, par navire, s'établit ainsi pour les cinq dernières années dont nous possédions la statistique officielle :

1879-80.	1.508 tonnes
1880-81.	1.462 —
1881-82.	1.451 —
1882-83.	1.571 —
1883-84.	1.633 —
1884-85.	1.651 —

La moyenne du tonnage de 1883-84 est la plus élevée jusqu'à présent. Elle est en augmentation de 200 tonnes sur l'année 1875-76, dont la moyenne était de 1,433 tonnes.

Les bénéfices que l'Australie a recueillis du percement de l'isthme de Suez sont supérieurs encore aux avantages que l'Inde en a retirés.

Cet immense continent australien, d'une grande richesse minière, d'une fertilité si remarquable, n'avait pu jusqu'alors prendre le développement qui lui était réservé, par suite de la difficulté de ses relations avec l'Europe ; jusqu'à l'ouverture du canal, l'intercourse se faisait presque exclusivement au moyen de voiliers qui prenaient la voie du cap de Bonne-Espérance.

Après le percement de l'isthme, les circonstances changèrent. Des lignes régulières de steamers furent créées pour desservir spécialement les colonies australiennes, et la création de ces communications rapides eut pour résultat immédiat de donner un essor considérable aux échanges.

Une grande partie du trafic australien, cependant, passe encore par le Cap, mais ce trafic presque tout entier est fatalement destiné à servir d'aliment au transit des canaux de Suez et de Panama, lorsque ce dernier sera ouvert à la navigation.

Actuellement, plusieurs lignes relient l'Australie à l'Europe, parmi lesquelles il convient de citer les compagnies anglaises *Péninsulaire*, *British India* et *Orient* ; les *Messageries Maritimes* en France et le *Norddeutscher Lloyd* en Allemagne.

Pour se rendre un compte exact du développement énorme des colonies australiennes pendant ces dernières années, il suffit de comparer les statistiques d'il y a dix ans aux statistiques actuelles.

Si l'on compare les deux années 1875 et 1885, on voit que l'accroissement de la population, seul, se chiffre par une plus-value de 40.80 % pendant cette période décennale. Voici comment il se répartit par province :

	1875	1885
Nouvelle-Galles du Sud.	606.652	980.573
Nouvelle-Zélande.	375.856	582.420
Queensland	181.288	326.916
Australie Orientale.	210.402	229.769
Tasmanie	103.663	133.791
Victoria	791.399	991.869
Australie	26.709	35.186
Totaux.	2.296.009	3.280.544

Les augmentations les plus considérables portent sur le Queensland (80,42 %), la Nouvelle-Galles du Sud (61,63 %) et la Nouvelle-Zélande (54,95 %). Parallèlement à l'augmentation de la population, il faut relever l'augmentation des terres mises en culture pendant la même période :

	1875	1885
	ACRES	ACRES
Nouvelles-Galles du Sud.	451.139	868.093
	(182.562)	(351.292)
Nouvelle-Zélande	607.138	1.265.975
	(245.691)	(512.303)
Queensland	77.347	209.130
	(31.300)	(84.629)
Australie Orientale.	1.444.586	2.785.490
	(584.581)	(1.128.207)

	1875	**1885**
	ACRES	ACRES
Tasmanie	332.824	417.777
	(134.684)	(169.062)
Victoria	1.126.831	2.405.157
	(455.996)	(773.297)
Australie Occidentale	47.571	76.929
	(19.250)	(31.131)
Total	4.087.436	8.028.551
	(1.654.084)	(3.249.921)

L'augmentation a donc été de 3,941,115 acres (1,595,837 hectares) ou 96.42 % en dix ans.

Voici d'autre part quel a été le prodigieux accroissement du transit australien effectué par le canal de Suez :

Années	Nombre de navires	Net tonnage	Nombre des passagers
1878.	27	46.248 t. 058	3,509
1879.	41	71.600 037	6,865
1880.	51	107.552 910	5,367
1881.	98	208.570 480	9,770
1882.	166	343.006 363	20.862
1883.	226	488,735 »	31.420
1884.	253	553.558 940	32.373
1885.	228	534.432 540	33.288

Comme on le voit, le transit de l'Inde et de l'Australie avec l'Europe, par suite du percement de l'isthme de Suez, s'est accru dans d'énormes proportions. Pour l'Australie seule, il a presque décuplé en six ans.

Cette progression du transit par le canal de Suez n'est pas près de s'arrêter; il y a en Asie un champ d'exportation et de production dont on ne saurait encore mesurer toute l'étendue. Qui pourrait dire, par exemple, dans quelles proportions se sera accru, d'ici cinquante ans, le commerce de la Chine avec l'Europe?

Il y a, en outre, pour le transit par Suez une autre source d'augmentation. Malgré l'ouverture du canal, la voie du cap de Bonne-Espérance est loin d'être abandonnée. Elle bénéficie encore d'un mouvement commercial considérable.

Les marchandises qui passent par le cap de Bonne-Espérance ne viennent pas par le canal de Suez, simplement parce que le fret des ports de l'Asie aux ports de l'Europe est encore trop cher pour que ces marchandises, de valeur restreinte, puissent en supporter les frais. Ces marchandises, en effet, ayant peu de valeur, peuvent subir de longs mois de transport, puisque l'intérêt de l'argent qu'elles représentent est minime et que les frais d'une expédition rapide par le canal ne seraient pas, pour ces marchandises, compensés par le temps gagné.

Les diminutions de taxes, telles qu'elles sont prévues dans l'arrangement de Londres, que les actionnaires du canal de Suez ont approuvé le 12 mars 1884, amèneront au canal de Suez la presque totalité des marchandises qui passent par le cap. Ce détournement se fera à mesure que la taxe descendra de 10 à 8 fr. 50, puis à 8 fr.

En 1870, le transit par le cap s'élevait à 11 millions de tonnes. Il a diminué de près de 7 millions. C'est donc un chiffre de 5 à 6 millions de tonnes que le canal de Suez pourra enlever encore à la voie du cap de Bonne-Espérance. Le tableau suivant suffit à le prouver:

Années	Proportion du tonnage ayant passé par le Canal.	par le Cap.
1870.	10,30 %	89.70 %
1871.	49.36 »	80.74 »
1872.	26.36 »	80.74 »
1873.	27.84 »	72.16 »
1874.	37.35 »	62.65 »
1875.	30.92 »	69.08 »
1876.	29.38 »	70.62 »
1877.	37.23 »	62.77 »
1878.	36.50 »	63.50 »
1879.	34.19 »	65.81 »
1880.	38.29 »	61.71 »
1881.	49.42 »	50 58 »
1882.	52.55 »	47.45 »

Depuis l'époque où cette statistique a été établie, cette progression n'a fait que s'accentuer. Et sur ce point encore la réalité des faits infligera un démenti à l'une des assertions de lord Palmerston qui, en 1861, écrivait à lord John Russell : « En raison des difficultés de la navigation dans la mer Rouge, la navigation par le cap, excepté pour de puissants steamers, sera plus rapide et à meilleur marché que par le canal ».

En 1867, devant l'Assemblée des actionnaires du canal de Suez, M. de Lesseps s'exprimait ainsi : « La marine à vapeur tend à remplacer la marine à voiles, et cette révolution maritime s'accentuera de plus en plus dans les deux hémisphères... La navigation à vapeur est destinée à remplacer tout à fait la navigation à voiles, lorsque l'ouverture du canal de Suez l'aura rendue facile et accessible aux plus grandes distances ».

L'avenir a donné raison sur ce point, comme sur beaucoup d'autres, à M. de Lesseps.

Une des principales conséquences du percement de l'isthme de Suez a été, en effet, l'immense développement pris par la navigation à vapeur qui, non seulement tend de plus en plus à se substituer partout à la navigation à voiles, mais encore a été elle-même, sous l'impulsion des besoins nouveaux, l'objet des améliorations les plus importantes.

Le fer se substitua presque partout au bois dans la construction des coques, au grand profit de l'économie, de la rapidité de la mise en œuvre, de la facilité des réparations. En même temps on arrivait, peu à peu, à résoudre ce double problème que l'appareil moteur tînt dans le navire la moindre place possible et qu'il réduisît ses exigences en combustible.

L'avantage des machines économiques est, en effet, plus sensible sur un navire que sur terre. Comme l'a remarqué

M. G. Blum dans un récent et intéressant travail sur la
navigation à vapeur, non seulement le charbon qu'emporte
un navire à vapeur pour sa consommation représente le
principal élément de dépense, en raison de son prix d'achat,
mais la place qu'il occupe est encore perdue pour le fret.
Il représente ainsi un chargement non payant dont les
frais de transport s'ajoutent au prix d'achat. Aussi recher-
che-t-on, pour les navires, les meilleures qualités de charbon, celles qui, à poids égal, fournissent la plus grande
quantité de chaleur. Une économie de 125 grammes de
charbon par cheval-vapeur représente, en effet, pour un
transatlantique, une économie totale d'environ 100 tonnes
de charbon par voyage. A cette économie principale sur
la dépense en charbon s'ajoutent toutes celles qu'on réalise
sur la main-d'œuvre d'arrimage dans les soutes et de chargement des fourneaux, et surtout le gain de 100 tonnes de
fret qui prennent, dans les flancs du navire, la place qu'y
eût occupée cette même quantité de charbon.

Déjà la route ouverte par le canal de Suez permettait, à
cet égard, une réduction sensible de la capacité des soutes,
grâce aux nombreuses escales qu'on y rencontre et où on
peut refaire son approvisionnement.

L'emploi des machines Compound permet de réduire
encore notablement la consommation et l'espace occupé
par le moteur.

Woolf avait depuis longtemps démontré qu'en faisant
détendre successivement la vapeur dans deux cylindres
inégaux, on arrivait à utiliser une fraction considérable
et, jusque-là, forcément négligée de son énergie dyna-
mique. Mais comme il arrive trop souvent, cette idée,
qui devait être si féconde en résultats, fut d'abord laissée
dans un abandon presque complet. C'est au célèbre constructeur écossais John Elder qu'en est due la mise en
pratique et l'application aux machines marines.

Aujourd'hui la machine Compound est devenue le type général des machines marines, et grâce aux perfectionnements dont elle a été l'objet, tant en Angleterre que sur le continent, sa consommation est descendue successivement à 950, 850 et enfin, comme dans les machines Parkins, à 800 grammes.

Simultanément le poids de l'appareil moteur qui, il y a peu de temps encore, était de 200 et même de 250 kilos par force de cheval, s'est trouvé réduit à 110 kilos en moyenne. Dans quelques-uns des paquebots construits dernièrement par la Compagnie des Messageries maritimes cette proportion est même descendue à 89 kilos.

Il y a aujourd'hui, dans le monde, 8,433 navires de commerce à vapeur, jaugeant plus de 10 millions de tonnes, et mûs par près de 16 millions de chevaux-vapeur.

Les voiliers cependant n'ont pas disparu : il y en avait 59,518 en 1870 ; il y en a encore 44,734 aujourd'hui, jaugeant ensemble 13 millions de tonnes. Mais l'issue de la lutte ne saurait être incertaine ; il n'est pas douteux que l'ouverture du canal de Panama n'accélère encore ce mouvement, et il faut souhaiter que la France qui, malgré les avertissements répétés de M. de Lesseps, s'est à ce point de vue laissée surprendre lors de l'inauguration du canal de Suez, fasse un grand effort pour ne pas se laisser, cette fois, dépasser par ses concurrents.

Pour compléter le tableau sommaire de ces résultats si importants, il faudrait mentionner encore le développement considérable qui a été pris depuis 1870 par les ports de l'océan Indien et de la Méditerranée, dont le tonnage n'a cessé de s'accroître et qui, presque tous, ont dû être l'objet d'améliorations et d'agrandissements successifs. Ainsi en a-t-il été de Marseille, de Gênes, de Trieste, de Port-Saïd, d'Ismaïlia, de Bombay d'Aden, etc. En 1860, pour ce dernier port le nombre des navires entrés et sortis était de 73 ayant un tonnage de 64,722 ; il était en 1883 de 5,599 navires ayant un tonnage de 4,701,598. Il est aujourd'hui de plus de 6,000. Ce n'est qu'un commencement.

A partir du jour où le grand réseau projeté des chemins de fer indiens aura été terminé, rapprochant les centres de production des grands ports d'exportation, et la réforme du tarif des voies ferrées accomplie, l'agriculture indienne pourra entrer en lice avec les producteurs de blés américains ; à partir de ce jour, le nombre des navires passant par le canal de Suez augmentera dans une proportion qu'il est difficile de prévoir, ne fût-ce qu'approximativement, mais qui atteindra, on ne saurait en douter, des développements énormes.

Les prévisions de M. de Lesseps, qui remontent aujourd'hui à plus de trente ans, ont donc été absolument justifiées. Il avait eu entièrement raison lorsque, dans sa lettre du 3 décembre 1854 à Richard Cobden, il écrivait : « Une abréviation de distance et une diminution dans la durée du voyage ont pour conséquence forcée d'augmenter à *l'infini* les relations et les échanges ».

CHAPITRE XIV

L'ISTHME DE PANAMA

LE CANAL DE PANAMA. — HISTORIQUE : NUNEZ DE BALBOA ; FERNAND
CORTEZ ; LES GALIONS DU PÉROU ; LE TRANSIT ESPAGNOL ; PIL-
LAGE DE PANAMA EN 1670 ; ABANDON DE LA ROUTE ESPAGNOLE.
— EXPLORATION DE M. DE HUMBOLDT EN 1804. — LES PLACERS DE
LA CALIFORNIE. — OUVERTURE DU CHEMIN DE FER.

En 1854, le vice-roi d'Egypte, Mohammed-Saïd, après
avoir accordé à M. de Lesseps la concession du canal de
Suez, disait en s'adressant au Conseil général des Etats-
Unis : « Nous allons faire concurrence au percement de
l'isthme de Panama et nous aurons fini avant vous ».

Les faits justifièrent cette parole :

Lorsque le canal de Suez fut terminé, le canal de Panama
était encore depuis longtemps à l'état de projet.

Le problème d'une communication interocéanique,
naturelle ou artificielle, à travers le continent américain,
est, en effet, presque contemporain de la découverte
du nouveau monde.

Lorsque Christophe Colomb, cherchant une nouvelle
route pour aller de l'Europe dans les Indes, eut successivement découvert l'archipel de Bahama, les grandes et les
petites Antilles, et les îles Sous le Vent, il atteignit l'Amérique centrale ; puis, après avoir reconnu divers points de
l'isthme américain, depuis Gracias à Dios jusqu'à Porto-

Bello, il repartit, convaincu qu'il devait exister à travers l'Amérique *un détroit* permettant aux navires de gagner les Indes.

Cette croyance lui survécut et se vulgarisa.

Il existe à la bibliothèque de Nuremberg un globe terrestre, *portant la date de 1520,* sur lequel on voit clairement tracée, à travers l'isthme de Panama, une ligne attestant que Johannes Schœner, son auteur, croyait qu'il y avait là un détroit.

« *Trouver le détroit*, dit M. Reclus, resta le grand problème du xvi° siècle. »

Tous les larges estuaires de fleuves rencontrés le long des côtes de l'isthme américain et de la Colombie furent d'abord pris pour le bras de mer si ardemment désiré, on les remonta jusqu'au point où le doute n'était plus possible... Bientôt les découvertes des Espagnols démontrèrent que l'isthme américain ne présente aucune solution de continuité, et qu'il se soude sans détroit aux grandes terres du Nord et du Sud. Magellan reconnut que le seul passage se trouve par 54 degrés de latitude sud, et rectifia la grossière erreur relative aux longitudes respectives de l'Asie et de l'Amérique. Déjà les Portugais avaient enseigné à l'Europe la route de l'Inde par le cap de Bonne-Espérance.

Le problème changea dès lors complètement de face ; il ne s'agissait plus que de chercher un passage que l'art pût assez améliorer pour permettre aux petits navires, dont on usait à cette époque, de transiter d'une mer dans l'autre. Il suffisait de trouver deux rivières profondes et navigables, partant d'un cul bas et étroit et se rendant l'une au Pacifique et l'autre à l'Atlantique. On les aurait réunies par une coupure.

Vasco Nunez de Balboa, parti du golfe de Darien sur l'Atlantique, avait le premier, le 25 septembre 1513, aperçu

le Pacifique du haut d'un pic de la Cordillère de Piri et
constaté quelle faible distance séparait les deux océans
dans cette partie de l'isthme américain. Dès cet instant,
Balboa rechercha avec ardeur *le détroit* que, d'après Christophe Colomb, on croyait exister dans cet isthme, mais il
ne put poursuivre longtemps ses investigations. Le succès
de l'expédition qu'il avait entreprise *proprio motu* avait
provoqué contre lui les plus vives jalousies; inculpé d'in-
subordination et jeté dans les fers, il eut la tête tranchée
par ordre du gouverneur du nouveau monde.

Après la mort tragique de Balboa, Fernand Cortez, le
conquérant du Mexique, se livra à son tour à la même
investigation.

En 1524 il écrivait à Charles-Quint : « Toujours à la
recherche de ce qui peut concourir à votre gloire et à votre
avantage, j'ai cru, Sire, qu'il était de mon devoir, après
toutes les précautions prises dans l'intérieur pour soumettre les uns, pacifier les autres, établir partout l'ordre,
l'union et la paix, d'équiper des bâtiments pour découvrir
et reconnaître l'étendue de la côte entre le Panaco et la
Floride, et trouver, s'il est possible, *un détroit* dans la mer
du Nord qui conduise à l'archipel découvert par Magellan
et qui doit en être assez proche. Si Dieu me permettait de
réussir dans une pareille entreprise, le commerce de l'épi-
cerie se ferait bien plus promptement et à moins de frais ;
les vaisseaux construits dans ce but ne courraient plus de
risques, puisqu'ils ne parcourraient plus que des côtes
soumises à votre domination. Ils trouveraient sans cesse,
au besoin, les moyens de mouiller dans des ports sûrs, de
se radouber, de faire de l'eau, etc. Quoique je sois ruiné
et considérablement endetté par les dépenses que m'ont
occasionnées l'équipement des autres vaisseaux, les armées
de terre, les provisions de toute espèce, la fonte de l'artillerie et par mille autres frais qui se renouvellent tous les

24

jours, — quoique tous les objets essentiels soient à un prix
excessif, malgré la richesse des pays, et que les impôts ne
soient pas, à beaucoup près, capables de balancer les
dépenses, j'oublie mes intérêts personnels, j'emprunte de
l'argent et je dépenserai dix mille piastres d'or pour faire
partir trois carabiles et deux brigantins destinés à la
découverte de ce *détroit*. Il suffit que je puisse rendre de
nouveaux services à Votre Majesté pour que toute autre
considération cesse, et que je m'y livre tout entier; si on
découvre *le détroit*, je vous rendrai le service le plus
signalé et le plus utile; si on ne le rencontre point, on
découvrira du moins de vastes et riches contrées qui produiront de grands avantages à Votre Majesté en étendant
votre domination; il résultera des découvertes sur cet
objet qu'on s'occupera plus utilement, quand on sera
assuré qu'il n'existe point de *détroit*, de la navigation la
moins dispendieuse pour se rendre aux îles qui produisent
les épices; mais j'espère que l'entreprise de la flotte
sera couronnée du plus grand succès, que *le détroit*
sera reconnu, parce que rien ne peut se refuser aux
efforts, aux soins et au zèle avec lesquels je désire y contribuer.

« J'ai également l'intention d'envoyer dans la mer du
Sud les vaisseaux que j'ai fait construire. Je compte, avec
l'aide de Dieu, qu'ils seront prêts à partir au mois de juillet
de cette année 1524. En descendant la côte, il est impossible, *s'il y a un détroit dans cette partie*, qu'il ne soit
découvert ; en ajoutant aux ordres pour ceux qui voyagent
dans la mer du Nord des instructions très précises à ceux
qui dirigeront leur marche dans la mer du Sud, pour tâcher
de pénétrer jusqu'aux terres découvertes par Magellan, —
je négligerai, dans la vue de découvrir *le détroit*, tous les
autres avantages que j'aurais pu me procurer dans les
parages de cette mer, — je renonce à tout profit, dans une

circonstance où la seule utilité de Votre Majesté doit me diriger. Dieu veuille protéger mon entreprise ! Puissiez-vous l'approuver, puissé-je être assez heureux pour vous servir avec l'utilité que je désire véritablement. »

Les recherches auxquelles Ferdinand Cortez se livrait avec tant d'ardeur et de dévouement désintéressé ayant démontré qu'il n'existait aucune coupure dans l'isthme unissant les deux Amériques, le conquérant du Mexique s'occupa de rechercher le moyen de relier *artificiellement* les deux océans.

C'est à Tehuantepec, au fond du Mexique, qu'il songea à créer cette communication. Après avoir fait soigneusement étudier le terrain par don Gonzalo Sandoval, il envoya à Charles-Quint le plan du canal à creuser dans cette région afin d'unir le Pacifique et l'Atlantique.

Bien qu'il n'eût été fait aucune réponse à ses propositions, Fernand Cortez, quand le gouvernement civil du Mexique lui fut retiré, insista encore dans ses lettres à Charles-Quint sur la nécessité d'ouvrir cette communication entre les deux océans.

Le projet de Fernand Cortez alla s'enfouir dans les archives de l'Escurial, de même que celui qui avait été présenté par Angel Sanvédra, et qui tendait à établir un canal à travers l'isthme de Darien ; la royauté espagnole ne songeait qu'à demander de l'or à ses possessions du nouveau monde, elle n'était pas disposée à en dépenser en leur faveur, quelques avantages que dussent lui assurer ultérieurement les avances qu'elle leur aurait faites.

Philippe II, cependant, se montra d'abord favorable au projet de créer un canal mettant les deux mers en communication ; il envoya dans le Darien deux ingénieurs flamands pour étudier la question ; mais, peu après, il changea d'avis, et un peu plus tard il alla jusqu'à menacer de mort quiconque viendrait de nouveau lui parler de cette affaire. Peut-être pensait-il, comme Joseph Acosta, que si l'on tentait de supprimer les barrières mises par Dieu entre les deux mers, « on devrait craindre le châtiment du ciel, en voulant *corriger* les œuvres que le créateur, par sa grande puissance, a ordonnées et disposées en la fabrique de cet univers ».

Quoi qu'il en soit, les Espagnols durent aviser au moyen de suppléer au canal, afin d'éviter aux navires qui transportaient l'or et l'argent du Pérou le périlleux voyage par le cap Horn ou par le détroit de Magellan.

Ils créèrent une route à travers la partie la plus étroite du continent, route allant du Pacifique à l'Atlantique; chaque année, un convoi de navires partait du Pérou à destination de la côte occidentale, et les marchandises, après transbordement, étaient réembarquées sur d'autres navires qui, partis de Cadix, venaient attendre leur chargement sur l'Atlantique, à l'autre extrémité de la route créée. Ce qui est à remarquer, c'est que cette route traversait l'isthme de Panama; elle suivait un tracé à peu près identique à celui du chemin de fer qui va aujourd'hui de Panama à Colon et au parcours du canal interocéanique dont M. de Lesseps poursuit en ce moment l'exécution. L'établissement de cette route par terre ne fit pas cependant renoncer au projet d'une voie maritime plus facile et plus navigable. En 1599, un illustre français, Samuel Champlain, le colonisateur du Canada et le fondateur de Québec, déclarait que c'était sur ce point de l'isthme américain, c'est-à-dire dans la région de Panama, qu'il fallait établir une voie navigable mettant en communication les deux océans.

« En ce lieu de Panama, écrivait-il, s'assemble tout l'or et l'argent qui vient du Pérou, où l'on les charge, et toutes les autres richesses, sur une petite rivière qui vient des montagnes et qui descend à Portuella, laquelle est à qua-

tre lieues de Panama, dont ils font porter l'or, l'argent et
autres marchandises sur mulets ; et étant embarqués sur
ladite rivière, il y a encore 18 lieues jusqu'à Portuella.
L'on peut juger que si les quatre lieues de terre qu'il y a
de Panama à cette rivière *étaient coupées*, l'on accourci-
rait le chemin de plus de 1,500 lieues ; et, depuis Panama
jusqu'au détroit de Magellan, *ce serait une île*, et, de
Panama jusqu'aux terres hautes, *une autre île* ; de sorte que
l'Amérique serait *en deux îles.* » Comme on le voit, Champlain indiquait avec la plus grande netteté la solution de
ce problème.

Comment donc expliquer que l'isthme de Panama,
reconnu dès le XVIᵉ siècle comme le point où devait être
faite la coupure unissant les deux océans, soit resté la
région la moins explorée du grand isthme américain
jusqu'à nos jours ?

La route de transit établie par les Espagnols à travers
l'isthme de Panama comprenait deux voies, aboutissant
toutes deux à Panama et partant, l'une de Porto-Bello,
l'autre de Saint-Laurent-de-Chagres.

De Porto-Bello partait un chemin muletier, passant à
travers la forêt, étroit, suivant les accidents de terrain et
pavé dans les endroits marécageux. Par ce chemin passaient
à dos de mulets les dépêches, les passagers, les barres
d'or et d'argent et le mercure dont le vice-roi du Pérou
avait le monopole.

De Saint-Laurent-de-Chagres à Curces, des bateaux plats
transportaient les marchandises encombrantes. A Curces,
les marchandises étaient débarquées et portées à dos de
mulets jusqu'à Panama.

Le secret du passage de l'isthme était si bien gardé que
le flibustier Morgan, en 1670, quand il se résolut à attaquer
et à piller Panama, ne trouva pas dans les deux mille
forbans qu'il commandait un seul homme qui pût guider

l'expédition. Il dut aller chercher des guides au bagne de
l'île de Sainte-Catherine, où il trouva deux forçats, un
Indien et un métis, originaires de Panama.

Le 18 janvier 1670, prenant la route de Chagres à la
tête de treize cents flibustiers ou boucaniers, Morgan se
dirigeait vers Panama où il arrivait le 26 du même mois.
Il s'emparait de la ville qu'il pillait et brûlait et, chargé
de butin, venait à Chagres, où il s'embarquait pour la
Jamaïque. Les Espagnols rebâtirent Panama à quelque
distance de l'ancienne ville, mais le souvenir de l'auda-
cieuse excursion de Morgan les empêcha de rendre plus
facile le passage de l'isthme ; *les meilleures routes,*
disaient-ils, *sont dans les pieds des mulets et des nègres.*
Lorsque les galions n'arrivèrent plus et que les guerres de
l'indépendance séparèrent de la mère-patrie les colonies
hispano-américaines, le passage de l'isthme devint de moins
en moins fréquenté. Il finit par être, pour ainsi dire,
abandonné, les communications entre les côtes du Pacifique et l'Europe s'effectuant par le cap Horn.

Cet abandon avait déjà eu lieu, lorsqu'en 1804, l'illustre
M. de Humboldt explora l'isthme américain pour y trouver
l'endroit le plus favorable à l'établissement d'un canal
interocéanique. Il accueillit, sans les vérifier, certaines
erreurs de topographie qui, appuyées sur le témoignage de
sa haute autorité, devaient détourner de Panama les
explorateurs.

« Il paraît, disait-il, d'après l'ensemble des renseignements que j'ai pu me procurer pendant mon séjour à
Carthagène et à Guayaquil, qu'on doit abandonner l'espoir
d'un canal de 7 mètres de profondeur et de 22 à 28 mètres
de largeur, qui, semblable à une passe ou à un détroit,
traverserait l'isthme de Panama de mer en mer et recevrait
les mêmes navires qui font voile de l'Europe aux grandes
Indes. L'élévation du terrain forcera l'ingénieur à avoir

recours, soit à des galeries souterraines, soit au système des écluses. Par conséquent, les marchandises destinées à passer l'isthme de Panama ne pourront être transportées que dans des bateaux plats, incapables de tenir la mer. Il faudrait des entrepôts à Panama et à Porto-Bello. Toutes les nations qui voudraient faire le commerce par cette voie deviendraient dépendantes de la nation qui serait maîtresse de l'isthme et du canal. Cet inconvénient serait surtout très grand pour les navires expédiés d'Europe ; dans le cas même où le canal serait creusé, il est probable que le plus grand nombre des vaisseaux, craignant les retards causés par des écluses trop multipliées, continueraient leurs voyages autour du cap de Bonne-Espérance. »

Ce n'est qu'en 1847, lors de la découverte des placers de la Californie, que les aventuriers, partant à la découverte de la nouvelle toison d'or, remirent en mémoire l'ancienne route de l'Atlantique au Pacifique par l'isthme de Panama. Les navires affluèrent à Porto-Bello et à Chagres et les mineurs se dirigèrent sur Panama à travers la forêt et les marais, retrouvant, par-ci, par-là, quelques vestiges de l'ancienne route des rois d'Espagne ; les difficultés de la traversée de l'isthme restèrent les mêmes jusqu'à l'ouverture du chemin de fer de Colon à Panama, en 1885. Cette traversée se faisait, partie sur des embarcations, partie sur des mulets, en suivant une voie dangereuse, le long de laquelle des bandits s'embusquaient pour dépouiller les heureux mineurs de leurs sacs à pépites ou les trop confiants émigrants de leur petit capital et de leur pacotille. Souvent les cours d'eau qui traversaient les forêts devenaient trop bas pour recevoir des embarcations, il fallait alors avoir recours à un radeau, et, à force de bras et de gaffes, franchir les passages difficiles.

Un exemple suffira à montrer ce qu'était, il y a seulement 36 ans, la traversée de l'isthme de Panama.

En 1851, cinq voyageurs, au nombre desquels se trouvait l'ingénieur français M. de Herrypon, arrivaient à Chagres avec un nombreux bagage. Après s'être approvisionnés, ils débarquèrent sur l'une des plages qui avoisinent le fort San-Lorenzo, à l'embouchure du rio Chagres.

A cette époque, deux tout petits vapeurs remontaient cette rivière ; mais pour qu'ils fissent leur service, il fallait non seulement que le rio coulât à pleins bords, mais encore qu'il y eût un arrivage de voyageurs suffisant pour valoir la peine de chauffer un de ces *stéambouts*.

Nos voyageurs arrivaient à la saison sèche, qui dure de janvier à août ; nécessité leur fut de fréter des embarcations indigènes, s'ils ne voulaient pas attendre sept mois.

Ces canots, de toutes grandeurs, étaient halés à terre : les uns creusés dans un tronc d'arbre, semblables à des pirogues caraïbes, les autres construits à l'européenne.

Une foule de mariniers de toute couleur, des nègres surtout, offrirent aux voyageurs de les transporter jusqu'à Gorgona, les canots ne pouvant faute d'eau — on était en mars — remonter jusqu'à Crucès.

Après de longs débats, nos compatriotes finirent par s'entendre avec des nègres de Saint-Domingue, qui leur louèrent deux canots de quatre à cinq mètres de longueur, — de vrais jouets comme on voit, — munis d'un tendelet et manœuvrés par un patron et deux rameurs.

A cette époque, il fallait être bien armé pour oser traverser l'isthme de Panama ; aussi, avant de partir, le patron noir fit-il des recommandations toutes spéciales à ses passagers, tout en chargeant lui-même un lourd revolver américain à six canons. La précaution n'était pas superflue ; il ne se passait pas de jour où il n'y eut sur la rivière quelque vol ou quelque assassinat. Quinze jours avant l'arrivée des Français, quatre voyageurs et trois femmes

avaient été égorgés pendant leur sommeil, et les meurtriers, non contents de les dépouiller, avaient commis mille
atrocités sur leurs cadavres.

Les rives du rio Chagres, vers son embouchure, sont
peu élevées, ce qui les expose aux inondations. La végétation y est basse ; mais, plus on s'avance à l'intérieur, plus
on voit la forêt grandir et le sol se couvrir d'immenses
figuiers et de groupes de hauts palmiers.

Pendant qu'ils naviguaient lentement, nos voyageurs
purent observer que les eaux du rio Chagres, dont la largeur est à peu près celle de la Marne aux environs de
Paris, sont encore saumâtres à quatorze milles de l'océan
Atlantique, c'est-à-dire au village de Gatins, où ils arrivèrent à sept heures du soir, et où ils couchèrent, tant bien
que mal, dans leurs canots mêmes.

A deux heures du matin, ils reprirent leur marche ascen-
dante et arrivèrent à *Los dos Hermanos* pour déjeuner. Un
grand bateau mis à sec sur la plage, couvert d'un toit et
percé d'une porte, composait l'unique habitation de ce
lieu et s'intitulait *American Hotel.*

Au delà de *Los dos Hermanos*, la végétation est plus belle
et plus variée. L'élévation des berges empêchant l'inonda-
tion, rend le climat de l'intérieur du pays beaucoup moins
malsain qu'on ne serait porté à le croire quand on visite le
village de *Navy Bay*, aujourd'hui Colon-Aspinwal, — point
que les ingénieurs du chemin de fer interocéanique ont
adopté comme terminus sur l'Atlantique, afin d'éviter le
port de Chagres, qui eût exigé des travaux dispendieux
pour devenir accessible aux navigateurs.

Il était quatre heures du soir quand les canots parvinrent
au village de San-Pablo, où l'on fit halte. A partir de ce
point il fallut substituer la gaffe à l'aviron, ou plutôt la
perche à la pagaye, la rivière au-dessus de San-Pablo
offrant de nombreux rapides et étant encombrée d'arbres

engagés dans la vase, de ces *snags* si redoutés des pilotes des steamers de Mississipi.

Nos voyageurs débarquèrent dans un « American Hotel », dont les murs étaient de bambous et de feuilles de palmier, comme ceux de toutes les huttes ou *ajoupas* du pays. Ils passèrent la nuit dans un hamac, et au point du jour reprirent leur navigation, qui se termina sans accident fâcheux, bien que les canots, un peu avant d'arriver à Gorgona, eussent dû franchir des rapides réputés dangereux.

En ce temps-là presque toutes les maisons du village étaient des « Hôtels Américains », et quels hôtels! Quelques-uns étaient en planches, la plupart en bambous. C'est là qu'il fallait faire marché avec des muletiers pour le transport des voyageurs et de leurs bagages jusqu'à Panama, c'est-à-dire jusqu'au Pacifique. Après bien des déboires nos compatriotes finirent par s'entendre avec un *arriero*, qui leur fit payer 56 francs par mulet de selle et 30 francs par quintal espagnol, — 46 kilos, — pour le transport des menus bagages sur une distance d'environ neuf lieues. Pour les gros bagages et les pièces un peu volumineuses, la route était si difficile qu'il fallait les transporter à l'épaule. Ce transit par *cargador* coûtait alors 63 francs le quintal espagnol. C'était aussi au moyen de *cargadores* portant un long bambou auquel était suspendu un hamac, qu'on transportait les femmes et les malades. Ce voyage coûtait 150 francs. Au reste, tous ces prix étaient très variables; car au retour, — huit mois après, — nos compatriotes payèrent 90 francs par mulet, et on leur assura que le mois précédent cette rançon avait atteint le chiffre de deux onces d'or.

Le lendemain, à neuf heures, les voyageurs étaient en selle sur une route, ou plutôt par un sentier, qui traversait de splendides forêts. Le chemin n'était pas trop mauvais alors, mais il était facile de constater que pendant la saison des pluies il devait être absolument impraticable. De même que sur les rives de la rivière on rencontrait de temps à autre de ces « American Hotels » qui, situés en pleine forêt équatoriale, avaient l'apparence de véritables coupe-gorges, ce qui n'empêchait pas que tout rafraîchissement s'y payât au poids de l'or, bien qu'il fût absolument exécrable.

Dans l'après-midi, les cavaliers firent halte près d'une colline appelée le *Morra de Fuerza*, où, dans une de ces auberges des Adrets américaines, ils obtinrent une méchante assiette de riz, du mauvais biscuit et une bouteille de vin détestable pour la somme de sept dollars, soit 36 fr. 75 de notre monnaie.

A sept heures du soir ils arrivèrent à Dominica pour y passer la nuit, et là ils rencontrèrent des voyageurs qui, moins heureux qu'eux, avaient eu à subir toute sorte de vexations et de mésaventures.

La route de Dominica à Panama étant unie et facile, nos voyageurs l'eurent assez vite achevée.

Ils avaient été favorisés, et cependant ils avaient mis *cinq grands jours* à faire un trajet que le chemin de fer actuel fait *en trois petites heures*; encore n'avaient-ils pas tous leurs bagages et durent-ils attendre quelques jours pour rentrer en possession des équipages que transportaient les cargadores. En un mot, non seulement ils avaient perdu beaucoup de temps, mais encore ils avaient fait de très fortes dépenses.

C'est le 29 janvier 1855 que le chemin de fer fut livré à l'exploitation ; bien que le nombre des voyageurs soit toujours allé en croissant, sa création empêcha, jusqu'à ces dernières années, les explorateurs de parcourir l'isthme de Panama et d'en étudier la topographie en vue de l'établissement du canal interocéanique. En effet, la

concession que le gouvernement colombien avait accordée
à la Compagnie du chemin de fer avait été faite avec privilège, ce qui semblait interdire l'établissement d'un canal
interocéanique au sud et à l'est de la ligne droite joignant la pointe Garachine au cap Tiburon.

CHAPITRE XV

LA CONCESSION DU CANAL

Les obstacles de diverse nature qui se sont successivement dressés devant les explorateurs de l'isthme de
Panama, depuis l'expédition du flibustier Morgan jusqu'à
nos jours, expliquent donc ce fait singulier, relevé par
M. Ritt, que sur quarante-neuf projets considérables, dressés soit après la conquête espagnole, soit à une plus récente
époque en vue de l'établissement d'une communication
intérocéanique, neuf seulement sont relatifs à l'isthme de
Panama. Les quarante autres ont eu pour objectifs d'autres points de ce grand isthme américain qui, du Tehuantepec au Darien, s'étend sur un espace de 2,300 kilomètres, et que suit, dans toute sa longueur, une chaîne

ininterrompue de hautes montagnes, barrière infranchissable jetée par la nature entre l'Atlantique et le Pacifique.

Les côtes seules de ce long isthme et les bords de quelques fleuves importants sont peuplés, l'intérieur du pays l'est à peine ; le chiffre de la population totale ne s'élève qu'à trois millions d'âmes, alors que, en France, une égale superficie en compte sept à huit fois davantage. Sauf quelques routes insuffisantes et mal entretenues, la seule voie de communication consiste dans les rivières ; mais celles-ci sont souvent entrecoupées par des rapides à pente brusque, où les eaux jaillissent en cataractes, et dont l'Indien franchit le passage en portant sa pirogue sur son dos. Le climat y est des plus ardents ; les pluies, intenses et fréquentes, y durent cinq mois par an, et la hauteur de l'eau qui tombe à Panama dépasse annuellement trois mètres. Il n'est pas étonnant que, sous une température élevée et avec une telle abondance de pluies, la végétation se développe avec une admirable rapidité ; partout, à l'intérieur des terres, on trouve la forêt vierge avec ses cocotiers et ses aloès gigantesques ; dans ses fourrés, où les lianes forment un lacis presque inextricable, l'indigène se fraie un étroit passage avec la hache ou le couteau.

C'est dans les Andes, cette vaste chaussée qui sépare les deux Amériques, que l'on devait chercher le défaut de la cuirasse pour pratiquer une brèche entre les deux Océans.

Le grand isthme américain que constitue cette gigantesque chaussée de plus de 2,000 kilomètres a six étranglements, qui ont reçu plus particulièrement le nom d'isthmes ; ce sont, en allant du Nord au Sud, l'isthme de Tehuantepec, l'isthme de Honduras, l'isthme de Nicaragua, l'isthme de Panama, l'isthme de San-Blas et l'isthme de Darien.

Nous allons passer sommairement en revue les projets

relatifs à chacun de ces isthmes, qui, presque tous, ont été l'objet d'intéressantes explorations.

Isthme de Honduras. — Aucun des projets de percement proposés n'est relatif à l'isthme de Honduras, dont la largeur est de 300 kilomètres, et où la Cordillère, qui présente de larges contreforts, a une altitude minimum de près de 800 mètres.

Isthme de San-Blas. — Cinq projets s'appliquent à l'isthme de San-Blas. Cet isthme n'a que 50 kilomètres de largeur et se prêterait à la construction d'un canal à niveau, si l'altitude des Cordillères ne s'opposait à l'ouverture de tranchées dans la montagne et n'obligeait à créer pour le passage du canal un gigantesque tunnel de 15 à 16 kilomètres de longueur. En outre, une des extrémités du canal aboutirait à une baie impraticable pour les navires. Ce sont ces raisons qui ont fait écarter le tracé par l'isthme de San-Blas.

Isthme de Tehuantepec. — Sept projets concernent l'isthme de Tehuantepec dont le percement avait été proposé pour la première fois par Fernand Cortez. Pour établir là un canal à *écluses*, dont le bief de partage serait placé à 223 mètres de hauteur, à raison de l'altitude des montagnes à franchir, il faudrait pour racheter cette hauteur soixante écluses de chaque côté. La longueur du canal serait de 280 kilomètres. La baie de Ventosa, son point d'aboutissement sur le Pacifique, est inaccessible par suite d'un redoutable banc. C'est cette raison péremptoire qui a empêché d'aboutir plusieurs projets de chemins de fer proposés pour suppléer au canal à travers l'isthme de Tehuantepec. Un de ces projets mérite d'être signalé à cause de son originalité. Il a pour but de transporter d'une mer à l'autre, par voie ferrée, les navires tout chargés, placés sur des trucs particuliers qu'auraient à remorquer plusieurs locomotives.

Isthme de Nicaragua. — Douze projets sont relatifs à
l'isthme de Nicaragua. Le lac de Nicaragua, presque grand
comme la mer de Marmara, est uni à l'Atlantique par un
large fleuve, très profond en divers endroits. Sur le témoignage des indigènes on avait cru à l'existence d'un autre
fleuve sortant de ce même lac et se déversant dans le
Pacifique. Il fallut bientôt reconnaître que ce dernier
fleuve n'existait pas, et qu'une chaîne de montagnes ininterrompue séparait le lac du Pacifique.

Sans doute, de tous les cols de la Cordillère le plus bas
est celui de Guiscoyol, entre le lac Nicaragua et le
Pacifique. Mais à travers l'isthme de Nicaragua on ne
peut établir qu'un canal comportant une longue série
d'écluses. Or, un semblable canal ne pourrait faire face
aux exigences et aux besoins de la grande navigation d'aujourd'hui.

Dès 1554, le chroniqueur Gomard avait signalé comme
une des voies à choisir pour la création d'une communication interocéanique « le déversoir du lac Nicaragua, par
où montent et descendent de grandes barques. Le lac,
ajoutait-il, n'est éloigné que de trois ou quatre lieues environ ; le passage est indiqué et se trouve à moitié fait par le
lit des rivières ».

A la suite de l'émancipation de l'Amérique centrale, en
1823, une concession du canal de Nicaragua fut accordée
à une Compagnie américaine qui ne put réunir les fonds
nécessaires à l'entreprise. Quelques années plus tard, le roi
des Pays-Bas, Guillaume Ier, envoyait à Guatemala un
plénipotentiaire pour traiter de l'entreprise du canal de
Nicaragua. Après une étude du terrain, les travaux
allaient commencer quand éclata à Bruxelles la révolution
de 1830 qui amena la séparation de la Belgique et de la
Hollande ; le projet du canal interocéanique sombra dans
la tourmente politique.

En 1837, un ingénieur anglais, John Baily, reçut du gouvernement local la mission de faire la reconnaissance du terrain ; c'est sur les travaux de John Baily que furent basés la plupart des projets ultérieurs. En 1846, paraissait à Londres une brochure de Louis-Napoléon Bonaparte — depuis Napoléon III — contenant une étude complète sur le canal à créer au Nicaragua ; d'après ce projet, le canal devait avoir 457 kilomètres de longueur et 42 écluses ; le tracé, après avoir monté le San-Juan, traversait le lac de Nicaragua dans sa plus grande largeur, suivait le Tipi-tapa, pénétrait dans le lac Managua et en ressortait, en coupant l'isthme de Léon, pour aboutir au port de Kéaljo. Louis-Napoléon, alors prisonnier au fort de Ham, avait consacré ses loisirs forcés à l'étude de ce projet, pour la préparation duquel il utilisa notamment les observations faites sur les lieux par M. Doré, capitaine de vaisseau, et par d'autres personnes qu'il avait envoyées en Amérique.

Au mois d'avril 1846, le représentant du gouvernement du Nicaragua, M. Marcoletta, signait avec Louis-Napoléon un traité qui conférait à celui-ci tous les pouvoirs nécessaires pour organiser en Europe une Compagnie chargée d'ouvrir le canal, qui aurait reçu le nom de canal *Napoléon*. Après avoir rédigé son projet, Louis-Napoléon écrivit à l'un des ministres de Louis-Philippe, *promettant de renoncer à la politique* si on le mettait en liberté. Par ordre du roi, on ne lui répondit pas. Peu de temps après, Louis-Napoléon parvint à s'évader de Ham (le 25 mai 1846). Arrivé en Angleterre, il adressa un appel aux capitalistes anglais pour la création du canal dont il avait fait l'étude ; il était prêt à partir pour le Nicaragua, quand survint la révolution de 1848.

Si Louis-Philippe eût accédé à sa demande de mise en liberté *conditionnelle*, Louis-Napoléon eût probablement

déjà été rendu au Nicaragua au moment où éclata la révolution de 1848 ; tout entier peut-être à sa besogne d'ingénieur, il n'eût pas joué dans celle-ci le rôle qui fut le sien,
et nous n'aurions pas eu le second empire. Cet incident
ne remet-il point en mémoire l'histoire de Cromwell? Fati-
gué des persécutions dirigées par l'Eglise anglicane contre
les dissidents, le futur Protecteur se préparait à passer en
Amérique quand Charles Ier, en défendant les émigrations,
retint en Angleterre l'homme qui allait devenir l'instrument le plus actif de la ruine de la monarchie et de sa
propre mort.

La concession du canal de Nicaragua passa ensuite aux
mains d'une maison américaine, qui, en 1850 et en 1851,
fit étudier le terrain par les ingénieurs Childs et Fay ;
ceux-ci constatèrent, au cours de leurs études, que le col
le plus bas des Cordillères est celui de Rivas, qui n'a que
41 mètres d'altitude.

Les travaux furent interrompus par le coup de main du
flibustier Walker ; la Compagnie concessionnaire ayant
été soupçonnée de complicité avec Walker, le traité fut
rompu.

En 1858, une nouvelle concession fut accordée à un Français, M. Félix Belly, qui s'adjoignit M. Thomé de Gamond
pour faire les études techniques d'un canal allant de San-
Juan del Morte à la baie de Salinas. Thomé de Gamond
reprit le plan de Louis-Napoléon, depuis l'embouchure du
fleuve San-Juan jusqu'au lac de Nicaragua ; mais là, son
tracé, au lieu de suivre le lac dans sa plus grande longueur
le traversait de l'est à l'ouest, dans sa plus courte section,
pour aboutir à la Sapoa, près de Moracia. C'est seulement au sortir du lac que commençait le canal maritime
proprement dit, lequel devait couper le massif de l'isthme
par une profonde tranchée, pour déboucher sur le Pacifique dans la baie de Salinas. L'examen de ce projet ayant

abouti à un rapport défavorable de M. Durochu, ingénieur en chef des mines, et de M. Levasseur, ancien ministre de France au Mexique, l'entreprise fut abandonnée.

L'ingénieur américain Menocal, vers 1871, commença de consciencieuses et longues études aux frais des Etats-Unis et proposa un nouveau tracé pour le canal de Nicaragua. Son projet fut ardemment soutenu devant le congrès international de 1879 par les Américains qui faisaient partie de ce congrès ; ils tenaient à ce canal, d'abord dans un but politique, et aussi dans un intérêt particulier, la route à travers l'isthme du Nicaragua abrégeant plus que toute autre au sud le chemin entre New-York et San-Francisco.

Le Congrès, tout en reconnaissant que le travail de M. Menocal était étudié avec soin dans ses moindres détails, le rejeta, à raison des difficultés des écluses, des ports, du régime du San-Juan, etc.; une autre difficulté résultait, pour la création d'un canal au Nicaragua, de l'état politique des deux Républiques rivales de Nicaragua et de Costa-Rica ; toutes deux ont des droits sur les eaux du San-Juan, et pouvaient, en conséquence, prétendre à une part des bénéfices du canal. Tout semblait fini pour le canal de Nicaragua, après la décision du Congrès de 1879 et le commencement des travaux du canal de Panama.

Cependant, en 1884, M. Menocal fit un plan d'exécution de ce canal, en vue, principalement, de mettre en valeur des parts bénéficiaires qui avaient été émises et basées sur la plus-value éventuelle des terrains. Un groupe de spéculateurs essaya d'entraîner le gouvernement des Etats-Unis à exécuter ce canal aux frais des contribuables, sans s'inquiéter de savoir quel pourrait être l'avenir d'un canal ne pouvant satisfaire aux exigences de la grande navigation. Ils basaient leur espoir sur ce fait que les Etats-Unis, froissés dans leur amour-propre national, en voyant le canal interocéanique s'exécuter en dehors d'eux et par une initiative française, avaient, au début, tenté d'entraver l'exécution du canal de Panama en soulevant des difficultés diplomatiques. Ils avaient fait soutenir cette thèse que la création de ce canal aurait pour conséquence le partage de son contrôle entre les Etats-Unis et les puissances de l'Europe, ce qui constituerait une atteinte à la doctrine de Monroë : l'*Amérique aux Américains.* Mais, au nom du principe de la liberté des détroits, on avait repoussé leur inadmissible prétention d'avoir seuls le droit de contrôler un canal international, situé sur le territoire d'un État indépendant, la Colombie. Ils pensèrent alors à tourner la difficulté en établissant un autre canal interocéanique sur le territoire des Etats-Unis, c'est-à-dire sur une bande de terrain cédée par le Nicaragua à cette puissance. Dans les derniers mois de 1884, et à la veille d'être remplacé par M. Cleveland, le président Arthur signa avec le Nicaragua un onéreux traité, qu'il demanda au Sénat des Etats-Unis de ratifier, mais que, dès la première heure, la presse américaine apprécia ainsi :

« Un tel canal, disait le *Journal du Commerce de New-York,* coûterait entre 100 millions et 150 millions de dollars (500 à 750 millions de francs), peut-être beaucoup plus. Le Nicaragua fournit une bande de terre de 6 milles de large qui deviendrait territoire des Etats-Unis, au même titre que le district de Colombie. Cette terre n'aurait pas de valeur particulière, mais elle commanderait le canal des deux côtés et permettrait à notre gouvernement de protéger sa propriété à cet endroit. Le soin tout entier de contrôler et de diriger le canal retomberait sur les Etats-Unis, et ce serait un pesant fardeau. De son côté, le Nicaragua recevrait la moitié des droits encaissés. Il serait aussi protégé par son puissant associé contre l'agression étrangère ou les désordres à l'intérieur, puisque ces deux causes

pourraient exposer les intérêts du canal à subir des préju-
dices. Son peuple retirerait de grands bénéfices du canal,
directement et indirectement. Comme quelques autres traités de réciprocité négociés récemment, — à en juger par
ce qu'on nous en a fait connaître, — ce traité avec le Nicaragua est *unilatéral*. Le Nicaragua en retirerait des avantages incontestables ; mais tout le risque et la dépense
retomberaient sur les Etats-Unis. »

Un autre journal important, le *Sun*, de New-York,
s'exprimait ainsi :

« Il y a un autre aspect de la question que les hommes
d'affaires auront besoin d'examiner soigneusement avant
de donner leur sanction au projet du Nicaragua. C'est la
somme absolument indéterminée exigée pour l'expropriation des droits particuliers sur les terres, d'un bout à l'autre,
sur une bande de terre de 2 milles 1/2 de largeur et longue
presque de 200 milles. Car on remarquera que tout ce que
nous obtenons du gouvernement de Nicaragua, — en retour
de l'immense dépense impliquée dans la construction, la
conservation et la protection du canal et de ses ports dès
extrémités, jointe à un joli pot-de-vin presque égal au
revenu entier du Nicaragua pendant deux ans, — est ce
que les hommes de loi pourraient décrire comme un droit
de nue-propriété, droit qui est même exercé en temps de
paix par le Nicaragua, alors que nous avons le privilège
de le défendre en temps de guerre. »

D'autres faisaient observer que vouloir lutter avec le canal
à *écluses* et à long parcours de Nicaragua, contre le canal
à *niveau* et à bref trajet de Panama, c'était agir comme
celui qui tenterait de faire concurrence à un chemin de fer
avec un service de patadies. Ils ajoutaient que le lac de
Nicaragua est situé au milieu de cinq volcans. La contrée
bordant ce lac est, en effet, après Java, celle où se trouvent
le plus grand nombre de volcans ; la capitale de Guatemala

a dû être déplacée à la suite d'un mouvement volcanique, et la ville de Granada, située près du lac, est en ruines par suite d'un tremblement de terre. « Le canal du Nicaragua, disait M. Ewans, s'il était jamais construit, aboutirait à un fiasco désastreux. Il y a, dans cette région, des trem- blements de terre quotidiens, et les écluses seraient bientôt gondolées et absolument déformées. »

Et pourquoi, disait-on, dépenser des centaines de mil- lions pour créer un canal où la navigation lente et coû- teuse serait sans cesse interrompue?

— Pour que les Etats-Unis puissent contrôler et diriger une voie de communication interocéanique, par laquelle personne ne passerait plus bientôt!

Les Américains sont gens pratiques, et le Sénat des Etats-Unis, après quelques séances secrètes consacrées à l'examen du traité passé par le président Arthur avec le Nicaragua, refusa de ratifier ce traité dont rien ne justi- fiait la conclusion.

L'isthme de Darien. — Les projets concernant l'isthme de Darien, dont le premier est dû à Sauvedra, se multi- plièrent depuis que M. de Humboldt eût désigné le fleuve Atrato comme pouvant être utilisé pour établir une com- munication interocéanique au moyen de sa jonction avec un autre fleuve se jetant dans le Pacifique. Plusieurs explo- rations défrayées par M. Kulley, riche banquier de New- York, furent faites sans aboutir à un bon tracé, par M. Trautwine, en 1852; par MM. Lane et Kennech, en 1853. — Le docteur Cullen soutint alors, d'après des explora- tions incomplètes, qu'il existait une vallée par laquelle, en remontant le Savannah, on débouchait à une altitude insi- gnifiante, dans la baie de Calédonia. Les explorations se succédèrent sur la foi de cette affirmation; elles furent presque toutes malheureuses. Patterson et ses Ecossais périssent dans les environs du Laca et du Savannah; Strain perd ses instruments, s'égare dans une forêt inextricable, dix-sept de ses compagnons succombent aux fatigues et aux privations qu'ils ont à subir, lui-même meurt en rentrant aux Etats-Unis. Gisbarne, chassé par les indigènes, revient sans avoir obtenu de résultat ; la même année, les hommes de Prévost tombent sous les flèches indiennes.

En 1858, le général du génie Michler reprend les études de Trautwine et propose un tracé par les vallées du Tonanda et de l'Atrado. En 1870, les Etats-Unis chargent une petite armée d'ingénieurs, d'astronomes et de marins de dresser la topographie de l'isthme ; l'on se partage la besogne et c'est le commodore Selfridge qui est chargé d'explorer le Darien.

M. Gogorza, à son tour, avec le concours de M. Lacharne, croit avoir trouvé, en explorant le Darien une route d'une facilité exceptionnelle entre les cours navigables de la Tyra, de l'Atrato et de son affluent le Caquirri. Le projet de M. Gogorza fut préconisé par le général américain Heine, au congrès des sciences géographiques tenu à Anvers en 1871, mais le Congrès n'avait pas de notions assez précises sur la configuration du Darien pour se prononcer sur la préférence à donner à tel ou tel projet de canal interocéanique. Il en était encore de même lors de la seconde session tenue à Paris, en 1875, par le Congrès.

C'est là que M. de Lesseps soutint cette thèse à laquelle il est resté fidèle, qu'il fallait écarter, pour la création d'un canal interocéanique, tous les projets de canaux à série d'écluses, parce que les besoins de la circulation commerciale ne pouvaient être assurés définitivement que par un canal à niveau, comme celui de Suez. Le Congrès n'alla pas jusqu'à patronner la thèse de M. de Lesseps, qui devait plus tard triompher ; il se borna à émettre ce vœu platonique et un peu banal :

« Le Congrès émet le vœu que les gouvernements inté-

ressés à l'ouverture d'un canal interocéanique en poursuivent les études avec le plus d'activité possible, et s'attachent
aux tracés qui présentent à la navigation les plus grandes
facilités d'accès et de circulation. »

En 1876, une commission de la société de géographie,
reconnaissant que l'initiative individuelle devait suppléer
à l'inertie des gouvernements, si l'on voulait que le problème dès longtemps posé pût enfin recevoir une solution,
nomma un comité d'études, présidé par M. de Lesseps. Ce
comité fut chargé de poursuivre les études nécessaires
pour compléter les notions que l'on avait sur le Darien et
sur divers autres points de l'isthme américain ; une société
civile, présidée par le général Türr, et dont faisait partie
M. Wyse, se constitua pour défrayer les explorations
jugées nécessaires par le comité d'études.

En 1876 et en 1877, MM. Wyse et Reclus, chargés d'explorer le Darien, constatent qu'on ne peut utiliser l'Atrato
pour la communication interocéanique autrement que pour
un canal à *écluses* exigeant le percement d'un tunnel sous
les Cordillères.

De retour en France, après avoir perdu trois de leurs
compagnons de route, ils se rendent chez M. de Lesseps
et lui demandent de réunir la Commission de géographie
dont il est le président afin de lui soumettre leur projet de
canal à travers le Darien.

« Je leur répondis, dit M. de Lesseps, que je ne pouvais
pas m'occuper d'un projet de canal maritime avec série
d'écluses, puisque je considérais ce système comme absolument contraire aux principes d'une navigation maritime
entre deux mers. Si vous le voulez, dis-je, je vous engage
à vous adjoindre quelques nouveaux compagnons de route
et à aller dans l'endroit où, depuis vingt ans, fonctionne
un chemin de fer traversant l'isthme, exécuté sans travaux d'art, sans aucune espèce de travail extraordinaire.

Cette voie ferrée part de Colomb et s'en va à Panama en montant seulement quelques rampes. Faites-moi tout simplement la topographie de cette partie de l'isthme de Panama où le chemin de fer mène de l'océan Atlantique à l'océan Pacifique. »

Se rendant à l'avis de M. de Lesseps, MM. Wyse et Reclus abandonnent leur projet de canal à *écluses* par le Darien, et, s'adjoignant MM. Sora, Lacharne et Verbrugghe, se rendent à Panama pour étudier la question d'un canal à *niveau* allant de Colon à Panama.

Le Congrès international n'eut donc pas à s'occuper de leur projet relatif au Darien, mais il apporta une sérieuse attention à l'examen du projet de l'Américain Selfridge, le plus acceptable qui eût été présenté pour cette région.

M. Selfridge arrivait à réduire le nombre des écluses à deux et, utilisant le cours de l'Atrato et du Napipi, faisait aboutir le canal au Pacifique, en creusant un tunnel de 6 kilomètres seulement sous la Cordillère, dont l'altitude minimum dans le Darien est de 145 à 150 mètres.

L'Isthme de Panama. — C'est en 1780 seulement que se firent dans l'isthme de Panama les premières explorations *sérieuses* ordonnées par le roi d'Espagne, Charles III, à qui les événements politiques de l'Europe firent bientôt perdre de vue les projets relatifs au percement de l'isthme américain.

En 1825, le libérateur de la Colombie, Bolivar, accorda la concession d'un canal à créer à travers l'isthme de Panama à un Français, le baron Thierry ; mais, faute d'argent, ce concessionnaire ne put même pas commencer les études techniques.

En 1825, un Anglais et un Suédois procédèrent à des études incomplètes et erronées en plus d'un point ; elles n'aboutirent pas.

En 1843, M. Napoléon Garella, ingénieur des mines,

fut envoyé par une société française pour exécuter la triangulation de l'isthme entre Chagres et Panama, au double point de vue de l'établissement d'un chemin de fer et de la création d'un canal à *écluses*.

En 1844, les deux tracés étaient terminés et sérieusement étudiés ; la Compagnie française se prononça alors pour l'établissement d'un chemin de fer, mais elle ne parvint pas à constituer son capital, et la révolution de 1848 étant survenue, sa concession se trouva périmée. La Compagnie française fut supplantée par la Compagnie américaine qui construisit le chemin de fer de Colon à Panama, en exploitation depuis 1855 et dont la société du canal de Panama a racheté la presque totalité des actions.

En 1875, MM. Hull et Menocal furent, à leur tour, chargés par le département de la marine des Etats-Unis de faire une étude de l'isthme pour l'éventualité de l'établissement d'un canal à *écluses* de la baie de Limon à Panama.

Enfin, en 1878, MM. Wyse et Reclus, assistés de leurs collaborateurs, procédèrent aux études nécessaires pour la création d'un canal interocéanique à *niveau*, allant de la baie de Colon à la baie de Panama. Le tracé qu'ils adoptèrent a une longueur de 73 kilomètres entre les eaux profondes de l'Atlantique et celles du Pacifique ; il offrait, grâce au fleuve Chagres, à une route et surtout au chemin de fer, qui ne s'écarte jamais de plus d'un kilomètre du canal, des facilités de communication capables de diminuer de moitié la durée des travaux.

En qualité de représentant de la Société civile internationale du canal interocéanique, M. Wyse obtint du gouvernement colombien une concession, mais cette concession renfermait cette réserve qu'elle ne pouvait porter atteinte à la clause d'interdiction d'une certaine zone, formulée dans le contrat passé avec la Société du chemin de fer de Panama. Il fallait donc, pour prévenir les insurmontables difficultés qui pourraient en résulter, faire disparaître cette réserve et obtenir des modifications à la concession primitive, afin que la Compagnie du canal eût toute liberté de traiter avec les actionnaires ou avec la Société du chemin de fer. Ces modifications ne pouvaient être autorisées que par une loi ; le temps pressait pour obtenir une solution ; le président des Etats-Unis de Colombie arrivait au terme de ses pouvoirs, et il fallait que le nouveau traité de concession, après avoir été approuvé par le ministère, subît l'épreuve et les lenteurs de trois lectures à la Chambre des représentants et au Sénat.

En suivant la route ordinaire, dit M. Reclus, M. Wyse ne pouvait gagner Bogota en moins d'une trentaine de jours. Pendant cette période de l'année, le Magdalena, ce grand fleuve, est au plus bas ; on échoue contre les troncs envasés, et il faut plus de trois semaines pour remonter de Banauquilla, port maritime du Magdalena, à Houda, port du fleuve qui est l'escale de Bogota. Tout autre que M. Wyse, renonçant à terminer l'entreprise dans le courant de l'année même, l'aurait renvoyée à plus tard ; sûr de lui-même, M. Wyse ne désespéra pas. Accompagné de l'intrépide Louis Verburgghe, il se rendit par mer à Buénaventura, sur la côte du Pacifique ; de là, ils atteignirent Bogota, en faisant à cheval plus de 800 kilomètres, à peu près la distance de Paris à la frontière de Catalogne, par des chemins à peine frayés, toujours grimpant puis descendant, par les sombres gorges du rio Dagua, la torride vallée de la grande rivière Cauca, les neiges éternelles du Quindin, la plaine brûlée du fleuve Magdalena, enfoncée comme un gouffre dans la montagne. Ils franchirent trois hautes cordillères, ils en montèrent une quatrième. Onze jours suffirent à ce rude voyage.

Une de leurs chevauchées dura 22 heures ; ils firent, ce jour-là, 130 kilomètres. Le 13 mars ils arrivaient au terme de leur voyage.

Le 20 mars, le traité modifié était conclu avec le gouvernement colombien ; le 28 mai, après maintes discussions et maints amendements, le contrat fut approuvé par les deux Chambres et scellé en bonne et due forme.

MM. Wyse et Reclus, ayant terminé leurs études et, en possession du contrat de concession modifié qu'avait consenti le gouvernement colombien, n'avaient plus qu'à attendre le verdict du congrès international appelé à se prononcer sur la question du canal interocéanique, après examen préalable des différents projets présentés.

Congrès international. — Ce congrès, composé de délégués de toutes les nations, des savants, des ingénieurs, des géographes est des entrepreneurs les plus éminents du monde entier, se réunit à Paris, le 15 mai 1879, sous la présidence de M. Ferdinand de Lesseps. Ses membres se divisèrent en cinq commissions : commission de statistique, commission économique et commerciale, commission de navigation, commission technique, et commission des voies et moyens pour l'exécution du canal. Du 15 au 28 mai chaque commission, après avoir étudié les questions spéciales qui lui étaient soumises, résuma dans un rapport le résultat de ses investigations et formula ses conclusions.

Les cinq commissions s'accordaient pour reconnaître non seulement l'importance des résultats à attendre du percement de l'isthme américain, mais encore la possibilité de son exécution dans un temps assez rapproché. Ces conclusions furent discutées par le Congrès international réuni en Assemblée générale le 29 mai.

Le Congrès examina successivement les divers projets relatifs à la création d'un canal interocéanique, sur tel ou

tel point du grand isthme américain : 1° les projets de canaux
à écluses : au Tehuantepec, 240 kilomètres de longueur ;
au Nicaragua, 292 kilomètres de parcours ; au Darien,
290 kilomètres de parcours ; 2° les projets du canal à niveau
par l'isthme de San-Blas, long de 55 kilomètres seulement,
et par l'isthme de Panama, long de 73 kilomètres, y compris les travaux à faire en mer pour atteindre les eaux
profondes de l'Atlantique et du Pacifique.

Le Congrès, après être tombé d'accord sur ce principe
que, avec les exigences de la nouvelle marine marchande,
avec les énormes vapeurs de 4,000 tonneaux dépensant de
1,500 à 2,500 francs par jour, il fallait donner la préférence
au canal ayant le parcours le moins long et le moins sujet
à des détériorations, qui pourraient occasionner des retards
ou des interruptions complètes dans la circulation commerciale passant d'une mer à l'autre.

En conséquence, il écarta les canaux à *écluses* proposés
pour Tehuantepec, le Nicaragua et le Darien, non seulement à cause de la longueur de leur parcours, mais encore
parce que les écluses demandent une surveillance constante et des réparations incessantes ; leur passage entraîne
en outre d'inévitables retards pour les navires qui ont à
les franchir, et enfin l'obstruction ou le dérangement
d'une seule écluse amène l'interruption de la navigation
sur toute l'étendue du canal.

Quant au canal à *niveau* à travers l'isthme San-Blas
il fut écarté, quoique comportant un plus court trajet que
tous les autres, par cette double raison qu'il ne présentait
pas à ses deux extrémités un port facilement accessible, un
abri sûr pour les navires attendant le moment d'entrer
dans le canal, et ensuite qu'il exigeait la création d'un tunnel
de 16 kilomètres dont le parcours eût amené de sérieuses
et constantes difficultés pour la navigation.

Tous ces projets ayant été éliminés, le Congrès, après

avoir examiné le projet du canal *à niveau* à travers l'isthme de Panama de MM. Wyse et Reclus et ce projet lui ayant semblé répondre à toutes les conditions requises, adopta, par 78 voix sur 98 votants, la résolution suivante :

« Le Congrès estime que le percement d'un canal interocéanique *à niveau constant,* si désirable dans l'intérêt du commerce et de la navigation, *est possible,* et que le canal maritime, pour répondre aux facilités indispensables d'accès et d'utilisation que doit offrir avant tout un passage de ce genre, *devra être dirigé du golfe de Limon* (sur lequel est située la ville de Colon) *à la baie de Panama.* »

CHAPITRE XVI

LA COMPAGNIE INTEROCÉANIQUE

PROPOSITIONS FAITES A M. DE LESSEPS ; SES CONDITIONS ; SON
ACCEPTATION. — VOYAGE DE M. DE LESSEPS A PANAMA. —
EXPLORATION DE L'ISTHME. — ERREURS RELATIVES A LA MOR-
TALITÉ. — PRISE DE POSSESSION DE L'ISTHME (1er JANVIER 1880).
— ÉMISSION DE SIX CENTS MILLIONS (DÉCEMBRE 1880) : SON
SUCCÈS. — CONSTITUTION DE LA SOCIÉTÉ. — COMMENCEMENT
DES TRAVAUX ; LEUR RAPIDITÉ. — DÉCISION DU GOUVERNEMENT
COLOMBIEN.

Quelle que fût l'importance du vote émis par le Congrès
international, à la suite d'un débat solennel et retentissant,
il était à craindre que la concession du canal de Panama
accordée par le gouvernement de Colombie ne restât,
comme les autres projets antérieurs, à l'état de vœu ou
d'étude.

Pour assurer l'exécution de cette grande œuvre rêvée
depuis si longtemps, il était nécessaire que la société
chargée de la mener à bonne fin eût à sa tête un homme
pouvant, grâce à sa notoriété universelle et à sa grande
autorité morale, assurer le succès de l'entreprise.

Goëthe pressentait cette nécessité lorsqu'il disait, en
1827, à M. de Humboldt :

« Cette œuvre est réservée à la postérité *et à un grand
esprit initiateur*. La communication maritime entre le

golfe du Mexique et le Pacifique du sud est indispensable ;
elle se fera. J'aimerais vivre quand ce travail sera exécuté,
mais je n'y serai plus, comme aussi je ne vivrai plus pour
voir le percement de l'isthme de Suez. Cela vaudrait la
peine de vivre encore un demi-siècle pour être témoin de
ces deux œuvres gigantesques. »

L'homme de la situation, le grand esprit initiateur
nécessaire au succès de l'œuvre gigantesque du percement
du Panama, tout le monde le nommait et les concessionnaires avouaient qu'ils ne pouvaient rien faire sans lui.

Cet homme, c'était M. de Lesseps, à qui l'on devait déjà
de voir les navires de toutes les nations franchir l'isthme
de Suez en allant de l'Europe aux Indes. En outre, M. de
Lesseps, en soutenant le premier le principe du canal à
niveau et en invitant MM. Wyse et Reclus à porter leurs
études sur l'isthme du Panama, avait été réellement l'insti-
gateur du projet adopté par le Congrès international.

Le grand perceur d'isthmes a lui-même raconté comment
il fut appelé, par acclamation, par les représentants autorisés de toutes les nations, à prendre la direction de l'entreprise du Panama: « Les explorateurs, MM. Wyse et
Reclus, dit-il, sont revenus, et quinze jours, un mois
après leur arrivée, j'ai réuni la grande Commission internationale. Je me suis trouvé chargé d'accomplir l'œuvre du
percement de l'isthme américain, du deuxième canal maritime, parce qu'une centaine d'ingénieurs, de géographes,
de marins et de savants, venus de différents pays, et qui se
trouvaient réunis à Paris, m'ont demandé, par acclamation,
de l'exécuter. J'ai répondu : *Un général qui a gagné une
bataille ne peut pas refuser d'en gagner une seconde.* Je
n'avais pas l'intention de me consacrer à cette entreprise ;
puisque vous le voulez tous, je vais m'en occuper ».

Mais, avant de prendre cette grave résolution, qu'il
annonça au Congrès international dans sa dernière séance,

M. de Lesseps, connaissant par expérience les difficultés
et les dangers que peut présenter le manque d'unité dans
la direction d'une telle entreprise, avait pris ses mesures
pour avoir son entière liberté d'action.

« Lorsque, dit-il, les concessionnaires sont venus à moi,
ils m'ont dit : nous avons la concession, mais *nous ne pouvons rien faire sans vous* ». Je leur ai répondu : « Messieurs,
j'en suis désolé, parce que je ne peux pas me charger
d'organiser une telle entreprise avec d'autres personnes
qui pourraient engager ma responsabilité. Vous êtes des
gens très honorables, je vous rends toute espèce de justice,
mais je ne puis, lorsque je prends une charge comme
celle-là, partager la responsabilité avec personne. J'ai mes
idées, qui ne sont pas celles de tout le monde ; j'ai donc
besoin d'avoir mon entière liberté d'action. J'ai commencé
ma carrière diplomatique étant accrédité près de Méhémet-
Ali qui a régénéré l'Egypte. Il me dit un jour : « Mon cher
« Lesseps, vous êtes bien jeune ; rappelez-vous que, dans
« votre vie, lorsque vous aurez quelque chose d'important à
« faire, si vous êtes deux, il y en a un de trop ». Voilà ma
situation, je ne doute pas de votre loyauté, mais je veux
être seul tant qu'il s'agira de fonder l'œuvre. Lorsque les
capitaux viendront, ils s'administreront eux-mêmes par
leurs représentants. Vous allez me dire ce que vous voulez.
Vous avez fait des dépenses ; des hommes sont venus à
vous espérant retirer des bénéfices. Indiquez-moi vos prétentions, je les ferai examiner par mon conseil judiciaire,
composé d'hommes qui m'ont aidé depuis vingt-cinq ans
dans les affaires du canal de Suez ; ce qu'ils décideront que
je dois vous donner, je vous le donnerai. Nous avons fait
un contrat parfaitement en règle et je suis resté maître
absolu de la situation ; c'est comme cela que je me suis
chargé de l'entreprise. Seul responsable, personne n'a de
responsabilité que moi-même. »

M. de Lesseps a foi dans sa mission civilisatrice; cette foi est absolue; mais si, — fidèle à sa devise : *fara da se*, — il entreprend une œuvre, c'est à la condition qu'il marchera sans entraves vers le but qu'il s'est assigné ; c'est ce qu'il dit en 1879, à l'occasion du canal de Panama; c'est ce qu'il disait déjà — comme on l'a vu plus haut — en 1855, lorsqu'il écrivait après avoir reçu le firman de concession du canal de Suez :

« Je veux, disait-il alors, faire une grande chose, sans arrière-pensée, sans intérêt personnel d'argent, je serai inébranlable dans cette voie, et comme personne n'est capable de me faire dévier, j'ai la confiance que je conduirai moi-même ma barque jusqu'au port... Mon ambition, je l'avoue, est d'être seul à conduire tous les fils de cette immense affaire jusqu'au moment où elle pourra marcher librement. En un mot, je désire n'accepter de conditions de personne. »

Prétendues impossibilités, aveugles oppositions des particuliers ou des gouvernements, attaques, faux bruits, calomnies, rien, on l'a vu par l'historique de l'isthme de Suez, ne peut faire dévier M. de Lesseps de sa route; il va de l'avant sans se décourager, sans s'indigner, sans même s'étonner. Rien n'est facile à faire dans ce monde, dit-il, surtout l'utile. Il n'y a pas d'œuvre naissante, si bienfaisante fût-elle, peut-être faudrait-il dire à raison même du bien qu'elle peut faire, qui n'ait pour ennemis les ignorants et les malveillants.

« Les premiers, parce qu'ils connaissent mal le résultat où vous tendez, ou ne le connaissent pas et qu'ils ne sont dans le secret ni de vos moyens, ni de votre force. Ceux-là, il faut les éclairer; une fois convertis, ils deviennent des adeptes fervents et des auxiliaires précieux. Quant aux autres, il n'y a pas à s'en occuper. Le proverbe arabe dit : « Les chiens aboient, la caravane passera » ; j'ai passé. »

Comme il a eu foi dans le canal de Suez, M. Ferdinand

de Lesseps a foi dans le canal de Panama, et il accomplira son œuvre. « Je me souviens, dit-il, aujourd'hui qu'une œuvre nouvelle se prépare, combien de gens, et des plus éminents, trouvaient jadis impraticable l'entreprise de Suez. Créer un port dans le golfe de Péluse, traverser les boues du lac Menzaleh et le Seuil d'El-Guisr, percer les sables du désert, installer des chantiers à 25 lieues de tout village, dans un pays sans habitants, sans eau, sans chemins, remplir les bassins des lacs Amers, empêcher les sables d'envahir le canal, quelle folie ?

« Tout cela s'est fait pourtant, et je sais au prix de quels efforts. Le canal de Panama sera plus facile à commencer, à terminer et à entretenir que le canal de Suez.

« Il y a encore des gens qui me traitent de visionnaire, disait-il à New-York le 1er mars 1880, soit : j'ai fait deux folies dans ma vie ; une fois quand j'étais ambassadeur à Rome, j'ai voulu éclairer le gouvernement sur la conduite la plus sage à tenir, on m'a traité de fou et j'ai brisé ma carrière. Une seconde fois, quand j'ai entrepris de construire le canal de Suez, lord Palmerston, à son tour, et bien d'autres m'ont traité de fou. Enfin, je suis en train de faire ma troisième folie ; j'espère vivre assez longtemps pour voir ceux qui attaquent aujourd'hui le canal de Panama reconnaître qu'il y avait une lueur de raison dans cette folie. »

« Vous venez de nous dire, lui répondait fort justement M. Charliès, un des membres de la colonie française de New-York, que vous en étiez à votre troisième folie, mais il y a des folies qui immortalisent leurs auteurs. Christophe Colomb était l'un de ces fous, lorsque, il y a près de quatre siècles, il s'obstina à chercher ce nouveau monde qu'il a fini par découvrir. Le nom de Colomb ne périra jamais. Puisse le monde posséder beaucoup de fous de ce genre. »

Dix ans après l'ouverture du canal de Suez, et au lendemain des débats solennels qui avaient eu lieu en 1879 sur
la question du canal interocéanique au congrès international, on était en droit de penser que l'opinion était
suffisamment éclairée sur la possibilité et sur l'importance
de la création d'un canal à niveau à travers l'isthme de
Panama.

M. de Lesseps crut donc, pour hâter la mise à exécution
de la grande entreprise du mariage de l'Atlantique avec le
Pacifique, pouvoir faire, presque à l'issue du congrès international, appel aux souscripteurs de l'Europe et de l'Amérique.

Il n'avait pas assez compté avec les ignorants et les
malveillants qui devaient faire leur œuvre d'obstruction
pour le Panama, comme ils l'avaient tentée jadis pour
Suez pendant près de quinze ans.

Grâce à la violence et à l'ardeur de leurs attaques, grâce
à leurs manœuvres de toutes sortes, l'émission de 800,000
actions, qui eut lieu le 6 et le 7 août 1879, ne fut pas couverte.

Les mêmes arguments qu'on avait invoqués contre l'entreprise de Suez, on les reproduisait contre celle de Panama :
impossibilité de l'œuvre et, dans l'hypothèse où elle serait
possible, dépense si excessive qu'elle priverait les capitaux
engagés de toute rémunération ; opposition, non plus de
l'Angleterre, mais de l'Amérique, devant empêcher la
création du canal, etc.

Cette fois encore M. de Lesseps comprit que, pour se
mettre à l'œuvre, il fallait faire la lumière sur la question,
créer un grand courant d'opinion de nature à montrer aux
petits capitalistes, — les seuls sur lesquels il a toujours
compté, — qu'on les trompe, qu'on les a effrayés à tort.
Quels sont, en effet, les fidèles de M. de Lesseps, ceux
qui lui permettent de mener à bien ses grandes œuvres ?

« Il n'y a pas, dit-il, un petit bourgeois, un petit paysan, un petit boutiquier qui n'ait son action de Suez. L'autre jour, je me rendais à mon bureau avec un fiacre. Le cocher reçoit ses 35 sous, me prend la main et me dit : « M. de « Lesseps, je suis votre actionnaire ». — Voilà les gens qui ont fait Suez; ce sont les mêmes qui feront Panama. »

M. de Lesseps veut réussir, il ne peut s'en tenir à l'insuccès, ou pour parler plus exactement au demi-succès qu'il a obtenu; il faut qu'il fasse partager son inébranlable foi dans le triomphe final de l'entreprise à ses coopérateurs habituels, et pour y arriver il ne néglige rien.

Dès le 1er septembre 1879, moins d'un mois après qu'il a fait un peu prématurément appel aux souscripteurs, il publie le premier numéro du bulletin bi-mensuel, qui sera le journal officiel de l'œuvre nouvelle, et dans ce numéro il fait cette fière déclaration :

« Aux termes de l'article 82 des statuts, je pourrais convoquer les souscripteurs en assemblée générale et constituer avec eux la Compagnie universelle pour le percement de l'isthme américain, mais, certain du succès final, j'attendrai que la lumière soit faite sur la valeur des attaques dirigées à la dernière heure contre notre œuvre dans le but d'amortir l'élan favorable qui s'était d'abord manifesté.

« Les souscripteurs qui ont répondu, en Europe et en Amérique, à mon premier appel, en effectuant un versement de 25 francs par chaque action, peuvent retirer, dès à présent, leur versement; aucune retenue ne leur sera faite; il leur sera délivré un titre qui leur assurera, lors de la constitution ultérieure du capital, le droit à une souscription irréductible pour le même nombre d'actions. Les sommes qui ne seront pas retirées resteront en dépôt à la banque de France. »

La confiance de M. de Lesseps dans le succès de son entreprise restait immuable.

On avait affirmé que la création du canal de Panama
était chose impraticable, à raison de l'énormité des travaux
à faire et de l'insalubrité de l'isthme.

Le 8 décembre 1879, M. de Lesseps s'embarque avec la
commission technique, dont les rapports vont bientôt édi-
fier le public sur la praticabilité des travaux à faire; il
reste cinquante jours à Panama, parcourant le terrain, de
l'Atlantique au Pacifique, et repart, sans que ni lui-même,
ni les siens, ni les membres de la commission technique
aient vu porter la moindre atteinte à leur santé.

Les pièces officielles que lui fournit la Compagnie du
chemin de fer lui permettent de constater que pendant la
période de la construction il n'est mort que 253 ouvriers
européens et que le nombre des Chinois employés à cette
besogne n'a point dépassé en tout 4,000. Que devient la
légende disant que sous chacune des 80,000 traverses
du chemin de fer il y a le cadavre d'un Chinois? Si les
travaux ont été plus meurtriers qu'ailleurs, c'est qu'alors
la baie de Colon, aujourd'hui si peuplée, était déserte, que
les travaux n'étaient pas exécutés comme ils le sont maintenant avec l'aide de puissantes machines, mais que les
terrassements étaient péniblement faits à la pioche, à la
pelle, à la brouette, par des hommes mal logés, souvent
sans abris et toujours privés de soins suffisants.

Du 1er avril 1885 au 31 mai 1886, alors qu'il y avait quatorze mille personnes employées sur les divers points du
tracé du canal, il n'y a eu que 735 décès, c'est-à-dire une
mortalité de 5 1/4 %. Or, les chiffres ne dépassent pas
la moyenne ordinaire de la mortalité sur les chantiers
de travaux publics et sont notablement inférieurs à la
moyenne de la mortalité des troupes de la marine sur
l'ensemble de nos colonies, laquelle est de 7 %.

Il faut reconnaître que la Compagnie interocéanique
n'a rien négligé pour atténuer les risques de mortalité du

personnel ouvrier; les hôpitaux de Colon et de Panama sont, comme le dit M. de Molinari, d'admirables ateliers de réparation pour ce personnel. Voici la description faite par lui de l'hôpital de Panama :

« L'hôpital a été construit hors de la ville et placé dans la localité la plus salubre du voisinage, sur le versant d'une énorme butte que viennent baigner de leurs effluves rafraîchissantes les brises de l'océan Pacifique. Il se compose de cinq bâtiments séparés, légèrement construits en bois, entre lesquels l'air et la lumière circulent sans obstacle. Une eau excellente y est distribuée à profusion. L'hôpital a son abattoir, sa ferme et sa glacière. Les immondices sont enlevées chaque nuit et transportées à la mer. Les salles des malades sont tellement vastes et aérées que, même dans celles dont les lits sont occupés par des nègres atteints de la fièvre, les nerfs olfactifs les plus déliés ne perçoivent point la moindre odeur. Il y a des chambres particulières pour les employés de la Compagnie, et, dans les maisons de santé les plus chères, on ne trouverait point d'installations plus confortables. Le service est confié à cinq médecins expérimentés et dévoués; la direction, l'administration, la surveillance et les soins de jour et de nuit au lit des malades occupent trente sœurs de Saint-Vincent-de-Paul. »

La plus grosse difficulté n'était pas de maintenir le personnel ouvrier, c'était surtout d'assurer le recrutement de ce personnel et son ravitaillement journalier.

On disait à M. de Lesseps : Vous ne pouvez songer à réunir dans un pays presque désert et dépourvu de toutes ressources une armée de 15 à 20,000 travailleurs, avant d'avoir créé, à grands frais, des magasins d'approvisionnements de tout genre; car si vous ne vous occupez pas de nourrir et de vêtir cette armée, vous risquez d'arriver à une catastrophe dont la seule pensée fait frémir. » M. de Les-

seps répondait avec raison : « J'ai fait en Egypte l'expérience
de la liberté du commerce; j'avais rassemblé là, en plein
désert, des milliers d'hommes, sans me préoccuper le
moins du monde de les nourrir et de les vêtir, et ils n'ont
jamais manqué de rien. Il en sera de même à Panama, où,
comme à Suez, je me contenterai de payer régulièrement
les travailleurs ».

Et, en effet, ils n'ont manqué de rien, et n'ont pas été
exploités, grâce à la concurrence établie entre les marchands hôteliers et boutiquiers, venus de tous les points
du monde, de l'Italie et de l'Allemagne aussi bien que de
la Chine. Quant au recrutement du personnel, il s'est opéré
sans plus de difficultés que son approvisionnement, les
gens se sont présentés en foule pour constituer l'état-
major et les troupes de cette armée du travail. Les che-
minaux, c'est-à-dire tous ceux qui, en Europe et en Amérique, avaient été les pionniers du progrès, ont constitué
l'état-major distingué et dévoué de la Compagnie du
Panama, état-major qui compte 670 Européens, dont
530 Français. Les soldats n'ont pas manqué à cet état-
major, formant les cadres habitués à lutter contre la
nature et à la vaincre. Il en est venu de la Chine, de l'Inde,
des Etats-Unis, du Vénézuéla, de la Colombie, de la Bar-
bade, de la Jamaïque surtout. Pour avoir des travailleurs,
il a suffi, après leur avoir promis un bon salaire, de tenir
sa promesse.

Ici encore les faits ont donné raison à M. de Lesseps
contre les pessimistes; sans se faire le fournisseur général
de tous et de toutes choses, il a, par la liberté du commerce seule, assuré l'approvisionnement des travailleurs
de Panama, et, sans recourir au système des engagements
à long terme, d'une sorte de conscription forcée, il a une
armée d'ouvriers, dociles, stables, et dont la valeur est
décuplée par celle de l'état-major qui la dirige.

L'exploration de l'isthme que M. de Lesseps fit avec la commission technique, au lendemain de l'échec subi par la première émission des actions du Panama, établit péremptoirement l'importance des résultats déjà obtenus; mais cette exploration, le président de la Compagnie du canal de Suez n'avait pu l'entreprendre que grâce aux avances faites par les croyants de la première heure, lesquels lui avaient donné, en outre, la somme nécessaire pour faire au gouvernement de Colombie le premier versement auquel était subordonnée la concession du canal.

« Deux millions de francs, dit-il, m'ont été donnés, je puis dire *donnés*, d'une manière tout à fait désintéressée, pour servir à l'avancement d'une œuvre si séduisante pour de grands esprits; sur ces 2 millions, 700,000 francs ont été versés au gouvervement de Colombie, en exécution d'une des clauses du contrat. Le reste est employé aux dépenses de l'expédition. Ce n'est pas à mes frais que se font ces dépenses, car, bien que ma vie ait été consacrée à de grands travaux, je ne suis pas riche, et mon désintéressement ne va pas au delà du possible. »

Bien que, à cette heure-là, M. de Lesseps ne pût marcher qu'à crédit, et qu'il eût encore à reconquérir, pour son œuvre, l'opinion publique égarée par la violence et le nombre des attaques, il n'hésita pas, avant de quitter Panama, à prendre solennellement possession de l'entreprise du percement de l'isthme, conformément à ce programme qu'il a fait publier :

« Sous l'autorité de la République des Etats-Unis de la Colombie, avec la bénédiction de Mgr l'évêque de Panama, en présence du délégué du gouvernement général et de ceux des Etats-Unis de Colombie, avec l'assistance des membres de la commission technique des études définitives du canal maritime universel interocéanique, il sera donné, aujourd'hui 1er janvier 1880, par M. Ferdinand de

Lesseps, le premier coup de pioche sur le point qui marquera l'entrée du canal maritime sur la côte de l'océan Pacifique. Tous les assistants donneront successivement leur coup de pioche, en signe de l'alliance de tous les peuples qui contribuent à l'union des deux Océans, pour le bien de l'humanité (1). »

Après avoir ainsi annoncé *urbi et orbi* que rien ne le fera dévier de sa route, et que, pour la seconde fois, il va donner un éclatant démenti à ceux qui ont affirmé l'impossibilité d'unir deux mers par un canal à niveau, il recommence pour Panama cette infatigable croisade de la parole qui lui a si bien réussi pour Suez.

Il va plaider dans les villes principales de l'Amérique, de la France, de l'Angleterre, de la Hollande et de la Belgique la cause de la nouvelle route du monde à ouvrir entre deux océans, à travers l'isthme de Panama. Plus que jamais il est l'homme de sa devise désormais fameuse : *Aperire viam gentibus.*

Après cette laborieuse campagne, poursuivie pendant un an avec une infatigable ardeur et une activité toute juvénile, M. de Lesseps avait cause gagnée devant l'opinion publique et pouvait, en toute sécurité, faire un nouvel appel aux capitalistes de l'Europe et de l'Amérique.

La souscription par laquelle M. de Lesseps demandait 600 millions fut ouverte les 7, 8 et 9 décembre 1880; ce ne fut pas 600 millions, mais 1,200 millions qu'offrirent les souscripteurs, c'était le double de ce qui leur avait été demandé.

La première assemblée constitutive de la Compagnie universelle du canal interocéanique eut lieu le 31 janvier

(1) Une cérémonie analogue avait eu lieu lors de l'ouverture des travaux du canal de Suez. Dans un cas comme dans l'autre, M. de Lesseps avait voulu affirmer que, du moment qu'il se mettait à l'œuvre, pour lui le canal était fait.

1881. Peu de temps après, une commission supérieure consultative des travaux dressait le programme des travaux à exécuter.

En 1882, on faisait l'hydrographie des baies de Colon et de Panama, et les installations se développaient tout le long du tracé, après de nombreux sondages qui avaient permis de déterminer la nature du sol.

A la fin de 1882, les trois quarts du parcours du canal étaient débrisés et piquetés ; le reste était jalonné et à peu près définitivement arrêté. Au commencement de 1883 on entrait dans la période des travaux d'exécution du canal. Au mois de juillet 1886, à son retour d'un nouveau voyage à Panama, M. de Lesseps déclarait à l'assemblée générale que, après avoir visité les ateliers fonctionnant sur les divers points du tracé entre l'Atlantique et vu l'ouvrage qu'abattaient chaque jour 20,000 ouvriers et de nombreuses machines d'une puissance de 570,000 chevaux-vapeur, il pouvait affirmer que la moitié de l'effort nécessaire et de la dépense était faite et que le canal serait ouvert en 1889.

Cette affirmation a reçu la consécration officielle du gouvernement de la République de Colombie qui, dès le 18 février 1884, avait déclaré que M. Ferdinand de Lesseps avait pleinement rempli les conditions relatives aux plans et aux devis du canal.

Aux termes du contrat de 1878, le gouvernement colombien s'était engagé à donner gratuitement à la Compagnie du canal interocéanique de Panama : « 500,000 hectares de terres domaniales, avec les mines qu'elles peuvent contenir, dans les localités que la Compagnie choisira, et cela au fur et à mesure de l'avancement des travaux de construction du canal. »

Déjà, le 26 décembre 1883, le gouvernement colombien, sur le rapport de ses ingénieurs, avait concédé gratuite-

ment à la Compagnie 150,000 hectares de terres domaniales. Après s'être fait rendre compte des travaux exécutés dans l'isthme du mois de décembre 1883 au mois
de juillet 1886, le gouvernement colombien prit la résolution suivante qu'il fit publier dans le *Journal officiel*
de Bogota du 12 octobre 1886 :

« Ministère des finances.

« 3ᵉ section.

« Bogota, 9 octobre 1885.

« Considérant que des faits consignés dans le mémoire
ci-dessus et dans le rapport qui l'accompagne, il résulte
que les ouvrages exécutés pour l'excavation du canal
interocéanique représentent actuellement *plus de la moitié
des travaux qu'implique la construction totale de ce canal,*
et que, en conséquence, la Compagnie Universelle dudit
canal interocéanique a acquis le droit parfait à ce qu'on
lui adjuge la moitié des terres libres mentionnées dans
l'article 4 de la loi 28 de 1878,

« Il est résolu :

« Le gouvernement déclare que la Compagnie Universelle du canal interocéanique a droit à ce qu'on lui
adjuge, aux termes de l'article 4 de la loi précitée,
100,000 hectares de terres libres, en sus des 150,000 hectares dont fait mention la résolution du secrétariat des
finances du 26 décembre 1883, publiée dans le *Journal
officiel,* n° 5,946.

« Cette résolution sera communiquée aux pétitionnaires
et publiée, en y joignant les documents qui la mo-
tivent.

« Pour le Président, le Ministre,
« ROLDAN. »

On voit que M. de Lesseps avait eu raison de ne pas se
laisser décourager par un premier insuccès. Grâce à ses
persévérants efforts, la Société s'est constituée et le

travail d'exécution a pris de telles proportions que l'ouverture du canal, à la date fixée, est aujourd'hui tenue
pour certaine par les juges les plus compétents et par le
gouvernement colombien lui-même.

CHAPITRE XVII

LES PREMIERS SUCCÈS

Plus de vingt ans s'étaient écoulés depuis que M. de
Lesseps avait surmonté les obstacles accumulés sur sa
route, lors du percement de l'isthme de Suez; avec le
même succès il allait livrer la même bataille en faveur du
canal interocéanique ; on n'eût vraiment pu croire qu'il
avait vieilli; il se retrouvait toujours infatigable. Autrefois
il ne passait que la Méditerranée, maintenant il traverse
l'Océan.

Ce serait une étude curieuse et instructive que de suivre
l'infatigable lutteur dans cette nouvelle campagne. Fidèle à
ses constantes habitudes, il l'avait commencée en prenant
le taureau par les cornes, c'est-à-dire en allant porter la
parole en Amérique, dans le pays même où se trouvaient
les plus nombreux et les plus ardents adversaires de son
entreprise.

Aux opposants par intérêt il cherche à montrer qu'ils se

trompent, que certains ports qui craignent de se trouver dépossédés de leur trafic, retireront au contraire un grand profit de l'extension considérable que recevra le commerce général du monde; que les chemins de fer desservant le parcours d'un océan à l'autre ne seront pas ruinés par l'ouverture du canal, mais qu'ils profiteront de l'enrichissement des pays traversés, et qu'ils deviendront, par suite de l'accroissement du trafic général, des têtes de lignes importantes sur le Pacifique.

Avec une fine ironie, il se borne à faire discrètement justice du mobile de leur opposition en rappelant cette déclaration quelque peu cynique d'un des principaux armateurs de Liverpool :

« J'ai été votre adversaire constant pendant que vous prépariez le canal de Suez. J'avais vingt-cinq millions engagés sur la navigation à voile. Maintenant je fais construire des vapeurs, et je considère que le canal de Suez me permettra de quadrupler mon capital, parce que je ferai quatre voyages au lieu d'un. »

Aux politiciens qui s'inquiètent de voir entre des mains françaises le canal maritime américain, M. de Lesseps se borne à lire ces articles du contrat de concession :

« Le gouvernement de la République déclare *neutre* en tout temps les ports de l'une à l'autre extrémité du canal et les eaux de celui-ci, de l'une à l'autre mer, et, en conséquence, en cas de guerre entre d'autres nations, le transit par le canal ne sera pas interrompu par ce motif, les navires marchands et les individus de toutes les nations du monde pourront entrer dans les dits ports sans être inquiétés ni détenus.

« Les concessionnaires, ou ceux qui, dans l'avenir, succèderont à leurs droits, pourront les transmettre à d'autres capitalistes ou sociétés financières, mais *il leur est absolument interdit de les céder ou de les hypothéquer*

*à aucun titre, à aucune nation ou gouvernement étran-
ger.* »

Aux ingénieurs qui ont fait de consciencieuses études
pour l'établissement d'un canal maritime sur les divers
points du grand isthme américain, il donne cette consolation d'amour-propre, qu'ils ont commis la même erreur
que les ingénieurs français lorsqu'il s'agissait du canal de
Suez.

« Lorsque, dit-il, j'ai commencé, en 1854, à m'occuper
du canal de Suez, les plus grands ingénieurs de France,
entre autres MM. Talabot et Baude, qui étaient à la tête
du corps des ponts et chaussées, ont publié dans la *Revue
des Deux-Mondes* des travaux fort savants, *qu'on peut
relire aujourd'hui,* dans lesquels ils démontraient qu'il
était impossible de creuser la terre, pour faire passer les
navires d'une mer dans l'autre. Ils prétendaient qu'on ne
pouvait établir un port en pleine côte de la Méditerranée et qu'il fallait se servir des ports d'Alexandrie et de
Suez. Alors ils avaient imaginé de construire un canal
puisant ses eaux dans le Nil. »

Ce qui avait trompé les ingénieurs français et les ingénieurs américains et les avait portés à rechercher l'utilisation de fleuves pour créer un canal unissant deux mers,
c'est cette erreur, acceptée comme une vérité incontestable, qu'il y avait une notable différence de niveau entre
les deux mers à unir. Comme on s'en souvient (1) l'ingénieur Lepère, que le général Bonaparte avait chargé,
en 1798, d'étudier la question du canal à établir à travers l'isthme de Suez, avait cru pouvoir affirmer qu'il
y avait une différence de niveau de près de dix mètres
entre la mer Rouge et la Méditerranée. Malgré la déclaration de l'illustre Laplace qu'une telle affirmation n'était

_____

(1) Voir chap. II et III.

27

pas acceptable, le fait étant contraire au système du monde et à l'équilibre des mers, l'erreur, comme on le sait, avait passé pour vérité jusqu'au jour où l'égalité de niveau des deux mers avait été scientifiquement établie. Pour l'Atlantique et le Pacifique, la même erreur relativement à la différence de niveau des deux océans était bien anciennement accréditée, et elle avait reçu une nouvelle consécration par le rapport de M. Lhoyd, ingénieur anglais, rapport publié en 1830, par la Société royale de Londres, dans lequel il était affirmé qu'il y avait une différence de niveau de trois mètres entre le Pacifique et l'Atlantique. Cette erreur n'était pourtant justifiée par rien, et avec la logique inflexible du bon sens, M. de Lesseps fait remarquer qu'à Panama, comme au cap Horn, au détroit de Magellan, les deux Océans doivent se niveler d'eux-mêmes. Cette croyance à une différence de niveau entre les deux Océans était bien ancienne, puisque, près de trois cents ans auparavant, elle avait été ainsi formulée par Joseph Acosta (1) :

« On dit que le premier découvreur de cette mer (l'Océan Pacifique) fut un nommé Balboa et qu'il la découvrit par l'endroit où les deux mers s'approchent de si près qu'il n'y a que 18 lieues de distance de Dior à Panama, et encore en tournoyant pour chercher la commodité du chemin.

« Quelques-uns ont discouru et mis en avant de rompre ce chemin, afin de joindre une mer avec l'autre pour rendre ce passage du Pérou plus aisé, parce que ces 18 lieues de distance entre Dior et Panama comprennent plus de dépenses et de travail que 2,300 qu'il y a de mer.

« Sur quoi, toutefois, quelques-uns ont prétendu que ce

(1) *Histoire des Indes orientales et occidentales,* traduction française faite par Robert Regnault et publiée à Paris en 1598.

serait pour noyer la terre, disant qu'une mer est plus basse que l'autre, comme, au temps passé, l'on trouve par les historiens que, pour la même considération, l'on délaisse l'entreprise de vouloir joindre et continuer la mer Rouge avec le Nil, du temps du roi Sésostris, et depuis de l'empire Ottoman.

« Mais, de ma part, je tiens tel discours et proposition pour chose vaine et crois qu'il n'y a puissance humaine qui soit suffisante pour rompre et abattre ces très fortes et impénétrables montagnes que Dieu a mises entre les deux mers et les a faites de rochers très durs, afin de soutenir la furie des deux mers.

« Et quand bien même ce serait chose possible aux hommes, il me semble que l'on devrait craindre le *châtiment du ciel* en voulant corriger les œuvres que le Créateur, par sa grande puissance, a ordonnées et disposées en la fabrique de cet univers. »

De nos jours, le chimiste F.-V. Raspail père comptait sur *le courant qui s'établirait à la suite de la jonction des deux océans de niveau différent* pour assainir le pays. Il dit, en effet, dans un de ses ouvrages :

« Celui qui parviendra à établir, par l'isthme de Panama, une communication vaste et profonde entre la mer Atlantique et la mer Pacifique, celui-là aura préservé du retour de la fièvre jaune tous les ports du golfe du Mexique, *en donnant une voie d'écoulement* dans l'une ou l'autre des hautes mers à tous les amas d'immondices qui croupissent dans les ports de ces parages. Pourquoi ne consacrerait-on pas à ce projet les sommes phénoménales que l'on dépense pour s'entretuer nations contre nations sur le moindre prétexte ? »

Quant à Thomas Jefferson, il attendait de bien autres conséquences de l'union des deux océans, devant amener *un courant assez fort pour faire la plus grande partie de la besogne du creusement du canal interocéanique.* Voici, en effet, ce qu'il écrivait, le 12 novembre 1787, à M. le Roy, membre de l'Académie des sciences de Paris :

« Ayant eu l'occasion de signaler la direction des vents tropicaux de l'est à l'ouest, je veux ajouter aujourd'hui quelques observations qui s'y rapportent. Elles ont été faites au sujet du courant énergique qui se révèle dans l'océan suivant la même direction, le courant vient se briser à l'extrémité de la langue de terre, dont le cap Saint-Roch est le point extrême, et sa branche méridionale contourne et baigne probablement la côte du Brésil... Sa branche septentrionale, entraînée par son propre mouvement vers le nord et renforcée par les courants des grands fleuves Orénoque, Amazone et Tocantin, a été évidemment la cause qui a formé le golfe du Mexique, coupant ainsi le continent américain en deux parts sur ce point. Elle retourne à l'Océan par l'extrémité septentrionale du golfe et suit la ligne même du Gulf-Stream, le long du littoral des Etats-Unis, jusqu'à leur limite nord. Là, elle se dirige à l'est, après avoir formé, par ses tourbillons, les bancs de Terre-Neuve, et, dans un mouvement de translation du golfe à Terre-Neuve, elle conserve encore une chaleur assez sensible...

« Les Espagnols étaient, dans le temps, disposés à ouvrir un canal à travers l'isthme de Panama, ouvrage beaucoup moins difficile que certains canaux de France, car son ouverture pourrait être très réduite en commençant, *le courant tropical se chargerait de l'élargir avec toute la force des eaux jusqu'à ce que l'ouverture fût suffisante pour donner passage, faisant ainsi en peu de temps l'œuvre des siècles.* Une moindre portion de l'isthme serait détruite par ce moyen ; les conséquences en seraient les sui-vantes :

« 1° Les navires, venant d'Europe ou des côtes occidentales

d'Afrique, pour naviguer entre les tropiques, auraient les
vents constants et les courants pour les porter à travers
l'Atlantique, à travers l'Amérique et à travers le Pacifique,
sur tous les points de la côte asiatique et du littoral
oriental africain, faisant ainsi rapidement et avec sécurité
le tour de notre globe, moins la quinzième partie de sa
circonférence, le continent africain sur cette ligne occupant
exactement cet espace.

« 2° Le golfe du Mexique, le plus dangereux du monde
pour la navigation, à cause de ses courants et de ses fonds
mouvants, deviendrait tranquille et sûr.

« 3° Le Gulf-Stream, le long des côtes des Etats-Unis,
cesserait de se faire sentir et, avec lui, tous les déran-
gements dans les calculs des marins qui, aujourd'hui,
empêchent et rendent dangereux le commerce maritime
avec ces Etats.

« 4° Les brumes épaisses des bancs de Terre-Neuve, que
l'on suppose être les évaporations du Gulf-Stream con-
densées par l'air froid, tendraient à disparaître. (Ceci est
reproduit à la lettre d'un exposé du docteur Franklin
publié dans un volume des transactions philosophiques
américaines).

« 5° Ces mêmes bancs de Terre-Neuve, cessant de recevoir
les amas de sables, de warechs et le courant d'eau chaude
que leur apporte le Gulf-Stream, il devient facile de
prévoir que les changements qui se feront sentir *dans la
végétation et dans la température* modifieront l'état de ses
pêcheries. »

M. de Lesseps, en joignant la Méditerranée à la mer
Rouge n'a pas, ainsi que le craignait Joseph Acosta,
noyé la terre ; il ne craint pas plus d'amener une semblable
submersion en unissant l'Atlantique et le Pacifique ; mais
il sait aussi qu'il n'y a pas à attendre que le percement de
l'isthme de Panama se fasse de lui-même, par détourne-

ment du courant du Gulf-Stream, détournement qu'il voulait opérer, disait un de ses contradicteurs, par haine pour
l'Angleterre; il sait qu'il n'y a pas à espérer de ce percement,
ainsi que le croyait F.-V. Raspail, la disparition de la
fièvre jaune du golfe du Mexique; tout au plus peut-il
espérer, avec un des délégués des Chambres de commerce
qui l'ont accompagné dans son dernier voyage à Panama,
que la percée, qu'on est en train de pratiquer pour ouvrir
le canal interocéanique et le *courant d'air* qui s'établira
entre l'Atlantique et le Pacifique, contribueront à améliorer la situation sanitaire de l'isthme, que le canal formera un puissant drainage qui asséchera les marais avoisi-
nants (marais de Colon, du Mindi, de l'Obispo, de la vallée
du Chagres, de Tavernilla et du Rio Grande), et que les
cultures qui ne manqueront pas d'être pratiquées sur ses
bords joueront le rôle qu'elles ont déjà joué, soit en Algérie,
soit en Cochinchine.

M. de Lesseps n'attend pas non plus avec Jefferson, de
l'ouverture du canal interocéanique la suppression des
brumes de mer de Terre-Neuve et de profonds changements dans la végétation et dans la température de cette
terre si éloignée de Panama.

Pourquoi? Parce que les ingénieurs ont constaté que
pour l'Atlantique et pour le Pacifique, comme pour la
Méditerranée et la mer Rouge, le niveau des deux mers
est le même, et que, par conséquent, une des deux mers
ne peut *s'écouler dans l'autre* par la voie de communication
ouverte entre elles. Mais si les deux mers sont au même
niveau, il y a des différences dans l'altitude *des marées*,
aussi bien pour l'Atlantique et le Pacifique que pour la
Méditerranée et la Mer Rouge. A raison de cette différence
d'altitude *des marées*, les ingénieurs avaient prévu à Suez
une porte de marée qui n'a pas été faite, ils en ont prévu
une à Panama qui pourra sans doute aussi être supprimée

du devis du canal, ce qui fera une économie de douze millions.

Pour justifier cette suppression, M. de Lesseps dit : « Lorsque l'on aura dragué à 8 ou 9 mètres au dessous des plus basses eaux, entre l'embouchure du *Rio grande* et des îles, où les grands vapeurs vont mouiller actuellement, la marée s'épanouira lentement en profondeur, au lieu de s'étaler rapidement sur un rivage à pente douce. J'espère alors que le courant de marée ne sera guère plus considérable qu'à Suez, où le mouvement d'arrivée et de retraite des eaux ne cause aucun inconvénient dans le chenal creusé entre la rade et les lacs Amers. Ce mouvement est même souvent favorable pour les bâtiments qui naviguent contre le courant. »

Sur cette question du canal *à mi-marée* établi à Panama à une profondeur de huit mètres et demi au-dessous de la marée basse des deux côtés, voici encore ce que M. de Lesseps disait en 1880 aux membres du *board of trade* de San-Francisco :

« Je prends pour exemple le canal de Suez, où la marée a une oscillation de deux mètres sur la mer Rouge et presque pas sur la Méditerranée. Ce sera la même chose qu'au canal de Suez. D'un côté, il y a une élévation ou un abaissement de deux mètres, de l'autre, quelques centimètres seulement. Cela crée naturellement une sorte de courant alternatif, allant du Pacifique vers l'Atlantique dans une partie du canal. Lorsque la marée se retirera, le courant se dirigera de l'autre côté. Ce courant aidera les navires à entrer dans le canal des deux côtés, le canal de Suez en est la preuve. Le courant qui se dirigera dans le canal de Panama vers Aspinwal, atteindra probablement un point situé un petit peu au delà du centre du canal. Pendant le temps nécessaire pour qu'elle arrive à ce point, la haute marée à Panama commencera à se retirer et la marée qui sera entrée dans le canal s'arrêtera et descendra. Conséquemment, il ne sera pas nécessaire de faire une porte de marée à Panama. »

On voit que, pour l'entreprise de Panama, M. de Lesseps ne s'arrête pas plus devant les arguments de prétendue impraticabilité de l'œuvre qu'il ne le faisait pour Suez, quand de célèbres ingénieurs disaient qu'il tentait une œuvre impossible, que lord Palmerston affirmait du haut de la tribune que tous les ingénieurs anglais étaient du même avis que les ingénieurs français, et que la Chambre des communes se prononçait contre son projet, qualifié d'*absurde* par le fils de l'illustre Stephenson.

Il ne craint pas davantage le châtiment du ciel, dont Acosta menace le téméraire qui, rompant et abattant « ces fortes et impénétrables montagnes qui se dressent entre les deux Océans », aura voulu *corriger* l'œuvre du créateur. De même qu'il a corrigé cette œuvre à Suez, il est en train de la corriger à Panama et il a conscience en le faisant, d'accomplir une grande œuvre humanitaire. Et pourtant, combien un timoré aurait-il de raisons de voir *le doigt de Dieu* dans les événements qui se sont succédé, — événements très simples mais que des intérêts peu avouables ont su grossir, exploiter, inventer même.

Un jour, dit-on, c'est un tremblement de terre qui a lieu au Mexique et dont l'effet amoindri se fait ressentir dans cet isthme de Panama, qu'on a choisi pour point de passage du canal interocéanique, pour cette raison entre autres que la tradition de l'immobilité du sol dans cette région est confirmée aussi bien par les cartes géologiques que par l'état des monuments bâtis il y a deux siècles. Un autre jour, c'est dans la rade de Colon, un terrible coup de vent *del norte* jetant quinze navires à la côte, faisant périr cinquante personnes. C'est une insurrection qui éclate, la ville de Panama attaquée, celle de Colon incendiée.

Les spéculateurs exploitent ces événements, mais bientôt les effarés se rassurent ; il a suffi pour calmer les esprits de mettre, comme le fait toujours M. de Lesseps, la réalité des faits en face des sombres légendes.

Le tremblement de terre à Panama n'a été que la secousse ressentie, à une extrémité, d'un tremblement au nord ; comme cela arrive parfois en France, tout le dommage se borne à quelques murailles lézardées.

La tempête de Colon n'a fait que démontrer la valeur des précautions prises pour assurer un abri aux navires attendant le moment d'entrer dans le canal ; en effet, la digue créée pour protéger l'entrée du canal a parfaitement résisté aux lames de quatre mètres de hauteur qui venaient se briser contre elle, et la tranquillité des plus parfaites n'a cessé de régner dans les eaux du bassin, préparé pour recevoir les navires ayant à passer d'un océan dans l'autre et qui sera l'entrée du futur canal.

Quant aux troubles politiques, promptement apaisés, ils n'ont causé aucun dommage sérieux à la Compagnie du canal, les insurgés eux-mêmes ayant montré leur désir de respecter, comme ils le disaient, une propriété internationale placée sur un territoire neutre.

Les spéculateurs qui joueraient sur la vie de leur père pour gagner quelques centimes à la baisse des titres, et certains publicistes qui, sous prétexte de défendre les intérêts des actionnaires du Panama, leur rendent les emprunts *plus onéreux* par les nouvelles alarmistes qu'ils propagent, ne manquent pas de dénaturer et d'exploiter le plus petit fait. Quand les faits vrais leur manquent, ils inventent de faux bruits. Un jour, ils représentent l'isthme comme un rocher dont la dureté défie tous les efforts ; le lendemain ce n'est qu'une lagune dont les bancs liquides multiplient les décès des travailleurs ; si quelques matelots atteints de la fièvre jaune aux Antilles viennent mourir dans les hôpitaux de l'isthme, on signale l'apparition d'une grave épidémie dans les chantiers ; en réalité, il n'y a pas eu jusqu'à ce jour de cas de fièvre jaune du pays scientifiquement constatés.

Si l'on suit une marche prudente pour procéder à la commande des appareils d'extraction et à l'installation des chantiers, afin de ne pas avoir de mécomptes, on déplore cette *lenteur fatale* ; les expériences, faites avec soin et plusieurs fois renouvelées sur les lieux, deviennent des *tâtonnements*. Des dragues puissantes, travaillant au terrain mou en avant du canal, sont-elles transportées à l'intérieur pour être employées à un travail de même genre qui ne présente aucune difficulté, on signale la diminution du cube d'extraction qui va résulter du temps perdu pour opérer ce déplacement. Suspend-on pour le réorganiser mieux tel chantier d'excavation, aussitôt la diminution du cube est présentée comme un *désastre*, etc.

Un jour, ce sont des télégrammes annonçant une grave maladie de M. de Lesseps ; celui-ci, pour toute réponse, invite les éditeurs de la fausse nouvelle à venir lui servir de garde du corps dans son existence laborieuse.

Un autre jour, c'est un mémoire, tiré à trois cent mille exemplaires, dénonçant M. de Lesseps à la justice comme voulant commettre *une escroquerie* avec son affaire du Panama. L'accusé se contente de signaler le fait aux auditeurs d'une de ses conférences, en les invitant à rire avec lui de cette ridicule accusation. N'a-t-il pas entendu lord Palmerston qualifier publiquement, et plusieurs fois, devant le Parlement anglais, de *filouterie gigantesque* l'affaire du canal de Suez ? Qu'a-t-il autre chose à faire que de répéter de nouveau le proverbe arabe qui lui est cher : « *Les chiens aboient, la caravane passe* ».

Cependant, l'audace de ses adversaires à l'imagination si fertile croît sans cesse : « *Madame se meurt, madame est*

morte ! » ne se lassent-ils pas de répéter, et, qui de nous n'a
entendu les vendeurs de canards crier maintes fois sur les
boulevards : *le cataclysme de Panama !*

Malgré tout, l'entreprise du percement continue à vivre
et à se porter même fort bien, puisque l'effort utile nécessaire pour l'exécution du canal dépasse déjà *la moitié* de
la besogne totale à accomplir.

Rien ne trouble M. de Lesseps, il a foi en son œuvre ;
il croit si bien à son étoile que, fût-il monté sur une barque qui s'enlèverait prête à sombrer, sans s'émouvoir du
péril apparent, il dirait avec confiance au marinier chargé
de le conduire au port : « Souviens-toi que tu portes César
et sa fortune » ; débarqué sur la plage il répéterait, sans s'être
troublé un instant, les paroles prononcées par Bonaparte,
au moment où il venait de manquer d'être englouti avec son
cheval dans les sables mouvants de la mer Rouge : « *Mon
salut a fait perdre aux prédicateurs un beau thème à ser-
mons* ».

Nous avons vu, à l'occasion de l'insuccès de la première émission des actions du Panama que M. de Lesseps
ne se laisserait point arrêter dans sa marche ; il n'admet
même pas qu'on le retarde, qu'on l'ajourne. Ainsi, en 1886,
pour hâter l'achèvement du canal, il avait cru devoir
demander au gouvernement de présenter un projet de loi,
lui donnant l'autorisation, qu'il avait en 1867 reçue pour
Suez (1), d'émettre pour le Panama des obligations à *lots*.
La commission parlementaire chargée d'étudier ce projet
de loi ayant pris une attitude et des décisions dont la
conséquence était de renvoyer à la session d'octobre la
nomination de son rapporteur, M. de Lesseps ne crut pas
pouvoir accepter cet ajournement et, tout en remerciant
le gouvernement de ses sympathies publiquement expri-

(1) Voir page 300.

mées, pria M. de Freycinet, président du Conseil, de retirer le projet de loi ; en même temps, il adressait à ses actionnaires et correspondants la circulaire suivante :

« Six députés sur onze, saisis du projet de loi par lequel le gouvernement de la République proposait de m'autoriser à émettre 600 millions en obligations à lots, ont pris une décision dont la conséquence est de renvoyer à la session d'automne, c'est-à-dire en octobre ou novembre, la solution à intervenir... Faut-il attendre encore quatre mois et perdre un temps précieux ? Je ne le pense pas.

« On m'ajourne ; je n'accepte pas l'ajournement. Fidèle à mon passé, *lorsqu'on veut m'arrêter je marche*, non pas seul, certes, mais avec les 350,000 Français partageant ma confiance patriotique. J'ai vu exactement dans des circonstances identiques se passer pour Suez ce qui se passe maintenant pour Panama. Les installations et les machines sont prêtes ; tout est disposé pour l'effort *final*, et cet effort *final*, comme à Suez, va, je l'espère bien, étonner même ceux qui ont la foi ; je crois personnellement qu'avec les 600 millions compris dans les prévisions du Congrès international de 1879, l'achèvement du canal maritime de Panama sera assuré avant la fin de 1889... Pour alléger les charges résultant de l'emprunt, j'avais demandé au gouvernement l'autorisation d'émettre des obligations à lots... La commission me renvoie à la fin de l'année pour émettre un avis.

« Mais le titre d'obligations à lots n'est heureusement pas le seul qui existe... Puisque les représentants de mon pays, puisque six députés, par leur attitude, m'empêchent d'aller de l'avant, de marcher avec vous à la conquête pacifique entreprise par la France dans l'isthme de Panama, *nous passerons par dessus l'obstacle*, nous irons ensemble à cette deuxième victoire, nous émettrons les 600 millions nécessaires au moyen d'obligations nouvelles. »

M. de Lesseps *marcha* donc, et, dès le commencement du mois d'août 1886, plus de cent mille souscripteurs avaient souscrit 458,802 obligations, apportant à la Compagnie plus de deux cents millions de francs. Une fois encore l'événement venait justifier sa résolution de ne pas se laisser imposer des conditions, de ne se laisser arrêter ni entraver par rien.

Cette inébranlable fermeté dans ses volontés n'empêche point, on le sait, M. de Lesseps d'user parfois de diplomatie pour arriver à ses fins. C'est ainsi que dans son voyage aux Etats-Unis, qui rappelle ses voyages en Angleterre, au temps de l'opposition si vive faite par lord Palmerston au percement de l'isthme de Suez, il ne néglige rien pour calmer les susceptibilités nationales qui se sont émues, à tort, en présence d'une entreprise internationale. Il se borne à s'adresser au bon sens pour faire justice de l'absurdité de cette accusation que, s'il perce l'isthme de Panama, c'est pour établir une colonie militaire française, avec des *divisions* d'ingénieurs que l'on feint de confondre avec des *divisions* de troupes. Cette accusation est-elle mieux fondée que celle des hommes d'Etat anglais qui prétendaient que les milliers de travailleurs nécessaires à M. de Lesseps pour percer l'isthme de Suez étaient peut-être des bataillons de *zouaves déguisés* ?

Toutefois, justement soucieux de l'amour-propre national des Américains, M. de Lesseps ne néglige pas de dire à ses auditeurs d'outre-mer que, si la préférence a été donnée à un projet français pour le percement de l'isthme américain, c'est uniquement parce que les ingénieurs américains, tout aussi capables que les ingénieurs français, n'ont étudié que des canaux et n'ont pas envisagé cette face du problème qu'un canal à *niveau* pouvait seul donner satisfaction aux besoins actuels de la circulation commerciale. Si l'un de ses auditeurs lui objecte que la Compagnie du

Panama affirme ses préférences pour la France en plaçant son siège social à Paris, il répond avec à-propos que c'est parce que lui, le fondateur et le grand metteur en œuvre de l'entreprise, n'a pas son domicile à New-York, mais à Paris, que le siège social a été placé à Paris ; le jour où le canal sera livré à la circulation, si les actionnaires américains sont en majorité, ils pourront, sans que rien puisse les en empêcher, décider que le siège social de la Compagnie universelle de Panama sera transféré à New-York.

M. de Lesseps n'est pas seulement un fin diplomate et un intelligent entêté, ne se laissant arrêter par aucun obstacle quand il veut faire un pas de plus vers le but qu'il poursuit, il a encore cette qualité maîtresse de l'imperturbable sang-froid nécessaire pour attendre sans se lasser que le temps fasse son œuvre et dénoue sans efforts les nœuds gordiens qu'il est impossible de trancher. C'est ainsi qu'il a déployé ce nécessaire et rare sang-froid dans la question de neutralité des canaux interocéaniques, question qui a été posée par l'Angleterre pour Suez et par l'Amérique pour Panama.

L'histoire lui avait appris que la diplomatie n'a maintenu la neutralité de Constantinople et de ses détroits qu'à force de sang versé ; son bon sens, qui avait eu raison des savantes théories des ingénieurs, lui disait que les nécessités de la politique commerciale imposeraient forcément *en fait*, sans l'intervention des gouvernements, la neutralité des canaux maritimes de ces détroits, constituant une propriété *privée*, que les actionnaires doivent être libres de mettre au service de quiconque en cas de besoin.

Il expose ainsi la ligne de conduite *toute passive* qu'il crut devoir s'imposer à l'occasion de cette question de neutralité :

« Lorsque, dit-il, l'on m'a proposé de m'entendre avec les gouvernements pour entamer cette question de neutralité pour le canal de Suez, *j'ai laissé faire*, dans la persuasion que les négociations n'auraient pas de résultat. Après avoir consulté M. Thiers et le vieux prince de Metternich, auxquels j'avais demandé de me dicter des projets de neutralité, j'avais reconnu que l'objectif de la politique avait été, jusqu'à nos jours, d'opposer des entraves à la libre circulation des bâtiments de guerre et au passage des troupes, ce qui était contraire à l'acte de concession donné par le gouvernement territorial, déclarant la neutralité assurée, sans restriction, aux navires de toutes les nations à conditions égales.

« Pendant dix à douze ans, des ouvertures ont été faites à ce sujet entre divers gouvernements ; *je n'y faisais aucune opposition*, persuadé que l'on ne s'entendrait pas. C'est avec la liberté la plus complète que le canal de Suez a été ouvert à toutes les marines de commerce ou de guerre depuis 1869. Aucun inconvénient ne s'est produit; d'où je conclus qu'il en sera de même pour Panama ; on négociera probablement avant l'exécution des travaux, on négociera encore après l'ouverture du nouveau détroit, on ne fera pas davantage que pour Suez.

« Lorsque la guerre mit aux prises les Russes et les Turcs, les navires portant le pavillon du Czar et les navires portant le pavillon de l'Empereur des Ottomans se rencontraient sur le canal de Suez sans manifester aucune hostilité. Ce fait et le suivant sont un grand et réel triomphe pour l'avenir de la paix universelle.

« Le 15 août 1870, lorsque la guerre était déjà déclarée entre la France et l'Allemagne, que nos armées étaient en présence des Allemands, le canal était ouvert à toutes les marines ; au centre du canal, dans le bassin du lac Timsah, se trouvaient, le 15 août, un navire allemand, un navire de guerre français, un navire égyptien. C'était la fête de l'Empereur des Français, et, suivant l'usage de tous les ports, le bâtiment français arbora pour la fête ses couleurs, et les étrangers, l'allemand et l'égyptien, imitèrent la manœuvre.

« Quand je suis revenu en Egypte, après le siège de Paris, le khédive m'a annoncé le fait, en ajoutant : « Nous avons fait, nous, la neutralité effective ». J'en conclus que, en ce qui me concerne, je dois être *passif* dans cette question ; je ne puis qu'engager mes amis à user de leur influence pour persuader que *ce qu'il y a de mieux à faire, c'est de ne rien faire du tout.*

« La neutralité sera assurée naturellement au nouveau détroit ; si les Américains ont la prétention de protéger le canal de Panama à eux seuls, les Anglais et les Allemands ne pourront pas le permettre. »

En 1882, lorsqu'elle eut déclaré la guerre à l'Egypte, l'Angleterre voulut porter atteinte à la neutralité du canal de Suez, mais M. de Lesseps défendit énergiquement les droits des actionnaires sur les propriétés *privées* ; l'Europe intervint et força l'Angleterre à reconnaître que le canal de Suez étant *terrain neutre*, devait, quoi qu'il arrivât, rester ouvert à toutes les marines.

« Les voies maritimes, dit M. de Lesseps, ont toujours été et seront toujours les éléments principaux de la civilisation des peuples.

« La mer veut la paix parce que tout le monde a le droit d'y passer, et que la querelle de deux nations, dans une mer plus ou moins étroite, frappe les intérêts de ceux qui sont en dehors de la querelle.

« Les voies de communication maritimes, de plus en plus fréquentées par les marins et les commerçants de toutes races, ne peuvent être soumises aux vicissitudes de la politique active des gouvernements. Les mers, les détroits, bosphores et canaux maritimes doivent demeurer librement ouverts, à tous et en tout temps, en dehors des luttes internationales, les mers parce qu'elles sont à Dieu, *c'est-à-dire* à *tout le monde*, les canaux parce qu'ils sont la propriété de ceux qui les ont creusés.

« Les détroits de Suez et de Panama ont eu pour effet d'innover un principe plus important peut-être que l'exécution même des travaux de creusement. Je veux parler de la vaste association des capitaux du monde entier, sans distinction de nationalité pour l'exécution de ces entreprises d'intérêt universel.

« Le service rendu à la civilisation par le fait accompli est plus considérable que le service matériel rendu à la marine et au commerce par la suppression de l'isthme de Suez et la coupure des Cordillères américaines.

« Ces œuvres sont la propriété personnelle de ceux qui osèrent y apporter leurs capitaux ; or, s'il est un sentiment qui prévaut à la fin de notre siècle, c'est que les querelles des nations, les actes de brutalité ou de convoitise par lesquels les peuples se voient précipités les uns contre les autres, doivent respecter les propriétés privées.

« Le percement de l'isthme de Suez a actionné par des faits accomplis la neutralité des bosphores artificiels, des canaux maritimes. Cet heureux résultat est acquis, non seulement parce qu'il est la conséquence d'un droit, mais surtout parce qu'il s'appuie sur les intérêts universels. On ne pourrait attenter à la liberté de ce passage par les canaux de Suez et de Panama, sans menacer de ruine, à un moment donné, les armateurs et les commerçants de tous les pays dont le trafic passe par le bosphore égyptien, et passera en 1888 par le bosphore américain.

« C'est là un progrès certain, qui prépare la pacification des Etats civilisés, non par des traités ou des conventions qu'un coup d'épée peut détruire, mais par cette force invincible : la solidarité des intérêts. Chaque fois que la diplomatie aura été impuissante, tout malentendu

28

ou toute controverse pourra se terminer par l'arbitrage qu'avait rêvé Henri IV, et que son ministre Sully voulait déjà mettre en pratique, par la *solidarité des intérêts*. »

Ce principe de la neutralité des canaux maritimes, M. de Lesseps l'a consacré, grâce à l'énergie qu'il a montrée pour défendre les intérêts des actionnaires du canal de Suez contre les injustes prétentions de l'Angleterre, et il a ainsi démontré la vérité de son assertion que, couper les isthmes c'est faire non seulement œuvre de progrès, mais encore plus : œuvre de paix.

Après avoir percé l'isthme de Suez, ce qui épargne aux navigateurs trois ou quatre mois de longue et dangereuse traversée, M. de Lesseps a entrepris de percer l'isthme de Panama. Ce percement diminuera dans les proportions suivantes les distances qui séparent les différents points du globe :

	Distance actuelle	Après le percement	Diminution
Du Havre à San-Francisco, lieues.	6.500	3.200	3.300
De Nantes ou de la Rochelle à Sidney.	6.400	4.000	2.400
De Bordeaux à Valparaiso.	4.400	3.000	1.400
De Londres ou de Liverpool à San-Francisco.	6.800	3.300	3.500
De New-York à Vancouver.	6.700	1.900	4.800
De New-York à San-Francisco.	6.400	1.700	4.700

La vie active et productive des hommes pouvant être considérée comme interrompue pendant le cours des traversées à accomplir pour se rendre d'un point du globe à l'autre, n'est-on pas autorisé à dire que les diminutions de parcours, réalisées par la création du canal de Suez et par celle du canal de Panama, constituent une véritable augmentation *de la durée de la vie humaine ?*

Sans doute il y a des siècles que l'idée de percer les isthmes de Suez et de Panama a été mise en avant, et ce

ne sont pas les projets de canaux maritimes qui ont fait
défaut. Mais si M. de Lesseps ne peut pas revendiquer
l'idée *première* de ces grandes entreprises, on ne peut con-
tester que, sans son initiative hardie et persistante, ces
entreprises seraient encore à l'état d'avant-projets ? Sans
cette initiative féconde nous ne verrions pas aujourd'hui les
navires passer de la Méditerranée à la mer Rouge, et nous
ne serions pas à la veille de voir la trouée du Panama
donner passage aux bâtiments à voiles ou à vapeur pour
passer de l'Atlantique au Pacifique.

C'est pour cela que l'histoire donnera une place si haute
et si honorable au *grand perceur d'isthmes*, à ce pionnier
du progrès qui aura eu le rare mérite de faire gagner à
l'humanité peut-être un quart de siècle, peut-être même un
demi-siècle, par l'accomplissement des grandes œuvres
du Suez et du Panama. C'est pour cela encore que les
voyages qu'accomplit M. de Lesseps dans l'ancien ou dans
le nouveau monde se transforment plus que jamais en
ovations enthousiastes ; c'est pour cela que la France est
fière de lui et que tous les étrangers sont prêts à formuler
un souhait analogue à celui de ce citoyen de New-York,
disant au grand Français : « Nous souhaiterions du fond
de nos cœurs *que vous fussiez Américain* ».

Aux Etats-Unis, d'ailleurs, depuis que les faits acquis
sont venus confirmer les déclarations de M. de Lesseps,
les défiances des premiers jours tendent à se dissiper de
plus en plus et à faire place à de réelles sympathies, et ce
revirement d'opinion a déterminé un changement égal
dans l'attitude du gouvernement, qui en est arrivé à
témoigner d'une manière effective de sa sollicitude pour
tous les grands intérêts engagés dans le percement de
l'isthme de Panama, par cette intervention protectrice
qui fut tant remarquée lors des troubles de 1885.

Récemment, l'accueil fait à M. Ferdinand de Lesseps

aux Etats-Unis, à l'occasion de son voyage pour l'inauguration de la statue de la Liberté, a donné un nouvel
exemple des modifications profondes survenues. Les manifestations dont le Président de la Compagnie a été l'objet
dans cette circonstance, aussi bien de la part du chef de
l'Etat et des membres du gouvernement que de toutes
les classes de la population, ont été tout à fait remarquables.

Appréciant ce mouvement d'opinion, un des journaux les
plus importants des Etats-Unis en matière industrielle
et de travaux publics, *The Mechanical News*, a publié les
lignes suivantes :

« Le fait même que le projet du canal est un projet dont
la difficulté gigantesque était telle qu'elle touchait presque
à l'impossibilité absolue, prête un caractère presque roma-
nesque au courage de l'homme qui, à l'âge de M. de
Lesseps, ne veut pas admettre qu'il ne sera pas lui-même
témoin de son achèvement.

« Le peuple américain n'est au-dessous d'aucune autre
nation pour apprécier l'héroïsme, la force de volonté qu'il
a montrés.

« Nous croyons qu'il n'est pas vrai que l'opinion publique
dans ce pays soit généralement hostile au canal. Nous ne
voulons pas parler ici de ceux qui étaient intéressés dans
des projets rivaux, tels que le canal de Nicaragua ou le
chemin de fer à navires de Tehuantepec ; nous entendons
parler de la masse du peuple américain qui, nous le
croyons, est suffisamment libérale dans ses sentiments
pour accueillir favorablement toute œuvre où le talent
et le capital s'unissent pour favoriser le commerce du
monde. »

Envisageant ensuite le fait de l'achèvement du canal
et de son aptitude à remplir le but que se sont proposé
ses créateurs, le journal américain ajoutait :

« Nous avons confiance que le peuple des Etats-Unis se joindra cordialement au peuple français ou, pour mieux dire, à tous les peuples civilisés, pour se réjouir de cet heureux événement. A l'heure actuelle, le désir de connaître la vérité sur le canal l'emporte chez les Américains sur toute tendance favorable ou hostile à l'entreprise. »

Ainsi qu'on le voit, on est prêt, aux Etats-Unis, à admettre la vérité. Or, comme tout doit se faire au grand jour et que c'est là tout le secret de la politique industrielle de M. de Lesseps, on peut considérer l'entente comme définitivement faite entre le peuple américain et le promoteur du canal de Panama.

M. de Lesseps poursuit purement et simplement la réalisation de son œuvre *civilisatrice*. Mais, chez les petits capitalistes qui sont venus lui apporter leur obole pour lui permettre de mener ses grandes œuvres à bonne fin, la question financière se liait à la question humanitaire. En servant la cause du progrès par les sacrifices qu'ils s'imposaient, ils pensaient, avec raison, s'assurer pour l'avenir une juste et suffisante rémunération des capitaux qu'ils engageaient dans les entreprises du Suez et du Panama.

Or, M. de Lesseps n'a jamais perdu de vue les intérêts de ses fidèles adhérents; il a toujours à cœur d'assurer à ses associés de la première heure la légitime récompense due à leur inébranlable confiance en lui.

En 1865, alors que la Compagnie de Suez était en butte aux plus menaçantes attaques, M. de Lesseps disait à Lyon : « Que faire pour répondre à une malveillance dont je n'ai pas à rechercher la source? Marcher, persévérer en hâtant autant que possible le résultat final, le grand but de tous nos efforts, ne point se commettre dans des polémiques sans bonne foi et, le jour où elles dépasseraient toutes les bornes, défenseurs de vos intérêts, remplir notre devoir en les livrant aux appréciations de la justice ».

Telle fut la ligne de conduite suivie par M. de Lesseps pour le canal de Suez; c'est identiquement celle qu'il suit pour le canal de Panama.

Les actionnaires du canal de Suez n'ont pas été trompés dans leurs espérances, et tout donne à penser qu'il en sera de même pour ceux du Panama.

Pour s'en convaincre, il suffit d'examiner, d'une part, quel sera le coût du canal de Panama, de l'autre part, quelle somme *minimum* de recettes serait nécessaire pour assurer une juste rémunération aux capitaux engagés, et quelle rémunération, bien supérieure à ce *minimum*, même d'après les évaluations les plus modérées, sont en droit d'attendre les actionnaires du canal du péage à percevoir sur les navires devant *forcément* passer par le nouveau détroit creusé entre les deux océans.

CARTE DU CANAL PANAMA

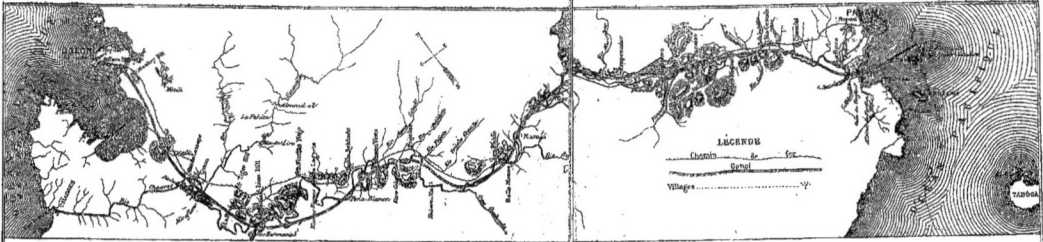

PROFIL EN LONG SUIVANT DU CANAL

(Les hauteurs sont exagérées vint fois par aux longueurs)

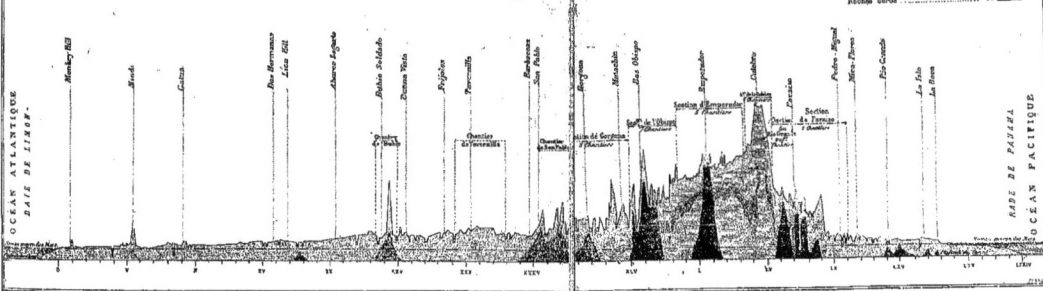

OCÉAN ATLANTIQUE
BAIE DE LIMON

OCÉAN PACIFIQUE
RADE DE PANAMA

CHAPITRE XVIII

LES TRAVAUX

LA QUESTION FINANCIÈRE. — PRÉVISIONS DE M. DE LESSEPS. — COMPARAISON ENTRE LES ANCIENS ET LES NOUVEAUX PARCOURS. — PERFECTIONNEMENT DE L'OUTILLAGE. — APERÇU DES TRAVAUX. — VOYAGE DES DÉLÉGUÉS DES CHAMBRES DE COMMERCE. — PROGRÈS DE LA NAVIGATION A VAPEUR. — LE CANAL DE SUEZ ET LE CANAL DE PANAMA.

Aujourd'hui que M. de Lesseps a prouvé le mouvement en marchant, on n'ose plus prétendre que le percement de l'isthme de Panama est une œuvre impossible ; on se borne à soutenir, comme on le fit dans la seconde période d'exécution de l'isthme de Suez, de 1864 à 1869, qu'on ne peut espérer voir une telle entreprise terminée dans les délais qui ont été annoncés, avec les capitaux dont pourra disposer la Compagnie du canal interocéanique.

Personne ne saurait le méconnaître, la question de la durée du travail a une importance capitale, puisque les dépenses d'*exécution*, en admettant que les prévisions de sa durée ne soient pas dépassées, seront *doublées* par les charges sociales et les intérêts qu'il aura fallu servir chaque année aux souscripteurs jusqu'à la date de l'ouverture du canal.

Dans son rapport à l'assemblée générale du 29 juillet 1885, M. de Lesseps établissait que le coût du canal, le jour où il serait inauguré, serait de 700 millions pour les travaux et de 500 millons environ pour les charges financières qui incombent à la Compagnie pendant la période de construction. Il rappelait que le congrès international de 1879, pour maintenir ses évaluations bien au-dessous de celles de sa commission technique, avait laissé en dehors tous les produits accessoires, remorquage, pilotage, droits de stationnement, valeur de 400,000 hectares gratuitement accordés à la Compagnie ; ramenant en outre, de six à *quatre* millions le nombre de tonnes *assurées* au transit du canal dès le jour de son ouverture, le Congrès avait formulé cette conclusion :

« Il suffira d'un *péage de 4 millions* de tonnes (à 15 fr. la tonne) pour fournir l'intérêt à 5 % des capitaux engagés, comme taux du montant des frais annuels d'entretien et d'exploitation évalués à 6,600,100 fr. par an. »

Il est bon de le remarquer, les droits accessoires de pilotage, etc., à 1 fr. par tonne couvriront les frais d'entretien du canal ; dès lors le péage des droits de navigation, 15 fr. par tonne, formera le revenu net destiné à faire face au service des intérêts.

Le montant de ce péage suffisant à la rémunération de tous les capitaux engagés pour la construction du canal de Panama, ajoutait M. de Lesseps dans son rapport, le surplus comme à Suez vaudra aux actionnaires les larges et légitimes bénéfices qui leur ont été promis.

Comme on le voit, les évaluations de trafic sont abaissées *au delà de toute mesure* par le Congrès international, cependant, si on se borne à les admettre comme base des calculs à faire, les capitaux, — dans les cas de la réalisation des prévisions en ce qui concerne la durée des travaux, — seront encore assurés d'une suffisante rémunération ; mais alors même que ces prévisions seraient quelque peu dépassées, il n'y aurait pas péril en la demeure, puisque la loi de concession autorise la Compagnie du Panama à percevoir *par tonne* un droit de navigation *bien supérieur* à la taxe indiquée par le congrès international de 1879.

L'art. 14 de cette loi porte en effet :

« La Compagnie du canal interocéanique ne doit pas excéder, pour la perception du droit principal de navigation, le chiffre de dix francs par mètre cube de déplacement. »

Or, ceci équivaut, suivant la méthode de jaugeage des navires, à un droit de 40 à 50 francs par tonne de marchandise.

Donc, en admettant que l'ouverture du canal de Panama fût retardée, ce qui augmenterait le coût du canal, et que les évaluations de trafic si minimes du congrès international ne fussent point dépassées par la réalité des faits, la Compagnie serait toujours en mesure d'assurer le service des capitaux engagés, en élevant au-dessus de 15 francs le droit de navigation qu'elle percevra.

Cette élévation du droit de péage, la Compagnie pourrait la faire sans risquer de détourner les navires de la route de Panama, à raison des dépenses considérables qu'impose aux steamers l'énorme différence du parcours qu'il y a à faire en suivant la voie du cap Horn; c'est là une considération des plus importantes, et rien ne saurait mieux établir *l'obligation* dans laquelle se trouveront les navires de donner la préférence à la voie du canal de Panama sur celle du cap Horn que ce passage du rapport fait, en 1886, à la Chambre de commerce de Marseille par son délégué à Panama, M. Jules Roux :

« *Parallèle entre les dépenses annuelles d'un steamer partant de New-York pour San-Francisco, repartant de San-Francisco pour le Havre, et regagnant New-York, son port d'attache, viâ cap Horn et viâ canal de Panama.* »

Supposons, dit-il, un steamer neuf en acier ayant une machine de 250 chevaux, un tonnage net de 2,000 tonnes, pouvant porter 3,800 tonnes. Ce steamer coûte, d'après les offres du constructeur anglais, liv. 8,8,0, par tonne de port, soit 32,000 livres (800,000 francs).

Il commence à charger à New-York le 1er janvier pour aller à San-Francisco, par le cap Horn. Le départ a eu lieu le 10 janvier; la durée de la traversée, pour ce parcours de 13,600 milles, à raison de 200 milles environ par jour (vitesse du steamer français *Bordeaux*, dans son voyage de San-Francisco au Havre), sera de 74 jours, y compris 6 jours de relâche pour faire du charbon. Le steamer arrive à San-Francisco le 15 mars. Il y reste trois semaines pour décharger et charger du blé à destination du Havre. Il quitte San-Francisco le 15 avril.

La durée de la traversée, viâ cap Horn, pour ce parcours qui est de 13,900 milles, est de 76 jours y compris 6 jours 1/2 pour faire du charbon.

Il arrive au Havre le 30 juin.

Il y décharge et repart sur lest pour New-York, le 17 juillet.

Il arrive 12 jours après à New-York, c'est-à-dire le 29 juillet.

Durée de l'itinéraire.................... 210 jours.

Nombre de jours de mer................ 150 —

Voici quelles seront les dépenses de ce steamer et celles de ses chargements pendant cette période de 210 jours :

Intérêt sur 800,000 francs (valeur du steamer à 6 % l'an pendant 210 jours...............Fr. 27.616

Usure et dépréciation du navire à 5 % l'an (moyenne adoptée par les armateurs anglais) pendant 210 jours........................Fr. 23.013

Assurance sur corps et machines à 9 % l'an, pendant 210 jours.........................Fr. 41.424

Equipage, vivres, frais autres que ceux du chauffage, à raison de 446 francs par jour

A reporter... 92.053

	Report...	92.053
(dépenses du *Bordeaux* pendant 210 jours...Fr.		93.660

Chauffage pendant 150 jours de mer, à raison de 840 francs par jour (dépenses du *Bordeaux*) Fr. 126.000

Assurances sur cargaison :

I. — *De New-York à San-Francisco*, 3,800 tonnes à 100 francs par tonne : 380,000 francs à 3 3/4 % (y compris 2 % de surprime pour les risques du cap Horn)....................Fr. 14.250

II. — *De San-Francisco au Havre*, 3,800 tonnes à 200 francs par tonne : 760,000 francs à 3 3/4 % (y compris 2 % de surprime pour le cap Horn.................................Fr. 28.500

Intérêt sur les cargaisons pendant les traversées à 5 % l'an :

A. — *De New-York à San-Francisco*, sur 380,000 francs pendant 74 jours...........Fr. 3.852

B. — *De San-Francisco au Havre*, sur 760,000 francs pendant 76 jours...................Fr. 7.912

Total.............. 366.227

Le même steamer commence à charger à New-York le 1er janvier pour aller à San-Francisco par la voie du canal de Panama.

Il en part le 10 janvier.

La durée de la traversée pour ce parcours de 5,220 milles, à raison de 200 milles par jour, est de 26 jours; il convient d'ajouter un jour pour le passage du canal et un jour pour faire du charbon dans l'isthme; total de la traversée 28 jours.

Le steamer arrive à San-Francisco le 7 février; il y reste trois semaines pour décharger puis charger du blé pour le Havre.

La traversée pour le parcours de San-Francisco au

Havre qui est de 7,910 milles par la voie de Panama, sera de 41 jours, y compris le temps nécessaire au passage du canal et les escales pour faire du charbon.

Le steamer arrivera au Havre le 10 avril.

Il en repartira, après avoir déchargé sa cargaison, 15 jours après sur lest, le 25 avril.

Il arrive 12 jours après à New-York, le 7 mai.

Durée de l'itinéraire.................... 127 jours.

Nombre de jours de mer.............. 81   —

Voici quelles seront les dépenses de ce steamer et celles de ses chargements pendant cette période de 127 jours :

Intérêts sur 800,000 francs (valeur du steamer) à 6 % l'an pendant 127 jours............. Fr.   16.701

Usure et dépréciation du navire à 5 % l'an pendant 127 jours........................   13.917

Assurance sur corps et machines à 9 % l'an pendant 127 jours........................   25.052

Equipage, vivres, frais autres que ceux du chauffage, à raison de 446 francs par jour pendant 127 jours.............................   56.642

Chauffage pendant 81 jours de mer, à raison 840 fr. par jour.............................   68.040

Deux passages par le canal de Panama, à 15 fr. par tonne l'un, sur 3,800 tonnes..............   114.000

Assurances sur cargaisons :

I. — De New-York à San-Francisco, 3,800 tonnes à 100 francs par tonne : 380,000 francs à 1 3/4 %..................................   6.650

II. — De San-Francisco au Havre, 3,800 tonnes à 200 francs par tonne : 760,000 francs à 1 3/4 %..................................   13.300

Intérêt sur les cargaisons pendant les traversées à 5 % l'an :

A reporter... 314.302

Report... 314.302

A. — De New-York à San-Francisco, sur 380,000 francs pendant 28 jours...................... 1.457

B. — De San-Francisco au Havre, sur 760,000 francs pendant 41 jours...................... 4.267

Total.... Fr. 320.026

Le coût d'un voyage de ce steamer de New-York à San-Francisco par la voie du cap Horn étant de.... 366.227

Celui du même voyage par la voie du canal de Panama étant de.......................... 320.026

L'économie d'argent viâ Panama, pour un voyage sera de.............................. 46.201

La durée du voyage étant :

Viâ cap Horn de...................... 218 jours.

Et viâ canal de Panama................. 127 »

L'économie de temps, viâ Panama sera de 83 jours.

D'où il résulte que, en un an, le steamer fera, viâ cap Horn (à raison de 210 jours par voyage) 1 voyage 738 millièmes de voyage, tandis que viâ canal Panama (à raison de 127 jours par voyage), il effectuera en un an 2 voyages 874 millièmes de voyage.

Or, comme nous l'avons démontré plus haut, l'économie par voyage viâ canal de Panama étant de fr. 46,201, il est évident que le steamer en faisant 2 voyages 874 par an réalisera une économie annuelle de fr. 46,201 × 2,874 = fr. 132,781.

En d'autres termes, en passant par le canal de Panama, le steamer réalise, en 127 jours (durée de sa traversée de New-York à San-Francisco, de San-Francisco au Havre et du Havre à New-York) une économie de fr. 46,201 ; donc, par jour, ce steamer économisera fr. $\frac{46.201}{126}$ et par an fr. $\frac{46.201}{127} \times 365 = 132,781.$ »

L'économie que les navires trouveront à passer par le canal de Panama plutôt que par la route du cap Horn, bénéfice qu'on peut évaluer à 80 francs par tonne, est, ainsi qu'on le voit, assez grand pour permettre de surélever le droit de péage, dans le cas où le retard apporté à l'ouverture du canal augmenterait le chiffre des dépenses de premier établissement et obligerait la Compagnie à faire face au service des intérêts d'un capital *supérieur* à 1,200 millions. Mais y a-t-il à craindre que le canal ne soit pas inauguré en 1889 ?

Pour répondre à cette question, il faut examiner ce qui a été fait jusqu'à présent, et quelles mesures on a prises pour *la grande poussée* qui permettra de mener rapidement l'entreprise à bonne fin.

L'amiral Cooper, de la marine des Etats-Unis, — et l'on sait que les Américains ne sont pas suspects d'optimisme quand ils parlent du percement de l'isthme de Panama par l'initiative française, — disait, après avoir parcouru l'isthme et tout examiné *pendant la période de préparation* :

« Les préparatifs pratiqués *pour la grande poussée*, m'affermissent dans la croyance que le canal sera *prochainement* mené à bonne fin..... L'entreprise est si gigantesque dans son ensemble, qu'il est difficile de croire qu'elle sera finie dans un aussi court espace de temps (en 1889), mais je ne puis méconnaître le fait que les Français sont *à la hauteur de l'œuvre.* »

Or, ce qu'il ne faut pas oublier, c'est que les travaux d'installation et de préparation sont les plus longs et les plus coûteux, ne donnent qu'ultérieurement les résultats *apparents* de l'effort fait; mais, alors que tout est préparé pour donner *une poussée finale*, les choses marchent avec une facilité, une économie et une rapidité qui, pour le public, semblent tenir du miracle.

C'est ce que M. de Lesseps expliquait fort bien aussi dans son rapport à l'Assemblée générale de la Compagnie, le 29 juillet 1886 :

« En dehors de toute appréciation technique, disait-il, la question du *creusement du canal maritime de Panama est bien une question de cubes à enlever* ; — mais on se trompe gravement, permettez-nous d'y insister à chaque occasion, on se trompe du tout au tout lorsqu'on veut se rendre compte de la marche d'avenir des travaux d'extrac-tion par la marche de ces mêmes travaux dans le passé, — en disant, par exemple : « On a enlevé cette année tant de mètres cubes par mois, il reste tant de mètres cubes à enlever, il faudra donc tant de mois pour achever le canal. »

A mesure que les chantiers se perfectionnent, que les machines marchent, que le personnel s'habitue à son labeur, la production du cube se développe, et cela dans une proportion qui est sans aucune comparaison possible avec les productions moyennes antérieures.

Pour creuser le canal de Suez, il fallait enlever 75 millions de mètres cubes. On mit huit années à enlever 25 millions, c'est-à-dire le *tiers*, et on disait alors, comme aujourd'hui pour Panama : « Il faut encore *vingt ans* pour achever le canal ». Or, au moment même où on disait cela, les machines mises en œuvre inauguraient la période d'exécution finale, et en *deux ans* les 50 millions de mètres cubes furent enlevés, et le canal maritime de Suez fut inauguré à la date annoncée, le 17 novembre 1869.

Si nous prenons comme exemple le creusement du canal de Panama lui-même, nous verrons qu'un phénomène identique se produit dès maintenant.

Voici la progression du *cube moyen mensuel* obtenu depuis le commencement des travaux :

Années.	Mètres cubes.
1882.	16.245
1883.	215.300
1884.	617.054
1885.	658.708
1886 (6 mois)	1.079.737

Chiffrons maintenant, en dehors de toute appréciation technique, une proportion raisonnable, normale et jugeons les résultats.

L'année 1886, on vient de le voir, nous assure déjà une production moyenne de 1,000,000 de mètres cubes *par mois* (1).

Il suffirait d'une production moyenne mensuelle de 2,000,000 de mètres en 1887, de 3,000,000 de mètres en 1888 et de 3,000,000 de mètres cubes en 1889, pour que 110,000,000 de mètres cubes fussent enlevés le 1ᵉʳ juillet 1889 ; et le canal serait fini.

En voici le tableau :

« Cube exécuté le 31 décembre 1885 . . . . . 18,000,000 de m.
« En 1886, 12 mois à 1 million par mois . . . 12,000,000 (2) —

« A reporter. . 30,000,000 de m.

---

(1) Le compte des travaux faits en 1886, publié dans le *Bulletin* du 1ᵉʳ février 1887, accuse une légère diminution dans les prévisions ; le cube total de l'année est de 11,727,000, au lieu de 12 millions. Ce manque de 273,000 mètres, représentant un retard d'*un peu moins de dix jours,* provient uniquement du ralentissement, pendant les quatre derniers mois de 1886, du produit des chantiers de Gatun et de Colombie. Ces chantiers, qui n'ont à faire que de simples opérations de dragage, ont eu à faire d'importantes réparations aux dragues employées; mais cette cause accidentelle de retard disparue, la puissance des dragues mises en action, et dont au besoin le nombre serait augmenté, peut donner l'assurance que la production des chantiers prendra une progression assez notable pour combler rapidement le léger déficit de 1886. Ce fait prouve l'exactitude presque mathématique des prévisions de M. de Lesseps.

(2) 11,727,000 mètres d'après le relevé des comptes de chaque chantier.

« Report. . . . 30,000,000 de m.
« En 1887, 12 mois à 2 millions par mois. . . 24,000,000 —
« En 1888, 12 mois à 3 millions par mois. . . 36,000,000 —
« En 1889, 6 mois à 3 millions par mois. . . 18,000,000 —
« Total. . . . . 108,000,000 de m.

« Il est un autre point de comparaison dont il convient de faire justice. On rapproche parfois le cube exécuté de la dépense faite, et on suppose que le cube à faire coûtera aussi cher; on arrive ainsi, naturellement, à des chiffres extraordinaires.

« C'est encore une erreur d'appréciation, une fausse comparaison. La dépense la plus forte, c'est la dépense d'organisation, d'installation, de commande, de transport, de montage et de mise en œuvre du matériel; le reste ne représente plus que de la consommation de charbon et de la main-d'œuvre.

« Nous venons de voir que, pour le creusement du canal de Suez, un tiers du cube avait été enlevé en huit ans et deux tiers en deux ans; or, quant à la dépense, le premier tiers du cube de Suez avait coûté les deux tiers de la dépense totale (71 %); les 50 derniers millions de mètres extraits ont coûté moins de la moitié des vingt-cinq premiers millions.

« Il en sera exactement de même à Panama.

« Plus de la moitié de l'effort nécessaire a été fait, et plus de la moitié de la dépense a été faite.

« Mais votre président ne s'est pas reconnu le droit de ne compter que sur sa propre confiance; c'est pourquoi il a pu vous écrire, le 9 juillet, après avoir affirmé la nécessité et la possibilité d'ouvrir la voie nouvelle en 1889, qu'il n'avait cessé d'étudier les moyens par lesquels, en cas de retards imprévus, l'inauguration du canal « serait assurée « quand même, sauf à achever plus tard, comme cela a eu « lieu au canal de Suez, le programme complet d'exécu- « tion totale ».

« Le regretté directeur des travaux, M. Boyer, avait été chargé de rechercher les moyens par lesquels, en cas d'incidents imprévus, l'exploitation du canal maritime pourrait être sûrement inaugurée en 1889, dans la limite de la dépense totale des 600 millions demandés ; M. Boyer nous a laissé un rapport où son merveilleux esprit a su dessiner une solution.

« Nous avons également d'autres projets, d'autres idées ingénieuses, que nous n'aurions pas le droit de repousser d'ailleurs, le cas échéant, et que nous avons le devoir d'examiner, d'étudier, de discuter même.

« Aucun de ces projets ne modifie la marche actuelle des travaux du canal maritime, tels que les entrepreneurs les exécutent ; ils se concilient avec cette exécution même ; nous avons donc le temps de les apprécier.

« Nous avons décidé, cependant, de réunir, dans le plus bref délai, les membres de notre commission supérieure consultative des travaux et de les saisir des divers projets d'exécution qui nous ont été ou qui nous seront transmis.

« Notre programme reste donc tel que je l'ai défini dans ma circulaire du 9 juillet dernier : « Donner passage aux « navires en 1889, sans dépasser les ressources actuellement « prévues. »

Si M. de Lesseps affirme que le canal sera ouvert à la date fixée, et que, s'il survenait des obstacles imprévus, l'inauguration aurait lieu quand même, sauf à parfaire plus tard les travaux qui n'auraient pu être achevés entièrement à l'heure dite, c'est parce qu'il sait combien il importe que les armateurs et les négociants ne soient pas surpris par l'inauguration du Panama, comme ils se sont laissé surprendre par celle du Suez. Si sa conviction est formelle et inébranlable sur ce point, c'est qu'il a vu les choses par lui-même, depuis que la grande poussée est en cours d'exécution (1). Voici ce qu'il disait au mois de juin 1886 :

« A Panama, nous avons des moyens que nous n'avions pas à Suez. D'après le relevé qui a été fait, nous possédons 57,000 chevaux-vapeur, qui, à dix hommes par cheval-vapeur, représentent le travail de 570,000 hommes. C'est donc une armée de 570,000 hommes ajoutée aux 20,000 ouvriers terrassiers que nous avons sur le terrain. Eh bien! avec cela, nous allons faire, d'ici à 1889, un passage suffisant pour les bâtiments qui naviguent aujourd'hui, et, au fur et à mesure des besoins de l'avenir, nous augmenterons le canal, ainsi que nous l'avons fait pour Suez qui, depuis longtemps, donne de magnifiques recettes aux actionnaires, et où cependant nous travaillons encore. J'arrive de Panama, j'y suis allé avec des ingénieurs très capables, avec des représentants de Chambres de commerce, dont les rapports vont être publiés et l'on verra! Nous avons là cinq divisions d'ingénieurs et tout le monde est convaincu que nous ne pouvons pas manquer d'arriver au résultat désiré. Nous avons, depuis l'océan Pacifique jusqu'à l'océan Atlantique, une succession d'ateliers, et tous les moyens pour abattre de l'ouvrage. Nous avons vu sauter des montagnes à la dynamite ; des blocs de pierre de 100 mètres cubes volaient en l'air comme des cailloux. Nous sommes heureux de pouvoir assurer, après le voyage que je viens de faire, que le canal sera ouvert en 1889. »

M. Cottu, délégué par les actionnaires de Panama pour accompagner M. de Lesseps en qualité de commissaire vérificateur, a vu fonctionner dans tout l'isthme un immense outillage, dragues, excavateurs, locomotives, wagons, wagonnets, etc. ; il déclare que le travail déjà

(1) Dans le récent voyage d'inspection qu'il vient de faire à Panama (mars 1887), M. Charles de Lesseps a constaté les rapides progrès des travaux. D'après ses dépêches, les deux tiers du canal seront entièrement terminés dès la fin de 1888.

produit donne à l'œuvre une base sur laquelle les plus
fructueux efforts peuvent désormais s'appuyer. Quant aux
délégués des quatre Chambres de commerce de Marseille,
Bordeaux, Rouen et Saint-Nazaire, voici quelques passages du rapport collectif fait en leur nom par M. Jules
Roux, à leur retour de l'isthme de Panama; ces citations
peuvent donner quelque idée de l'effort fait jusqu'ici et de
la grande poussée qui doit hâter les travaux :

« La rade de Colon, justement appelée baie de *limon*, à
cause de ses fonds vaseux, est exposée aux vents du nord.
La Compagnie l'a mise à l'abri de ces vents par la construction d'un terre-plein, qui a été conquis sur un marais
jadis insalubre et a absorbé 236,000 mètres cubes de
déblais. Le terre-plein est protégé contre la mer par des
enrochements qui se terminent par un musoir circulaire.
Ce travail important, joint à l'avantage de protéger contre
les vents et les flots l'entrée du canal, celui d'offrir, dans
des conditions qui contrastent avec celles du vieux Colon,
des bâtiments sains où sont installés les bureaux et les
employés de l'administration. Le nouveau port de Colon,
qui aura 2,500 mètres de longueur sur 500 de largeur,
depuis Fox-River, permettra aux navires de jouir d'une
sécurité à laquelle ils ne sont pas habitués dans ces
parages. On y disposera des bassins et des môles, comme
ceux de Port-Saïd ou de Marseille, où l'on pourra facilement établir des dépôts de charbon et des hangars pour
le chargement et le déchargement des marchandises.

« Nous avons parcouru le port en bateau à vapeur et
nous sommes entrés dans le canal approfondi à six mètres
et dans lequel nous avons navigué sans entraves jusqu'au
kilomètre 41,600. La largeur des 400 premiers mètres est
prévue à 400 mètres pour faciliter le mouvement des
entrées et sorties.

« Au kilomètre 41,600, nous quittons le bateau po'

visiter le chantier du Mindi, où se trouvent deux petites
buttes qui doivent être dérasées à sec. Les collines du
Mindi sont actuellement le seul obstacle qui empêche
d'aller par eau de Colon à Gatren; nous remontons dans
nos chaloupes à vapeur et filons à toute vitesse sur le
canal jusqu'au kilomètre 16, nous avons rencontré
9 dragues en pleine activité, dont 7 dragues américaines.
Chacune des grandes dragues américaines peut produire
6,000 mètres cubes de terrassements dans une journée de
24 heures. Du kilomètre 16 au kilomètre 20 on rencontre
des terrains dragables. Au kilomètre 23,400 se trouve une
butte qu'il faudra enlever à sec. Deux cents mines éclatent
au moment où nous pénétrons sur le chantier... Dans la
plaine de Taxernilla, qui a 5 à 6 kilomètres de long et où
doit être établi un port de garage, le creusement s'opère
au moyen d'excavateurs à sec ; au chantier de San-Pablo,
sur un million de mètres cubes à enlever, il en a été extrait
plus de la moitié à Gorgona et Matachin (39° au 43° kil.),
les tranchées sont faites à sec par des excavateurs jusqu'à
un niveau tel que les dragues flottant dans le Chagres
puissent continuer l'excavation. A Gamboa (kil. 44) éclate
sous nos yeux une mine formidable de dynamite et de
poudre qui produit trente mille mètres cubes de déblais.
Depuis Matachin, c'est une suite ininterrompue de travaux et de campements. Nous entrons dans le massif
rocheux par le Cerco Corosita qui a été déjà abaissé
de 70 à 56 mètres. Le Cerco Lapita, haut de 85 mètres,
commande l'entrée de l'Emperadore, il est complètement
tranché, et les talus n'ont plus qu'à être réglés. C'est,
nous dit-on, l'affaire d'un mois. Les chantiers réunis
d'Obispo et d'Emperadore mesurent 9 kilomètres 400
mètres de longueur. Les excavateurs de divers modèles
sont largement représentés dans cette partie du canal.
Chaque excavateur en fonctionnement est desservi par

deux locomotives et 80 wagons. Leur production actuelle peut être évaluée à un minimum de 300 mètres par
travail de dix heures.

« Nous arrivons à la Culébra (53 kil. 600 m), chantier le
plus saisissant de tous ceux que nous avons visités; il n'a
que 1,800 mètres de longueur; mais il s'agit d'extraire
20 millions de mètres et les collines à entamer sont fort
élevées, puisque la cote monte jusqu'à 140 mètres (en dehors
de l'axe du canal) et que la hauteur moyenne est de
88 mètres ; c'est un fourmillement d'hommes et de machines travaillant à des étages différents. Travail à la main,
mines, wagonnets Decauville, excavateurs, trains de ballast
allant et venant, deux mille ouvriers disséminés, c'est le
spectacle de la plus grande activité... Le col de la Culébra
forme la ligne de partage des eaux entre l'Atlantique et le
Pacifique. Notre troisième partie, de Parairo au Pacifique,
commence au kilomètre 55,800, où l'entreprise actuelle a
déjà extrait 500,000 mètres sur un total de 1,400,000 mètres
à enlever. De Paraiso à Pédro Miguel (kil. 61) le travail
est ininterrompu. C'est une partie facile, actuellement
amenée à la cote 36, où travaillent 1,000 à 1,500 ouvriers. La
dérivation du Rio Grande est presque terminée. Du kilomètre 61 à la Boca (kil. 69), embouchure du Rio Grande, il
n'y a rien de fait qu'une butte dérasée, des déboisements
et des jalonnements. Ces terrains sont d'ailleurs bas,
marécageux et faciles à draguer. Le canal ne s'arrêtera
pas à la Boca, et, au large, il sera prolongé jusqu'aux grands
fonds naturels, près des îles Naos et Perico qui abritent
un excellent mouillage... La rade de Panama est très sûre,
mais les navires d'un certain tonnage sont obligés de se
tenir loin de la côte, à cause du manque de fond. C'est
pour cela que les paquebots qui desservent les diverses
lignes du Pacifique s'arrêtent au mouillage des îles Naos,
véritable port de Panama. »

Comme M. de Lesseps lui-même, les délégués des Chambres de commerce ont donc été frappés, on le voit, de la manière dont *on abattait l'ouvrage* pour hâter la fin des travaux.

Le spectacle auquel ils ont assisté les a-t-il amenés à la conviction que le canal serait inauguré à la date fixée à l'avance?

Un de ces délégués, M. Ferry, dans le rapport particulier qu'il adresse à la Chambre de commerce de Rouen, s'exprime ainsi :

« La pensée d'unir l'Atlantique au Pacifique par le percement de l'isthme de Panama avait séduit, plus d'une fois déjà, de grands et larges esprits.

« Mais cette entreprise gigantesque avait, jusqu'ici, effrayé tous ceux qui l'avaient étudiée.

« Il fallait pour la réaliser, un homme d'une foi indomptable, courageux jusqu'à la témérité.

« Cet homme, le succès du canal de Suez l'avait désigné au monde de la science et de la civilisation ; et ce sera pour la France un éternel honneur que ce soit un de ses enfants.

« M. Ferdinand de Lesseps a tenu à attacher son nom à ce nouveau bienfait, qui ne sera pas la moindre gloire du xix° siècle.

« Il l'a fait en homme de cœur et de dévouement, et l'œuvre universelle à laquelle il consacre sa vaillante énergie mérite les encouragements et l'appui de tout ce qui porte le nom français.

« Aussi est-ce avec confiance que, nous qui avons vu ce qui a été fait jusqu'à ce jour, nous attendons d'un avenir prochain le couronnement de la gloire de celui qu'on a justement appelé le grand Français. »

Quant à M. Bichon, il motive ainsi, dans son rapport à la Chambre de commerce de Bordeaux, son opinion que les délais indiqués ne pourront être notablement dépassés.

« Dans la lettre que M. Ferdinand de Lesseps vous adressait le 4 janvier dernier, pour vous demander la nomination d'un délégué et dont vous avez bien voulu me donner communication, je relève la phrase suivante : « Il « importe au plus haut degré qu'il n'existe plus de doute « sur l'achèvement du canal maritime de Panama, afin « qu'au moment de son inauguration, armateurs et négo- « ciants soient prêts à l'utiliser et qu'il n'arrive pas, comme « cela est arrivé à la veille de l'inauguration de Suez, que « le *fait accompli* surprenne la marine universelle appelée « à passer le bosphore interocéanique ».

« Cette phrase ne vous semble-t-elle pas, Messieurs, parfaitement résumer la mission que vous-mêmes m'avez donnée? Voir les travaux avec un soin scrupuleux, et de cette visite déduire une opinion sérieuse sur l'époque probable où le canal pourra être livré à la navigation, n'est-ce pas là ce que vous m'avez demandé?

« De là, deux questions semblent se poser :

« 1° Les travaux du canal de Panama sont-ils entrés dans la période d'exécution ?

« 2° Peut-on prévoir l'époque où le commerce maritime pourra jouir des avantages que ce canal interocéanique paraît appelé à lui procurer?

« Je ne me dissimule pas que, pour formuler un avis sur des questions aussi importantes, il faudrait une parole plus autorisée que la mienne ; mais ici, la parole appartient aux faits, aux faits qui parlent avec une éloquence irrésistible. J'ai d'ailleurs la conviction que je suis en parfaite conformité d'opinion avec tous ceux qui ont récemment visité les travaux, quelles qu'aient pu être dans le principe les idées préconçues de quelques-uns.

« En effet, nous avons vu avec quelle puissance des dragues nombreuses creusent le canal; nous avons vu des excavateurs attaquer les parties les plus élevées et les

abaisser à la cote nécessaire pour que les dragues puissent
faire leur œuvre ; nous avons vu la dynamite démolir en
quelques instants des masses de roche dure représentant
jusqu'à 30,000 mètres cubes. Nous avons vu enfin tout cet
ensemble de chantiers, qui forme une ligne non interrompue de Colon à Panama, sillonnés par plusieurs centaines de kilomètres de voies ferrées sur lesquelles de
nombreuses locomotives font circuler des convois de
wagons remplis de déblais et les puissants engins qui
servent à charger les blocs les plus considérables.

« Quand on a assisté à un pareil spectacle, il n'y a
qu'une seule chose à dire : oui, les travaux sont entrés
dans la période d'exécution finale.

« Deuxième question : Peut-on prévoir l'époque où le
commerce maritime pourra jouir des avantages que le
canal de Panama paraît appelé à lui procurer ?

« Il n'est pas possible de répondre à cette question
comme à la précédente, en invoquant l'autorité des faits
accomplis; mais on peut établir des présomptions sérieuses
en s'appuyant sur des considérations d'une valeur indé-
niable.

« Pour assurer la terminaison d'un travail à une époque
donnée, il faut d'abord que les moyens d'exécution ne
manquent pas.

« Or, sous ce rapport, aucune crainte n'est possible ; le
matériel existant à l'heure présente est plus que suffisant
et toutes les précautions sont prises pour en assurer le
parfait entretien. De vastes magasins ont été construits :
on y trouve, rangées dans un ordre admirable, des pièces
de rechange pour toutes les machines et engins quelconques fonctionnant dans l'isthme. De plus, de beaux
ateliers ont été établis; ils permettent de fabriquer sur
place toute pièce nécessaire et de tenir toujours au complet l'approvisionnement des magasins.

« Mais ce n'est pas tout d'assurer les moyens d'exécution : il faut que les travaux soient confiés à des hommes ayant déjà donné des preuves d'une incontestable capacité ; il faut que ces entrepreneurs consentent à garantir l'exécution dans les délais voulus et que cette garantie les engage pécuniairement ; il faut enfin que leur position financière donne une haute valeur à cette garantie.

« Or, la Compagnie universelle du canal interocéanique a réussi aujourd'hui à centraliser la totalité des travaux entre les mains de six grands entrepreneurs. Dans le document que j'ai eu l'honneur de vous communiquer, nous avons énuméré les beaux travaux précédemment exécutés par chacun d'eux, travaux qui prouvent que la Compagnie a bien placé sa confiance, tant sous le rapport de la capacité que sous celui de la responsabilité.

« Je dois ajouter que les garanties consenties par ces entrepreneurs s'élèvent, en cautionnements déposés, à la somme de............................... 7,850,000 fr.

« Et en retenues de garanties à faire sur les paiements à la somme de............. 9,300,000

Ensemble..................... 17,150,000 fr.

« Ces entrepreneurs se sont engagés à avoir terminé leur tâche, les uns à la fin de 1888, les autres au 1er juillet 1889.

« Ces chiffres me dispensent de tout commentaire, et on ne peut que louer la Compagnie des mesures qu'elle a prises pour assurer à bref délai l'ouverture du canal.

« Je n'ignore pas, cependant, qu'en toutes circonstances et particulièrement dans les grands travaux, il faut faire une large part à l'imprévu, mais cette mesure, commandée par la prudence, a surtout sa raison d'être pour les affaires qui débutent et procèdent de plano. Il ne saurait en être ainsi pour le canal de Panama, attendu la longue période d'organisation qui s'est écoulée jusqu'à ce jour. Il est évi-

dent que, dans cette période, tous les tâtonnements ont été
faits, tous les imprévus se sont produits, et qu'on se trouve
en présence d'un problème dont tous les éléments sont
parfaitement déterminés.

« D'après ce qui précède, il me paraît certain que les
délais indiqués ne pourront être notablement dépassés, et
que le commerce maritime agira sagement en se préparant
à user des avantages du canal interocéanique dès le premier jour de son ouverture.

« Je vous ai dit, Messieurs, toute ma pensée : je
serai heureux si j'ai pu faire passer dans vos esprits la
conviction que la vue de ces immenses travaux en pleine
activité ne pouvait manquer de m'inspirer. »

Tous ceux qui, dans ces derniers temps, ont visité Panama, sont convaincus, comme M. de Lesseps et ses collaborateurs techniques, qu'on ne saurait manquer d'arriver
au résultat désiré, que le canal sera inauguré en 1889.

A Suez on avait mis huit ans pour enlever 25 millions
de mètres cubes, et on disait alors, au moment où les machines inauguraient la période d'exécution finale : « Il faut
encore vingt ans pour achever le canal ». Deux ans après
il était inauguré, et, dans ces deux années, on avait enlevé
cinquante mille mètres cubes, avec une dépense deux fois
moindre que celle entraînée par l'enlèvement des 25 premiers millions de mètres cubes.

A Panama, aujourd'hui, la période de l'exécution finale
est commencée ; ce n'est pas seulement M. de Lesseps qui
affirme que plus de la moitié du travail, c'est-à-dire plus
de la moitié de la dépense, est faite ; cette affirmation
a reçu la confirmation officielle du gouvernement de
Colombie. En effet, celui-ci, qui s'est engagé à faire à la
Compagnie des concessions de terres domaniales au fur et
à mesure de l'avancement des travaux, par un décret
inséré au *Journal officiel* de Bogota, le 12 octobre 1886, a

fait à la Compagnie une nouvelle concession de 150,000 hectares, ainsi que nous l'avons dit plus haut (page 411).

Comment est motivée cette concession faite par le gouvernement colombien sur le vu du mémoire présenté par les ingénieurs qu'il avait envoyés sur les lieux pour s'assurer de l'état d'avancement des travaux ? Sur cette raison que « les travaux faits pour l'exécution du canal inter-« océanique représentent actuellement plus de la moitié « des travaux qu'implique la construction totale du « canal ».

L'œuvre finale sera donc exécutée, comme à Suez, dans les délais fixés à l'avance ; la grande poussée se poursuivra pendant le cours des années 1887 et 1888 et pendant le premier semestre de 1889, et, sans que le devis de 1,200 millions de dépenses ait été dépassé, le canal de Panama pourra être inauguré le 1ᵉʳ juillet 1889.

Quels seront les résultats financiers de cette grande œuvre pour la clientèle démocratique de M. de Lesseps, pour les petits capitalistes qui, ayant foi dans ce grand pionnier du progrès, ont dès la première heure voulu concourir au succès de l'entreprise dans la limite de leurs forces ?

Si l'on tient compte des légitimes prévisions de l'avenir, on peut considérer comme l'expression de la vérité cette formule de comparaison entre les deux canaux de Suez et de Panama, trouvée à l'issue du Congrès de 1879 : « Le « canal de Panama coûtera le double et rapportera le « triple du canal de Suez ».

M. de Lesseps, dans son rapport à l'assemblée générale de Suez en 1886, disait :

« Le canal de Suez donne pour 1885, c'est-à-dire pour l'année de crise la plus intense du siècle, un revenu de 17 %, et le canal maritime de Suez, sachez-le, en fait de trafic n'en est qu'à ses débuts. »

Ce qui autorise les évaluations les plus invraisemblables, au premier abord, des accroissements qui, à la suite de l'ouverture du canal de Panama, se produiront dans l'intercourse entre les pays industriels de l'Europe et des États-Unis avec les régions du Pacifique et de l'Océanie, ce sont les différences entre les conditions d'existence de cette nouvelle route du monde et le canal de Suez, — différences tout à l'avantage de Panama.

Le percement de l'isthme de Panama n'opérera pas seulement, comme le percement du canal de Suez, une révolution géographique par les énormes raccourcissements de parcours dont il fera profiter la navigation; il déterminera, en outre, un immense et tout nouvel essor commercial que ne pouvait provoquer le percement de l'isthme de Suez.

En effet, pour le canal de Panama il ne s'agit plus seulement de rapprocher, comme pour le canal de Suez, deux parties du monde que les nations maritimes exploitaient depuis les origines du commerce, par des moyens onéreux sans doute, mais enfin par des moyens praticables : par les caravanes de terre, par le cap de Bonne-Espérance, par le chemin de fer de Suez, qui aboutissait à Alexandrie. Les voies du trafic étaient ouvertes, exploitées même avec intensité, notamment dans l'Inde; et, si le canal de Suez devait faciliter les relations établies, il fallait attendre la transformation de la marine par les progrès résultant de l'emploi de la vapeur et du fer.

Le percement de l'isthme de Panama, au contraire, livrera aux armateurs et aux commerçants des champs de trafic absolument nouveaux; et, le jour où il sera inauguré, non seulement les flottes commerciales à vapeur seront prêtes, mais encore beaucoup de voiliers aujourd'hui délaissés y trouveront une voie maritime merveilleusement appropriée à la navigation circulaire autour du globe.

Le canal de Panama va ouvrir la route de l'extrême Occident, c'est-à-dire la communication la plus courte de l'Amérique du Nord et de l'Europe avec les côtes américaines du Pacifique avec l'Océanie, comme le canal de Suez a ouvert la route de l'extrême Orient et rapproché, en creusant un bosphore entre la Méditerranée et la mer Rouge, l'Europe de l'Asie Orientale.

A l'occident du monde se trouvent tous les pays baignés par l'océan Pacifique ou Grand Océan ; d'abord, toute la côte américaine qui court du détroit de Behring au détroit de Magellan, sur les deux tiers d'un méridien, puis toutes les terres océaniques : la Malaisie, la Mélanésie, la Polynésie, la Micronésie.

Tous ces pays seront tributaires du canal de Panama comme ceux de l'extrême Orient le sont du canal de Suez, et leurs richesses naturelles, au lieu d'aller passer par le cap Horn, transiteront par l'isthme américain pour se déverser dans les pays que baigne l'Atlantique. A leur tour, l'Amérique et l'Europe enverront par le même chemin toutes leurs denrées, tous leurs produits ouvrés, à ces pays lointains, pour la plupart privés d'industrie.

« Le canal de Panama, dit un ancien consul anglais à Panama, M. Tankerville-Chamberlain, raccourcira la route sur la Nouvelle-Zélande, l'Australie, la Chine et le Japon. Il mettra en relations intimes avec notre mère-patrie la Colombie britannique et les îles du Pacifique.

« Il présentera aux Etats-Unis d'Amérique un débouché pour ses marchandises et lui procurera de vastes relations commerciales avec la côte occidentale du Mexique, ainsi qu'avec l'Amérique centrale et l'Amérique du Sud. Il mettra en contact avec l'Amérique espagnole et les îles du Pacifique nos îles des Indes occidentales et procurera un nouveau et large champ au Mexique, au Guatemala, au Honduras, à San-Salvador, au Nicaragua, à Costa-Rica, à la Colombie, au Vénézuélua, à l'Equateur, au Pérou, au Chili et à la Patagonie, en livrant à l'exploitation leurs trésors minéraux, sans compter qu'il attirera vers les exploitations agricoles les émigrants dont les capitaux et les bras viendront en aide à la production de ces pays fertiles. Tout le trafic et toutes les marchandises, quelle qu'en soit la nature, qui se dirigent par chemin de fer à San-Francisco, tout le commerce et toutes les marchandises qui transitent par l'isthme de Panama et qui se dirigent sur la côte orientale de l'Amérique du Sud seront détournés de leur voie usuelle et convergeront vers le canal de Panama. Toutes ces jeunes républiques de l'Amérique du Sud et du centre, toutes les îles du Pacifique et de la mer des Antilles chercheront des moyens de grossir leurs richesses nationales et leurs ressources, en augmentant le nombre de leurs voies de communication, en ouvrant à l'exploitation leurs grandes mines d'or, d'argent et d'étain, et en multipliant et perfectionnant les produits de leur sol. »

Dans son rapport au Congrès international de 1879, le savant statisticien et géographe M. Levasseur disait :

« Le canal de Suez a ranimé Aden et a fait prospérer Bombay, qui est devenu une place de commerce plus importante que Calcutta même.

« Le canal interocéanique produira des effets analogues : il ouvrira une voie nouvelle dans un monde relativement nouveau. L'Australie deviendra un centre, au lieu d'être reléguée à une extrémité. L'Australie, Sydney et Melbourne grandiront encore plus rapidement qu'ils ne l'ont fait jusqu'ici. La Nouvelle-Galles du sud, avec sa houille, les îles Fidji, les îles Samoa et Tonga, Tahiti, les îles Marquises, les Galapagos sont autant de points qui peuvent trouver la même fortune que Pointe-de-Galles. Shang-Haï et To-Kio y trouveront leur profit, ainsi que les îles

Hawaï, auxquelles les Etats-Unis et l'Angleterre pourront alors apporter la houille en abondance.

« San-Francisco, qui est déjà le port principal de l'océan Pacifique, profitera probablement plus que tous les autres du jour ouvert sur l'Atlantique.

« Les pêcheries du nord y retrouveront peut-être une activité qui s'alanguit, et la côte russe de l'Asie en profitera, comme la côte américaine.

« L'Amérique centrale et méridionale sera sollicitée à développer ses richesses agricoles.

« Le Pérou et les Etats voisins trouveront pour l'exploitation de leurs richesses forestières et pour l'enlèvement du guano et du nitrate de soude des facilités que l'état actuel des choses ne leur donne pas.

« Les côtes de l'Atlantique auront aussi leur part. Les Antilles seront les premières sur la route ; Cuba, la plus riche d'entre elles, la Havane particulièrement, Saint-Thomas, la Martinique, l'île d'Haïti, Curaçao, à cause de sa position sous le vent et de la salubrité de son climat, bénéficieront de cette nouvelle route.

« Le Brésil, la Nouvelle-Orléans auront le plus grand intérêt au percement de l'isthme. La vallée de Mississipi recevra ainsi directement les produits des Andes. »

Enfin, le vice-amiral Ammen, vice-président du congrès international, appréciait ainsi les résultats à attendre de la création d'un canal interocéanique :

« L'ouverture d'un canal à travers le continent américain amènerait certainement un grand développement dans la population et l'exploitation agricole et minière de tout le versant occidental du continent.

« Ce canal permettrait à toute cette région d'écouler l'excès de sa production. Il lui permettrait également de faire venir d'Europe et autres lieux beaucoup d'articles de luxe ou de nécessité qui sont l'objet d'une grande demande de la part de pays étendus, populeux et prospères.

« Les mêmes considérations s'appliquent à la Grande-Bretagne, en ce qui concerne ses relations avec la Colombie anglaise, l'Australie et la Nouvelle-Zélande.

« On peut remarquer que dix navires étrangers seulement ont passé par le canal de Suez, à destination des États-Unis, pendant l'année finissant fin juin 1878, et pas un seul navire marchand portant notre pavillon. La population des États-Unis n'est pas inférieure actuellement à 45 millions d'habitants, et la population avoisinante de langue anglaise n'est pas inférieure à 5 millions d'habitants. Toute cette population se trouve en dehors de la communication usuelle du canal de Suez, tandis qu'elle ne manquerait pas d'apporter à un canal traversant le continent américain *un apport considérable et toujours croissant de tonnage et de revenu.* »

Ce qui préoccupe avant tout les nations maritimes de l'Europe depuis que le moment de l'ouverture du canal de Panama approche, c'est de s'assurer des points de relâche sur l'océan Pacifique, en prévision du mouvement commercial considérable qui va se produire vers l'Australie.

La France, satisfaite de posséder les Marquises, l'archipel de Taïti et la Nouvelle-Calédonie, ne s'est point encore installée aux Nouvelles-Hébrides. Or, il ne faut pas que cette fois, comme trop souvent cela est arrivé, elle ne vienne que *trop tard*, après que les autres puissances se seront fait la part du lion. C'est ce que montrait fort bien Mgr Freppel, dans le patriotique discours qu'il prononçait le 21 janvier 1887 à la tribune de la Chambre des députés :

« Si je me permets, disait-il, d'insister de la sorte sur l'importance de nos possessions océaniennes, c'est que le percement de l'isthme de Panama va leur donner un intérêt de premier ordre.

« Avec l'ouverture du bosphore américain, Taïti, les

Nouvelles-Hébrides, la Nouvelle-Calédonie marqueront la ligne la plus droite et la plus directe de l'Europe en Australie. Vos établissements océaniens vous assureront une prépondérance marquée dans cette partie du monde : ce seront autant d'étapes françaises sur les futures grandes routes qu'ouvrira à travers l'Océanie une nouvelle navigation débouchant par Panama.

« Voilà pourquoi, tant au point de vue politique et stratégique qu'au point de vue commercial, il importe de ne pas perdre la moindre parcelle de notre domaine colonial dans l'océan Pacifique.

« C'est ainsi qu'il y a quelque temps on pouvait lire dans une partie de la presse britannique que l'île Rapa, la plus méridionale des îles françaises de l'archipel des Toubouoi, conviendrait fort bien à nos voisins d'Outre-Manche. Je le crois sans peine : ils feraient à l'instant même, de cette station stratégique et maritime, un Périm, un Gibraltar, une Malte de l'océan Pacifique ; car l'île Rapa se trouve précisément à l'intersection des lignes directes réunissant Panama à Sydney, à la Nouvelle-Calédonie et à la Nouvelle-Zélande. Aussi, j'espère bien que jamais l'idée d'une pareille cession ne germera dans l'esprit de personne, alors même que l'Angleterre, comme on l'a dit, serait disposée à renoncer en échange à des prétentions mal fondées sur les Nouvelles-Hébrides.

« Messieurs, j'ai fini. J'ai voulu simplement appeler l'attention de la Chambre sur une partie de notre domaine colonial, sinon le moins connu, au moins le plus négligé, et qui ne manquera pas d'acquérir une singulière importance par suite des voies nouvelles de communication et de l'évolution économique qui en sera la conséquence nécessaire.

« Messieurs, il ne faut pas seulement songer au présent : nous devons aussi nous préoccuper de l'avenir. Et quand

on voit les nations rivales ne négliger aucune occasion
pour se préparer des stations maritimes en vue des luttes
futures du commerce et de l'industrie, pour s'assurer de
nouveaux débouchés, des dépôts de charbon, des points de
relâche et de ravitaillement, il est permis de dire à ceux
qui ont la gestion et la responsabilité de la chose publique :
Veillons avec soin à l'intégrité de notre domaine colonial
dans toutes les parties du monde ; ne nous lassons pas
d'affirmer nos droits. Rien que cela, mais tout cela ! (Très
bien !)

« C'est à cette condition-là seulement que le pays, éclairé
par la vigilance et la fermeté de ses représentants, finira
par comprendre ce qu'il n'a pas toujours bien compris, ce
qu'il ne comprend pas encore assez bien à l'heure présente,
l'importance de ses colonies ! »

Les autres puissances maritimes ont les mêmes préoccupations que la France. L'Espagne affirme et défend ses
droits séculaires sur les Carolines et les Soulous. Les
Anglais ont voulu être postés aux îles Fidji et se sont fait
la part du lion dans les archipels du Pacifique. L'Allemagne, qui s'est établie à Samoa, s'empare des îles encore
libres de cet Océan ; elle poursuit sur toutes les routes
maritimes vers la Nouvelle-Zélande, l'Australie, la Nouvelle-Guinée, Bornéo, la Chine, son plan de colonisation.
Partout, sous ses auspices, des sociétés commerciales
créent des comptoirs, des dépôts de charbon, des centres
d'approvisionnements. Les Anglais commencent à prendre
ombrage de cette ardeur colonisatrice de l'Allemagne,
ainsi qu'en témoigne cet article ému du *Daily-Telegraph* :

« Le grand homme d'Etat allemand, disait le journal
« anglais, reconnaît que l'océan Pacifique deviendra le
« champ d'activité d'une nouvelle ère commerciale, dès que
« M. de Lesseps aura percé l'isthme de Panama et fait une
« île de l'Amérique du Sud. En vue de cette révolution

« proche et inévitable dans les affaires maritimes, il a pris
« une tranche de la Nouvelle-Guinée et plus d'une station
« avantageuse dans la Mélanésie et la Micronésie. Ces
« acquisitions peuvent sembler minimes aujourd'hui, mais
« elles apparaîtront sous des aspects bien différents quand
« une douzaine de nouvelles routes pour les steamers
« rayonneront de Panama vers la Chine, l'Inde, l'Australie
« et les mers du Sud. Les colonies de l'Angleterre dans
« ces mers sont aussi désireuses que l'Allemagne d'avoir
« au loin les possessions nécessaires et d'être prêtes pour
« cette ère nouvelle...

« Les archipels du Pacifique ne sont pas inépuisables et,
« quand des milliers de steamers traverseront des eaux où
« maintenant on ne voit qu'accidentellement un marchand
« ou un baleinier, on blâmera sévèrement ces hommes
« d'Etat qui n'auront pas compris aussi bien que le prince
« de Bismarck ce qu'on pourrait appeler la *politique géo-*
« *graphique.* »

On peut se faire quelque idée de ce que pourra devenir
le mouvement commercial avec l'Australie après l'ouverture du canal de Panama, quand on voit quelle importance
ce mouvement prend aujourd'hui. Voici, en effet, ce que
publiait à ce sujet, en 1882, M. Leroy-Beaulieu :

« Il n'y a guère que trois ou quatre ans que des bâtiments
en destination ou en provenance de l'Australie se sont
présentés pour la première fois à Suez. Depuis lors, leur
nombre s'est rapidement accru ; la navigation spéciale sur
l'Australie a donné en 1881, au transit par le canal,
98 navires contre 51 en 1880. Ces navires sont parmi les
plus gros et dépassent de beaucoup la capacité moyenne,
qui est de 2,124 tonnes par navire transitant. Si le mouvement maritime vers l'Australie passait, pour la plus
grande partie, par le canal, il est certain que dans peu
d'années il ne s'agirait pas d'un chiffre de 6 ou 7 millions

de tonnes, ni même de 11 à 12 millions, mais de 18 à 20. ».

Un autre écrivain disait, à la fin de l'année 1884 :

« Nous trouvons dans l'un des documents remis l'année dernière au Sénat des Etats-Unis de l'Amérique du Nord une évaluation du trafic entre « les deux océans », qui atteindrait une « moyenne de 32 navires par jour », lesquels navires, « calculés sur la base du tonnage moyen des navires passant le canal de Suez », porteraient « la quantité annuelle totale du trafic à 20,440,000 tonnes ».

« Ces chiffres paraissent exagérés, et cependant lorsque, d'une part, on relève le trafic actuel réellement existant, prêt à passer le canal quand il sera ouvert, dès l'année de son ouverture, et, d'autre part, quand on cherche à supputer sérieusement le mouvement qui se produira presque instantanément, du fait même de l'ouverture du canal, non seulement on arrive à des 15 et 20 millions de tonnes, mais encore on les dépasse.

« Ces 20 millions de tonnes qui semblent, de prime abord, quelque chose d'énorme, l'Australie *seule* est capable de les donner. »

D'autres estiment à 2,500,000 tonnes l'accroissement du mouvement commercial sur les côtes de l'Amérique baignées par le Pacifique, vers l'Australie et avec le Japon et la Chine ; les plus modérés évaluent à 1,000,000 de tonnes par année l'*accroissement* de transit assuré au canal de Panama, une fois qu'il sera livré à la circulation commerciale.

Ce qui justifie encore ces prévisions optimistes, c'est une autre différence essentielle qui existe entre le canal de Suez et le canal de Panama.

Le canal de Suez est, pour ainsi dire, fermé aux voiliers, parce que l'étroitesse de la mer Rouge interdit de louvoyer ; l'absence de vent contraignant les voiliers à des frais onéreux de remorquage, ceux-ci continuent à suivre

la voie du cap de Bonne-Espérance. La clientèle du canal
de Suez est donc limitée aux grands steamers à fort tonnage, elle ne peut se développer que dans la mesure des
facultés productives des constructeurs de tous les pays,
lesquels ne peuvent livrer au commerce chaque année
plus de 500,000 tonnes de vapeurs neufs. C'est pourquoi
il y a encore aujourd'hui dix millions de tonnes que trans-
portent les voiliers par la longue et périlleuse route du
cap de Bonne-Espérance. Déjà le canal de Suez a éliminé
une partie de la marine à voiles, puisque son transit est
passé de 2 millions à 6 millions 1/2 de tonnes, et il finira à la
longue par la faire disparaître complètement. Il se produit
là, par suite de l'aboutissement du canal de Suez à la mer
Rouge, une révolution économique analogue à celle qui
s'est accomplie dans la plupart de nos industries. Les gros
prennent la place des petits ; les puissants steamers de
2 ou 3,000 tonnes y remplacent les voiliers de faible tonnage ; de même la locomotive a fait disparaître sur terre
la concurrence du roulage et de la diligence ; de même la
grande usine, organisée militairement, a presque supprimé
l'atelier domestique, où le patron travaillait avec deux ou
trois ouvriers ; de même, enfin, les immenses bazars de toutes
sortes de marchandises qu'on nomme le Louvre ou le Bon
Marché prennent peu à peu la place des petits commerçants spécialistes.

Le canal de Panama, grâce aux conditions exception-
nellement favorables de sa situation intérocéanique, permettra cependant à la marine à voiles d'échapper à cette
loi générale de l'élimination des faibles par les forts. Sans
doute, les grands vapeurs joueront un rôle important
dans la circulation commerciale qui va s'établir à la suite
de l'ouverture du canal ; mais les léviathans, grands man-
geurs de charbon, et dépensant de 1,500 à 2,500 francs
par jour, seront sérieusement concurrencés par les voi-

liers et par les navires *mixtes*, qui se trouveront en situation de faire leurs transports rapidement et à bon marché.

En effet, la situation géographique du canal de Panama
est éminemment propice, à raison des vents et des courants qui gouvernent les deux Océans, à la navigation à
voiles, sûre de trouver toujours dans les deux sens des
poussées utilisables.

Le canal ouvert, tous les navires à vapeur ou à voiles
préféreront cette voie à la route si longue et si périlleuse
du cap Horn. Il en sera d'autant plus ainsi que cette dernière traversée a l'inconvénient d'un parcours énorme,
d'une traversée des mers les plus tourmentées et, si l'on
va vers l'ouest, des vents debout qui, régnant d'habitude,
causent de grands retards et ne manquent pas d'amener
des avaries sérieuses dans les voiles, les agrès et la coque.
Aussi l'amiral Ammen déclare-t-il que l'on verra transiter
par le canal de Panama « non seulement tous les navires
naviguant au nord de l'équateur, mais aussi ceux des côtes
du Chili et du Pérou, et que cette route devra être celle
suivie par les navires venant d'Europe et allant vers la
côte est de l'Australie et de la Nouvelle-Zélande, et par
tous les steamers qui reviendraient ».

L'amiral indique, en outre, quelle serait la transformation qui s'imposerait à la marine à voiles ; ce serait la
construction de machines auxiliaires, ayant une puissance
suffisante pour faire franchir aux navires les zones calmes
avec une vitesse de cinq à six nœuds à l'heure.

Ces navires mixtes, profitant des vents alizés, se dirigeront d'Europe en Asie par le canal de Panama et le Pacifique, et d'Asie en Europe par le canal de Suez, en profitant des moussons. Ils feront ainsi le tour du monde *vent
arrière*, dans les conditions les plus favorables de sécurité,
de vitesse et d'économie ; c'est ainsi que l'ouverture du

canal de Panama permettra de faire des vents alizés et des moussons les serviteurs du génie humain.

L'Australie, de son côté, organisera des services de navires mixtes, munis d'une voilure puissante et d'une machine auxiliaire à dimensions réduites, lesquels, profitant des vents dans les deux sens, aborderont le Pacifique par le canal et en sortiront par le cap Horn.

De toutes les nations, ce sont les Etats-Unis qui profiteront le plus des développements donnés au courant commercial du monde par la création du canal de Panama. C'est ce que reconnaissait le général Grant lorsqu'il disait en 1881 : « En ce qui concerne les Européens, les bienfaits du canal seront très grands; pour l'Amérique ils seront *incalculables* ». Les Etats-Unis, en effet, auront le bénéfice du rapprochement des distances, comme l'Europe et l'Australie, pour leurs relations internationales ; ils pourront, en outre, donner une extension considérable à leur commerce de cabotage, c'est-à-dire au trafic maritime de port américain à port américain, car la loi leur assure le monopole de ce commerce de cabotage en interdisant aux marines étrangères d'y intervenir.

Actuellement ce trafic est excessivement restreint, puisqu'il se limite, d'un côté, aux ports situés sur la côte orientale (Atlantique), et de l'autre, aux ports échelonnés sur la côte occidentale (Pacifique); les ports d'un océan ne peuvent trafiquer avec les ports de l'autre océan qu'à la condition d'aller contourner toute l'Amérique du Sud, ce qui constitue un voyage de long cours. Mais lorsque le canal de Panama sera ouvert, la navigation entre New-York et San-Francisco ne sera plus qu'une navigation de cabotage, réservée par la loi au pavillon des Etats-Unis.

Tous les produits de la côte, depuis San-Francisco jusqu'à Panama, pour l'Amérique du Nord, de Panama aux rives de la Patagonie, pour l'Amérique du Sud, ouvriront aux produits un débouché jusqu'alors inconnu. Il ne faut pas oublier les bois si abondants et d'une si puissante venue dans l'Amérique du Nord, ni les mines de toutes sortes, si riches mais encore inexploitées, du nouveau Mexique.

Le courant commercial créé par l'ouverture du canal de Panama, entre les rives de l'Atlantique et celles du Pacifique, donnera donc un magnifique essor à la production. Des commerçants et des industriels fonderont de nouveaux comptoirs pour exploiter cette nouvelle source de richesses, et ces comptoirs, avant qu'il soit longtemps, se transformeront en villes florissantes.

Dans ces conditions, on peut être assuré de l'ardeur que vont mettre les armateurs américains à faire subir à la marine à voiles de leur pays la transformation exigée par les nouvelles conditions imposées à la navigation par l'ouverture du canal de Panama. On sait la fougue avec laquelle les Etats-Unis ont essayé la navigation des fameux *clippers* qui firent l'étonnement du monde ; c'est avec une ardeur plus grande encore, puisqu'elle est d'avance assurée du succès, qu'ils vont se livrer à la construction des navires *mixtes*, grâce auxquels ils pourront faire une dangereuse concurrence à toutes les nations maritimes du monde.

L'accroissement continu du transit dans le canal de Panama ne sera pas enrayé, comme à Suez, par la nécessité d'attendre la création des grands steamers qui forment la seule clientèle de la route de la Méditerranée à la mer Rouge. On peut donc faire de cet accroissement annuel de revenu les évaluations les plus hautes, sans crainte d'être démenti plus tard par la réalité des faits. La route interocéanique étant accessible dès le premier jour aux voiliers aussi bien qu'aux navires mixtes et aux grands bâtiments à vapeur, il est incontestable qu'en présence de l'immense

essor commercial qui va se produire, cet accroissement de
transit ne tardera point à se manifester.

Mais quelle sera la situation financière des souscripteurs le lendemain du jour où le canal sera inauguré ?
Quel sera le revenu que leur garantira certainement le
mouvement commercial existant à ce moment déjà ?

On ne pouvait être assuré du coût du canal avant
d'avoir établi, comme nous l'avons fait plus haut, que la
communication interocéanique serait ouverte en 1889,
ainsi qu'on l'avait décidé à l'avance. La dépense prévue ne
sera donc point dépassée, c'est au service d'une somme de
1,300,000 millions qu'il y aura à pourvoir, et le Congrès
international de 1879 avait reconnu que le péage perçu sur
quatre millions de tonnes transitant par le canal suffirait
à faire face à ce service.

Il y a dix ans, M. Levasseur, dans son rapport au Congrès, estimait que le fonds d'alimentation du canal de
Panama serait ainsi constitué :

En premier lieu, l'ensemble du commerce des Etats-
Unis avec l'Asie orientale et l'Océanie.

En second lieu, la moitié du commerce des Etats-Unis
avec l'océan Indien.

En troisième lieu, le commerce des îles de la Polynésie
et celui des Etats de la côte américaine du Pacifique avec
les Etats dont les côtes sont baignées par l'océan Atlantique septentrional.

En quatrième lieu, le cabotage des Etats-Unis, d'un
océan à l'autre.

En cinquième lieu, la moitié du trafic de l'Europe avec
l'Asie orientale et l'Océanie.

D'après les faits d'alors, et en tenant compte de l'accroissement annuel constaté dans le mouvement commercial,
M. Levasseur concluait que la part de ce mouvement qui
pourrait être détournée de la route qu'elle suit aujourd'hui

pour prendre la route du canal de Panama serait, en 1889,
de 7 millions un quart de tonnes.

Dans un travail récent, fait sur des documents officiels,
M. Marteau a constaté que, en 1884, cinq ans avant la
date fixée pour l'ouverture du canal, ce mouvement commercial était déjà de 7 millions de tonnes, ou, pour rester
dans la rigueur des chiffres relevés, de 6,886,968 tonnes. Il
ajoutait que ce chiffre de 7 millions de tonnes, déjà dépassé
en 1885, ne pouvait manquer de s'accroître notablement
d'ici à 1889, et concluait ainsi :

« Le canal de Panama coûtera, dit-on, 1,200 millions,
plus peut-être, soit. Cela fait un gros chiffre. Il faudra,
pour rémunérer et pour amortir un si énorme capital,
à 6 % en moyenne, actions et obligations, 72 millions
par an. Il faudra 8 millions pour l'exploitation et pour
l'entretien du canal. Où trouvera-t-on ces sommes formidables ?

« On les trouvera dans le transit des 7 millions de tonnes
ci-dessus indiquées, qui, à raison de 15 francs l'une, produiront par an 105 millions, sans compter les recettes du
domaine et des passagers. Il restera encore 25 millions
et plus pour distribuer des dividendes fort respectables
aux fondateurs et aux actionnaires qui, d'ailleurs, auront
déjà reçu, sur les 72 millions, un intérêt de 5 %. Et s'il
transite plus de 7 millions de tonnes, les produits et les
bénéfices seront encore supérieurs.

« L'on voit donc que cette opération gigantesque devra
donner à tous ceux qui y auront participé et qui s'y seront
associés la légitime rémunération due à leurs efforts et
à leurs sacrifices. »

M. Richard, dans le rapport qu'il faisait, en 1886, à la
Chambre des députés, à l'occasion d'une pétition des
actionnaires et obligataires de la Compagnie du Panama,
dit :

« Tous les hommes compétents, Français, Allemands, Anglais, les Américains mêmes, s'accordent à reconnaître que l'évaluation du trafic à 6 millions de tonnes, dès l'ouverture du canal, est un minimum, et que le transit peut atteindre 20 millions de tonnes.

« A l'époque où le canal de Suez fut décidé, on avait calculé que le mouvement maritime y serait de 3 millions de tonnes. *On y entrevoit maintenant un transit de 15 à 18 millions de tonnes.*

« Il n'y a donc rien que de très raisonnable à prendre pour base le chiffre de 8 millions de tonnes comme transit du canal de Panama dès son ouverture.

« Or, à 15 francs la tonne, prix accepté par le Congrès international, on obtient un revenu de 90 millions, ci.   90 mil.
auquel il faut ajouter pour remorquage, pilotage, halage, stationnement, etc., etc., 1 franc par tonne (moyenne de Suez : 6 millions), ci . . . .   6 —

« Revenu minimum : 96 millions, ci . . . .   96 mil.

« Ce revenu ne comprend ni le produit de l'exploitation des 500,000 hectares de terrain, avec les mines qu'ils contiennent, concédés gratuitement par le gouvernement colombien, ni le produit de l'exploitation (vente et location) des 10,000 hectares, propriété de la Compagnie à Colon, Panama et le long du canal.

« En admettant comme dépense finale le chiffre de 1 milliard 200 millions, réduit à 900 millions par la défalcation du capital-actions de 300 millions, on arrive à une charge de 60 millions par an, savoir : 54 millions pour intérêts et amortissement à servir aux emprunts, et 6 millions pour frais d'entretien et d'exploitation, ci . . . .   60 mil.

« Revenu net de la première année d'exploitation, 36 millions, ci . . . .   36 mil.

« Ces chiffres parlent éloquemment et il n'est pas besoin

d'insister pour faire ressortir les avantages de l'entreprise au point de vue financier. »

De son côté, M. Jules Roux, délégué de la Chambre de commerce de Marseille, partage la même opinion.

Après avoir cité un long passage du travail par lequel M. Simonin est arrivé à cette conclusion que, dès le jour de son ouverture, le canal de Panama peut compter sur 8,100,000 tonnes de trafic, M. Roux continue ainsi : « Je m'inspirerai de la modération de la commission de statistique du Congrès international de 1879, et j'accepterai 7,500,000 tonnes en chiffres ronds, et comme base de notre calcul je vous propose de prendre le prix de 15 francs la tonne, qui a été mentionné par la commission de 1879. En multipliant donc 7,500,000 tonnes par 15 francs, nous arrivons à un revenu annuel de 112,500,000 fr. intérêt suffisant pour rémunérer un capital de 1,200 millions, en défalquant les frais d'entretien et d'administration, ainsi que les charges contractées à l'égard du Gouvernement colombien, charges qui consistent en une participation sur le produit brut de tout ce qui sera perçu par l'entreprise de :

7 % durant les 25 premières années.

6 % de la 26° année à la 50°.

7 % de la 51° année à la 75°.

8 % de la 76° année à la fin de la concession.

Il convient d'ajouter au produit du droit de transit, soit 112,500,000 francs, les autres revenus du canal, que je ne veux pas chiffrer, mais dont la simple énumération prouvera qu'ils doivent entrer en ligne de compte, d'autant plus que le Panama railroad à lui seul rend 6 à 7 millions par an.

Ces revenus sont les suivants :

— Droit sur passagers (10 francs par tête);

— Droit de pilotage;

— Droit de remorquage;

— Produit des installations à établir à Colon et à Panama.

— Vente et location de terrains et immeubles sur chaque côté du canal (la Compagnie possède actuellement sur chaque berge du canal des surfaces ayant 500 mètres de largeur et souvent plus, provenant des acquisitions faites par elle);

— Produit du port de Christophe-Colomb et du port nouveau de Panama créés par la Compagnie;

— Produit des 500,000 hectares de terres avec les mines qu'elles contiennent, à choisir par la Compagnie dans les terres sans propriétaire de la Colombie.

— Dividende des 68,584 actions du chemin de fer de Panama à Colon que possède la Compagnie. »

Le service du capital dépensé serait assuré, ainsi qu'on l'a dit en 1879, avec un transit de 4 millions de tonnes, que l'on accepte les prévisions de 8 millions, de 7 millions et demi de tonnes, ou même l'évaluation minimum de 6 millions de tonnes, il faut reconnaître que les capitaux engagés recevront, dès que le canal sera ouvert, une légitime et large rémunération. Quant à la rémunération ultérieure qu'ils peuvent espérer, on peut prévoir ce qu'elle pourra être par l'exemple du canal de Suez, qui donne aux souscripteurs 17 °/₀ dans une année de crise intense.

De même que les souscripteurs de Suez, les Anglais tous les premiers, — qui voudraient bien à cette heure s'être assuré autrefois la propriété exclusive du canal maritime,— remercient M. de Lesseps d'avoir commis ce que lord Palmerston n'hésitait pas à appeler une filouterie gigantesque en prenant leur argent pour unir la Méditerranée à la mer Rouge, les souscripteurs de Panama féliciteront, c'est plus que probable, le grand perceur d'isthmes d'avoir commis ce qu'on ose appeler « une escroquerie » en les invitant à donner leurs capitaux pour unir l'Atlantique au Pacifique par un canal creusé, *non avec une pioche de fer, mais avec une pioche d'or.*

« Je ne me décourage pas, je ne m'arrête pas parce que des obstacles se présentent... Que l'opinion publique ne se laisse pas entamer, que les actionnaires ne se laissent pas désunir ; là est le seul danger de ces manœuvres. »

Ainsi parlait M. de Lesseps en novembre 1865, trois ans avant l'achèvement du canal de Suez.

Ces paroles et ces conseils, il pourrait les répéter aujourd'hui pour le canal de Panama. L'opinion publique lui est toujours aussi fidèle qu'autrefois ; le succès de la souscription de 1886 en a été un gage éclatant. M. de Lesseps, avec l'aide des collaborateurs éminents qui le secondent, n'a donc qu'à marcher et à persévérer et le jour où, nous l'espérons bien, il présidera à l'inauguration du canal de Panama, il pourra, avec une légitime fierté, répéter le vieux proverbe arabe qui est l'une de ses maximes favorites :

« Les chiens aboient, la caravane passe ». La caravane, à Panama comme à Suez, ce seront les vaisseaux des deux mondes.

CHAPITRE XIX

L'ŒUVRE DE M. DE LESSEPS

M. DE LESSEPS : SON CARACTÈRE ; SES IDÉES ; SES OPINIONS ; SES
ENCOURAGEMENTS A MM. ROUDAIRE, BRAZZA, BAKER, ETC. — LE
CHEMIN DE FER CENTRAL ASIATIQUE. — SA RÉCEPTION A L'ACA-
DÉMIE DES SCIENCES ET A L'ACADÉMIE FRANÇAISE. — SON DIS-
COURS ET CELUI DE M. RENAN. — SES VOYAGES. — SES COLLA-
BORATEURS. — M. CHARLES DE LESSEPS. — CONCLUSION.

Dans les chapitres précédents, nous avons esquissé les
origines de M. de Lesseps et les deux grandes œuvres qui
resteront pour lui des titres de gloire immortels.

Combien aurions-nous encore à faire pour mettre en
pleine et vive lumière cette physionomie vivante, sympathique et justement populaire.

Comme nous le disions au début de ce livre, lorsque l'on
considère, dans leur ensemble, les actes, les discours, les
luttes, les innombrables voyages, les incessants travaux de
cet homme qui ne se lasse jamais, on sent croître l'estime
et la sympathie qu'il a toujours su inspirer, non seulement à ceux qui vivent dans son intimité, mais à tous les
étrangers qui l'approchent.

M. de Lesseps a ces dons bien français qui sont le courage, la bonne humeur, la vaillance de l'esprit et du cœur.
Un de ses ancêtres, Bertrand Lesseps, préserva, dit-on,
du massacre de la Saint-Barthélemy le prince qui devait

31

être Henri IV. Ne semble-t-il pas qu'il y ait en M. de Lesseps quelque chose de cette puissance de séduction qui fut l'une des grandes forces du « seul roi, dont la France ait gardé la mémoire ? »

Chez M. de Lesseps, ces qualités aimables et séduisantes servent, si l'on peut ainsi parler, de parure à une volonté très forte, très persévérante et, pour tout dire, inébranlable.

Dans cette bonne humeur invincible, dans cette faculté de s'intéresser à tout et à tous, dans cette aménité et cette égalité de caractère s'accommodant, pour peu qu'on ne lui fasse pas la guerre, de toutes choses et de toutes gens, M. de Lesseps puise cette sérénité d'esprit qui fait les hommes vraiment forts. N'est-ce pas elle qui leur permet de s'élever au-dessus des incidents de l'existence quotidienne et des inquiétudes d'ordre secondaire auxquelles se heurtent et se butent, à tout pas, les esprits faiblement trempés ?

« Je vais mon chemin », a dit quelque part M. de Lesseps ; nulle expression peut-être ne saurait mieux le peindre.

Il va son chemin sans se laisser arrêter par les bagatelles de la route, mais non sans y prêter quelque attention curieuse. Il est de la race des grands voyageurs, de ceux qui voient vite et qui voient bien.

Combien de descriptions intéressantes, de croquis vivement enlevés, de traits piquants et originaux dans ses lettres, ses conférences, ses relations de voyage !

Les préoccupations les plus grandes et les plus vives n'atténuent pas chez M. de Lesseps ce don de s'intéresser aux détails. A tout instant il met la tête à la portière. Rien ne lui échappe. Quoi de plus curieux, par exemple, que le récit de sa première exploration dans l'isthme ?

Ce n'est pas la plume d'un explorateur intéressé, c'est le

crayon d'un touriste aimable et clairvoyant. Tout l'amuse
et le distrait.

Ici c'est un aperçu sur la manière de monter à droma-
daire, « opération qui, nous apprend-il, demande beáu-
coup de prestesse, car, aussitôt que l'on passe la jambe
droite, ces animaux se relèvent brusquement et les meilleurs sont ceux qui s'enlèvent le plus vite ».

Plus loin il nous trace une rapide esquisse de ses mésaventures pendant un ouragan, ou plaisante l'entêtement de
l'âne sur lequel est monté Mougel-Bey. Ailleurs, il aime à
se dire que cette route qu'il parcourt a vu les grands phi-
losophes grecs, les patriarches, les conquérants, la sainte
famille et Bonaparte. Parfois il ouvre la Bible et s'applique à vérifier la description qu'elle fait de l'Egypte, non
sans sourire de quelque vieille Anglaise qui croit découvrir
la preuve inédite des prophéties de Moïse. Dans tout
cela, d'ailleurs, rien de pédant, de cherché, d'ennuyeux —
une sorte de bonne humeur naturelle qui prête de la grâce
et du piquant à tout son récit.

Si l'on nous permet ce souvenir, il y a chez M. de
Lesseps un reflet de cette naïveté d'impression qui fait le
charme de Villehardouin, de Joinville, de Froissard, de tous
ces vieux conteurs d'histoires qui furent les ancêtres de
nos historiens. « J'étais là, telle chose m'advint. » Et le
lecteur ou l'auditoire prend plaisir à cet attachant récit, à
ces curieuses anecdotes.

M. de Lesseps a toujours écrit comme il parle, sans
prétention et avec un entier naturel. Jamais il n'a visé à
passer pour un orateur ou pour un écrivain. Le jour où il
entra à l'Académie française, ne s'est-il pas lui-même
qualifié un homme de lettres *in partibus*?

Mais le style, c'est l'homme, et pour M. de Lesseps
plus que pour tout autre, cette parole est l'absolue vérité.
Ses lettres, ses rapports, ses conférences, c'est lui tout

entier ; comme lui-même, elles sont pleines de vie, de verve, de perpétuel mouvement, de confiance en son étoile et dans l'avenir. A ses yeux la parole n'est pas seulement le vête- ment de la pensée, elle est une des formes de l'action ; et — chose plus rare encore — l'imagination n'est en lui qu'un stimulant de la volonté.

Comme Victor Hugo qui passa à Madrid plusieurs années de son enfance, comme Louis Blanc qui y vit le jour, Ferdinand de Lesseps, d'origine espagnole par sa mère, a toujours ressenti pour l'Espagne une sorte d'at- trait et de prédilection. Par certains traits il rappelle ces hardis explorateurs qui se nommèrent Fernand Cortez et François Pizarre ; mais chez lui, ce qui domine tout, c'est l'amour de la paix, de la civilisation, des idées humanitaires qui seront à jamais la partie la plus glorieuse du patri- moine de la France.

M. de Lesseps croit à la puissance de la liberté ; toute sa vie il a été un libéral. Sous l'Empire on lui en fit plus d'une fois le reproche. Cela ne l'empêcha pas de continuer à soutenir qu'il était bon que chacun pût dire ce qu'il pense, car alors la vérité ne tarde pas à se faire jour. A ce propos, il raconte quelque part une anecdote qui précise quelle est, à cet égard, sa façon de penser.

« C'était, dit-il, lors de mon premier voyage en Angle- terre. Je vais chez un éditeur, et je lui dis que mon désir est de répandre mon ouvrage, de le propager le plus possible.

« Le lendemain je retourne chez lui et il me donne la note des dépenses, où la plus grosse somme est destinée à atta- quer l'ouvrage. Il faut croire que l'épiderme des Anglais est moins sensible que le nôtre. Ce n'est pas nous qui payerions des verges pour nous fouetter. « Il n'est pas « besoin de louer un livre, me dit l'éditeur ; quand il est « attaqué, les honnêtes gens veulent le connaître et juger « eux-mêmes. Combien d'ouvrages n'ont eu une immense

« vogue que parce qu'on a sonné les cloches contre eux ! »
— L'éditeur anglais était un homme de bon sens pratique. »
N'est-ce pas là un conseil dont beaucoup d'hommes poli-
tiques et autres pourraient faire leur profit?

M. de Lesseps est un optimiste. Il croit à la puissance
du bien. Volontiers il pense que les hommes ne sont
méchants que lorsqu'on les maltraite. « On m'accuse quelquefois, dit-il dans une de ses conférences, d'être enthousiaste. Messieurs, j'ai ce que vous avez tous, du cœur !
Je ne me décourage pas, je ne m'arrête pas parce
que des obstacles se présentent. » Et, en Français, en
patriote, qui a le droit de parler ainsi parce qu'il en est
une preuve vivante, il ajoute : « Rien ne doit paraître
impossible, lorsqu'on peut compter sur l'appui de la nation
française et de tout ce qu'il y a d'intelligent et d'honnête
dans le monde ».

Mais si M. de Lesseps croit aux hommes, il croit peut-
être davantage encore aux femmes. Ce n'est pas seulement
dans ses affections, c'est dans son estime qu'elles ont toujours eu une place très haute et très grande. Volontiers il
fait leur éloge, réclame leur concours et rappelle le proverbe : Ce que femme veut, Dieu le veut. En un mot, à
l'égard du rôle de la femme, il ne partage pas les vues de
beaucoup de ceux qui ont vécu en Orient et ne voient en
elle qu'un instrument de plaisir, auquel convient fort bien
sinon le harem, tout au moins le gynécée.

Un jour un Egyptien, d'un esprit très distingué, disait à
M. de Lesseps : « Comment se fait-il que nous restions
toujours au-dessous de vous ? J'ai des compagnons
qui ont fait leurs études en France, en Angleterre ou en
Allemagne; pourquoi, une fois en Orient, font-ils comme
les autres? » A ce moment vint à passer, montée sur un
cheval, la jeune fille du consul anglais : « Lorsque vos
femmes et vos filles galoperont ainsi à vos côtés, lui

répondit M. de Lesseps, vous serez un peuple civilisé. En Orient le monde ne marche que sur une jambe; c'est pour cela qu'on y est en retard ».

Non moins qu'à la puissance de la liberté et à l'influence civilisatrice de la femme, M. de Lesseps croit à l'action de l'initiative individuelle. N'en a-t-il pas prouvé la toute-puissance? « Du Japon jusqu'à San-Francisco, des multitudes d'archipels, a-t-il dit un jour, répandus sur 2,000 lieues de l'océan Pacifique, appellent la colonisation, non des gouvernements, mais de l'initiative individuelle. A l'exemple de nos anciens cadets de famille qui ont conquis le Canada, la Louisiane, les Indes, que les jeunes gens d'aujourd'hui, au lieu de végéter dans l'oisiveté, ou de suivre des carrières qui ne les mènent à rien de bon, aillent féconder de nouvelles îles de France. Que rien ne les décourage! l'esprit d'initiative et de persévérance appartient à notre nation plus qu'à toute autre. »

Est-ce vrai? En s'exprimant ainsi, M. de Lesseps se montrait bon Français. En tous cas, à lui seul, il suffirait à justifier cette appréciation.

Quoi qu'il en soit, dans les quelques traits que nous venons de citer M. de Lesseps apparaît tout entier avec son génie qui est la volonté, l'énergie, la foi dans le progrès, la civilisation, la liberté, l'esprit d'initiative. Comment s'étonner qu'avec cela il ait eu le secret de grandes choses, l'art de se faire aimer et le pouvoir de provoquer, en notre siècle sceptique, un rare mouvement d'enthousiasme?

Suez et Panama! Il semblerait qu'il y ait là plus qu'il ne faut pour absorber tous les instants, toutes les pensées de l'homme le plus actif et le plus laborieux qui soit au monde. Il n'en est rien. A combien d'autres entreprises, à combien d'autres travaux a-t-il accordé, non seulement ses sympathies, mais sa collaboration et son concours!

C'est ainsi qu'en ces dernières années, M. de Lesseps s'est, tour à tour , intéressé aux expéditions de Savorgnan de Brazza, dont il a été un des plus persévérants protecteurs, au projet de tunnel sous-marin entre la France et l'Angleterre qui n'a encore pu triompher de l'hostilité du gouvernement britannique, au développement de la colonisation française en Asie et en Afrique, à toutes les explorations des grands voyageurs, Nordenskiold, Stanley, Baker, les frères Poncet et tant d'autres, dont il a célébré les éclatants succès à la Société de géographie et ailleurs. M. de Lesseps prodigua aussi ses encouragements au regretté commandant Roudaire, l'auteur du projet de la mer intérieure africaine, et fit à ce sujet, en Afrique, un intéressant voyage, plein d'observations curieuses.

Une autre vue d'avenir, qu'il pensa un instant pouvoir réaliser , — le canal de Suez venait d'être achevé et celui de Panama n'était pas encore commencé, — eut trait au grand chemin de fer central asiatique. En 1873, M. de Lesseps échangea même à ce sujet avec le général Ignatiew, alors ambassadeur de Russie à Constantinople, et avec le prince Orloff, ambassadeur de Russie à Paris, des lettres d'un intérêt historique.

Nous citerons les suivantes :

« Constantinople, 1er mai 1873.

« *A Son Excellence le général Ignatiew, ambassadeur de Russie à Constantinople.*

« MON CHER GÉNÉRAL ET AMI,

« Un des ingénieurs distingués qui ont dirigé les travaux du canal de Suez, M. Cotard, dont le nom est connu en Russie, m'a soumis un projet consistant à réunir par un chemin de fer la distance d'environ 3,740 kilomètres, qui sépare, dans l'Asie centrale, le dernier tronçon russe du dernier tronçon anglo-indien.

« M. Cotard m'a demandé mon concours pour ouvrir à ce sujet des négociations avec la Russie et l'Angleterre, et il m'a proposé de me mettre à la tête d'une société d'études pour préparer l'exécution d'une entreprise qui me paraît destinée à compléter, sur la plus grande étendue terrestre de notre globe, la bienfaisante voie maritime déjà ouverte par le canal de Suez.

« J'ai accepté la proposition de M. Cotard, en considérant que les communications rapides entre l'Occident et l'extrême Orient, par le centre de l'Asie, augmenteraient, dans une proportion incalculable, le mouvement du commerce général par la route maritime.

« Je prévois aujourd'hui dans la réussite de ce projet grandiose, bien que pour des causes différentes, la fin de l'antagonisme provoqué entre l'Angleterre et la Russie par la situation des Etats intermédiaires de l'Asie centrale, comme je voyais, il y a vingt ans, dans le succès du percement de l'isthme de Suez, la fin de l'antagonisme existant depuis le commencement de ce siècle entre la France et l'Angleterre à l'occasion de l'Egypte.

« Les territoires intermédiaires de l'Asie centrale traversés par une voie ferrée et n'étant plus un obstacle à l'expansion de la civilisation européenne, les deux empires rivaux seront affranchis de l'état actuel de défiance réciproque, pouvant devenir fort grave chaque fois que l'un ou l'autre est tenu d'assurer par les armes la tranquillité de ses frontières vis-à-vis de populations à demi barbares.

« La distance de Calais à Orenbourg, déjà sillonnée de chemins de fer, est de............... 4,330 verstes.

« Il faudra exécuter sur les possessions russes d'Orenbourg à Samarkande..... 2,230 —

« Et sur les territoires intermédiaires de Samarkande à Peshawur (Indes anglaises)............................. 1,275 —

« De Peshawur à Calcutta, l'Angleterre a exécuté des lignes ferrées com-

muniquant avec Lahore, Delhy, Bombay
et Kurrachee, dont le total est de..... 8,220 verstes

« Total de la distance entre Calais et
Calcutta par Orenbourg (environ).... 11,155 verstes
dont . . 7,650 verstes ou 8,160 kil. sont déjà exécutés
et. . . . 3,505 verstes ou 3,740 kilomètres sontprojetés.

Total égal 11,155 verstes ou 11,900 kilomètres.

« Il ne reste donc à terminer que la moitié de la distance qui est déjà en exploitation pour permettre à des
voyageurs partis de Saint-Pétersbourg, de Londres, de
Paris, de Lisbonne, de Madrid, de Berlin, de Rome, de
Venise, de se rendre en une semaine aux Indes.

« On peut évaluer à trois millions de francs les études à
faire, pendant deux ans, par une association financière qui
serait poussée au moyen d'une souscription publique sous
le titre de : *Société universelle du Grand Central Asiatique.*

« La Société aurait deux objets, les études et l'exécution, et peut-être un troisième, l'exploitation pendant un
certain nombre d'années.

« Le premier objet serait immédiat, dès que les gouvernements intéressés se seraient entendus avec la Société
universelle pour les garanties à obtenir en cas de rem-
boursement des frais qu'elle s'engagerait à avancer.

Le second objet serait naturellement éventuel et dépen-
drait des conditions dans lesquelles la Société pourrait se
charger de l'exécution, une fois les études achevées, de
manière à n'engager des capitaux considérables qu'avec
une entière certitude de les rendre productifs.

« Mon but, en vous écrivant cette lettre, mon cher
général, est seulement de poser des jalons, me déclarant
prêt à commencer une négociation si l'Empereur et son
gouvernement auxquels vous êtes plus en mesure que per-

sonne de faire connaître les avantages moraux, politiques et économiques de notre projet, sont disposés à en admettre le principe.

« Veuillez agréer, mon cher général et ami, la nouvelle expression de mes anciens sentiments de haute estime et d'entier dévouement.

« Ferd. de LESSEPS. »

Le général Ignatiew répondit :

« Péra, le 23 avril (5 mai) 1873.

« A Monsieur Ferdinand de Lesseps.

« CHER AMI,

« J'ai l'honneur de recevoir la lettre que vous avez bien voulu m'adresser, en date du 1er mai, relativement au projet qui vous a été soumis par M. Cotard et qui consiste à réunir, par un chemin de fer, la distance d'environ 3,740 kilomètres qui sépare, dans l'Asie centrale, le dernier tronçon de voie ferrée russe du dernier tronçon anglo-indien.

« L'initiative que vous prenez dans cette importante question atteste une fois de plus la remarquable élévation de vues dont vous avez déjà donné des preuves si éminentes et qui vous ont valu l'admiration du monde civilisé.

« Ayant visité l'Asie centrale, je me rends parfaitement compte des difficultés immenses que vous rencontrerez dans l'accomplissement de votre projet, et qui proviendront tant des conditions topographiques que surtout de la condition sociale et politique de la zone intermédiaire entre nos possessions asiatiques et celles des Anglais. Néanmoins, j'ai l'intime conviction, ainsi que j'ai eu l'occasion de vous le dire précédemment, que la grandiose entreprise que vous lancez aujourd'hui, et qui peut paraître à première vue hasardée et presque chimérique, est destinée à être réalisée dans un avenir plus ou moins rapproché et à procurer alors des bienfaits immenses à l'humanité. Personne, sans doute, n'a plus de droits à attacher son nom à la construction d'une voie ferrée destinée à relier, sur une aussi grande étendue de notre globe, l'Inde à l'Occident européen, que celui à qui appartient l'honneur du percement du canal de Suez. D'ailleurs, le chemin de fer « central asiatique » doit former le corollaire naturel de la route maritime ouverte par le canal de Suez et servira à augmenter encore le mouvement si considérable du commerce général entre l'Occident et l'extrême Orient. Outre les incalculables avantages qu'elle offrirait au commerce, la construction de ce chemin de fer aurait, comme vous le faites observer, pour résultat politique d'atténuer dans l'Asie centrale l'antagonisme entre la Russie et l'Angleterre et de faire disparaître la méfiance et la jalousie, ainsi que la crainte de l'inconnu, qui caractérisent l'attitude de la Grande-Bretagne à notre égard dans ces contrées lointaines. Lorsque, grâce au contact avec l'Europe, la lumière se fera jour dans ces pays mystérieux, on verra que les accusations portées contre nous étaient dénuées de fondement, et on appréciera en même temps le caractère essentiellement pacifique et civilisateur de notre influence dans ces parages.

« Tout en réservant entièrement l'opinion de mon gouvernement, je ne doute pas que la question ne soit envisagée sous cet aspect à Saint-Pétersbourg, et j'espère que les hommes politiques de l'Angleterre comprendront, de leur côté, les avantages qu'offrira à leur pays la réalisation de votre projet. En effet, une voie de communication facile, reliant sans solution de continuité Calais à l'Inde, serait encore plus profitable à l'Angleterre qu'à la Russie et unirait par une identité d'intérêts ces deux puissances de l'accord desquelles dépend, en grande partie, le maintien si désirable de la paix générale, et qui, par leur position géographique, sont appelées à faire pénétrer les bienfaits de la civilisation dans le berceau de l'humanité, dans le cœur même de l'Asie. Les autres puissances européennes et surtout l'Allemagne, qui pourront participer plus ou moins directement aux avantages de la nouvelle voie, ne vous refuseront probablement pas leur concours pour faciliter le succès de cette entreprise universelle. La France, de son côté, outre la part de profit matériel que lui réserve la nouvelle voie, aura la satisfaction de voir un éminent citoyen français à la tête d'une entreprise grandiose, destinée à mettre des populations arriérées en communication avec le monde civilisé.

« En vue de tous ces avantages moraux, commerciaux et politiques, je n'hésite pas un instant à vous promettre mon concours personnel et à former les vœux les plus sincères pour que vos efforts soient couronnés d'un entier et brillant succès.

« Je transmets aujourd'hui même à S. A. le prince Gortschakow la lettre que nous m'avez adressée, et je ne manquerai pas de vous faire connaître la manière dont votre proposition aura été accueillie par le gouvernement impérial.

« Veuillez agréer, cher ami, la nouvelle expression de mes anciens sentiments de haute estime et d'entier dévouement.

« N. Ignatiew. »

A la suite de cette lettre du général Ignatiew, M. de Lesseps écrivit au prince Orloff, alors ambassadeur de Russie à Paris :

« Paris, 14 juin 1873.

« Monsieur l'Ambassadeur,

« Vous avez eu connaissance d'une correspondance que j'ai échangée avec le général Ignatiew au sujet d'un projet conçu par un ingénieur français, M. Cotard, pour établir

un chemin de fer reliant, au centre de l'Asie, les possessions anglo-indiennes avec les territoires russes.

« Je viens vous prier de faire connaître à l'Empereur et à
son gouvernement la marche que je conseille de suivre
pour l'exécution de cette entreprise.

« Il convient d'opérer, comme je l'ai fait pour le canal de
Suez, en dehors de toute influence politique ou de toute
domination financière. La rivalité des gouvernements
serait aussi nuisible que l'esprit de spéculation.

« Des hommes intelligents, dévoués et désintéressés, se
réuniront sans rien demander à aucun gouvernement ni à
aucun banquier ; ils feront à leurs frais, risques et périls,
une première exploration sous la protection des Etats qu'ils
traverseront. A leur retour en Europe, ils publieront un
avant-projet indiquant avec les premières études topographiques les ressources locales, tant au point de vue des
travaux que des avantages pouvant résulter des concessions de terrains, de mines, etc., etc.

« L'avant-projet sera soumis à une commission d'ingénieurs, de savants et d'amis fondateurs, qui auront apporté
le fruit de leur active coopération à des travaux antérieurs.

« Alors, une société financière pourra être formée dans
des conditions qui ne peuvent être actuellement définies.

« Des études définitives seront ensuite poursuivies sur
les lieux, d'après les instructions de la commission : ces
études emploieront probablement dix-huit mois.

« Nous avons calculé que, les études terminées, l'exécution du chemin de fer central asiatique entre Orenbourg
et Pesarour pourrait être terminée en six ans.

« J'aurai l'honneur de vous présenter prochainement
M. Cotard, à son retour de Constantinople.

« Dans le premier voyage d'exploration pouvant être entrepris dans deux mois, cet ingénieur pourra être secondé spécialement pour la partie des négociations par mon fils Victor

de Lesseps, secrétaire d'ambassade, qui va demander à
M. le duc de Broglie un congé pour se consacrer à une
œuvre glorieuse, utile à son pays comme à toutes les nations.

« Nous demandons dès à présent, par l'intermédiaire de
Votre Excellence, d'être autorisés, par un ordre de l'Empereur, à faire les études nécessaires d'Orenbourg à Samar-
kand, et d'être recommandés aux gouverneurs et aux autorités locales des provinces russes de l'Asie centrale.

« Veuillez agréer, etc.

« Ferd. de LESSEPS. »

Le prince Orloff répondit :

« Je me fais un plaisir, monsieur, de vous informer que la
lettre que vous m'avez adressée vient d'être soumise à
l'Empereur, à Ems, et que Sa Majesté a daigné accorder à
monsieur votre fils, ainsi qu'à M. Cotard, l'autorisation
d'entreprendre le voyage qu'ils projettent dans les provinces de l'empire situées entre Orenbourg et Samar-
kand. »

« Veuillez agréer, etc.

« Prince ORLOFF. »

Par suite de difficultés diverses, et surtout de la rivalité
de l'Angleterre et de la Russie, ce projet ne put alors
aboutir, mais il est de ceux que le siècle prochain réalisera. Ainsi en sera-t-il aussi d'un autre projet que M. de
Lesseps esquissa, à peu près à la même époque, dans une
de ses communications à la Société de géographie de
Paris, lorsqu'il disait :

« Après vous avoir parlé de l'Asie, permettez-moi de vous
entretenir quelques instants de l'Afrique, où j'ai séjourné à
diverses reprises depuis quarante années. En causant dernièrement avec un homme très-distingué, M. Hubert Delisle, qui s'est occupé de l'Afrique, où il a été longtemps
gouverneur de l'île de la Réunion, nous avons pensé qu'il
appartenait à la société de Géographie française d'accord

avec celle de Londres et des autres Etats, de se mettre à
la tête d'une croisade pacifique, pour la complète extinction
de l'esclavage et pour ouvrir la voie aux émigrations dans
des pays riches et fertiles, qui permettront à l'intelligence
et à l'activité de nos populations européennes d'aller fonder
des sociétés nouvelles au lieu de désorganiser celles qui
existent.

« Il s'agirait d'engager tous les gouvernements qui ont
des possessions à la côte d'Afrique, sur l'Océan ou la Médi-
terrannée, à imiter successivement et suivant les ressources
dont ils pourront disposer, ce que fait actuellement le
Khédive d'Egypte. Ce prince éclairé, patient et travailleur
infatigable a fait les études préparatoires pour rendre le
Nil navigable dans tout son parcours connu et pour pro-
longer les chemins de fer de la haute Egypte jusqu'à
l'équateur. Le télégraphe électrique a atteint déjà Kar-
thoum. Lorsque la France pourra construire des chemins
de fer à bon marché comme en Amérique, à partir de
l'Algérie et du Sénégal, et lorsque l'Angleterre voudra de
son côté en faire autant au Cap et à la côte orientale
d'Afrique, l'intérieur de ce vaste continent qui occupe
tant de taches blanches sur les cartes, sera bien prêt
d'être civilisé (1). »

En 1873, M. de Lesseps fut reçu membre associé libre
de l'Académie des sciences ; on sait quel précieux concours
l'Institut n'avait cessé de lui apporter, à l'heure de ses
grandes luttes pour la construction du canal de Suez, de
1855 à 1870. Nous avons cité plus haut les témoignages
de MM. Elie de Beaumont, Charles Dupin, Le Verrier, etc.

Mais là ne devait pas se borner l'expression des sympathies éclatantes du corps le plus éclairé de France pour

---

(1) On sait quels progrès a faits depuis cette époque (1873) la colonisation de l'Afrique, en Tunisie, au Congo avec Brazza et Stanley, etc.

l'homme illustre qui a tant fait pour honorer le nom français.

En 1875, M. de Lesseps commença la publication de l'important ouvrage intitulé : *Lettres, journal et documents pour servir à l'histoire du canal de Suez*, dédié aux membres de l'Académie des sciences qui l'ont aidé « à mener à bonne fin une œuvre souvent protégée par leur influence et leur concours parce qu'elle était appuyée sur le verdict de la science et les progrès de la civilisation ».

Cet ouvrage ne comprend pas moins de cinq volumes in-8 dont le dernier a paru en 1881. A cette occasion, l'Académie française décerna à M. de Lesseps le prix Guérin et son rapporteur s'exprima ainsi :

« S'il est un livre où éclatent à chaque page le sentiment français, le besoin et l'unique ardeur de servir la gloire et les intérêts de la France, c'est à coup sûr celui dans lequel un confrère illustre, cher à l'Institut comme à son pays qui en est fier, nous initiant tour à tour, heure par heure, pièces en main, à l'enfantement, à la marche, à la réalisation, enfin, d'une œuvre impossible, qui semblait un rêve de géant, a publié tous les secrets et toutes les formes de sa pensée sans cesser d'être modeste un seul instant. »

L'Académie française ne devait pas s'en tenir là. Il lui sembla que les titres conquis par M. de Lesseps à l'immortalité étaient de ceux qu'on ne discute pas et après la mort d'Henri Martin, qui lui-même avait succédé à M. Thiers, elle attribua son fauteuil à celui que Gambetta, à cette heure même, saluait du nom de « grand Français ».

La réception de M. de Lesseps à l'Académie a marqué dans les fastes de l'Académie. Rarement, sous la coupole de l'Institut, l'affluence fut plus nombreuse et plus choisie. Les parrains du récipiendaire étaient Victor Hugo et Edouard Pailleron. MM. Renan, directeur, Cherbuliez, chancelier, et Camille Doucet, secrétaire perpétuel, siégeaient au bureau.

Le remerciement, si vif et si alerte, de M. de Lesseps obtint tous les suffrages. « Avec sa voix sonore et assurée, — a dit un bon juge, M. Henri Houssaye, — sa physionomie énergique, sa face hâlée par le soleil des deux hémisphères, son grand cordon rouge sur l'habit, M. de Lesseps avait l'air d'un général vainqueur et il y avait dans sa brève éloquence du *veni, vidi, vici.* »

Ce fut M. Ernest Renan qui répondit à M. de Lesseps. La désignation du sort était heureuse. M. Renan avait vu son nouveau confrère vingt-cinq ans auparavant, dans le feu même du travail, au milieu de cette armée d'ouvriers recrutée un peu à l'aventure et disciplinée par l'ascendant de cet homme qui justifie si bien la pensée : « Le génie, c'est la volonté ». Quand, en 1860, M. Renan était l'hôte de M. de Lesseps à Ismaïlia, il ne s'attendait pas à lui souhaiter, vingt-cinq ans plus tard, la bienvenue comme directeur de l'Académie française.

De l'avis de tous, le discours de M. Renan fut un pur chef-d'œuvre, tour à tour plein de verve, d'esprit, d'originalité, d'émotion. Nulle part on ne saurait lire un plus bel et plus vrai éloge de M. de Lesseps, pour lequel cette journée du 23 avril 1885 fut plus que toute autre la juste récompense de ses grands travaux et, on peut le dire, la consécration de sa gloire.

Voici le discours de M. de Lesseps :

MESSIEURS,

En m'admettant parmi vous, vous m'avez causé à la fois une grande joie et un grand embarras.

Faire partie de l'Académie française, de cette réunion d'élite, de cette aristocratie élective des lettres, est un honneur dont le plus orgueilleux a le droit d'être fier ; mais parler devant elle est une tâche qui peut faire hésiter un écrivain habile, et je ne suis malheureusement ni l'un ni l'autre.

Ce discours de réception était donc doublement redoutable et pour moi et pour vous. Et c'est pourquoi je tiens à vous rassurer tout d'abord. Ce n'est pas un morceau oratoire que vous allez entendre. Je n'ai voulu mettre ni mon inexpérience ni votre longanimité à une aussi rude épreuve. Ne pouvant faire bien, j'ai fait mieux : j'ai fait court.

Vos ancêtres, Messieurs, avaient cette habitude d'appeler à l'Académie des lettres, non pas seulement des hommes de lettres, mais aussi des gens de marque : prélats, commandants d'armée, grands seigneurs à qui leur haute situation tenait lieu d'éloquence et quelquefois même de savoir. Est-ce pour cela que le discours que l'on prononçait alors était réduit aux proportions exiguës d'un remerciement? Il se pourrait. Quoi qu'il en soit, puisque vous avez fait revivre pour moi la première partie de cette tradition, souffrez que je bénéficie de la seconde, et puisque vous avez bien voulu qu'un homme de lettres *in partibus* entrât, comme autrefois, dans votre Compagnie, ne vous étonnez pas qu'il s'en tienne, comme autrefois, à la simple expression de sa gratitude.

Le fauteuil que j'occupe aujourd'hui est celui qu'ont successivement occupé M. Thiers et M. Henri Martin. Tous les deux ont été mes amis ; c'est dire que je n'ignore ni les dissemblances qu'il y a entre eux et moi, ni la distance qui nous sépare. Ils étaient plutôt des hommes d'étude, je suis plutôt homme d'action ; ils étaient historiens, et je suis géographe... à ma manière.

Mais si je diffère d'eux par bien des points, il en est un par lequel j'ai la prétention de leur ressembler. Tous deux ont aimé passionnément leur pays, et, par ce côté là du moins, je ne me trouve pas indigne de leur succéder. Comme eux j'ai voué à mon pays ma vie tout entière. Pendant plus de soixante années, dans des situations et des fortunes diverses, le souci de ses intérêts et de sa gloire a été ma pensée maîtresse, le but constant de mes travaux et finalement, j'en suis convaincu, la cause de mon succès.

Et ce n'était pas trop d'un tel but pour d'aussi longs efforts. Rien n'est facile à faire dans ce monde, surtout l'utile. Il n'y a pas d'œuvre naissante, si bienfaisante fût-elle, peut-être faudrait-il dire en raison même du bien qu'elle peut faire, qui n'ait pour ennemis les ignorants et les malveillants.

Les premiers, parce qu'ils connaissent mal le résultat où vous tendez ou ne le connaissent pas, et qu'ils ne sont dans le secret ni de vos moyens ni de votre force. Ceux-là, il faut les éclairer ; une fois convertis, ils deviennent des adeptes fervents et des auxiliaires précieux. Quant aux autres, les sceptiques, les haineux, les insulteurs même, il n'y a pas à s'en occuper. Le proverbe arabe dit : « Les chiens aboient, la caravane passe ». J'ai passé.

Messieurs, si je m'explique ainsi à vous avec une insistance qui peut paraître complaisante, ce n'est pas pour le vain plaisir de vous parler de moi, c'est pour vous justifier à vos propres yeux de m'avoir choisi en vous montrant les similitudes qui existaient entre mon prédécesseur et moi.

Et puisque je suis sur ce terrain, il y en a une encore que je veux vous signaler en passant. On nous a accusés l'un et l'autre, à nos commencements, d'avoir un peu trop d'imagination. Vous n'ignorez pas qu'aux heures poétiques et ardentes de sa jeunesse, entrant dans l'étude des premiers temps de notre race, Henri Martin, on l'a dit du moins, s'était épris du culte druidique. Ce Celte de Saint-Quentin s'était fait initier, prétendait-on, aux mystères de la religion terrible ; on le soupçonnait même de l'avoir embrassée secrètement et de pratiquer à huis clos ses rites. Est-ce vrai ? est-ce faux ? A-t-il passé par cet excès d'enthousiasme et de conviction ? Rien n'est moins certain, mais qu'importe en tout cas ; cela l'a-t-il empêché d'écrire plus tard l'*Histoire de France* la plus complète que l'on ait encore écrite ?

Pour moi, si l'on ne m'a pas soupçonné d'être un druide, on m'a jadis accusé d'être un rêveur ; c'était au commencement de mes entreprises. Je crois avoir prouvé, depuis, que je suis un homme pratique. Mais je ne médis pas pour cela des rêveurs. Un peu d'imagination est un bon levain pour cette lourde pâte des affaires humaines. Plus le but est loin, plus il faut viser haut. Il est bon que le sculpteur cherche une montagne pour y tailler sa première statue ; il n'est pas mauvais que l'homme positif lui-même ait à dégager son esprit d'un peu d'irréalisable et de démesuré ; que, croyant tout pouvoir, il ait songé à tout oser : l'expérience n'ébranchera que trop vite ce que ses illusions avaient d'impossible et de touffu, mais ses travaux en garderont toujours quelque chose de grand qui les élève. De l'aberration saint-simonienne, aujourd'hui si justement oubliée, il n'en est pas moins sorti de parfaits ingénieurs, des économistes distingués et des financiers de premier ordre. M. Thiers avait commencé par écrire des Salons. Claude Bernard lui-même, votre illustre confrère, avait commencé par une tragédie ; vous n'avez pas cela du moins à me reprocher.

J'ai parlé tout à l'heure de l'*Histoire de France* d'Henri Martin. C'est son œuvre capitale. Elle est dans toutes les bibliothèques ; mieux encore, elle est dans toutes les mémoires. Je ne veux pas y insister littérairement, non qu'il n'y ait pas assez de bien à en dire, mais parce que j'ai peur de ne pas le dire assez bien, et d'ailleurs ce n'est pas un discours que je fais ici, je le répète, et si je m'arrête à marquer d'un mot ce qui m'a semblé être la note particulière de son talent, c'est qu'elle est, en même temps, celle de son caractère.

Chaque historien a la sienne.

Chez Michelet, c'est la poésie. A chaque instant son imagination ouvre des vues profondes sur des horizons nouveaux, devant lesquelles la pensée s'arrête et s'étonne.

Augustin Thierry, érudit passionné, écrivain de race, évocateur d'un monde disparu, est, par-dessus tout, un peintre d'une netteté de lignes et d'une puissance de coloris incomparable.

L'Histoire de Guizot, comme celle de Mignet, est un système : philosophique chez l'un, politique chez l'autre, montrant dans le mouvement des faits leur enchaînement, leurs conséquences et leurs causes.

Thiers excelle à raconter les événements, à mettre en scène les situations, à élucider les questions les plus spéciales et les plus obscures. Sa dominante est la clarté ; celle d'Henri Martin est la justice. Et cet amour de la justice qui est dans son esprit vient de cet amour de la patrie qui est dans son cœur.

Lui, l'homme de conviction et même de parti, si absolu dans sa croyance, si invariable dans sa conduite, si entier dans les débats, dépouille toute passion dès qu'il entre dans l'histoire. Témoin ému de toutes nos gloires, il ne refuse son admiration à aucune. Il est aussi enthousiaste des druides que des martyrs de la première Eglise chrétienne ; de Jeanne d'Arc que de Henri IV ; des victoires de Louis XIV que de celles de la première république ; du premier empire que de la Convention. Il s'agit toujours pour lui de la France, et il ne voit qu'elle ; aucune restriction n'arrête son patriotisme, aucun calcul ne le diminue. Quelles que soient leurs opinions ou leurs croyances, tous ceux qui servent et grandissent la France sont les siens. C'est un bel exemple à conseiller, Messieurs, et à suivre.

Malheur aux peuples qui, fanatisés par l'esprit de parti, mutilent eux-mêmes leurs traditions, ne comprenant pas qu'une nation est une humanité qui vit sans cesse et dont le présent ne peut se séparer du passé sans que l'existence elle même en soit arrêtée !

Et de ce passé si douloureux et si glorieux tour à tour, Henri Martin tire un enseignement fortifiant, une confiance que rien n'abat, un espoir que rien ne décourage :

« Le Français qui connaît bien l'histoire de son pays, dit-il, ne perdra jamais l'espérance dans les plus tristes jours. Ce peuple est doué d'un ressort incomparable, d'une puissance de rénovation qui ne s'est jamais vue à ce degré chez aucun autre peuple. »

Je suis fier, Messieurs, que vous ayez pensé à moi pour succéder à l'homme qui a prononcé de telles paroles. Ce double sentiment d'orgueil dans le passé et de foi dans l'avenir est aussi profondément enraciné dans mon cœur qu'il l'était dans le sien, et c'est par cette communauté dans l'espoir que je m'honore le plus de lui ressembler.

Et maintenant que je vous ai suffisamment prouvé ma bonne volonté à défaut de talent, je m'arrête, ne voulant pas dépasser les bornes que je me suis moi-même un peu forcément imposées.

Celui qui me succédera, reprenant le cours de la tradition nouvelle, vous parlera plus tard, le plus tard que je pourrai, je vous en avertis, vous parlera, vous dis-je, avec plus de développement, de compétence et de charme des mérites de l'historien impartial, de cet honnête homme, de ce grand patriote qui fut mon prédécesseur ; il saura sans doute mieux que moi exprimer à l'Académie sa reconnaissance de nouvel élu, mais il n'aura au fond du cœur ni plus de respect pour la mémoire d'Henri Martin, ni plus de gratitude pour vous.

En 1834, le jour où il entrait à l'Académie, M. Thiers disait : « Je « vous remercie de m'avoir admis à siéger dans cet asile de la pensée « libre et calme ».

Je vous remercie, à mon tour, de m'avoir admis dans cet asile de la pensée libre et calme, bien que je n'ose vous promettre de rester tranquillement assis sur mon fauteuil.

M. Renan, directeur de l'Académie, a répondu en ces termes au discours de M. de Lesseps :

MONSIEUR,

Votre discours est charmant, car il est bien vous-même. Savez-vous quelle était par moment notre inquiétude pendant que vous le composiez? C'est que, pour cette circonstance, assez exceptionnelle en votre vie, vous ne vous crussiez obligé de faire une composition littéraire. Votre tact exquis vous a préservé de cette faute. J'ai retrouvé, dans le ton de vos paroles, la bonhomie, la chaleur communicative, qui font l'agrément de vos conversations. J'ai regretté l'absence de quelques traits qui vous sont familiers, de certains détails, par exemple, que vous savez sur Abraham et Sara, de renseignements inédits que vous possédez sur Joseph et la reine de Saba. Une foule de choses que vous connaissez mieux que personne manquent en votre discours ; mais rien de vous n'y manque. Vous avez la première des qualités littéraires et la plus rare de notre temps, le naturel ; jamais vous n'avez déclamé. Votre éloquence est cette mâle et piquante manière de se mettre en rapport avec le public que l'Angleterre et l'Amérique ont créée. Personne assurément, en notre siècle, n'a persuadé mieux que vous ; personne n'a été par conséquent plus éloquent ; et cependant personne n'est plus étranger aux artifices du langage, à ses vaines curiosités de la forme que ne connaît pas une ardente conviction.

« J'approuve, dites-vous quelque part, qu'on enseigne le grec et le latin à nos enfants ; mais ce qu'il ne faut pas négliger, c'est de leur apprendre à penser sagement et à parler bravement. » Ah ! voilà ce que j'aime. Vous avez horreur de la rhétorique, et vous avez bien raison. C'est, avec la *poétique*, la seule erreur des Grecs. Après avoir fait des chefs-d'œuvre, ils crurent pouvoir donner des règles pour en faire : erreur profonde ! Il n'y a pas d'art de parler, pas plus qu'il n'y a d'art d'écrire. Bien parler, c'est bien penser tout haut. Le succès oratoire ou littéraire n'a jamais qu'une cause, l'absolue sincérité. Quand vous enthousiasmez une réunion et que vous réussissez à séduire la chose du monde la plus sourde aux métaphores, la plus réfractaire aux artifices

de l'art prétendu de bien dire, le capital, ce n'est pas votre parole, c'est
votre personne qui plaît ; ou plutôt vous parlez tout entier ; vous char-
mez ; vous avez ce don suprême qui fait les miracles, comme la foi, et
qui est, à vrai dire, du même ordre. Le charme a ses motifs secrets,
mais non ses raisons définies. C'est une action toute de l'âme. Vous
avez les mêmes succès à Chicago, une ville qui n'a pas le tiers de votre
âge, que dans nos vieilles villes d'Europe. Vous entraînez le Turc,
l'Arabe, l'Abyssin, le spéculateur de Paris, le négociant de Liverpool,
par des raisons qui ne sont différentes qu'en apparence. La vraie raison
de votre ascendant, c'est qu'on devine en vous un cœur sympathique à
tout ce qui est humain, une passion véritable pour l'amélioration du
sort des êtres. On trouve en vous ce *Misereor super turbas* (j'ai pitié
des masses) qui est le sentiment de tous les grands organisateurs. On vous
aime, on veut vous voir, et, avant que vous n'ayez ouvert la bouche, on
vous applaudit. Vos ennemis appellent cela votre habileté. Nous autres,
nous appelons cela votre magie. Les âmes ordinaires ne comprennent
pas la séduction des grandes âmes. La fascination du magicien échappe
aux pensées vulgaires ; les qualités enchanteresses sont un don gratuit,
une grâce octroyée, et parce qu'elles sont impondérables la médiocrité les nie. Or, c'est l'impondérable qui existe vraiment. L'humanité
sera toujours menée par de secrets philtres d'amour, dont la foule ne
voit que les effets superficiels, comme la raison dernière du monde
physique est dans des fluides invisibles que l'œil ordinaire ne sait pas
discerner.

Votre éloquence a gagné le monde ; comment ne vous eût-elle pas
mérité une place parmi nous? Le programme de notre Compagnie n'est
pas une simple culture littéraire, poursuivie pour elle-même et n'aboutissant qu'à de frivoles jeux, à peine supérieurs à de difficiles enfantil-
lages où se sont perdues les littératures de l'Orient. Ce sont les choses
qui sont belles ; les maux n'ont pas de beauté en dehors de la cause
noble ou vraie qu'ils servent. Qu'importe que Tyrtée ait ou n'ait pas
eu de talent? Il a réussi ; il valut une armée. La *Marseillaise*, quoi
qu'en disent les musiciens et les puristes, est le premier chant des
temps modernes, puisqu'à son tour elle entraîna les hommes et les fit
vaincre. Le mérite personnel, à cette hauteur, est peu de chose ; tout
dépend de la prédestination, ou, si l'on veut, du succès. Il ne sert de
rien de dire qu'un général aurait dû gagner une bataille s'il la perd.
Le grand général (et on en peut dire presque autant du grand politique) est celui qui réussit, et non celui qui aurait dû réussir.

Les personnes qui un moment ont été surprises de votre élection con-
naissaient donc bien peu l'esprit de notre Compagnie. Vous avez cultivé
le plus difficile des genres, un genre depuis longtemps abandonné
parmi nous, la grande action ; vous avez été du petit nombre de ceux
qui ont gardé la vieille tradition française de la vie brillante, glorieuse,

utile à tous. La politique et la guerre sont de trop hautes applications de l'esprit pour que nous les ayons jamais négligées. Le maréchal de Villars, le maréchal de Belle-Isle, le maréchal de Richelieu, le maréchal de Beauveau n'avaient pas plus de titres littéraires que vous. Ils avaient remporté des victoires. A défaut de ce titre, devenu rare, nous avons pris le maître par excellence en fait de difficulté vaincue, le joueur hardi qui a gagné son pari dans la poursuite du probable, le virtuose qui a pratiqué avec un tact consommé le grand art perdu dans la vie. Si Christophe Colomb existait chez nous de nos jours, nous le ferions membre de l'Académie. Quelqu'un qui est bien sûr d'en être, c'est le général qui nous ramènera un jour la victoire. En voilà un que nous ne chicanerons pas sur sa prose, et qui nous paraîtra tout d'abord un sujet fort académique. Comme nous le nommerons par acclamation, sans nous inquiéter de ses écrits ! Oh ! la belle séance que celle où on le recevra ! Comme les places y seront recherchées ! Heureux celui qui la présidera !...

Vous avez été de ces collaborateurs de la fortune, qui semblent avoir reçu la confidence de ce que veut, à une heure donnée, le génie de la civilisation. Le premier des devoirs que l'homme a dû s'imposer pour devenir vraiment maître de la planète qu'il habite, a été de redresser, en vue de ses besoins, les combinaisons souvent malheureuses que les révolutions du globe, dans leur parfaite insouciance des intérêts de l'humanité, n'ont pu manquer de produire. Les plus grands événements de l'histoire se sont passés avant l'histoire. Quel eût été le sort de notre planète, si les parties émergentes eussent été infiniment plus petites qu'elles ne sont, si le champ d'évolution de la vie terrestre n'eût pas été plus grand que l'île de Pâques ou Tahiti ? Quel fait historique a jamais égalé en conséquences le coup de mer qui opposa un jour le cap Gris-Nez aux falaises de Douvres, et créa la France et l'Angleterre en les séparant ? Parfois bienfaisant, ces hasards d'une nature imprévoyante sont aussi bien souvent funestes, et alors le devoir de l'homme est, par des retouches habiles, de corriger les mauvais services que les vieilles forces aveugles lui ont rendus.

On a dit, non sans quelque raison, que si l'astronomie physique disposait de moyens assez puissants, on pourrait juger du degré plus ou moins avancé de la civilisation des mondes habités, à ce critérium que leurs isthmes seraient coupés ou ne le seraient pas. Une planète n'est, en effet, mûre pour le progrès que quand toutes ses parties habitées sont arrivées à d'intimes rapports qui les constituent en organisme vivant ; si bien qu'aucune partie ne peut jouir, souffrir, agir, sans que les autres ne sentent et ne réagissent. Nous assistons à cette heure solennelle pour la terre. Autrefois, la Chine, le Japon, l'Inde, l'Amérique pouvaient traverser les révolutions les plus graves, sans que l'Europe en fût même informée. L'Atlantique, pendant des siècles, divisa la terre habitable en deux moitiés aussi étrangères l'une à l'autre que le sont deux globes différents. Aujourd'hui les Bourses de Paris et de Londres sont émues de ce qui se passe à Pékin, au Congo, au Kordofan, en Californie ; il n'y a presque plus de parties mortes dans le corps de l'humanité. Le télégraphe électrique et la téléphonie ont supprimé la distance en ce qui concerne la communication des esprits ; les chemins de fer et la navigation à vapeur ont décuplé les facilités pour le transport des corps. N'était-il pas inévitable que le siècle regardât comme une partie essentielle de sa tâche de faire disparaître les obstacles qui gênaient ses communications rapides ? Etait-il possible que la génération qui devait percer le Cenis, le Gothard, s'arrêtât devant quelque banc de sable ou de rocher à Suez, à Corinthe, à Panama ?

C'est vous, Monsieur, qui avez été l'artisan élu pour cette grande œuvre. L'isthme de Suez était depuis longtemps désigné comme celui dont la section était la plus urgente. L'antiquité l'avait voulue et tentée par des moyens insuffisants. Leibnitz désignait cette entreprise à Louis XIV comme digne de sa puissance. Mais il fallait pour une telle œuvre une croyance à l'instinct que le dix-septième siècle n'avait pas. Ce fut la Révolution française qui, en ramenant l'âge des expéditions fabuleuses et un état d'enfance héroïque où l'homme, dans ses aventures, s'inspire du vol des oiseaux et des signes au ciel, posa le problème de telle manière qu'il ne fut plus possible de le laisser dormir. Le percement de l'isthme figurait au programme que le Directoire donna à l'expédition d'Egypte. Comme au temps d'Alexandre, la conquête des armes fut une conquête de la science. Le 24 décembre 1798, notre illustre confrère, le général Bonaparte, partait du Caire, accompagné de Berthier, de Monge, de Berthollet, de quelques autres membres de l'Institut, et de négociants qui avaient obtenu de marcher dans son escorte. Le 30, il retrouvait, au nord de Suez, les vestiges de l'ancien canal, et il les suivait pendant cinq lieues ; le 3 janvier 1799 il voyait près de Belbeys l'autre extrémité du canal des Pharaons. Les recherches de la commission d'Egypte ont été la base de tous les travaux postérieurs. Une seule erreur, celle de l'inégalité de niveau des deux mers toujours combattue par Laplace et Fourier, se mêla à des recherches précieuses et retarda d'un demi-siècle l'exécution de l'œuvre rêvée par les ingénieurs héroïques de 1798.

Cette grande école saint-simonienne, qui eut un si haut sentiment du travail commun de l'humanité, releva l'idée, se l'appropria par le martyre. Plus de douze ingénieurs saint-simoniens moururent de la peste en 1833, au barrage du Nil. A travers plusieurs chimères, une vérité était entrevue, je veux dire la place exceptionnelle de l'Egypte dans l'histoire du monde. Clef de l'Afrique intérieure, par le Nil ; par son isthme, gardienne du point le plus important de l'empire des mers, l'Egypte n'est pas une nation, c'est un enjeu, tantôt récompense d'une domination maritime légitimement conquise, tantôt châtiment d'une ambition qui n'a pas mesuré ses forces. Quand on a un rôle touchant aux intérêts généraux de l'humanité, on y est toujours sacrifié. Une terre qui importe à ce point au reste du monde ne saurait s'appartenir à elle-même; elle est neutralisée au profit de l'humanité : le principe national y est tué. Nous nous étonnons de voir apparaître, parmi les folles pensées qui se croisent dans la tête de Néron, durant les heures qui séparent sa chute de sa mort, l'idée d'aller se présenter au peuple en habits de deuil et de lui demander, en échange de l'empire, la préfecture de l'Egypte. C'est que la préfecture de l'Egypte sera toujours un lot à part ; le souverain de l'Egypte ne s'appellera jamais du même nom que les autres souverains. L'Egypte sera toujours gouvernée par l'ensemble des nations civilisées. L'exploitation rationnelle et scientifique du monde tournera sans cesse vers cette étrange vallée ses regards curieux, avides ou attentifs.

La France, pendant trois quarts de siècle, a eu pour ce difficile problème une solution qu'on admirera quand l'expérience aura montré combien les autres solutions coûteront au monde de larmes et de sang. Elle imagina par une dynastie musulmane en apparence, mais au fond sans fanatisme et prompte à reconnaître la supériorité de l'Occident, de faire régner l'esprit moderne sur cette terre exceptionnelle, qui ne saurait, sans un détriment extrême du bien général, appartenir à la barbarie. Par l'Egypte ainsi organisée et encadrée, la civilisation avait la main sur tout le Soudan oriental. Les dangereux cyclones que produira périodiquement l'Afrique centrale, depuis qu'on a eu l'imprudence de la laisser se faire musulmane, étaient réprimés. La science européenne avait ses libres allures en un pays qui lui est en quelque sorte dévolu comme champ d'étude et d'expérience. Mais on aurait dû porter dans ce plan excellent quelque conséquence. Il fallait ne pas affaiblir une dynastie par laquelle la pointe de l'épée de l'Europe pénétrait presque jusqu'à l'équateur. Il fallait surtout surveiller la mosquée El-Azhar, centre d'où la propagande musulmane s'étendait sur toute l'Afrique. Isolées et livrées au fétichisme, les races soudaniennes sont peu de chose ; mais, converties à l'Islam, elles deviennent des foyers de fanatisme intense. Faute de prévoyance, on a laissé se former à l'ouest du Nil une Arabie bien plus dangereuse que l'Arabie véritable. N'êtes-vous pas frappé, Monsieur, qu'il n'y ait encore aucun *sensorium* commun des grands intérêts du monde? C'est à croire vraiment qu'il y a un ange gardien pour l'humanité, qui l'empêche de tomber dans tous les fossés du chemin ? S'il n'y avait que les diplomates, j'aimerais autant voir notre pauvre espèce confiée à la prudence d'une bande d'écoliers ayant pris la clef des champs.

L'origine de votre entreprise se rattache aux débuts de cette dynastie de Méhémet-Ali, née sous les auspices de la France, et que, par contre-

coup, un abaissement passager de la fortune de la France a dû faire
chanceler, Monsieur votre père fut le premier agent français qui résida
en Egypte après le départ de notre armée. Il était chargé par le Premier Consul et par M. de Talleyrand de contrebalancer la tyrannie des
Mamelouks, appuyée par l'Angleterre. Le chef des janissaires de
Monsieur votre père lui amena un jour, comme capable de s'opposer à
l'anarchie, un jeune Macédonien qui commandait alors mille Albanais,
et sur qui l'expédition française avait fait la plus vive impression. Ce
compatriote d'Alexandre ne savait encore ni lire ni écrire. Sa fortune
grandit rapidement, et, comme il n'oubliait rien de ce qu'on avait fait
pour lui ou contre lui, quand vous arrivâtes en Egypte, dans les premiers mois de 1832, en qualité d'élève consul, le puissant vice-roi vous
distingua tout d'abord. Mohammed-Saïd, un de ses fils, fut votre ami
de jeunesse. Vous prîtes sur lui un empire étrange et quand il monta
sur le trône, vous régnâtes avec lui. Il touchait par vous quelque
chose de supérieur, qu'il ne comprenait qu'à demi, tout un idéal de
lumière et de justice dont son âme ardente avait soif, mais que de
sombres nuages, sortant d'un abîme séculaire de barbarie, voilaient
passagèrement à ses yeux.

Vous avez raconté, avec le parfait naturel qui n'appartient qu'à vous,
cette liaison qui a eu pour le monde des conséquences si graves, ces
alternatives bizarres d'emportements et de raisons, cet enthousiasme de
la science au sortir de l'ignorance la plus absolue, ces torrents de larmes
succédant à des crises de fureur; puis des éclats de rire, des mouvements de folle vanité; dans le même cerveau enfin, la lutte d'un Tamer-
lan et d'un Marc-Aurèle. Votre récit du féerique voyage que vous fîtes
avec Saïd dans le Soudan est un document sans égal pour la psycholo-
gie de l'Oriental. Tantôt vous surpreniez votre compagnon de voyage
plongé dans une morne tristesse, par suite de son impuissance à
soulever un monde de bassesse et d'abus; tantôt vous le trouviez en
proie à des accès de frénésie. Il se levait alors, tirait son sabre, le jetait
le plus loin possible, par crainte du sauvage qu'il sentait en lui. La nuit
le calmait, et, quand vous reveniez le voir le matin, vous le trouviez
dans la désolation, se reprochant de n'avoir pas eu le premier les excellentes idées de progrès et de réforme que vous lui aviez suggérées. Vous
inspiriez à cet impétueux despote un respect singulier. Vous contenter
était son but suprême; il ne voyait que vous au monde. Le barbare est
toujours un enfant, et cette amitié était un verre que la moindre jalousie pouvait fêler. Vous le sentiez; votre esprit riche et souple parait à
tout. Il n'y a que les très fortes natures qui sachent traiter avec les barbares. Saïd avait emporté pour lui un service de Sèvres, et vous en
avait donné un autre pour votre usage personnel. Le service du vice-
roi, faute de soins, fut bientôt en morceaux, pendant que le vôtre était
intact. Il n'était pas bon que cela durât. Un jour le chameau bien dressé

qui portait votre vaisselle se trouva remplacé par un chameau très vif et presque sauvage. Vous n'eûtes garde de réclamer. Au bout de quelques minutes, votre service de Sèvres volait en pièces. Le vice-roi éclata de rire et l'œuvre de l'isthme fut sauvée.

Dès cette époque, en effet, le percement de l'isthme de Suez était votre constante préoccupation, et vous aviez à peu près réussi à en faire adopter l'idée à votre tout-puissant ami. Vos vues à cet égard dataient d'un incident de votre arrivée en Egypte. Vous veniez d'un pays parfaitement sain ; vous entriez dans un pays plein de maladies, et selon une logique qui n'a pas changé jusqu'à nos jours, on vous fit faire une longue quarantaine à Alexandrie. Le consul M. Mimault, pour diminuer l'ennui de votre séquestration, vous apporta quelques volumes du grand ouvrage de la commission d'Egypte, en vous recommandant surtout le mémoire de Lepère sur la jonction des deux mers. C'est ainsi que vous fîtes connaissance avec l'isthme et son histoire. Dès lors l'ambition de réaliser ce que d'autres avaient rêvé s'empara de vous. Vous dûtes attendre vingt-trois ans. Mais rien ne vous rebuta ; vous étiez né perceur d'isthme; l'antiquité eût fait un mythe à votre sujet; vous êtes l'homme de notre siècle sur le front duquel se lit le plus clairement le signe d'une vocation absolue.

Le principe de la grande action, c'est de prendre la force vive où elle est, de l'acheter au prix qu'elle coûte et de savoir s'en servir. Dans l'état présent du monde, la barbarie est encore un dépôt énorme de forces vives. Votre intelligence si ouverte comprit qu'il y a une puissance immense entre des mains incapables de s'en servir et que cette puissance appartient à qui sait la prendre. Vous acceptez bravement les choses humaines comme elles sont. Le contact de la sottise et de la folie ne vous déplaît pas. Libre à celui qui ne touche pas les réalités de la vie de faire le difficile et de rester immaculé. L'humanité se compose de deux milliards de pauvres créatures, ignorantes, bornées, avec lesquelles une élite marquée d'un signe est chargée de faire de la raison, de la justice, de la gloire. Arrière les timides et les délicats, arrière les dégoûtés, qui ont la prétention de sortir sans une tache de boue de la bataille engagée contre la sottise et la méchanceté ! ils ne sont pas propres à une œuvre pour laquelle il faut plus de pitié que de dégoût, un cœur haut et fier, la grande bonté, souvent assez différente de la philanthropie superficielle, quelque chose enfin du sentiment large de Scipion l'Africain, répondant à je ne sais quelle chicane : « A pareil jour, j'ai gagné la bataille de Zama ; montons au Capitole et rendons grâce aux dieux ».

Vous devez, en grande partie, à l'Orient ces allures de cheval arabe, qui ont parfois surpris vos amis plus timides que vous. L'Orient inspire le goût des grandes aventures ; car, en Orient, l'ère des grandes aventures fécondes dure encore. La vue d'un troupeau sans pasteur inspire l'idée de se mettre à sa tête. Que de fois, en Syrie, j'ai porté envie au sous-lieutenant qui m'accompagnait ! Celui qui fondera l'ordre et la civilisation en Orient grandit peut-être maintenant dans quelque école de cadets. Vous évitez, dans votre appréciation des hommes, les étroits jugements des idéologues à outrance, qui croient que toutes les races se valent, et des théoriciens cruels, qui ne voient pas la nécessité des humbles dans la création. Ces gens du lac de Menzaleh, qui ont construit les berges de votre canal en recueillant la vase dans leurs larges mains, et en la pressant pour l'égoutter contre leur poitrine, auront leur place dans le royaume de Dieu. Inférieures, oui certes, elles le sont, ces pauvres familles humaines si cruellement trahies par le sort ; mais elles ne sont pas pour cela exclues de l'œuvre commune. Elles peuvent produire de grands hommes ; parfois d'un bond elles nous dépassent ; elles sont capables de prodiges d'abnégation et de dévouement. Telles qu'elles sont, vous les aimez. Vous êtes optimiste, Monsieur, et vous avez raison. L'art suprême est de savoir faire du bien avec du mal, du grand avec du médiocre. On l'emporte à ce jeu transcendant par la sympathie, par l'amour qu'on a pour les hommes et par celui qu'on leur inspire, par l'audace avec laquelle on s'affirme à soi-même que la cause du progrès est gagnée et qu'on y sert.

L'Oriental veut avant tout être charmé. Vous y réussissiez à merveille. Votre franchise, votre aisance, lui inspiraient une confiance sans bornes. Saïd ne pouvait vivre sans vous. Votre étonnante habileté à monter à cheval vous gagnait l'amitié de la vieille école de Méhémet-Ali, plus habile à ces sortes d'exercices qu'à ceux de l'esprit. Le 30 novembre 1854, vous étiez avec Saïd en plein désert. La tente du vice-roi était placée sur une éminence en pierres sèches. Vous aviez remarqué qu'il y avait un endroit où l'on pouvait sauter à cheval par-dessus le parapet. Ce fut là le chemin que vous choisîtes. Franchement, Monsieur, vous auriez dû vous rompre le cou ; mais les folies en Orient servent autant que la sagesse. Votre hardiesse excita l'universelle admiration, et, ce jour-là même, la charte de concession vous fut octroyée. Saïd considéra, désormais, le percement de l'isthme comme son œuvre propre ; il y doit sa tenacité d'enthousiasme, sa vanité de barbare. Moins d'un mois après, vous partiez pour la première exploration du désert, sur lequel vous alliez remporter en quinze ans une victoire si décisive.

Ces quinze années furent comme un rêve, digne d'être raconté dans les *Prairies d'or* de Massoudi ou dans les *Mille et une Nuits*. Votre ascendant sur ce monde étrange de grandeur et d'énergie inculte fut vraiment inouï. Vous étonniez M. Barthélemy Saint-Hilaire ; il ne vous suivait plus. En fait, vous avez été roi ; vous avez eu les avantages de la souveraineté ; vous avez appris ce qu'elle apprend, l'indulgence, la pitié, le pardon, le dédain. J'ai vu votre royauté dans le désert. Pour traverser le Ouadi de Zagazig à Ismaïlia, vous m'aviez donné un de vos sujets.

C'était, je crois, un ancien brigand, que vous aviez rattaché momentanément à la cause de l'ordre. En m'expliquant le mécanisme d'un vieux
tromblon du seizième siècle, qui faisait partie de son arsenal, il m'exposait ses sentiments les plus intimes, qui se résumaient en une admiration sans bornes pour vous. Vous aviez vos fidèles, je dirai presque vos
fanatiques, quelquefois dans le camp de ceux qu'on devait supposer vos
ennemis. A Ismaïlia, nous rencontrâmes une dame anglaise, qui suivait
d'un œil avide le travail de vos ouvriers, pour voir si les prophéties de
la Bible n'en recevaient pas de confirmation. Elle nous mena voir
quelques touffes d'herbes et de fleurs que les infiltrations du canal d'eau
douce avaient fait pousser dans le sable. Cela lui paraissait démonstra-
tif; n'est-il pas écrit, en effet, que, à la veille du grand avènement de
l'âge messianique, « le désert fleurira » ? (*Isaïe*, ch. 35.) Vous aviez
pour tous une chimère toute prête ; vous fournissiez à tous un rêve, à
chacun le rêve selon son cœur.

Le mot de religion n'est pas trop fort pour exprimer l'enthousiasme
que vous excitiez. Votre œuvre fut durant quelques années une sorte
de bonne nouvelle et de rédemption, une ère de grâce et de pardon. Les
idées de réhabilitation, d'amnistie morale tiennent toujours une grande
place dans les origines religieuses. Le bandit est reconnaissant à quiconque vient prêcher un jubilé, qui remet les choses en leur place.
Vous étiez bon pour tous ceux qui s'offraient ; vous leur faisiez sentir
que leur passé serait effacé, qu'on était absous, reclassé dans la vie
morale, pourvu qu'on aimât le percement de l'isthme. Tant de gens sont
prêts à s'améliorer, pourvu qu'on veuille bien leur oublier quelque
chose ! Un jour, toute une bande de galériens, qui avait réussi à s'échapper de je ne sais quel bagne autrichien des bords de l'Adriatique, vint
s'abattre sur l'isthme comme sur un Eden. Le consul d'Autriche les
réclama. Vous fîtes traîner l'affaire en longueur. Au bout de quelques
semaines, le consulat d'Autriche n'avait d'autre occupation que d'expédier l'argent que ces braves gens envoyaient à leurs parents pauvres,
peut-être à leurs victimes. Le consul alors vous fit prier instamment de
les garder, puisque vous saviez tirer d'eux un parti si excellent.

Je lis, dans le compte rendu d'une de vos conférences, ce qui suit :
« M. de Lesseps a constaté que les hommes sont fidèles, nullement
méchants, lorsqu'ils ont de quoi vivre. L'homme ne devient méchant
que par peur ou lorsqu'il a faim ». Il faudrait peut-être ajouter : quand
ils sont jaloux. « Jamais, ajoutiez-vous, je n'ai eu à me plaindre de mes
travailleurs, et j'ai pourtant employé des pirates et des forçats. Tous,
par le travail, redevenaient honnêtes ; on ne m'a jamais rien volé, pas
même un mouchoir ». Le fait est qu'on tire tout de nos hommes en leur
témoignant de l'estime et en leur persuadant qu'ils travaillent à une
œuvre d'intérêt universel.

Vous avez ainsi fait reverdir de nos jours une chose qui semblait flétrie à jamais. Vous avez donné, en un siècle sceptique, une preuve éclatante de l'efficacité de la foi, et vérifié au sens positiviste ces hautes paroles : « Je vous dis que si vous aviez de la foi pas plus gros qu'un grain de sénevé, vous diriez à cette montagne : Va, et jette-toi dans la mer ; et elle irait ». Le dévouement que vous obteniez de votre personnel était immense. Je passais une nuit à Schalloufet-errabah, sur le canal d'eau douce, dans une baraque absolument isolée, occupée par un seul de vos employés. Cet homme me frappa d'admiration. Il était sûr de remplir une mission ; il s'envisageait comme une sentinelle perdue en un poste avancé, comme un missionnaire de la France, comme un agent de civilisation. Tous vos fonctionnaires croyaient que le monde les contemplait et avait intérêt à ce qu'ils fissent bien leur devoir.

Voilà, monsieur, ce que notre suffrage a voulu récompenser. Nous sommes incompétents pour apprécier le travail de l'ingénieur ; les mérites de l'administrateur, du financier, du diplomate n'ont pas ici leur juge ; nous avons été frappés de l'œuvre morale, de cette résurrection de la foi, non de la foi à un dogme particulier, mais de la foi à l'humanité, à ses brillantes destinées. Ce n'est pas pour l'œuvre matérielle que nous vous couronnons, pour ce ruban bleu, qui nous vaudrait, à ce qu'il paraît, l'estime des habitants de la Lune, s'il y en avait. Non ; là n'est pas votre gloire, c'est d'avoir provoqué le dernier mouvement d'enthousiasme, la dernière floraison de dévouement. Vous avez renouvelé de nos jours les miracles des jours antiques. Le secret des grandes choses, l'art de se faire aimer, vous l'avez eu au plus haut degré. Vous avez su, avec des masses incohérentes, former une petite armée compacte, où les meilleures qualités de la race française sont apparues dans tout leur jour. Des milliers d'hommes ont eu en vous leur conscience, leur raison de vivre, leur principe de noblesse ou de relèvement.

Ce que vous avez dépensé, en cette lutte, de vaillance, de bravoure, de ressources de toutes sortes, tient du prodige. Quel trésor de bonne humeur, en particulier, ne vous a-t-il pas fallu pour répondre patiemment à tant d'objections puériles que l'on vous opposait : sables mouvants du désert, vases sans fond du lac Menzaleh, menaces d'un déluge universel, amené par l'inégalité de niveau des deux mers ! Pendant les quatre premières années, votre activité n'a pas d'égale ; vous faites par an dix mille lieues, plus que le tour du monde. Il fallait persuader l'Europe ; il fallait surtout convertir l'Angleterre, notre grande et chère rivale. Vous prîtes les mœurs du pays. Vous alliez de ville en ville, avec un seul compagnon de voyage, portant avec vous des cartes colossales, des chargements de brochures et de prospectus. En arrivant dans une ville, vous vous rendiez chez le lord-maire ou chez le personnage le plus important de la localité pour lui offrir la présidence du meeting ; puis vous choisissiez le secrétaire ; vous alliez voir les rédacteurs de tous les journaux. En quarante-cinq jours, vous fîtes ainsi trente-deux meetings dans les principales villes des trois royaumes. La nuit se passait à corriger les épreuves du discours de la veille ; vous en emportiez mille exemplaires, que vous distribuiez le lendemain.

Vous ne repoussez aucun des moyens dont notre siècle a fait les conditions du succès. Vous ne dédaignez pas la presse, et vous avez raison ; car, à n'envisager que l'effet sur le monde, la manière dont un fait se raconte est plus important que le fait en lui-même. La presse a remplacé de nos jours tout ce qui autrefois mettait les hommes en rapport les uns avec les autres, la correspondance, la parole publique, le livre, presque la conversation. Renoncer à ce puissant moyen, c'est renoncer à sa part d'action légitime dans les choses humaines. Il y a, je le sais, des personnes puritaines qui se contentent d'avoir raison pour elles-mêmes et qui regardent comme humiliante l'obligation d'avoir raison devant tous. Je respecte infiniment cette manière de voir; je crains seulement qu'il ne s'y mêle une légère erreur historique. Autrefois, on gagnait le roi et la cour par des procédés de peu supérieurs à ceux par lesquels, de notre temps, on gagne tout le monde. Le gros public voit par son journal ; Louis XIV et Louis XV voyaient par les étroites idées de leur entourage. Pour arriver à être ministre, Turgot, le plus modeste des hommes, n'eut besoin de convaincre de son mérite que quatre personnes : d'abord l'abbé de Véry, son condisciple en Sorbonne, homme d'un esprit très éclairé, qui parla de lui avec admiration à une femme très intelligente, Mme de Maurepas. Mme de Maurepas le signala à M. de Maurepas, qui le présenta à Louis XVI. Certes, il faut plus de candidatures que cela pour arriver par le suffrage universel. Mais voyez le revers. Pour faire tomber le ministre qui seul pouvait sauver la monarchie, il suffit de quelques épigrammes de courtisans et d'un revirement dans les idées de Maurepas. Ah ! qu'on ferait un long chapitre des erreurs du suffrage restreint !

Notre temps n'est pas plus frivole que les autres. On parle du règne de la médiocrité. Mon Dieu ! Monsieur, qu'il y a longtemps que ce règne-là est commencé ! La somme de raison qui émerge d'une société pour la gouverner a toujours été très faible. Toujours l'homme supérieur qui veut le bien a dû se prêter aux faiblesses de la foule. Pauvre humanité ! Pour la servir, il faut se mettre à sa taille, parler sa langue, adopter ses préjugés, entrer avec elle à l'atelier, au bouge, à l'hôtel garni, au cabaret.

Vous avez donc bien fait de ne vous arrêter à ces mesquines susceptibilités qui, si l'on en tenait trop de compte, feraient de l'inaction la suprême sagesse. Les temps sont obscurs ; nous travaillons dans la nuit ; travaillons tout de même. L'Ecclésiaste avait mille fois raison de dire que nul ne sait si l'héritier de la fortune qu'il a créée sera sage ou fou. Ce philosophe accompli en conclut-il qu'il ne faut rien faire ? Nullement. Une voix secrète nous pousse à l'action. L'homme fait les grandes choses par l'instinct, comme l'oiseau entreprend ses voyages guidé par une mystérieuse carte de vieille géographie qu'il porte en son petit cerveau.

Vous ne vous êtes pas dissimulé que le percement de l'isthme servirait tour à tour à des intérêts fort divers. Le grand mot: « Je suis venu apporter non la paix, mais la guerre », a dû se présenter fréquemment à votre esprit. L'isthme coupé devient un détroit, c'est-à-dire un champ de bataille. Un seul Bosphore avait suffit jusqu'ici aux embarras du monde ; vous en avez créé un second, bien plus important que l'autre, car il ne met pas seulement en communication deux parties de mer intérieure ; il sert de couloir de communication à toutes les grandes mers du globe. En cas de guerre maritime, il serait le suprême intérêt, le point pour l'occupation duquel tout le monde lutterait de vitesse. Vous aurez ainsi marqué la place des grandes batailles de l'avenir. Que pouvons-nous, si ce n'est de cerner le champ clos où se choquent les masses aveugles, de favoriser dans leur effort vers l'existence toutes ces choses obscures qui gémissent, pleurent et souffrent avant d'être ? Aucune déception ne nous arrêtera ; nous serons incorrigibles ; même au milieu de nos désastres, les œuvres universelles continueront de nous tenter. Le roi d'Abyssinie a dit de vous : « Lesseps, qui est de la tribu de la lumière... ». Ce roi, vraiment, parle d'or. Nous sommes tous de cette tribu-là. C'est une règle militaire de marcher au canon, de quelque côté qu'on l'entende. Nous autres, nous avons pour loi de marcher à la lumière, souvent sans bien savoir où elle nous conduit.

Vous avez si parfaitement rendu justice à l'homme illustre à qui vous succédez parmi nous, que je n'ai pas à y revenir. C'était un excellent citoyen. Il pensait en tout comme la France. Quand le pays faisait un pas dans le sens de ce qui paraît être sa politique préférée, il le suivait, quelquefois même il le devançait ; mais toujours il était sincère. Le mot d'ordre qu'il semblait recevoir du dehors était en réalité de lui ; car il était en parfait accord avec le milieu où il vivait. Il professait tous les préjugés dont se compose l'opinion commune si honnêtement, qu'il arrivait à les prendre pour des vérités primitives et incréées. Mais, comme c'était un vrai libéral, il n'éprouvait aucun regret à voir ses convictions les plus arrêtées faire un stage. Il voulait que le progrès s'accomplît par l'amélioration des esprits et par la persuasion. Il put avoir, comme tout le monde, ses illusions ; jamais il ne s'aveugla que quand le doute lui eût paru un manque de générosité, un péché contre la foi.

La meilleure preuve de son ardent patriotisme fut ce grand ouvrage historique qui a marqué sa place parmi nous. La France avait besoin d'une histoire étendue qui, sans remplacer l'étude des sources, présentât à l'homme instruit l'ensemble complet des résultats obtenus par la critique moderne. Pour rédiger une telle histoire, il fallait de l'ab-

négation. Comme l'a fort bien dit M. Villemain, il n'y a pas de chef-
d'œuvre en vingt volumes. Un tel livre, en effet, ne pouvait être un livre
de style ; M. Augustin Thierry ne l'aurait jamais fait. Ce ne pouvait
non plus être un livre de science ; M. Léopold Delisle ne le fera jamais.
Il fallait pourtant que le livre existât. Les exquises ou étincelantes fan-
taisies de M. Michelet étaient à la fois plus et moins que l'ouvrage de
conscience, et de bonne foi réclamé par l'intérêt public, M. Henri
Martin se dévoua. Il n'ignorait pas que la France, et, en général, les
pays très littéraires, sont injustes pour les œuvres qui se dis-
tinguent par la modération et le jugement plutôt que par l'éclat du
talent. Il s'assujettit courageusement à une œuvre condamnée d'avance
à une foule de défauts. Il renonça aux jouissances de l'écrivain,
aux plaisirs intimes du savant. Pour moi, je pense que rien ne vaut un
honnête homme, et je trouve qu'il fit bien. Le livre de M. Henri Martin
est un des plus estimables que notre siècle ait produits. Il est beau de
l'avoir écrit ; il est honorable pour un pays d'avoir inspiré le courage
de l'écrire.

Telle est d'ailleurs l'unité grandiose du sujet que les proportions en
éclatent, bien qu'il soit difficile d'embrasser toutes les parties d'un coup
d'œil. La formation de la France par l'action de la dynastie capétienne est
le plus bel exemple de création vivante que présente l'histoire d'aucun
pays. Ce n'est pas une concrétion grossière dont les éléments souffrent
d'être séparés les uns des autres. Le roi de France est comme le cœur
ou, si l'on veut, la tête d'un organisme puissant, où chaque partie vit
en solidarité avec le tout. Merveilleuse unité, dont le défaut, si j'ose le
dire, fut d'être trop parfaite, puisqu'elle induisit de vrais patriotes à
croire, imprudemment peut-être, qu'elle devait nécessairement sur-
vivre à la cause qui l'avait formée ! Problème étrange, devant lequel
d'autres patriotes non moins sincères gardent un silence douloureux,
se demandant avec angoisse si l'unité d'un être vivant, fortement cen-
tralisé, peut continuer après l'ablation de la tête ! M. Henri Martin fut
de ceux qui osèrent résoudre, d'après les aspirations de leur cœur et
avec leur confiance absolue dans l'étoile de la France, une question sur
laquelle le temps seul permettra de se prononcer avec certitude. Ce fut
un révolutionnaire, mais un révolutionnaire juste pour le passé. Il comprenait qu'il n'y a pas de nation sans histoire, et qu'une partie se compose des morts qui l'ont fondée aussi bien que des vivants qui la continuent.

Le pays récompensa comme il devait ce large et haut sentiment
d'amour filial. Hâtons-nous de le dire: il y a un patriotisme supérieur
à celui que le pays récompense ; c'est le patriotisme de l'homme qui ne
craint pas l'impopularité, qui applique tout ce qu'il a d'intelligence au
bien public, qui dit son avis avec réserve, puis attend, sans chercher à
tirer profit de l'accomplissement de ses prophéties. M. Henri Martin, à

33

qui la direction de la politique française, depuis la Révolution, paraissait légitime dans son ensemble, ne devait pas avoir ces rigueurs de critique. C'étaient, après tout, ses idées qui triomphaient, et, même au cas où il serait prouvé qu'il eut quelquefois, pour les faits contemporains, l'applaudissement un peu facile, pensez-vous, Monsieur, que nous aurions le droit d'être envers lui bien sévères ? Au fond, notre façon d'aimer la France ne diffère pas beaucoup de la sienne. Nous aimons trop cette vieille mère, dont nous avons sucé tous les instincts, si l'on veut toutes les erreurs, pour oser prendre avec elle le ton rogue de l'homme sûr d'avoir raison. L'amour nous rend inconséquents. Nous voyons les imprudences, et nous suivons tout de même. Il est si triste d'être plus sage que son pays. Par moments, on prend la résolution d'être ferme ; on se promet, quand viendront les jours sombres, de se laver les mains des fautes qu'on a déconseillées. Eh bien non! quand viennent les jours sombres, on est aussi triste que ceux qui n'avaient rien prévu et le fait d'avoir eu raison quand presque tout le monde avait tort devient une faible consolation. On ne tient pas rancune à sa patrie. Mieux vaut se tromper avec elle que d'avoir trop raison avec ceux qui lui disent de dures vérités.

Que vous avez bien fait, Monsieur, de placer le centre de gravité de votre vie au-dessus de ces navrantes incertitudes de la politique, qui ne laissent si souvent le choix qu'entre deux fautes ! Votre gloire ne souffrira pas d'intermittences. Déjà vous jouissez presque des jugements de la postérité. Votre vieillesse heureuse, puissante, honorée, rappelle celle que l'on prête à Salomon, l'ennui sans doute excepté. L'ennui, vous n'avez jamais su ce que c'est ; et, quoique très bien placé pour voir que tout est vanité, vous ne vous êtes jamais, je crois, arrêté à cette pensée. Vous devez être très heureux, Monsieur ; content de votre vie, indifférent à la mort, car vous êtes brave. Vous éprouvez, disiez-vous dans une de vos conférences, quelque inquiétude en songeant qu'au jour du jugement dernier l'Eternel pourra vous reprocher d'avoir modifié sa création. C'est là une crainte bien éloignée ; rassurez-vous. S'il y a quelqu'un dont l'attitude dans la vallée de Josaphat ne me cause aucune appréhension, c'est bien vous. Vous y continuerez votre rôle de charmeur, et quant au grand juge, vous saurez facilement le gagner. Vous avez amélioré son œuvre ; il sera sûrement content de vous.

En attendant, vous viendrez parmi nous vous reposer de cette vie d'infatigable activité que vous vous êtes imposée. Dans l'intervalle de vos voyages de Suez à Panama et de Panama à Suez, vous nous direz vos observations nouvelles sur le monde, s'il s'améliore ou s'abaisse, s'il rajeunit ou vieillit, si, à mesure que les isthmes se coupent, le nombre des hautes et bonnes âmes augmente ou diminue. Notre vie, le plus souvent passée à l'ombre, se complètera par la vôtre, toute passée

au grand air. Pour moi, je ne vous vois jamais sans rêver à ce que
nous aurions pu faire tous les deux, si nous nous étions associés pour
fonder quelque chose. Tenez, si je n'étais pas déjà vieux, je ne sais pas
quelle œuvre de bienfaisante séduction je ne vous proposerais pas. Mais
il faudrait pour cela donner ma démission de l'Académie des Inscrip-
tions et Belles-Lettres, amie absolue de la vérité : ce que je ne ferai
jamais, je m'y amuse trop. Et puis le monde est bizarre ; en général, il
n'accorde à un homme qu'une seule maîtrise. Il vous écoute quand il
s'agit de percer des isthmes ; il me prête attention sur certaines questions où il lui plaît de m'entendre. Pour le reste, on ne nous consulte
pas. Nous aurions cependant, peut-être, quelques bons conseils à
donner. La volonté de Dieu soit faite ; nous ne nous plaignons pas de la
part qui nous est échue.

La vôtre, assurément, a été de premier choix. Après Lamartine,
vous avez, je crois, été l'homme le plus aimé de notre siècle, celui sur
la tête duquel se sont formés le plus de légendes et de rêves. Nous
vous remercions, nous remercions le haut poète qui siège à côté de
vous et vous introduit dans cette Compagnie, d'avoir, en un temps dont
le défaut est le dénigrement et la jalousie, donné à notre peuple attristé
l'occasion d'exercer ce que le cœur humain a de meilleur, la faculté
d'admirer et d'aimer. La nation qui sait aimer et admirer n'est pas près
de mourir. A ceux qui disent que, sous la poitrine de ce peuple rien ne
bat plus, qu'il ne sait plus adorer, que le spectacle de tant d'avortements
et de déceptions a éteint en lui toute confiance dans le bien, toute foi
en la grandeur, nous vous citons, chers et glorieux confrères ; nous
rappelons le culte dont vous êtes l'objet, ces couronnes, ces fêtes qui
n'ont coutume d'être décernées qu'à la mort, ces tressaillements de
cœurs, enfin, que nos foules éprouvent au nom de Victor Hugo, de
Ferdinand de Lesseps. Voilà ce qui nous console, ce qui nous soutient,
ce qui nous fait dire avec assurance : Pauvre et chère France, non, tu
ne périras pas ; car tu aimes encore, et tu es encore aimée.

Cette page de M. Renan restera la plus belle et la plus
vraie qui ait été écrite sur la vie de l'homme dont nous
écrivons l'histoire.

Dans l'accomplissement de son œuvre, M. de Lesseps a
eu des collaborateurs particulièrement précieux, pleins de
talent, d'activité, de dévouement à la personne et à l'œuvre
de leur illustre chef.

Parmi ceux de la première heure il faudrait citer :
MM. Ruyssenaers, qui fut si longtemps au Caire, pendant

la durée des travaux, le représentant et le délégué de la
Compagnie de Suez; — le duc d'Albuféra qui, en qualité de
vice-président de cette dernière, fut associé pendant près
de quinze ans à toutes les démarches de M. de Lesseps;
— M. Voisin Bey, l'éminent directeur général des travaux;—
MM. Laroche et Larousse qui furent à ses côtés, pendant
de longues années, des lieutenants pleins d'ardeur, de
talent et de courage, etc.

La Compagnie de Suez, depuis son origine, a eu la
fortune d'avoir des secrétaires généraux des plus distingués. Ce furent successivement : MM. Barthélemy Saint-
Hilaire, P. Merruau, Marius Fontane, qui aujourd'hui est
à la fois le secrétaire général de Suez et de Panama. La
tâche de M. Marius Fontane est donc encore plus lourde
que celle de ses éminents prédécesseurs. Et cependant, au
milieu d'occupations incessantes, M. Marius Fontane
trouve encore le moyen de ne pas abandonner cette œuvre
de grand mérite et de vaste érudition qui, sous le titre
d'*Histoire universelle*, sera comme une encyclopédie historique de l'humanité.

Combien d'autres noms aurions-nous à citer encore : en
France, les entrepreneurs Borel, Levalley et Dussaud qui
accomplirent à Suez de si merveilleux travaux; à l'étranger,
Linant-Bey, Mougel-Bey, Paléocapa, de Negrelli, Lange,
etc., et parmi ceux qui ont aidé M. de Lesseps en zélateurs
infatigables, MM. Olivier Ritt, Alloury, P. Savouillan,
Napoléon Ney, etc.

Dans sa famille, M. de Lesseps a compté aussi de précieux collaborateurs. Ce fut tout d'abord son frère aîné, le
comte Théodore de Lesseps, qui fut directeur politique au
ministère des affaires étrangères, puis sénateur avant
1870, et auquel sont adressées plusieurs de ses lettres les
plus intéressantes; son autre frère, M. Jules de Lesseps;
M. Victor Delamalle, le père de sa première femme, et

enfin ses fils Charles et Victor de Lesseps qu'il a intime-
ment associés à ses travaux.

Plus qu'en tout autre, il faut le dire, M. de Lesseps a
dans son fils Charles-Aimé de Lesseps, aujourd'hui vice-
président de la Compagnie de Suez et de la Compagnie de
Panama, non seulement un digne héritier de son nom,
mais encore le continuateur assidu de son œuvre immense.

A cette heure cependant, la majorité du public ne connaît
guère encore que M. Ferdinand de Lesseps. Celui-ci a été
à la peine; il est à l'honneur, et c'est justice. Mais c'est
justice aussi d'indiquer, dans un volume consacré au fondateur du canal de Suez et de Panama, combien depuis
vingt ans la collaboration de M. Charles de Lesseps à
l'œuvre de son illustre père a été active, incessante,
infatigable.

Né en 1840, à Malaga, où M. de Lesseps était alors
consul de France, M. Charles-Aimé-Marie de Lesseps fut
attaché, en 1859, par M. Thouvenel, ambassadeur en
Turquie, à l'ambassade de Constantinople. Entré ensuite
au ministère des affaires étrangères, il collabora à la direction des archives, puis passa à la direction politique de ce
département. Il quitta le ministère avec le titre de secrétaire d'ambassade.

C'est en 1863 que M. Charles de Lesseps entra à la
Compagnie du canal de Suez. Il en devint l'un des administrateurs, puis, après la retraite du duc d'Albuféra, en 1872,
le vice-président. Lors de la constitution de la Compagnie
du canal de Panama, il a été également, en 1881, élu vice-
président de cette Société. Nommé chevalier de la Légion
d'honneur le 14 novembre 1869, à l'occasion de l'inauguration du canal de Suez, M. Charles de Lesseps a été promu
officier le 26 janvier 1886.

En qualité de vice-président des Compagnies de Suez et
de Panama, M. Charles de Lesseps a pris, depuis plusieurs

années, la part la plus considérable à la direction effective de ces deux Sociétés et aux négociations si importantes qu'elles ont menées à bien malgré des difficultés de toute nature. Il en a été ainsi notamment lors des procès relatifs au tonnage, de l'intervention anglaise en Egypte, de la question de la neutralité du canal de Suez, de la constitution définitive de la Société du canal de Panama. M. Charles de Lesseps a été le principal négociateur du *modus vivendi* entre le gouvernement anglais et la Compagnie, à la suite de l'achat par l'Angleterre de 170 mille actions du vice-roi, et l'on sait quelle importance capitale a eue pour la Compagnie de Suez cette épineuse et délicate négociation.

Organisateur et administrateur de premier ordre, doué d'un rare sang-froid, d'une mémoire remarquable et d'un pénétrant coup d'œil, possédant une puissance de travail et un esprit de réflexion peu communs, M. Charles de Lesseps est, à cette heure, l'*alter ego* de son père. Il lui apporte une collaboration de tous les instants ; en toute circonstance, M. Ferdinand de Lesseps fait appel au jugement si ferme et si sûr de son fils. C'est avec une confiance justifiée et dans l'intérêt de l'œuvre à laquelle il a attaché son nom qu'il l'a toujours considéré comme le successeur le plus capable et le plus laborieux qu'il ait jamais pu souhaiter.

Plein de courtoisie et même de bienveillance, comme l'est son père, M. Charles de Lesseps ne voit pas cependant la vie et les hommes du même œil. Il n'a ni le même optimisme, ni la même gaieté. Tout a souri à M. Ferdinand de Lesseps et chez lui l'âge n'a tué ni l'imagination, ni le goût du monde, ni cet entrain endiablé qui eut dans son succès une si large part. Toutes les joies de la famille lui ont été réservées. M. Charles de Lesseps n'est pas moins homme d'action, mais en lui il n'est pas difficile de reconnaître l'empreinte d'un de ces coups cruels dont le temps

atténue, mais n'efface pas la rigueur. M. et Mme Charles
de Lesseps ont perdu, à Suez, leur unique enfant âgé de
deux ans....

Si puissante que soit la diversion causée par l'étonnant
mouvement de colossales entreprises, il est des joies intimes
qu'elle ne réussit pas à donner et surtout qu'elle ne saurait
jamais rendre.

Arrivés au terme de la tâche que nous avons entreprise,
nous ne nous flattons pas d'avoir fait l'historique complet
de la vie et de l'œuvre de M. Ferdinand de Lesseps.

Comment suivre dans ses courses rapides à travers le
monde cet homme qui incarne, pour ainsi dire, en lui
le mouvement perpétuel et qui est tantôt au Caire, à Constantinople, à Londres, à New-York, à Panama ou ailleurs ?

L'âge n'a pas refroidi chez M. de Lesseps cette ardeur
voyageuse. En ces dernières années et tout récemment
encore, plusieurs de ses voyages ont eu l'importance d'événements européens, voire même cosmopolites. Ainsi en
a-t-il été lors de ceux qu'il fit en 1885 en Hongrie, pour
l'Exposition de Budapest ; en 1886, aux Etats-Unis, à
l'occasion de l'inauguration de la statue de la Liberté, et
plus récemment encore, en 1887, en Allemagne. Partout
et toujours M. de Lesseps est accueilli comme le plus
illustre représentant de la nation française, comme celui
dont le nom, depuis la mort de Victor Hugo, possède le
plus universel prestige.

Au point de vue purement politique, le voyage de M. de
Lesseps à Berlin a pu être diversement apprécié. Mais
comment en dehors des polémiques quotidiennes ne serait-
on pas unanime à reconnaître que cet acte fut inspiré par
une très patriotique pensée ? En fait, il contribua à une
sorte de trêve, au lendemain d'une agitation belliqueuse,
durant laquelle la France avait été l'objet des accusations

les plus imméritées et les plus injustes. Ce n'est pas la
paix à tout prix, c'est la paix avec l'honneur dont M. de
Lesseps a été en cette circonstance, comme toujours, le
défenseur autorisé, mettant au service de son pays, spontanément et avec plus d'autorité morale que n'aurait pu
le faire aucun diplomate officiel, son dévouement et son
patriotisme incontestés.

M. de Lesseps, avec raison, croit le maintien de la paix
profitable à la France. Il sait que c'est grâce à la paix que
notre pays a déjà reconquis son rang dans le monde.

Son noble et généreux caractère s'est-il, avec son naturel
enthousiasme, un peu trop laissé séduire par l'attrait d'un
beau rêve? Ce qu'il ne faut pas oublier, nous le repétons, c'est
que M. de Lesseps ne comprend pour son pays que la paix
avec l'honneur. Il l'a suffisamment indiqué dans les paroles
caractéristiques qu'il adressait à l'empereur Guillaume
dans une de ces visites qui ont eu un si grand retentissement :

« Sire, si l'Allemagne nous faisait la guerre, je prendrais
« un fusil, j'armerais tous mes enfants, et nous irions tous à
« la frontière mourir pour la patrie, et il n'y a pas une famille
« en France où la mère ne dirait à son fils : va te battre ! pas
« une femme qui ne se dévouerait pour panser les blessures
« de nos soldats, pas un vieux bas de laine qui ne se viderait
« pour soutenir la lutte jusqu'à la fin. Ce serait une guerre
« terrible et sans quartier. Dieu vous garde de la provoquer ! »

En proposant, en 1875, de décerner au *Journal* de M. de
Lesseps le prix réservé aux livres qui paraissent le mieux
honorer la France, relever les idées, les mœurs et les
caractères, le secrétaire perpétuel de l'Académie française
disait, que s'il est un livre où éclatent à chaque page le
sentiment français, le besoin et l'unique ardeur de servir
la gloire et les intérêts français, c'était à coup sûr cet
ouvrage.

La vie de M. de Lesseps est comme son livre : elle est dominée par l'unique ardeur d'être avant tout un patriote et un Français. En lui la postérité, comme ses contemporains, honorera l'un des hommes qui, au XIXᵉ siècle, ont le plus servi, par de grandes œuvres de paix et de civilisation, non pas seulement l'humanité qu'ils ont conduite et dirigée dans la voie du progrès, mais avant tout cette patrie française que ses deuils ont rendue plus chère encore à tous ses enfants, les plus humbles comme les plus illustres.

FIN

TABLE DES MATIÈRES

CHAPITRE V

CHAPITRE VI

CHAPITRE VII

CHAPITRE VIII

CHAPITRE IX

CHAPITRE X

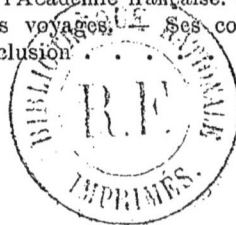

TOURS. — IMP. E. ARRAULT ET Cie.

www.ingramcontent.com/pod-product-compliance
Lightning Source LLC
Chambersburg PA
CBHW070622270326
41926CB00011B/1784